화학 I

정답과 해설 PDF 파일은 EBS*i* 사이트(www.ebsi.co.kr)에서 다운로드 받으실 수 있습니다.

EBS*i* 사이트에서 본 교재의 문항별 해설 강의 검색 서비스를 제공하고 있습니다.

교재 내용 문의	교재 및 강의 내용 문의는 EBS*i* 사이트 (www.ebs*i*.co.kr)의 학습 Q&A 서비스를 활용하시기 바랍니다.
교재 정오표 공지	발행 이후 발견된 정오 사항을 EBS*i* 사이트 정오표 코너에서 알려 드립니다. 교재 ▶ 교재 자료실 ▶ 교재 정오표
교재 정정 신청	공지된 정오 내용 외에 발견된 정오 사항이 있다면 EBS*i* 사이트를 통해 알려 주세요. 교재 ▶ 교재 정정 신청

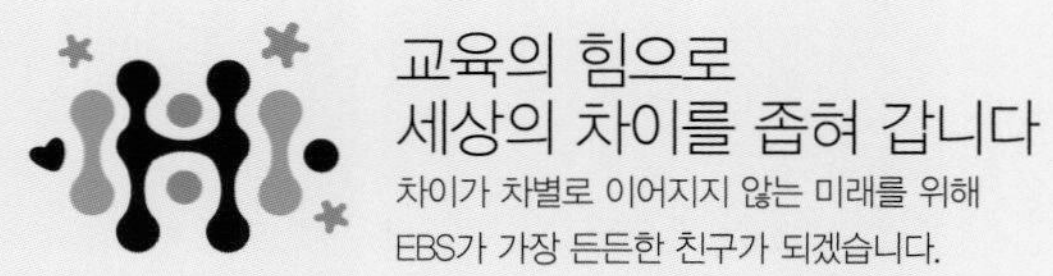

기획 및 개발

심미연 강유진 권현지

집필 및 검토

권기섭(중산고등학교)
경북대학교 화학교육과
EBS 수능특강 화학 Ⅰ(2017), 화학 Ⅱ(2016, 2018),
EBS 개념완성 화학 Ⅰ(2018),
EBS FINAL 실전모의고사 화학 Ⅰ(2016, 2017, 2018) 집필

김호성(영동고등학교)
서울대학교 화학교육과
서울대학교 대학원(화학부 석사)
EBS 수능특강 화학 Ⅱ(2013),
EBS 수능완성 화학 Ⅰ(2013), 화학 Ⅱ(2013, 2014) 집필

서오일(이화여자고등학교)
한국교원대학교 화학교육과
EBS 수능완성 화학 Ⅰ(2016), 화학 Ⅱ(2018),
EBS FINAL 실전모의고사 화학 Ⅰ(2017, 2018) 집필

이순영(경기여자고등학교)
서울대학교 화학교육과
EBS 수능특강 화학 Ⅰ(2016, 2018), 화학 Ⅱ(2015),
EBS 수능완성 화학 Ⅱ(2015) 집필

검토

강동화(대전송촌고)
고삼곤(안산동산고)
권주리(광남고)
김 준(백영고)
김준겸(충남삼성고)
김호준(전주한일고)
박규석(대전외고)
박지훈(부산과학고)
선수형(살레시오고)
이남주(전 옥련여고)
지길원(양지고)
진준우(부산외고)

편집 검토

김윤희 신혜영

본 교재의 강의는 TV와 모바일, EBS*i* 사이트(www.ebs*i*.co.kr)에서 무료로 제공됩니다.

발행일 2018. 12. 10. **13쇄 인쇄일** 2024. 7. 31. **신고번호** 제2017-000193호 **펴낸곳** 한국교육방송공사 경기도 고양시 일산동구 한류월드로 281
표지디자인 디자인싹 **인쇄** 동아출판㈜ **편집** 다우
인쇄 과정 중 잘못된 교재는 구입하신 곳에서 교환하여 드립니다. 신규 사업 및 교재 광고 문의 pub@ebs.co.kr

화학 I

이 책의 구성과 특징 STRUCTURE

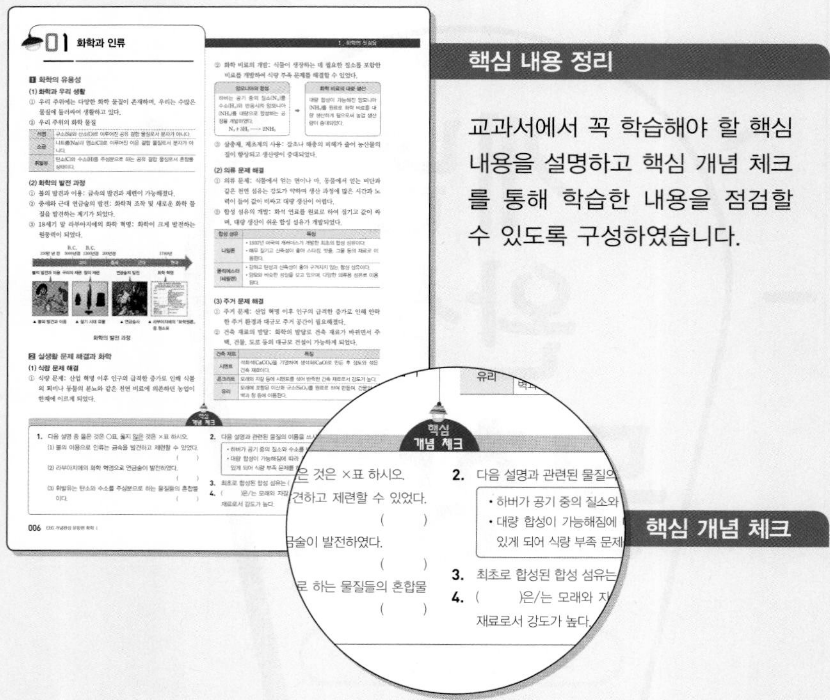

핵심 내용 정리

교과서에서 꼭 학습해야 할 핵심 내용을 설명하고 핵심 개념 체크를 통해 학습한 내용을 점검할 수 있도록 구성하였습니다.

핵심 개념 체크

출제 예상 문제

교과서 내용을 학습한 후 시험 대비를 위해 출제 빈도가 높은, 꼭 풀어 봐야 할 문제들로 구성하였습니다.

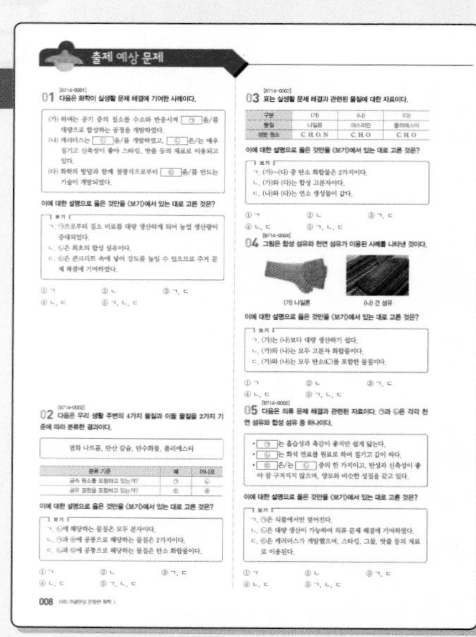

서답형 문제

내신평가의 서술형 문제와 단답형 문제에 대비할 수 있는 우수하고 유용한 문제들로 구성하였습니다.

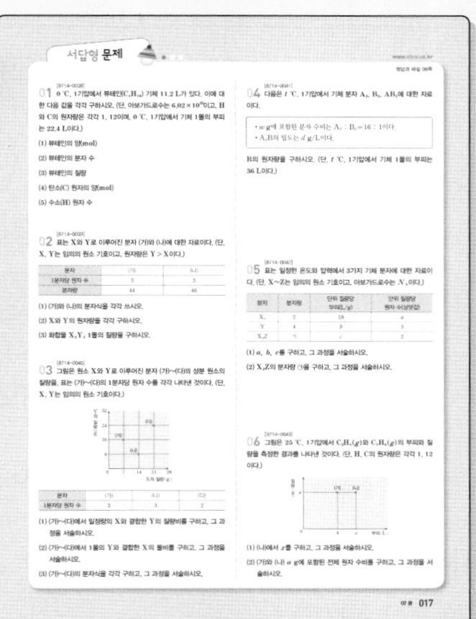

대단원 종합 문제

단원 전체에 대한 종합적인 문제 풀이로 앞서 학습한 내용을 최종 마무리할 수 있도록 다양한 문제를 수록하였습니다. 후반부에 고난도 문제를 배치하여 시험 공부에 최대한 대비할 수 있도록 구성하였습니다.

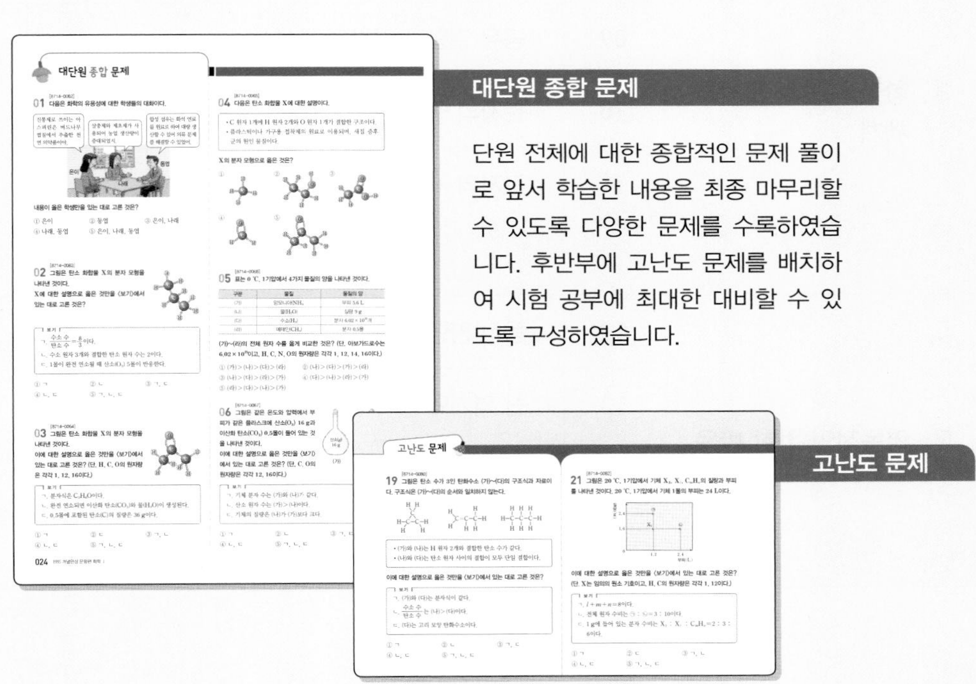

고난도 문제

이 책의 **차례**

CONTENTS

차례와 우리 학교 교과서 비교

학생 EBS 교재 문제 검색
EBS 단추에서 문항코드나 사진으로
문제를 검색하면 푸리봇이 해설 영상을 제공합니다.
[8714-0001]
1. 아래 그래프를 이해한 내용으로 가장 적절한 것은?
8714-0001
찰칵!
※ EBSi 사이트 및 모바일에서 이용이 가능합니다.
※ 사진 검색은 EBSi 고교강의 앱에서만 이용하실 수 있습니다.
교사 교사지원센터 교재 자료실
교재 문항 한글 문서(HWP)와
교재의 이미지 파일을 무료로 제공합니다.
교재 자료실
한글다운로드
교재이미지 활용
강의활용자료
※ 교사지원센터(http://teacher.ebsi.co.kr) 접속 후 '교사인증'을 통해 이용 가능

01 화학과 인류

1 화학의 유용성

(1) 화학과 우리 생활

① 우리 주위에는 다양한 화학 물질이 존재하며, 우리는 수많은 물질에 둘러싸여 생활하고 있다.

② 우리 주위의 화학 물질

석영	규소(Si)와 산소(O)로 이루어진 공유 결합 물질로서 분자가 아니다.
소금	나트륨(Na)과 염소(Cl)로 이루어진 이온 결합 물질로서 분자가 아니다.
휘발유	탄소(C)와 수소(H)를 주성분으로 하는 공유 결합 물질로서 혼합물 상태이다.

(2) 화학의 발전 과정

① 불의 발견과 이용: 금속의 발견과 제련이 가능해졌다.

② 중세와 근대 연금술의 발전: 화학적 조작 및 새로운 화학 물질을 발견하는 계기가 되었다.

③ 18세기 말 라부아지에의 화학 혁명: 화학이 크게 발전하는 원동력이 되었다.

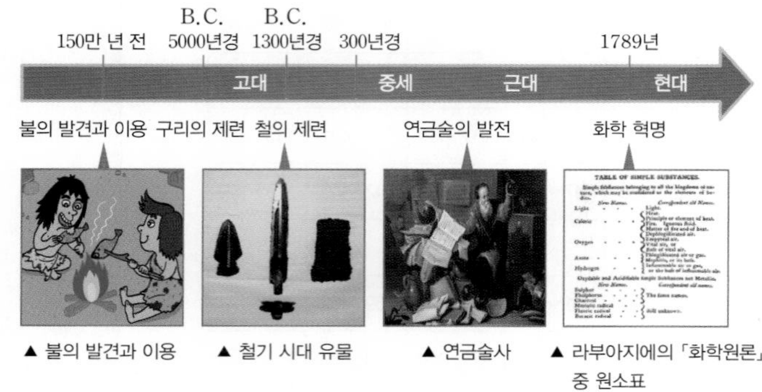

▲ 불의 발견과 이용 ▲ 철기 시대 유물 ▲ 연금술사 ▲ 라부아지에의 「화학원론」 중 원소표

화학의 발전 과정

2 실생활 문제 해결과 화학

(1) 식량 문제 해결

① 식량 문제: 산업 혁명 이후 인구의 급격한 증가로 인해 식물의 퇴비나 동물의 분뇨와 같은 천연 비료에 의존하던 농업이 한계에 이르게 되었다.

② 화학 비료의 개발: 식물이 생장하는 데 필요한 질소를 포함한 비료를 개발하여 식량 부족 문제를 해결할 수 있었다.

암모니아의 합성
하버는 공기 중의 질소(N_2)를 수소(H_2)와 반응시켜 암모니아(NH_3)를 대량으로 합성하는 공정을 개발하였다.
$N_2+3H_2 \longrightarrow 2NH_3$

➡

화학 비료의 대량 생산
대량 합성이 가능해진 암모니아(NH_3)를 원료로 화학 비료를 대량 생산하게 됨으로써 농업 생산량이 증대되었다.

③ 살충제, 제초제의 사용: 잡초나 해충의 피해가 줄어 농산물의 질이 향상되고 생산량이 증대되었다.

(2) 의류 문제 해결

① 의류 문제: 식물에서 얻는 면이나 마, 동물에서 얻는 비단과 같은 천연 섬유는 강도가 약하며 생산 과정에 많은 시간과 노력이 들어 값이 비싸고 대량 생산이 어렵다.

② 합성 섬유의 개발: 화석 연료를 원료로 하여 질기고 값이 싸며, 대량 생산이 쉬운 합성 섬유가 개발되었다.

합성 섬유	특징
나일론	• 1937년 미국의 캐러더스가 개발한 최초의 합성 섬유이다. • 매우 질기고 신축성이 좋아 스타킹, 밧줄, 그물 등의 재료로 이용된다.
폴리에스터 (테릴렌)	• 강하고 탄성과 신축성이 좋아 구겨지지 않는 합성 섬유이다. • 양모와 비슷한 성질을 갖고 있으며, 다양한 의류용 섬유로 이용된다.

(3) 주거 문제 해결

① 주거 문제: 산업 혁명 이후 인구의 급격한 증가로 인해 안락한 주거 환경과 대규모 주거 공간이 필요해졌다.

② 건축 재료의 발달: 화학의 발달로 건축 재료가 바뀌면서 주택, 건물, 도로 등의 대규모 건설이 가능하게 되었다.

건축 재료	특징
시멘트	석회석($CaCO_3$)을 가열하여 생석회(CaO)로 만든 후 점토와 섞은 건축 재료이다.
콘크리트	모래와 자갈 등에 시멘트를 섞어 반죽한 건축 재료로서 강도가 높다.
유리	모래에 포함된 이산화 규소(SiO_2)를 원료로 하여 만들며, 건물의 외벽과 창 등에 이용된다.

핵심 개념 체크

정답과 해설 02쪽

1. 다음 설명 중 옳은 것은 ○표, 옳지 않은 것은 ×표 하시오.

(1) 불의 이용으로 인류는 금속을 발견하고 제련할 수 있었다. ( )

(2) 라부아지에의 화학 혁명으로 연금술이 발전하였다. ( )

(3) 휘발유는 탄소와 수소를 주성분으로 하는 물질들의 혼합물이다. ( )

2. 다음 설명과 관련된 물질의 이름을 쓰시오.

• 하버가 공기 중의 질소와 수소를 반응시켜 합성한 물질이다.
• 대량 합성이 가능해짐에 따라 화학 비료를 대량 생산할 수 있게 되어 식량 부족 문제를 해결하게 되었다.

3. 최초로 합성된 합성 섬유는 ( )이다.

4. ( )은/는 모래와 자갈 등에 시멘트를 섞어 반죽한 건축 재료로서 강도가 높다.

3 탄소 화합물

(1) 탄소 화합물: 탄소(C)를 기본 골격으로 하여 수소(H), 산소(O), 질소(N), 황(S), 할로젠(F, Cl, Br, I) 등의 원자들이 공유 결합한 화합물

(2) 탄소 화합물의 다양성: 탄소 화합물의 종류는 수천만 가지에 이르며, 매년 수만 가지의 탄소 화합물이 발견되거나 합성된다.

① 탄소(C): 2주기 14족 원소로 원자가 전자 4개를 가지므로 최대 4개의 다른 원자와 공유 결합을 할 수 있다.

② 탄소 화합물이 다양한 까닭: 구성 원소의 가짓수는 적지만 다양한 결합이 가능하기 때문이다. 탄소 원자끼리 결합하여 다양한 길이와 구조를 갖는 탄소 화합물이 만들어진다.

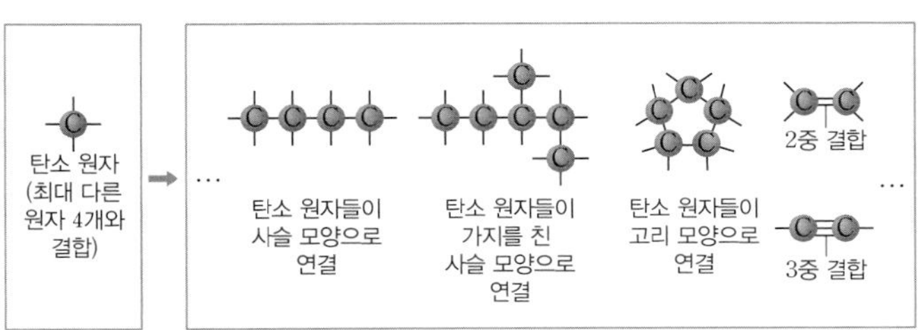

탄소 화합물의 다양한 결합

③ 분자를 구성하는 원자의 종류와 수가 같아도 구조에 따라 다른 성질을 나타낼 수 있다.

분자식: C_2H_6O		분자식: $C_2H_4O_2$	
에탄올	다이메틸 에테르	아세트산	글리콜 알데하이드
H H H−C−C−O−H H H	H H H−C−O−C−H H H	H O H−C−C H O−H	O H H−C−C−O−H H
녹는점: −114.1 ℃	녹는점: −141 ℃	녹는점: 16.7 ℃	녹는점: 97 ℃
끓는점: 78.3 ℃	끓는점: −24 ℃	끓는점: 118.1 ℃	끓는점: 131.3 ℃

(3) 탄소 화합물의 생산과 활용

① 원유는 탄소 화합물의 혼합물이고, 원유를 분별 증류하여 석유 가스, 나프타, 등유, 경유, 중유, 아스팔트를 얻는다.

② 나프타를 고온에서 분해하여 생성된 물질을 원료로 하여 플라스틱, 의약품, 화장품, 페인트, 합성 고무 등의 석유 화학 제품을 만들 수 있는데, 이러한 제품이 모두 탄소 화합물이다.

4 생활 속 탄소 화합물

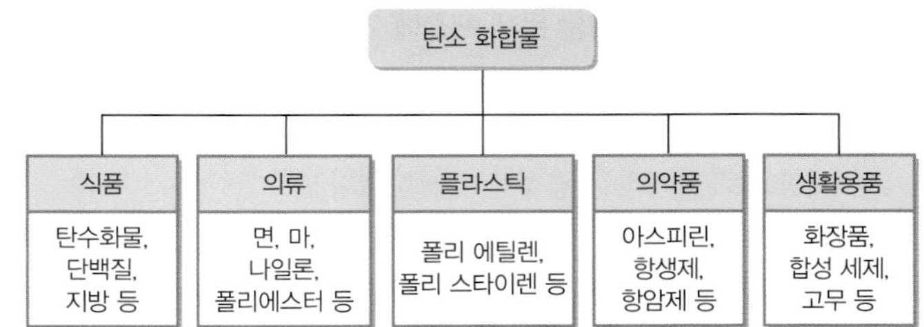

(1) 탄화수소: 탄소(C)와 수소(H)로만 이루어진 탄소 화합물 ➡ 연소할 때 많은 열이 발생하므로 연료로 주로 이용되며, 완전 연소되면 CO_2와 H_2O이 생성된다.

물질	메테인(CH_4)	프로페인(C_3H_8)	뷰테인(C_4H_{10})
구조			
끓는점(℃)	−161.5	−42	−1
생활 속 용도	가정용 연료, LNG의 주성분	이동 취사용 · 야외용 연료, LPG의 주성분	

(2) 알코올: 탄화수소의 H 원자 위치에 하이드록시기(−OH)가 결합되어 있는 탄소 화합물 ➡ 특유의 냄새가 나며, 완전 연소되면 CO_2와 H_2O이 생성된다.

물질	메탄올	에탄올	에틸렌 글리콜	글리세롤
구조				
생활 속 용도	연료 전지	소독용 의약품, 음료 제조	부동액	보습제

(3) 그 밖의 탄소 화합물

물질	폼알데하이드	아세트산	아세톤
구조			
생활 속 용도	플라스틱과 가구용 접착제의 원료	식초의 성분, 의약품, 염료의 원료	용매, 매니큐어 제거제

핵심 개념 체크

정답과 해설 02쪽

5. 탄소 화합물에 대한 설명 중 옳은 것은 ○표, 옳지 않은 것은 ×표 하시오.

(1) 탄소로만 이루어진 물질이다. ( )

(2) 에탄올과 다이메틸 에테르는 분자식은 같지만 구조가 다르기 때문에 물질의 성질이 다르다. ( )

(3) 액화 천연가스의 주성분인 메테인은 연소 시 많은 에너지를 방출하므로 연료로 이용된다. ( )

6. 탄화수소는 완전 연소되면 ( )과/와 ( )이/가 생성된다.

7. 탄소 화합물과 생활 속 용도를 옳게 연결하시오.

(1) 아세트산 • • ㉠ 소독용 의약품

(2) 에탄올 • • ㉡ 가구용 접착제

(3) 글리세롤 • • ㉢ 보습제

(4) 폼알데하이드 • • ㉣ 식초의 성분

출제 예상 문제

[8714-0001]
01 다음은 화학이 실생활 문제 해결에 기여한 사례이다.

(가) 하버는 공기 중의 질소를 수소와 반응시켜 [㉠]을/를 대량으로 합성하는 공정을 개발하였다.
(나) 캐러더스는 [㉡]을/를 개발하였고, [㉡]은/는 매우 질기고 신축성이 좋아 스타킹, 밧줄 등의 재료로 이용되고 있다.
(다) 화학의 발달과 함께 철광석으로부터 [㉢]을/를 만드는 기술이 개발되었다.

이에 대한 설명으로 옳은 것만을 <보기>에서 있는 대로 고른 것은?

보기
ㄱ. ㉠으로부터 질소 비료를 대량 생산하게 되어 농업 생산량이 증대되었다.
ㄴ. ㉡은 최초의 합성 섬유이다.
ㄷ. ㉢은 콘크리트 속에 넣어 강도를 높일 수 있으므로 주거 문제 해결에 기여하였다.

① ㄱ ② ㄴ ③ ㄱ, ㄷ
④ ㄴ, ㄷ ⑤ ㄱ, ㄴ, ㄷ

[8714-0002]
02 다음은 우리 생활 주변의 4가지 물질과 이들 물질을 2가지 기준에 따라 분류한 결과이다.

염화 나트륨, 탄산 칼슘, 탄수화물, 폴리에스터

분류 기준	예	아니요
금속 원소를 포함하고 있는가?	㉠	㉡
공유 결합을 포함하고 있는가?	㉢	㉣

이에 대한 설명으로 옳은 것만을 <보기>에서 있는 대로 고른 것은?

보기
ㄱ. ㉡에 해당하는 물질은 모두 분자이다.
ㄴ. ㉠과 ㉣에 공통으로 해당하는 물질은 2가지이다.
ㄷ. ㉡과 ㉢에 공통으로 해당하는 물질은 탄소 화합물이다.

① ㄱ ② ㄴ ③ ㄱ, ㄷ
④ ㄴ, ㄷ ⑤ ㄱ, ㄴ, ㄷ

[8714-0003]
03 표는 실생활 문제 해결과 관련된 물질에 대한 자료이다.

구분	(가)	(나)	(다)
물질	나일론	아스피린	폴리에스터
성분 원소	C, H, O, N	C, H, O	C, H, O

이에 대한 설명으로 옳은 것만을 <보기>에서 있는 대로 고른 것은?

보기
ㄱ. (가)~(다) 중 탄소 화합물은 2가지이다.
ㄴ. (가)와 (다)는 합성 고분자이다.
ㄷ. (나)와 (다)는 연소 생성물이 같다.

① ㄱ ② ㄴ ③ ㄱ, ㄷ
④ ㄴ, ㄷ ⑤ ㄱ, ㄴ, ㄷ

[8714-0004]
04 그림은 합성 섬유와 천연 섬유가 이용된 사례를 나타낸 것이다.

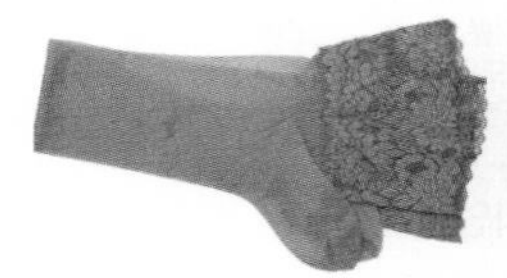
(가) 나일론

(나) 견 섬유

이에 대한 설명으로 옳은 것만을 <보기>에서 있는 대로 고른 것은?

보기
ㄱ. (가)는 (나)보다 대량 생산하기 쉽다.
ㄴ. (가)와 (나)는 모두 고분자 화합물이다.
ㄷ. (가)와 (나)는 모두 탄소(C)를 포함한 물질이다.

① ㄱ ② ㄴ ③ ㄱ, ㄷ
④ ㄴ, ㄷ ⑤ ㄱ, ㄴ, ㄷ

[8714-0005]
05 다음은 의류 문제 해결과 관련된 자료이다. ㉠과 ㉡은 각각 천연 섬유와 합성 섬유 중 하나이다.

- [㉠]는 흡습성과 촉감이 좋지만 쉽게 닳는다.
- [㉡]는 화석 연료를 원료로 하며 질기고 값이 싸다.
- [㉢]은/는 [㉡] 중의 한 가지이고, 탄성과 신축성이 좋아 잘 구겨지지 않으며, 양모와 비슷한 성질을 갖고 있다.

이에 대한 설명으로 옳은 것만을 <보기>에서 있는 대로 고른 것은?

보기
ㄱ. ㉠은 식물에서만 얻어진다.
ㄴ. ㉡은 대량 생산이 가능하여 의류 문제 해결에 기여하였다.
ㄷ. ㉢은 캐러더스가 개발했으며, 스타킹, 그물, 밧줄 등의 재료로 이용된다.

① ㄱ ② ㄴ ③ ㄱ, ㄷ
④ ㄴ, ㄷ ⑤ ㄱ, ㄴ, ㄷ

[8714-0006]
06 다음은 주거 문제 해결과 관련된 물질에 대한 자료이다.

(가) 석회석을 잘게 부숴 가열하고, 점토를 섞어서 만드는 건축 재료이다.
(나) 모래와 자갈에 (가)를 섞어 넣고 물로 반죽하여 사용하는 건축 재료이다.

이에 대한 설명으로 옳은 것만을 <보기>에서 있는 대로 고른 것은?

보기
ㄱ. (가)는 콘크리트이다.
ㄴ. (나)에 철근을 넣어 강도를 높인 재료는 대규모 건축물에 이용된다.
ㄷ. (가)와 (나) 이외에도 단열재, 바닥재, 창틀 등의 새로운 소재를 개발하는 데 화학의 발달이 기여하고 있다.

① ㄱ ② ㄴ ③ ㄱ, ㄷ
④ ㄴ, ㄷ ⑤ ㄱ, ㄴ, ㄷ

[8714-0007]
07 그림은 증류탑에서 원유가 분리되는 모습을 나타낸 것이다.

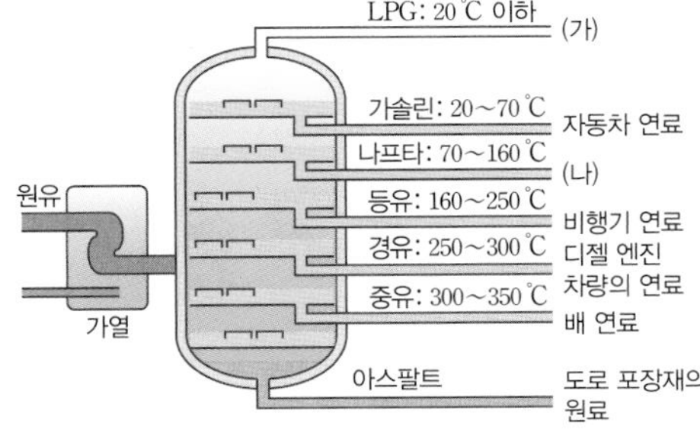

이에 대한 설명으로 옳은 것만을 <보기>에서 있는 대로 고른 것은?

보기
ㄱ. 원유는 탄소 화합물로 이루어진 혼합물이다.
ㄴ. (가)는 연료로 이용된다.
ㄷ. (나)는 플라스틱과 합성 섬유의 원료이다.

① ㄱ ② ㄴ ③ ㄱ, ㄷ
④ ㄴ, ㄷ ⑤ ㄱ, ㄴ, ㄷ

[8714-0008]
08 그림은 생활 주변에서 볼 수 있는 3가지 물질이다.

(가) 빵

(나) 플라스틱

(다) 합성 고무

(가)~(다)의 탄소 화합물의 공통점에 대한 설명으로 옳은 것만을 <보기>에서 있는 대로 고른 것은?

보기
ㄱ. 공유 결합 물질이다.
ㄴ. 탄소(C) 원자를 포함한다.
ㄷ. 생명체 내에서만 만들어진다.

① ㄱ ② ㄷ ③ ㄱ, ㄴ
④ ㄴ, ㄷ ⑤ ㄱ, ㄴ, ㄷ

[8714-0009]
09 그림은 생활 주변에서 볼 수 있는 3가지 물질이다.

(가) 단백질

(나) 면

(다) 플라스틱(PET)

이에 대한 설명으로 옳은 것만을 <보기>에서 있는 대로 고른 것은?

보기
ㄱ. (가)~(다)는 모두 공유 결합 물질이다.
ㄴ. (가)와 (나)는 천연 고분자 물질이다.
ㄷ. (나)와 (다)는 완전 연소 시 이산화 탄소와 물이 생성된다.

① ㄱ ② ㄴ ③ ㄱ, ㄷ
④ ㄴ, ㄷ ⑤ ㄱ, ㄴ, ㄷ

[8714-0010]
10 그림은 탄소 화합물 X의 분자 모형과 구조식을 나타낸 것이다.

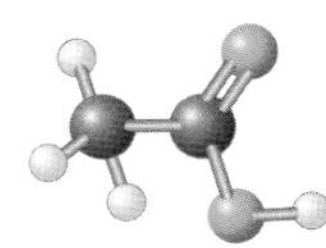

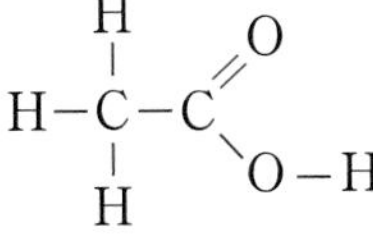

X에 대한 설명으로 옳은 것만을 <보기>에서 있는 대로 고른 것은?

보기
ㄱ. 분자식은 CH_2O이다.
ㄴ. 휘발성이 강하며 연료로 사용된다.
ㄷ. 물에 녹으면 신맛이 난다.

① ㄴ ② ㄷ ③ ㄱ, ㄴ
④ ㄱ, ㄷ ⑤ ㄱ, ㄴ, ㄷ

[8714-0011]
11 그림은 탄소 화합물 (가)와 (나)의 모형을 나타낸 것이다.

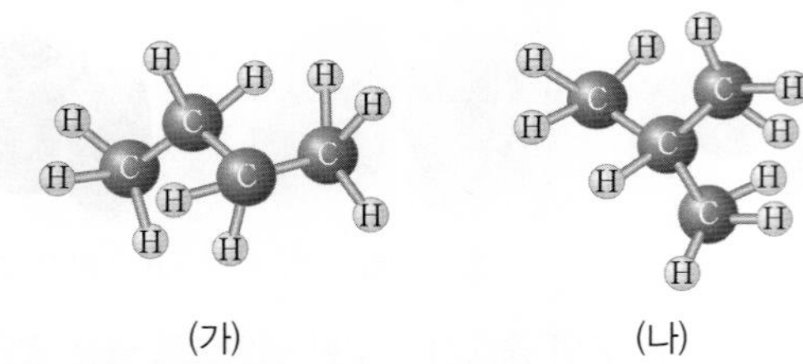
(가) (나)

이에 대한 설명으로 옳은 것만을 <보기>에서 있는 대로 고른 것은?

보기
ㄱ. (가)와 (나)는 모두 탄화수소이다.
ㄴ. (가)와 (나)는 같은 물질이다.
ㄷ. $\frac{\text{수소 수}}{\text{탄소 수}}$는 (가)>(나)이다.

① ㄱ ② ㄴ ③ ㄱ, ㄷ
④ ㄴ, ㄷ ⑤ ㄱ, ㄴ, ㄷ

[8714-0012]
12 그림은 탄소 화합물 (가)와 (나)의 모형을 나타낸 것이다.

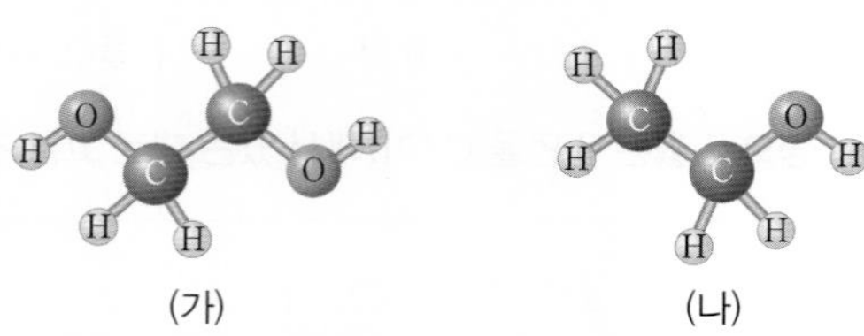
(가) (나)

이에 대한 설명으로 옳은 것만을 <보기>에서 있는 대로 고른 것은?

보기
ㄱ. (가)와 (나)는 모두 알코올이다.
ㄴ. (가)와 (나)는 모두 물에 잘 녹는다.
ㄷ. $\frac{\text{수소 수}}{\text{탄소 수}}$는 (가)와 (나)가 같다.

① ㄱ ② ㄴ ③ ㄱ, ㄷ
④ ㄴ, ㄷ ⑤ ㄱ, ㄴ, ㄷ

[8714-0013]
13 그림은 3가지 탄소 화합물의 모형을 나타낸 것이다.

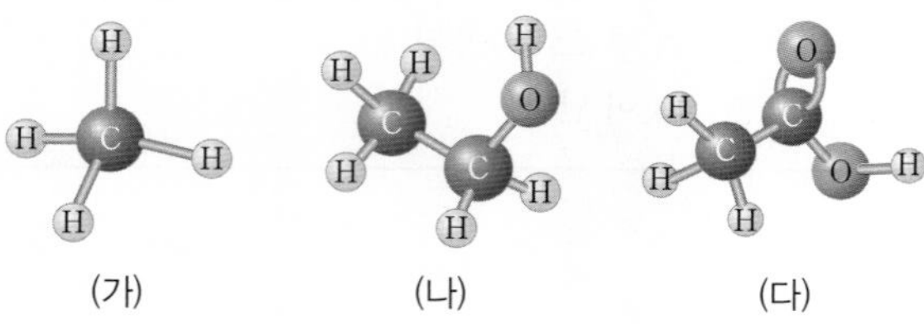
(가) (나) (다)

(가)~(다)의 공통점에 대한 설명으로 옳은 것만을 <보기>에서 있는 대로 고른 것은?

보기
ㄱ. 탄화수소이다.
ㄴ. 물에 잘 녹는다.
ㄷ. 완전 연소 생성물은 CO_2와 H_2O이다.

① ㄱ ② ㄷ ③ ㄱ, ㄴ
④ ㄴ, ㄷ ⑤ ㄱ, ㄴ, ㄷ

[8714-0014]
14 다음 설명에 해당되는 탄소 화합물 X의 분자 모형은?

- $\frac{\text{수소 수}}{\text{탄소 수}}=3$이다.
- 탄화수소의 수소(H) 원자 위치에 하이드록시기(−OH)가 결합되어 있다.
- 탄소(C) 원자에 원자 4개가 결합되어 있다.

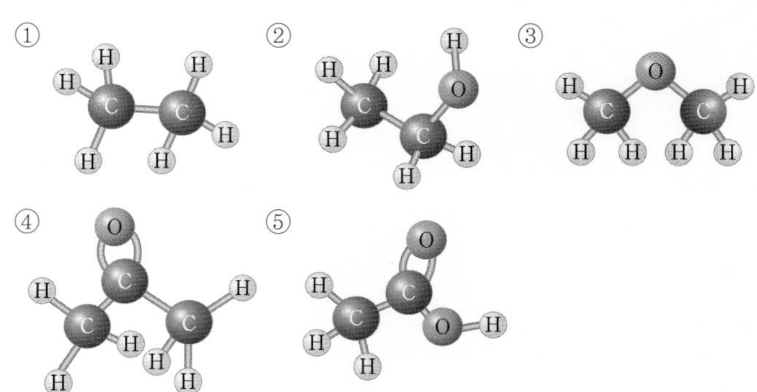

[8714-0015]
15 그림은 아스피린의 구조를 모형으로 나타낸 것이다.

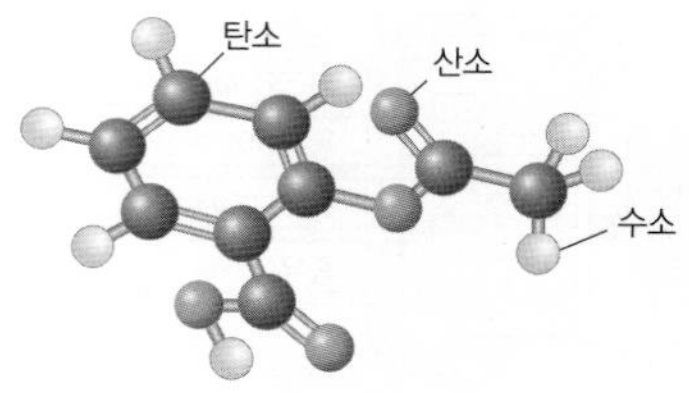

이에 대한 설명으로 옳은 것만을 <보기>에서 있는 대로 고른 것은?

보기
ㄱ. 탄소 화합물이다.
ㄴ. 고분자 화합물이다.
ㄷ. $\frac{\text{C 원자 수}}{\text{전체 원자 수}}$는 $\frac{1}{2}$보다 크다.

① ㄱ ② ㄴ ③ ㄱ, ㄷ
④ ㄴ, ㄷ ⑤ ㄱ, ㄴ, ㄷ

서답형 문제

정답과 해설 03쪽

[8714-0016]

01 다음은 인류 문제의 해결에 기여한 2가지 물질에 대한 설명이다.

> (가) 현재 인류가 가장 많이 사용하는 금속으로 자연에서 산화물로 존재한다. 코크스, 석회석과 함께 용광로에 넣고 고온에서 제련할 수 있다.
> (나) 호프만이 버드나무 껍질에서 추출한 살리실산으로부터 합성한 아세틸 살리실산의 상품명이며, 인류 최초의 합성 의약품이다.

(가)와 (나)에 해당하는 물질의 이름을 각각 쓰시오.

[8714-0017]

02 다음은 암모니아의 합성과 관련된 내용이다.

> 공기 중의 약 78 %를 차지하는 [㉠]는 식물의 생장에 필수적인 원소이지만, 물에 잘 녹지 않아 식물이 공기 중의 [㉠]를 직접 사용하기는 어렵다. 하버는 [㉠]와 [㉡]로부터 암모니아를 합성하는 방법을 연구하면서 고온, 고압에서 촉매를 사용하여 암모니아를 대량으로 생산할 수 있게 되었다.

㉠과 ㉡에 해당하는 물질의 이름을 각각 쓰시오.

[8714-0018]

03 그림은 일상생활에서 탄소 화합물이 유용하게 활용되는 사례를 알아보기 위한 것이다.

위 그림의 ㉠~㉨에서 찾아볼 수 있는 탄소 화합물의 예를 각각 쓰시오.

[8714-0019]

04 인류의 식량 문제를 해결하는 데 기여한 화학의 역할을 다음 용어를 포함시켜 서술하시오.

> • 화학 비료 • 살충제와 제초제

[8714-0020]

05 그림은 메테인(CH_4), 아세트산($C_2H_4O_2$), 폼알데하이드(CH_2O)를 분류 기준 (가)와 (나)에 따라 분류한 결과이다.

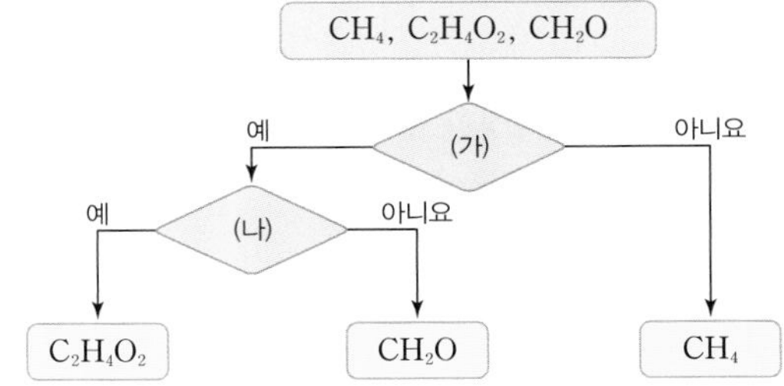

> [분류 기준]
> (가) [ ]
> (나) 산성 물질인가?

위의 분류 기준 (가)로 적절한 내용을 2가지만 서술하시오.

[8714-0021]

06 그림은 4가지 사슬 모양의 탄화수소에 대하여 1분자당 원자 수와 $\frac{\text{수소 수}}{\text{탄소 수}}$를 나타낸 것이다.

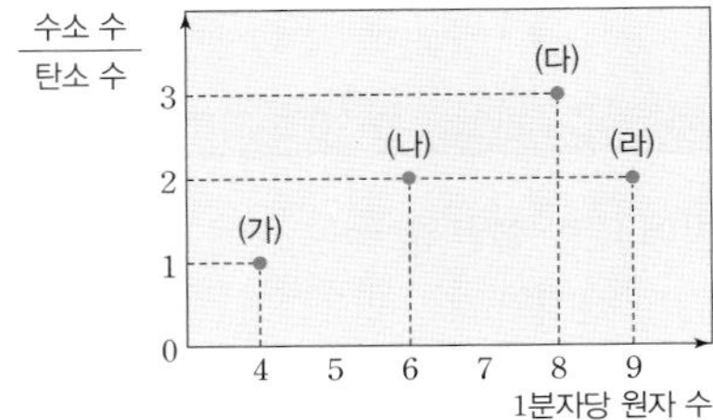

(1) (가)~(라)의 분자식을 각각 쓰시오.

(2) (가)~(라) 중 탄소 원자 사이의 결합이 단일 결합으로만 이루어진 포화 탄화수소를 고르시오.

(3) (나)와 (라)의 구조식을 그리고, 공유 결합 수의 비를 구하시오.

02 몰

1 화학식량

(1) 원자량: 질량수가 12인 탄소(^{12}C) 원자의 질량을 12.0으로 정하고, 이를 기준으로 하여 나타낸 원자들의 상대적인 질량

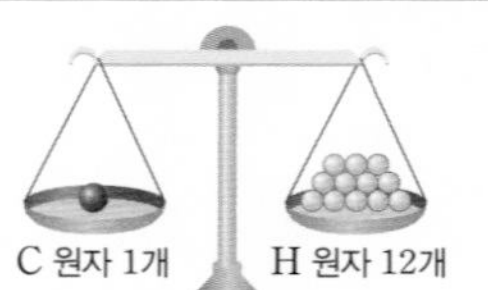	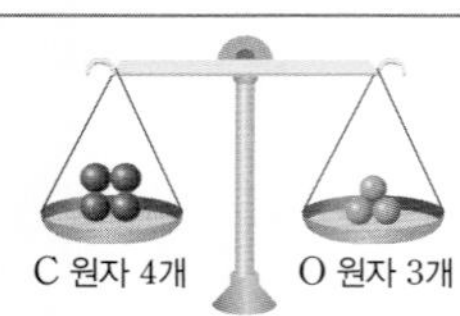
• C의 원자량×C의 개수=H의 원자량×H의 개수 • C 원자 1개와 H 원자 12개의 질량이 같다. ➡ C의 원자량이 12이므로 H의 원자량은 1이다.	• C의 원자량×C의 개수=O의 원자량×O의 개수 • C 원자 4개와 O 원자 3개의 질량이 같다. ➡ C의 원자량이 12이므로 O의 원자량은 16이다.

① 원자량을 사용하는 까닭: 원자는 질량이 매우 작아서 원자 1개의 질량을 직접 측정할 수 없고, 실제의 값을 그대로 사용하는 것이 불편하기 때문이다.

② 몇 가지 원소의 원자량

원소	H	C	N	O	Na	Cl	Ca
원자량	1	12	14	16	23	35.5	40

(2) 분자량: 분자의 상대적인 질량을 나타내는 값으로, 분자를 구성하는 모든 원자들의 원자량을 합한 값

분자(분자식)	산소(O_2)	물(H_2O)	암모니아(NH_3)	이산화 탄소(CO_2)
모형	O O	O H H	H N H H	O C O
분자량	16×2=32	2×1+16=18	14+3×1=17	12+2×16=44

(3) 분자가 아닌 물질의 화학식량

① 염화 나트륨(NaCl), 염화 칼슘($CaCl_2$) 등의 이온 결합 물질과 이산화 규소(SiO_2), 다이아몬드(C) 등의 공유 결합 물질은 분자가 아니다.

② 분자가 아닌 물질의 화학식량은 화학식을 이루는 각 원자의 원자량을 합하여 구한다.

물질(화학식)	염화 나트륨(NaCl)	염화 칼슘($CaCl_2$)	이산화 규소(SiO_2)	다이아몬드(C)
모형				
화학식량	23+35.5=58.5	40+2×35.5=111	28+2×16=60	12

2 몰

(1) 몰(mole): 원자, 분자, 이온 등과 같이 매우 작은 입자의 양을 나타내는 묶음 단위

① 묶음 단위를 사용하는 까닭: 원자와 분자는 매우 작고 가벼워서 물질의 양이 적어도 그 속에는 매우 많은 수의 원자나 분자가 포함되어 있기 때문이다.

② 1몰: 탄소 원자(^{12}C) 12.0 g에 해당하는 ^{12}C 원자 수로 정의한다.

(2) 몰과 아보가드로수

① 아보가드로수: 탄소(^{12}C) 원자 12.0 g에 들어 있는 입자 수로 6.02×10^{23}이다.

> 1몰(mol)=입자 6.02×10^{23}개

② 입자의 종류에 관계없이 모든 입자 1몰에는 그 입자가 6.02×10^{23}개 존재한다.

원자 1몰	분자 1몰	이온 1몰
원자 6.02×10^{23}개	분자 6.02×10^{23}개	이온 6.02×10^{23}개

③ 물질의 양(mol)을 알면 그 물질을 구성하는 원자 또는 이온의 양(mol)도 알 수 있다.

예 물(H_2O) 분자 1몰을 구성하는 원자의 양(mol): H 원자 2몰+O 원자 1몰

핵심 개념 체크

정답과 해설 04쪽

1. 화학식량에 대한 설명 중 옳은 것은 ○표, 옳지 않은 것은 ×표 하시오.

(1) 원자량은 탄소(^{12}C) 원자의 질량을 1로 정하여 나타낸 상대적인 질량이다. ( )

(2) 분자량은 분자를 구성하는 모든 원자들의 원자량을 합한 값이다. ( )

(3) 원자량, 분자량, 화학식량은 모두 그램(g)을 단위로 사용한다. ( )

2. 다음 물질의 화학식량을 구하시오. (단, H, C, O, Ca의 원자량은 각각 1, 12, 16, 40이다.)

(1) 산소(O_2) (2) 메테인(CH_4) (3) 탄산 칼슘($CaCO_3$)

3. 다음 ( ) 안에 알맞은 값을 쓰시오.

(1) ^{12}C 원자 12.0 g에 들어 있는 원자 수는 ( )개이다.

(2) CO_2 1몰에 들어 있는 O 원자는 ( )몰이다.

(3) NH_3 0.25몰에 들어 있는 전체 원자는 ( )몰이다.

(4) $CaCl_2$ 0.5몰에 들어 있는 전체 이온은 ( )몰이다.

(3) 몰과 질량

① 1몰의 질량: 물질의 화학식량 뒤에 그램(g) 단위를 붙인 양

구분	1몰의 질량	예
원자	원자량 g	탄소(C)의 원자량: 12 ➡ 탄소(C) 원자 1몰의 질량=12 g
분자	분자량 g	물(H_2O)의 분자량: 18 ➡ 물(H_2O) 분자 1몰의 질량=18 g
이온 결합 물질	화학식량 g	염화 나트륨(NaCl)의 화학식량: 58.5 ➡ 염화 나트륨(NaCl) 1몰의 질량=58.5 g

② 몰 질량: 물질 1몰의 질량으로, 단위는 g/mol이다.

③ 1몰의 질량과 물질의 양(mol)

• 물질의 질량은 1몰의 질량(몰 질량)에 물질의 양(mol)을 곱해서 구할 수 있다.

$$\text{질량(g)}=\text{1몰의 질량(g/mol)}\times\text{물질의 양(mol)}$$

예 물(H_2O) 2몰의 질량=18 g/mol×2 mol=36 g

• 물질의 양(mol)은 물질의 질량을 1몰의 질량(몰 질량)으로 나누어 구할 수 있다.

$$\text{물질의 양(mol)}=\frac{\text{질량(g)}}{\text{1몰의 질량(g/mol)}}$$

예 물(H_2O) 54 g의 양(mol)$=\frac{54\text{ g}}{18\text{ g/mol}}=3\text{ mol}$

• 일정한 질량에 포함된 분자 수는 분자량에 반비례한다.

분자(분자식)	메테인(CH_4)	이산화 탄소(CO_2)
분자량	16	44
1 g에 포함된 분자의 양(mol)	$\frac{1}{16}$몰	$\frac{1}{44}$몰
1 g에 포함된 원자의 양(mol)	$\frac{1}{16}$몰$\times5=\frac{5}{16}$몰	$\frac{1}{44}$몰$\times3=\frac{3}{44}$몰
성분 원소의 질량비	C : H=3 : 1	C : O=3 : 8

(4) 몰과 기체의 부피

① 아보가드로 법칙: 온도와 압력이 같을 때 모든 기체는 같은 부피 속에 같은 수의 분자를 포함한다.

② 기체 1몰의 부피: 0 ℃, 1기압에서 모든 기체는 1몰의 부피가 22.4 L로 일정하다.

기체 1몰의 부피=22.4 L(0 ℃, 1기압)

③ 기체 1몰의 양(0 ℃, 1기압)

분자 (분자식)	수소 (H_2)	산소 (O_2)	암모니아 (NH_3)	이산화 탄소 (CO_2)
모형 (0 ℃, 1기압)				
몰(mol)	1	1	1	1
분자 수(개)	6.02×10^{23}	6.02×10^{23}	6.02×10^{23}	6.02×10^{23}
원자 수(개)	$2\times(6.02\times10^{23})$	$2\times(6.02\times10^{23})$	$4\times(6.02\times10^{23})$	$3\times(6.02\times10^{23})$
질량(g)	2.0	32.0	17.0	44.0
부피(L)	22.4	22.4	22.4	22.4

④ 기체의 부피와 분자의 양

$$\text{기체 분자의 양(mol)}=\frac{\text{기체의 부피(L)}}{\text{기체 1몰의 부피(L/mol)}}$$

⑤ 기체의 밀도와 분자량: 같은 온도와 압력에서 기체의 밀도는 분자량에 비례한다.

⑥ 물질의 양(mol)과 입자 수, 질량, 기체의 부피 사이의 관계

$$\text{물질의 양(mol)}=\frac{\text{입자 수(개)}}{6.02\times10^{23}\text{(개/mol)}}=\frac{\text{질량(g)}}{\text{1몰의 질량(g/mol)}}=\frac{\text{기체의 부피(L)}}{22.4\text{(L/mol)}}\text{(0 ℃, 1기압)}$$

핵심 개념 체크

정답과 해설 04쪽

4. 다음의 입자 수를 비교하여 부등호로 나타내시오. (단, H, C, O의 원자량은 각각 1, 12, 16이고, 0 ℃, 1기압에서 기체 1몰의 부피는 22.4 L이다.)

> ㉠ H_2O 27 g에 들어 있는 분자 수
> ㉡ CH_4 16 g에 들어 있는 H 원자 수
> ㉢ CO_2 11.2 L에 들어 있는 O 원자 수
> ㉣ C_2H_6 5.6 L에 들어 있는 전체 원자 수(0 ℃, 1기압)

5. 다음 설명 중 옳은 것은 ○표, 옳지 않은 것은 ×표 하시오.

(1) 1몰의 질량은 각 물질의 화학식량에 반비례한다. (　　)

(2) 물질의 질량은 1몰의 질량에 물질의 양(mol)을 곱해서 구한다. (　　)

(3) 물질 1 g에 들어 있는 분자 수는 분자량이 클수록 작다. (　　)

6. 표는 20 ℃, 1기압에서 몇 가지 기체의 양을 나타낸 것이다. ㉠~㉣에 알맞은 값을 쓰시오. (단, 20 ℃, 1기압에서 기체 1몰의 부피는 24 L이다.)

기체	분자량	양(mol)	질량(g)	부피(L)
산소(O_2)	32	㉠	16	12
암모니아(NH_3)	17	2	㉡	48
뷰테인(C_4H_{10})	㉢	0.5	29	㉣

출제 예상 문제

[8714-0022]
01 그림은 X~Z 원자의 상대적인 질량을 비교한 모습이다.

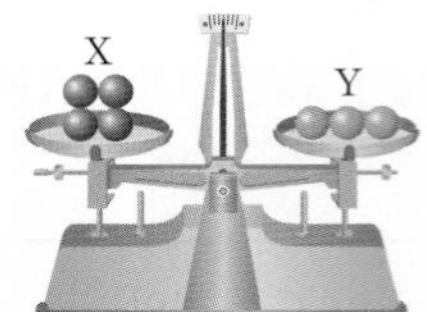

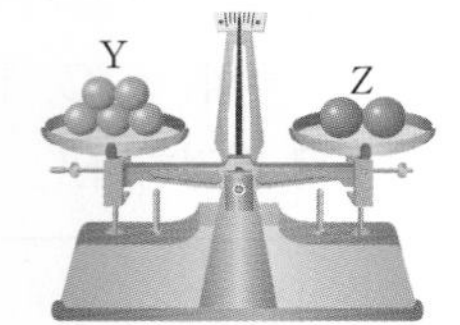

이에 대한 설명으로 옳은 것만을 〈보기〉에서 있는 대로 고른 것은? (단, X의 원자량은 12이며, X~Z는 임의의 원소 기호이다.)

보기
ㄱ. Z의 원자량은 40이다.
ㄴ. Y 원자 1몰의 질량은 16 g이다.
ㄷ. 1 g에 포함된 원자 수비는 X : Z=5 : 3이다.

① ㄱ ② ㄷ ③ ㄱ, ㄴ ④ ㄴ, ㄷ ⑤ ㄱ, ㄴ, ㄷ

[8714-0023]
02 표는 몇 가지 원자의 원자량을 나타낸 것이다. 아보가드로수는 6.02×10^{23}이다.

원자	H	C	O	Mg
원자량	1	12	16	24

이에 대한 설명으로 옳은 것만을 〈보기〉에서 있는 대로 고른 것은?

보기
ㄱ. 원자 1개의 질량은 H 원자가 C 원자의 $\frac{1}{12}$이다.
ㄴ. CO_2 분자 1개의 질량은 $\frac{44}{6.02\times10^{23}}$ g이다.
ㄷ. MgO에서 질량비는 Mg : O=3 : 2이다.

① ㄱ ② ㄴ ③ ㄱ, ㄷ ④ ㄴ, ㄷ ⑤ ㄱ, ㄴ, ㄷ

[8714-0024]
03 표는 ^{1}H, ^{12}C, ^{16}O 1몰의 질량을 나타낸 것이다. 아보가드로수는 N_A이다.

원자	^{1}H	^{12}C	^{16}O
1몰의 질량(g)	1.008	12.000	15.995

이에 대한 설명으로 옳은 것만을 〈보기〉에서 있는 대로 고른 것은?

보기
ㄱ. 1 g에 들어 있는 원자 수는 ^{1}H가 가장 크다.
ㄴ. ^{12}C 원자 1개의 질량은 $\frac{12.000}{N_A}$ g이다.
ㄷ. ^{1}H 1.008 g의 원자 수는 $^{16}O_2$ 15.995 g의 분자 수의 2배이다.

① ㄱ ② ㄴ ③ ㄱ, ㄷ ④ ㄴ, ㄷ ⑤ ㄱ, ㄴ, ㄷ

[8714-0025]
04 다음은 포도당($C_6H_{12}O_6$) 60 g에 포함된 원자의 총 수를 구하는 과정의 일부이다.

[단계 1] 포도당 60 g의 양(mol)을 구한다.
포도당의 양(mol)$=\frac{60\ g}{x}=$ ㉠
[단계 2] 포도당 60 g의 분자 수를 구한다.
포도당 분자 수=포도당의 양(mol)$\times y$
[단계 3] 포도당 60 g에 포함된 원자의 총 수를 구한다.
원자의 총 수=포도당 분자 수× ㉡

이에 대한 설명으로 옳은 것만을 〈보기〉에서 있는 대로 고른 것은? (단, H, C, O의 원자량은 각각 1, 12, 16이다.)

보기
ㄱ. x는 포도당 1몰의 질량이다.
ㄴ. y는 아보가드로수이다.
ㄷ. ㉠×㉡=8이다.

① ㄱ ② ㄴ ③ ㄱ, ㄷ ④ ㄴ, ㄷ ⑤ ㄱ, ㄴ, ㄷ

[8714-0026]
05 표는 분자 (가)와 (나)에 대한 자료이다.

분자	(가)	(나)
모형		
분자식	$C_6H_{12}O_6$	$C_9H_8O_4$

(가)가 (나)보다 큰 값을 갖는 것을 〈보기〉에서 있는 대로 고른 것은? (단, H, C, O의 원자량은 각각 1, 12, 16이다.)

보기
ㄱ. 분자 1개의 질량
ㄴ. 수소의 질량 비율
ㄷ. 분자 1몰에 포함된 탄소 원자의 질량

① ㄱ ② ㄴ ③ ㄱ, ㄷ ④ ㄴ, ㄷ ⑤ ㄱ, ㄴ, ㄷ

[8714-0027]
06 표는 4가지 화합물에 대한 자료이다.

화합물	분자식	분자량
이산화 탄소	㉠	44
물	H_2O	18
에타인	C_2H_2	㉡
메테인	CH_4	—

이에 대한 설명으로 옳은 것만을 〈보기〉에서 있는 대로 고른 것은? (단, C의 원자량은 12이다.)

보기
ㄱ. ㉠은 CO_2이다.
ㄴ. ㉡은 26이다.
ㄷ. 1 g에 포함된 H 원자 수의 비는 CH_4 : H_2O=9 : 4이다.

① ㄱ ② ㄴ ③ ㄱ, ㄷ
④ ㄴ, ㄷ ⑤ ㄱ, ㄴ, ㄷ

[8714-0028]
07 표는 A와 B로 이루어진 분자 (가)와 (나)에 대한 자료이다.

분자	(가)	(나)
1분자당 원자 수	2	3
분자량	30	46

이에 대한 설명으로 옳은 것만을 〈보기〉에서 있는 대로 고른 것은? (단, A, B는 임의의 원소 기호이고, 원자량은 B > A이다.)

보기
ㄱ. (나)의 분자식은 A_2B이다.
ㄴ. 원자량의 비는 A : B=7 : 8이다.
ㄷ. 화합물 A_2B_5 1몰의 질량은 108 g이다.

① ㄱ ② ㄴ ③ ㄱ, ㄷ
④ ㄴ, ㄷ ⑤ ㄱ, ㄴ, ㄷ

[8714-0029]
08 그림은 (가)와 (나)의 분자 모형을 나타낸 것이다.

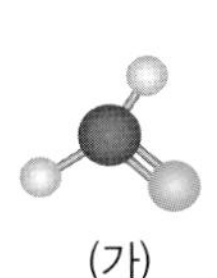
(가)

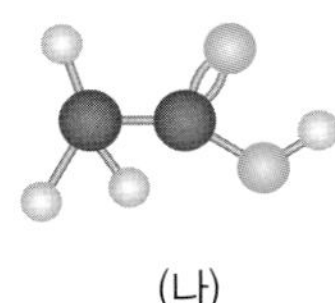
(나)

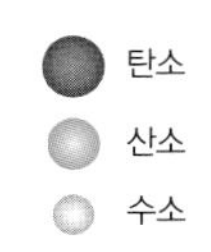

이에 대한 설명으로 옳은 것만을 〈보기〉에서 있는 대로 고른 것은?

보기
ㄱ. 1몰의 질량은 (나)가 (가)의 2배이다.
ㄴ. 1 g에 포함된 분자 수비는 (가) : (나)=1 : 2이다.
ㄷ. 공유 결합 수의 비는 (가) : (나)=3 : 7이다.

① ㄱ ② ㄴ ③ ㄱ, ㄷ
④ ㄴ, ㄷ ⑤ ㄱ, ㄴ, ㄷ

[8714-0030]
09 표는 X와 Y 두 원소로 이루어진 분자 (가)와 (나)에 대한 자료이다.

분자	(가)	(나)
1분자당 원자 수	2	4
분자량(상댓값)	10	17

이에 대한 설명으로 옳은 것만을 〈보기〉에서 있는 대로 고른 것은? (단, X, Y는 임의의 원소 기호이고, 원자량은 X > Y이다.)

보기
ㄱ. $\frac{\text{Y 원자 수}}{\text{X 원자 수}}$는 (가) > (나)이다.
ㄴ. $\frac{\text{Y 원자량}}{\text{X 원자량}} > \frac{1}{2}$이다.
ㄷ. 1 g에 포함된 Y 원자 수비는 (가) : (나)=1 : 3이다.

① ㄱ ② ㄴ ③ ㄱ, ㄷ
④ ㄴ, ㄷ ⑤ ㄱ, ㄴ, ㄷ

[8714-0031]
10 표는 분자 (가)와 (나)에 대한 자료이다.

분자	(가)	(나)
분자식	AB_4	B_2C
$\frac{\text{B의 질량}}{\text{전체 질량}}$	$\frac{1}{4}$	$\frac{1}{9}$

이에 대한 설명으로 옳은 것만을 〈보기〉에서 있는 대로 고른 것은? (단, A~C는 임의의 원소 기호이다.)

보기
ㄱ. 원자량의 비는 A : C=3 : 4이다.
ㄴ. 1몰의 질량은 AC와 A_2B_4가 서로 같다.
ㄷ. 1 g에 포함된 전체 원자 수는 (나)가 (가)의 $\frac{1}{2}$보다 크다.

① ㄱ ② ㄴ ③ ㄱ, ㄷ
④ ㄴ, ㄷ ⑤ ㄱ, ㄴ, ㄷ

[8714-0032]
11 다음 중 입자 수가 가장 큰 것은? (단, H, C, N, O의 원자량은 각각 1, 12, 14, 16이고, 0 ℃, 1기압에서 기체 1몰의 부피는 22.4 L이다.)

① H_2 1 g에 들어 있는 H 원자 수
② H_2O 1몰에 들어 있는 H 원자 수
③ CH_4 16 g에 들어 있는 CH_4 분자 수
④ 0 ℃, 1기압에서 NH_3 11.2 L에 들어 있는 H 원자 수
⑤ 0 ℃, 1기압에서 NO_2 5.6 L에 들어 있는 전체 원자 수

[8714-0033]
12 표는 0 ℃, 1기압에서 기체 X와 Y에 대한 자료이다.

기체	X	Y
1분자당 원자 수	3	3
질량(g)	16	32
부피(L)	5.6	11.2

X와 Y가 같은 값을 갖는 것만을 〈보기〉에서 있는 대로 고른 것은?

보기
ㄱ. 기체의 밀도　　ㄴ. 기체의 양(mol)
ㄷ. 분자량　　ㄹ. 총 원자 수

① ㄱ　② ㄹ　③ ㄱ, ㄷ
④ ㄴ, ㄷ　⑤ ㄱ, ㄴ, ㄹ

[8714-0034]
13 표는 t ℃, 1기압에서 기체 (가)~(다)의 질량과 부피를 나타낸 것이다.

기체	(가)	(나)	(다)
분자량	4	–	16
질량(g)	–	16	4
부피(L)	24	12	6

이에 대한 설명으로 옳은 것만을 〈보기〉에서 있는 대로 고른 것은?

보기
ㄱ. (가)~(다) 중 분자량은 (나)가 가장 크다.
ㄴ. (가)와 (다)는 질량이 같다.
ㄷ. 기체의 밀도는 (나)가 (다)의 4배이다.

① ㄱ　② ㄷ　③ ㄱ, ㄴ
④ ㄴ, ㄷ　⑤ ㄱ, ㄴ, ㄷ

[8714-0035]
14 다음은 t ℃, 1기압에서 기체 A_2, B_2, AB_2에 대한 자료이다.

• 1 g에 포함된 분자 수비는 A_2 : B_2=8 : 7이다.
• AB_2의 밀도는 2 g/L이다.

이에 대한 설명으로 옳은 것만을 〈보기〉에서 있는 대로 고른 것은? (단, A, B는 임의의 원소 기호이며, t ℃, 1기압에서 기체 1몰의 부피는 23 L이다.)

보기
ㄱ. AB_2 1몰의 질량은 46 g이다.
ㄴ. B의 원자량은 14이다.
ㄷ. t ℃, 1기압에서 기체의 밀도는 A_2가 AB_2의 $\frac{1}{2}$보다 크다.

① ㄴ　② ㄷ　③ ㄱ, ㄴ
④ ㄱ, ㄷ　⑤ ㄱ, ㄴ, ㄷ

[8714-0036]
15 그림은 t ℃, 1기압에서 실린더에 산소(O_2) 16 g과 이산화 탄소(CO_2) 0.5몰이 들어 있는 것을 나타낸 것이다.

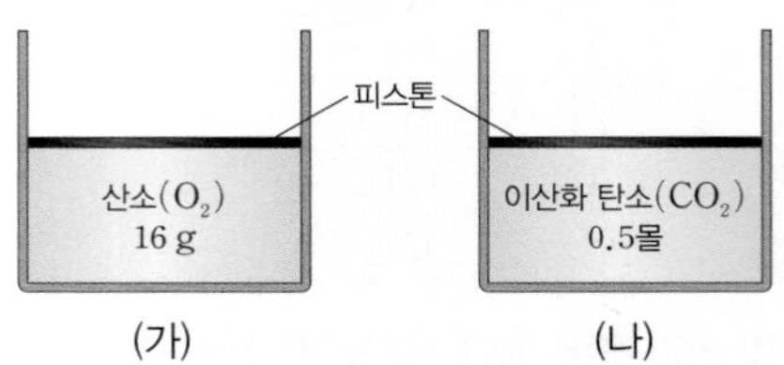

이에 대한 설명으로 옳은 것만을 〈보기〉에서 있는 대로 고른 것은? (단, C, O의 원자량은 각각 12, 16이며, 피스톤의 질량과 마찰은 무시한다.)

보기
ㄱ. 기체의 부피는 (가)와 (나)가 같다.
ㄴ. 기체의 밀도는 (나)>(가)이다.
ㄷ. 원자 수비는 (가) : (나)=2 : 3이다.

① ㄱ　② ㄴ　③ ㄱ, ㄷ
④ ㄴ, ㄷ　⑤ ㄱ, ㄴ, ㄷ

[8714-0037]
16 표는 t ℃, 1기압에서 기체 AB_2와 C_2B의 부피와 질량을 나타낸 것이다. 각 기체의 전체 질량 중 B만의 질량은 4 g으로 같다.

기체	AB_2	C_2B
부피(L)	10	20
질량(g)	11	22

이에 대한 설명으로 옳은 것만을 〈보기〉에서 있는 대로 고른 것은? (단, A~C는 임의의 원소 기호이다.)

보기
ㄱ. 1몰의 질량은 AB_2와 C_2B가 같다.
ㄴ. 원자량의 비는 A : C=7 : 9이다.
ㄷ. 1 g에 들어 있는 B 원자 수비는 AB_2 : C_2B=2 : 1이다.

① ㄱ　② ㄴ　③ ㄱ, ㄷ
④ ㄴ, ㄷ　⑤ ㄱ, ㄴ, ㄷ

[8714-0038]

01 0 ℃, 1기압에서 뷰테인(C_4H_{10}) 기체 11.2 L가 있다. 이에 대한 다음 값을 각각 구하시오. (단, 아보가드로수는 6.02×10^{23}이고, H와 C의 원자량은 각각 1, 12이며, 0 ℃, 1기압에서 기체 1몰의 부피는 22.4 L이다.)

(1) 뷰테인의 양(mol)

(2) 뷰테인의 분자 수

(3) 뷰테인의 질량

(4) 탄소(C) 원자의 양(mol)

(5) 수소(H) 원자 수

[8714-0039]

02 표는 X와 Y로 이루어진 분자 (가)와 (나)에 대한 자료이다. (단, X, Y는 임의의 원소 기호이고, 원자량은 Y > X이다.)

분자	(가)	(나)
1분자당 원자 수	3	3
분자량	44	46

(1) (가)와 (나)의 분자식을 각각 쓰시오.

(2) X와 Y의 원자량을 각각 구하시오.

(3) 화합물 X_2Y_3 1몰의 질량을 구하시오.

[8714-0040]

03 그림은 원소 X와 Y로 이루어진 분자 (가)~(다)의 성분 원소의 질량을, 표는 (가)~(다)의 1분자당 원자 수를 각각 나타낸 것이다. (단, X, Y는 임의의 원소 기호이다.)

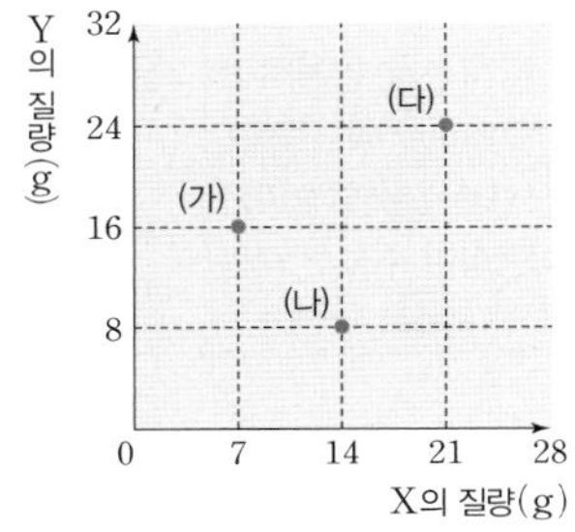

분자	(가)	(나)	(다)
1분자당 원자 수	3	3	2

(1) (가)~(다)에서 일정량의 X와 결합한 Y의 질량비를 구하고, 그 과정을 서술하시오.

(2) (가)~(다)에서 1몰의 Y와 결합한 X의 몰비를 구하고, 그 과정을 서술하시오.

(3) (가)~(다)의 분자식을 각각 구하고, 그 과정을 서술하시오.

[8714-0041]

04 다음은 t ℃, 1기압에서 기체 분자 A_2, B_2, A_2B에 대한 자료이다.

- w g에 포함된 분자 수비는 $A_2 : B_2 = 16 : 1$이다.
- A_2B의 밀도는 d g/L이다.

B의 원자량을 구하시오. (단, t ℃, 1기압에서 기체 1몰의 부피는 36 L이다.)

[8714-0042]

05 표는 일정한 온도와 압력에서 3가지 기체 분자에 대한 자료이다. (단, X~Z는 임의의 원소 기호이고, 아보가드로수는 N_A이다.)

분자	분자량	단위 질량당 부피(L/g)	단위 질량당 원자 수(상댓값)
X_2	2	18	a
Y	4	b	3
X_2Z	㉠	c	2

(1) a, b, c를 구하고, 그 과정을 서술하시오.

(2) X_2Z의 분자량 ㉠을 구하고, 그 과정을 서술하시오.

[8714-0043]

06 그림은 25 ℃, 1기압에서 $C_2H_4(g)$와 $C_3H_6(g)$의 부피와 질량을 측정한 결과를 나타낸 것이다. (단, H, C의 원자량은 각각 1, 12이다.)

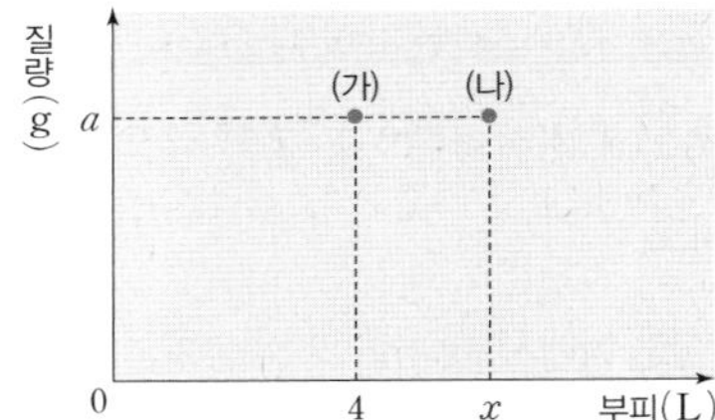

(1) (나)에서 x를 구하고, 그 과정을 서술하시오.

(2) (가)와 (나) a g에 포함된 전체 원자 수비를 구하고, 그 과정을 서술하시오.

03 화학 반응식과 용액의 농도

1 화학 반응식

(1) 화학 반응식: 화학 반응을 화학식과 기호를 이용하여 나타낸 식

예 수소와 산소가 반응하여 수증기가 생성되는 반응의 화학 반응식 만들기

1단계	반응물과 생성물을 화학식으로 나타낸다.	•반응물: 수소(H_2), 산소(O_2) •생성물: 수증기(H_2O)
2단계	반응물은 왼쪽에, 생성물은 오른쪽에 쓰고, 그 사이를 '→'로 연결한다. 또, 반응물이나 생성물이 두 가지 이상이면 각 물질을 '+'로 연결한다.	수소 + 산소 ⟶ 수증기 $H_2 + O_2 \longrightarrow H_2O$
3단계	반응물과 생성물을 구성하는 원자의 종류와 수가 같아지도록 화학식 앞의 계수를 맞춘다. 이때 계수는 가장 간단한 정수비로 나타내고, 1이면 생략한다.	① 산소의 원자 수를 같게 맞춘다. $H_2 + O_2 \longrightarrow 2H_2O$ ② 수소의 원자 수를 같게 맞춘다. $2H_2 + O_2 \longrightarrow 2H_2O$
4단계	물질의 상태는 ( ) 안에 기호를 써서 화학식 뒤에 표시한다.	고체: s, 액체: l, 기체: g, 수용액: aq $2H_2(g)+O_2(g) \longrightarrow 2H_2O(g)$

(2) 화학 반응식의 의미: 화학 반응식을 통해 반응물과 생성물의 종류를 알 수 있고, 물질의 양(mol), 분자 수, 질량, 기체의 부피 등의 양적 관계를 파악할 수 있다.

① 화학 반응식의 계수비는 몰비 또는 분자 수비와 같다.

② 기체인 경우, 같은 온도와 압력에서 화학 반응식의 계수비는 기체의 부피비와 같다.

> 계수비 = 몰비 = 분자 수비 = 부피비(기체의 경우) ≠ 질량비

화학 반응식	$N_2(g)$	+	$3H_2(g)$	⟶	$2NH_3(g)$
물질의 종류	질소		수소		암모니아
물질의 양(mol)	1		3		2
분자 수(개)	6.02×10^{23}		$3\times6.02\times10^{23}$		$2\times6.02\times10^{23}$
분자 수비	1	:	3	:	2
기체의 부피(L) (0 ℃, 1기압)	22.4		3×22.4		2×22.4
기체의 부피비	1	:	3	:	2
질량(g)	28	+	6	=	34
질량비	14	:	3	:	17

2 화학 반응에서의 양적 관계

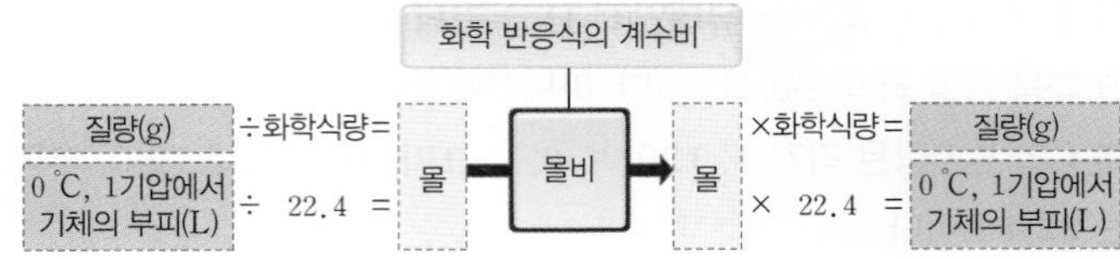

(1) 화학 반응에서의 질량–질량 관계

예 포도당($C_6H_{12}O_6$) 90 g이 생성되는 데 필요한 물(H_2O)의 질량

1단계	포도당 90 g의 양(mol)을 구한다.	포도당의 양(mol)=$\frac{\text{질량}}{\text{1몰의 질량}}$ $=\frac{90\text{ g}}{180\text{ g/mol}}=0.5\text{ mol}$
2단계	화학 반응식에서 포도당과 물의 몰비를 구하고, 비례식을 이용하여 물의 양(mol)(x)을 구한다.	$6CO_2+6H_2O \longrightarrow C_6H_{12}O_6+6O_2$ 6몰 1몰 1 : 6 = 0.5 : x, ∴ x=3(몰)
3단계	물의 양(mol)을 질량으로 변환한다.	H_2O의 질량=몰(mol)×1몰의 질량 =3 mol×18 g/mol=54 g

(2) 화학 반응에서의 부피–부피 관계

예 암모니아(NH_3) 30 L가 생성되는 데 필요한 수소(H_2)의 부피

1단계	화학 반응식의 계수로부터 암모니아와 수소의 부피비를 구한다.	$N_2(g)+3H_2(g) \longrightarrow 2NH_3(g)$ 부피비 3 : 2
2단계	비례식을 이용하여 암모니아 30 L를 얻기 위해 필요한 수소 기체의 부피(x)를 구한다.	수소 : 암모니아의 부피비 =3 : 2=x : 30, ∴ x=45 (L)

(3) 화학 반응에서의 질량–부피 관계

예 알루미늄(Al) 5.4 g이 묽은 염산과 반응할 때 생성되는 수소(H_2)의 0 ℃, 1기압에서의 부피

1단계	알루미늄 5.4 g의 양(mol)을 구한다.	알루미늄의 양(mol)=$\frac{\text{질량}}{\text{1몰의 질량}}$ $=\frac{5.4\text{ g}}{27\text{ g/mol}}=0.2\text{ mol}$
2단계	화학 반응식에서 알루미늄과 수소의 몰비를 구하고, 비례식을 이용하여 생성되는 수소의 양(mol)(x)을 구한다.	$2Al+6HCl \longrightarrow 2AlCl_3+3H_2$ 2몰 3몰 2 : 3 = 0.2 : x, ∴ x=0.3(몰)
3단계	0 ℃, 1기압에서 기체 1몰의 부피가 22.4 L인 것을 이용하여 수소 기체의 양(mol)으로부터 부피(x)를 구한다.	수소의 부피=몰(mol)×22.4 =0.3 mol×22.4 L/mol=6.72 L

핵심 개념 체크

정답과 해설 08쪽

1. 화학 반응식에 대한 설명 중 옳은 것은 ○표, 옳지 않은 것은 ×표 하시오.

(1) 화학 반응식에서 반응물과 생성물을 구성하는 원자의 종류와 수는 같다. ( )

(2) 화학 반응식의 계수비는 몰비와 같다. ( )

(3) 반응물과 생성물이 기체인 경우 화학 반응식의 계수비는 질량비와 같다. ( )

2. 다음 화학 반응식을 완결하여 쓰시오.

(1) $N_2(g)$+( ) ⟶ $2NH_3(g)$

(2) ( )$Al(s)$+( )$O_2(g)$ ⟶ ( )$Al_2O_3(s)$

(3) $6CO_2(g)+6H_2O(l)$ ⟶ ( )+$6O_2(g)$

3. $N_2(g)+2O_2(g) \longrightarrow 2NO_2(g)$에서 N_2 : O_2 : NO_2 = 1 : 2 : 2인 것을 모두 고르시오.

> ㉠ 몰비 ㉡ 분자 수비 ㉢ 질량비 ㉣ 부피비

3 용액의 농도

(1) 용해와 용액

① 용해: 두 종류 이상의 순물질이 균일하게 섞이는 현상

② 용액: 두 종류 이상의 순물질이 균일하게 섞여 있는 혼합물

- 용매: 다른 물질을 녹이는 물질
- 용질: 다른 물질에 녹아 들어가는 물질

(2) 퍼센트 농도: 용액 100 g에 녹아 있는 용질의 질량을 나타내며, 단위는 %를 사용한다.

$$\text{퍼센트 농도}(\%)=\frac{\text{용질의 질량(g)}}{\text{용액의 질량(g)}}\times 100$$

$$=\frac{\text{용질의 질량(g)}}{\text{(용매+용질)의 질량(g)}}\times 100$$

① 용액에 녹아 있는 용매와 용질의 질량을 쉽게 알 수 있다.

예 15 % 포도당 수용액 200 g에 들어 있는 물과 포도당의 질량

➡ 수용액 100 g에 포도당 15 g이 녹아 있다.

➡ 수용액 200 g에 포도당 30 g이 녹아 있다.

➡ 물 170 g과 포도당 30 g이 혼합된 수용액이다.

② 질량은 온도의 영향을 받지 않으므로 퍼센트 농도는 온도와 무관하다.

(3) 몰 농도: 용액 1 L에 녹아 있는 용질의 양(mol)을 나타내며, 단위는 M 또는 mol/L를 사용한다.

$$\text{몰 농도(M)}=\frac{\text{용질의 양(mol)}}{\text{용액의 부피(L)}}$$

① 온도에 따라 용질의 양(mol)은 변하지 않지만 용액의 부피는 변하므로 몰 농도는 온도에 따라 달라진다.

② 반응물과 생성물이 용액인 화학 반응에서 반응물과 생성물의 양적 관계를 구할 때 유용하며, 용액의 몰 농도와 부피를 알면 녹아 있는 용질의 양(mol)을 구할 수 있다.

$$\text{용질의 양(mol)}=\text{몰 농도(mol/L)}\times\text{용액의 부피(L)}$$

4 몰 농도 용액

(1) 몰 농도 용액의 제조: 특정한 몰 농도의 용액을 제조할 때 전자저울, 비커, 부피 플라스크, 씻기병 등이 필요하다.

전자저울	비커	부피 플라스크	씻기병
용질의 질량을 측정할 때 사용한다.	용질을 용해시킨 후 용액을 부피 플라스크에 옮길 때 사용한다.	일정 부피의 용액을 만들 때 사용한다.	비커에 남아 있는 용액을 헹구거나 부피 플라스크의 표시선을 맞출 때 사용한다.

예 0.1 M 수산화 나트륨(NaOH) 수용액 1 L를 만드는 과정

① NaOH 0.1몰의 질량인 4.0 g을 적당량의 증류수가 들어 있는 비커에 넣어 완전히 녹인다.

② 1 L 부피 플라스크에 ①의 용액을 넣는다.

③ 부피 플라스크에 증류수를 $\frac{2}{3}$ 정도 넣고, 용액을 섞는다.

④ 표시선까지 증류수를 가하고, 용액을 충분히 흔들어 준다.

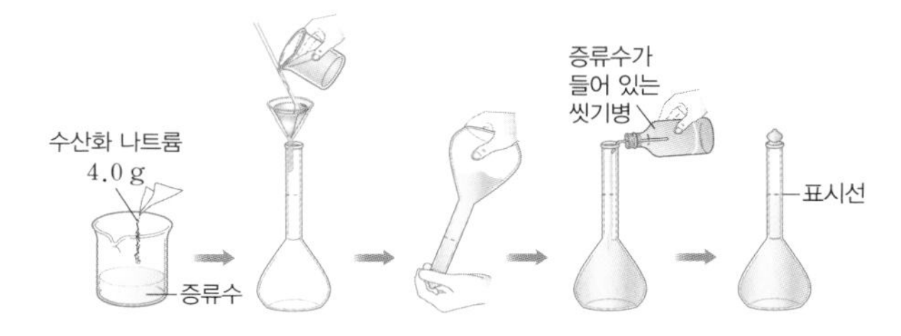

(2) 몰 농도 용액의 혼합과 희석

① 두 가지 용액을 혼합하거나 용액에 증류수를 가해 희석하면 용액의 부피와 몰 농도는 달라지지만, 혼합 전과 후의 용질의 양(mol)은 같다.

② 몰 농도가 M mol/L인 용액 V L에 증류수를 가해 희석한 용액의 몰 농도가 M' mol/L이고 부피가 V' L라면

$M\times V=M'\times V'$에서 $M'=M\times\frac{V}{V'}$이다.

핵심 개념 체크

정답과 해설 08쪽

4. 용액의 농도에 대한 설명 중 옳은 것은 ○표, 옳지 않은 것은 ×표 하시오.

(1) 염화 나트륨 수용액에서 용질은 염화 나트륨이다. (   )

(2) 온도에 따라 용액의 부피와 몰 농도가 달라진다. (   )

(3) 용액에 증류수를 가해 희석할 때 용액에 녹아 있는 용질의 양(mol)이 감소한다. (   )

5. 포도당 수용액에 대하여 다음 값을 구하시오. (단, 포도당의 분자량은 180이다.)

(1) 포도당 10 g에 증류수 90 g을 혼합한 수용액의 퍼센트 농도

(2) 20 % 포도당 수용액 150 g에 녹아 있는 포도당의 질량

(3) 0.2 M 포도당 수용액 100 mL에 녹아 있는 포도당의 양(mol)

(4) 포도당 36 g을 녹여 만든 수용액 500 mL의 몰 농도

출제 예상 문제

[8714-0044]

01 **다음은 일산화 탄소의 연소 반응에 대한 화학 반응식이다.**

$$2CO(g)+O_2(g) \longrightarrow 2CO_2(g)$$

이에 대한 설명으로 옳은 것만을 〈보기〉에서 있는 대로 고른 것은? (단, C, O의 원자량은 각각 12, 16이다.)

보기

ㄱ. 일산화 탄소와 산소를 각각 1몰씩 넣어 반응시키면 이산화 탄소 1몰이 생성된다.

ㄴ. 온도와 압력이 일정할 때 산소 1 L가 완전히 반응하면 이산화 탄소 2 L가 생성된다.

ㄷ. 일산화 탄소 10 g은 산소 5 g과 완전히 반응한다.

① ㄱ ② ㄷ ③ ㄱ, ㄴ ④ ㄴ, ㄷ ⑤ ㄱ, ㄴ, ㄷ

[8714-0045]

02 **다음은 탄산 칼슘($CaCO_3$)과 묽은 염산(HCl)의 반응에서 양적 관계를 이용하여 이산화 탄소의 분자량을 알아보기 위한 실험이다.**

[화학 반응식]

$$CaCO_3(s)+a HCl(aq) \longrightarrow CaCl_2(aq)+b H_2O(l)+c CO_2(g)$$

(a~c는 반응 계수)

[실험 과정]

묽은 염산이 들어 있는 삼각 플라스크에 탄산 칼슘을 넣고 반응시키면서 질량을 측정한다.

[실험 결과]

- 탄산 칼슘의 질량: x g
- 묽은 염산이 담긴 삼각 플라스크의 질량: 250 g
- 반응 후 삼각 플라스크의 전체 질량: 250.56 g

이에 대한 설명으로 옳은 것만을 〈보기〉에서 있는 대로 고른 것은? (단, 탄산 칼슘($CaCO_3$)의 화학식량은 100이다.)

보기

ㄱ. $\frac{b+c}{a}=1$이다.

ㄴ. 탄산 칼슘의 질량은 묽은 염산이 모두 반응할 수 있는 충분한 양을 사용해야 한다.

ㄷ. 이산화 탄소(CO_2)의 분자량은 $100-\frac{44}{x}$이다.

① ㄱ ② ㄴ ③ ㄱ, ㄷ ④ ㄴ, ㄷ ⑤ ㄱ, ㄴ, ㄷ

[8714-0046]

03 **다음은 AB와 B_2가 반응하여 AB_2가 생성되는 반응의 화학 반응식이다.**

$$xAB(g)+yB_2(g) \longrightarrow zAB_2(g) \ (x\text{~}z\text{는 반응 계수})$$

이에 대한 설명으로 옳은 것만을 〈보기〉에서 있는 대로 고른 것은? (단, A, B는 임의의 원소 기호이고, A, B의 원자량은 각각 12, 16이다.)

보기

ㄱ. $\frac{x+y}{z}=1$이다.

ㄴ. 반응 질량비는 $AB(g):B_2(g)=2:1$이다.

ㄷ. 강철 용기에 $AB(g)$ 1몰과 $B_2(g)$ 1몰을 넣어 완전히 반응시키면 반응 후 $\frac{AB_2(g)\text{의 양(mol)}}{\text{전체 기체의 양(mol)}}=\frac{2}{3}$가 된다.

① ㄴ ② ㄷ ③ ㄱ, ㄴ ④ ㄱ, ㄷ ⑤ ㄱ, ㄴ, ㄷ

[8714-0047]

04 **다음은 화합물 AB_3가 생성되는 반응의 화학 반응식이다.**

$$2X(g)+B_2(g) \longrightarrow 2AB_3(g)$$

그림과 같이 10 g의 $X(g)$와 $B_2(g)$가 각각 들어 있는 두 용기를 연결한 꼭지를 열어 어느 한 물질이 모두 소모될 때까지 반응시켰다.

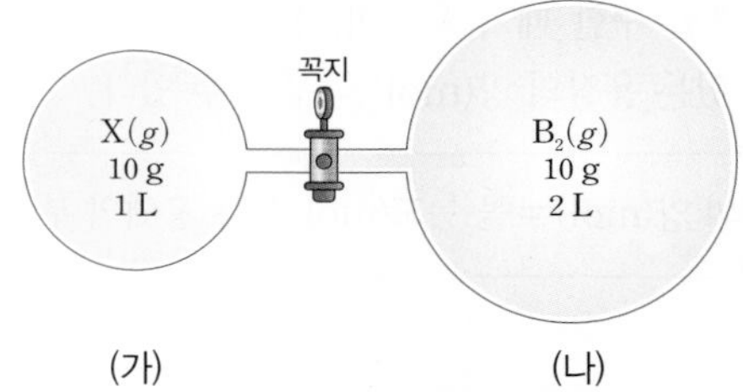

이에 대한 설명으로 옳은 것만을 〈보기〉에서 있는 대로 고른 것은? (단, 기체의 온도와 압력은 같으며, A, B는 임의의 원소 기호이다.)

보기

ㄱ. 꼭지를 열기 전 원자 수비는 (가) : (나)=2 : 3이다.

ㄴ. 원자량은 A가 B의 2배이다.

ㄷ. 생성된 AB_3의 질량은 15 g이다.

① ㄱ ② ㄴ ③ ㄱ, ㄷ ④ ㄴ, ㄷ ⑤ ㄱ, ㄴ, ㄷ

[8714-0048]
05 그림 (가)는 반응 용기에 a몰의 기체 X_2와 w g의 기체 Y_2가 들어 있는 것을, (나)는 X_2와 Y_2를 반응시켜 기체 생성물이 만들어질 때 반응하지 않고 남아 있는 물질만을 모형으로 나타낸 것이다.

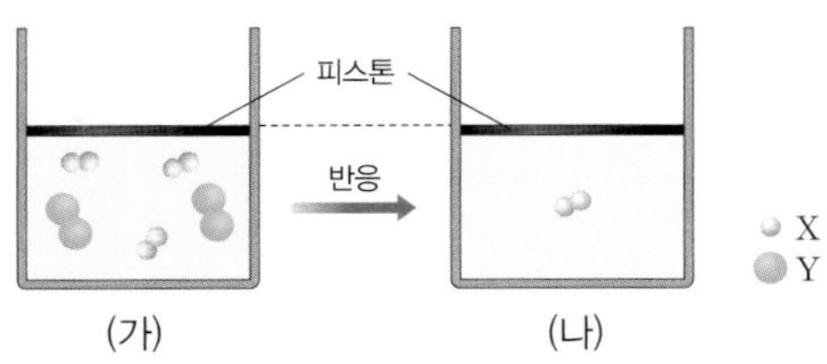

이에 대한 설명으로 옳은 것만을 〈보기〉에서 있는 대로 고른 것은? (단, X, Y는 임의의 원소 기호이며, 피스톤의 질량과 마찰은 무시한다.)

보기
ㄱ. 화학 반응식은 $X_2(g)+Y_2(g) \longrightarrow 2XY(g)$이다.
ㄴ. Y_2의 분자량은 $\frac{3w}{2a}$이다.
ㄷ. 생성물의 양(mol)은 $\frac{4}{3}a$몰이다.

① ㄱ ② ㄴ ③ ㄱ, ㄷ
④ ㄴ, ㄷ ⑤ ㄱ, ㄴ, ㄷ

[8714-0049]
06 다음은 화합물 AB_2가 생성되는 반응의 화학 반응식이다. $X(g)$와 $B_2(g)$의 반응 질량비는 7 : 4이다.

$$aX(g)+bB_2(g) \longrightarrow 2AB_2(g) \quad (a, b\text{는 반응 계수})$$

표는 25 ℃, 1기압에서 $X(g)$와 $B_2(g)$의 밀도의 상댓값을 나타낸 것이다.

기체	$X(g)$	$B_2(g)$
밀도(상댓값)	7	8

이에 대한 설명으로 옳은 것만을 〈보기〉에서 있는 대로 고른 것은? (단, A, B는 임의의 원소 기호이다.)

보기
ㄱ. X의 분자식은 AB이다.
ㄴ. 원자량은 A가 B의 $\frac{2}{5}$이다.
ㄷ. 같은 질량의 $X(g)$와 $B_2(g)$를 완전히 반응시키면 25 ℃, 1기압에서 반응 후 기체의 부피는 반응 전의 $\frac{11}{15}$배이다.

① ㄱ ② ㄴ ③ ㄱ, ㄷ
④ ㄴ, ㄷ ⑤ ㄱ, ㄴ, ㄷ

[8714-0050]
07 그림은 0.5 M 탄산수소 칼륨($KHCO_3$) 수용액 200 mL를 나타낸 것이다.

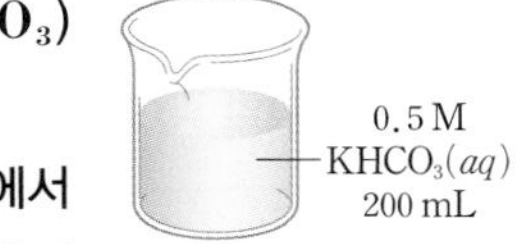

이에 대한 설명으로 옳은 것만을 〈보기〉에서 있는 대로 고른 것은? (단, $KHCO_3$의 화학식량은 100이고, 용액의 온도는 일정하다.)

보기
ㄱ. 비커의 수용액에 녹아 있는 $KHCO_3$의 질량은 10 g이다.
ㄴ. 0.5 M $KHCO_3$ 수용액 100 mL에는 $KHCO_3$ $\frac{1}{20}$몰이 녹아 있다.
ㄷ. 비커에 증류수를 더 부어 용액 전체의 부피를 4 L로 하면 몰 농도는 $\frac{1}{40}$ M이다.

① ㄱ ② ㄴ ③ ㄱ, ㄷ
④ ㄴ, ㄷ ⑤ ㄱ, ㄴ, ㄷ

[8714-0051]
08 표는 요소 수용액 (가)와 (나)에 대한 자료이다.

수용액	(가)	(나)
용액의 농도	10 %	1 M
용액의 양	300 mL	500 mL

이에 대한 설명으로 옳은 것만을 〈보기〉에서 있는 대로 고른 것은? (단, 요소의 분자량은 60이고, (가) 수용액의 밀도는 1 g/mL이다.)

보기
ㄱ. 수용액에 녹아 있는 요소의 질량은 (가)>(나)이다.
ㄴ. 용액의 몰 농도는 (가)>(나)이다.
ㄷ. (가)와 (나)의 용액을 혼합한 후 증류수를 넣어 전체 부피를 2 L로 하면 몰 농도는 0.5 M이다.

① ㄱ ② ㄴ ③ ㄱ, ㄷ
④ ㄴ, ㄷ ⑤ ㄱ, ㄴ, ㄷ

[8714-0052]

09 다음은 0.1 M 탄산수소 나트륨($NaHCO_3$) 수용액 1000 mL를 만드는 실험 과정이다.

> (가) 소량의 증류수가 들어 있는 비커에 $NaHCO_3$ x g을 넣어 녹인 후, 이 수용액을 1000 mL의 부피 플라스크에 넣는다.
> (나) 비커에 남은 $NaHCO_3$ 수용액을 증류수로 씻어 부피 플라스크에 넣는다.
> (다) 증류수를 부피 플라스크의 표시선까지 넣고 잘 섞는다.

이에 대한 설명으로 옳은 것만을 <보기>에서 있는 대로 고른 것은? (단, $NaHCO_3$의 화학식량은 84이다.)

> 보기
> ㄱ. $x=8.4$이다.
> ㄴ. 과정 (나)에서 비커에 묻어 있는 $NaHCO_3$을 씻어 넣지 않으면 수용액의 농도가 0.1 M보다 작아진다.
> ㄷ. 0.1 M 탄산수소 나트륨($NaHCO_3$) 수용액 200 mL에 녹아 있는 $NaHCO_3$의 양은 0.02몰이다.

① ㄱ ② ㄴ ③ ㄱ, ㄷ
④ ㄴ, ㄷ ⑤ ㄱ, ㄴ, ㄷ

[8714-0053]

10 다음은 화합물 AB_3가 생성되는 반응의 화학 반응식이다.

$$aX(g)+B_2(g) \longrightarrow bAB_3(g) \quad (a,\ b\text{는 반응 계수})$$

그림은 t ℃, 1기압에서 X $4w$ g이 들어 있는 실린더에 B_2를 넣고 반응시켰을 때, B_2의 질량에 따른 반응 후 전체 기체의 부피를 나타낸 것이다.

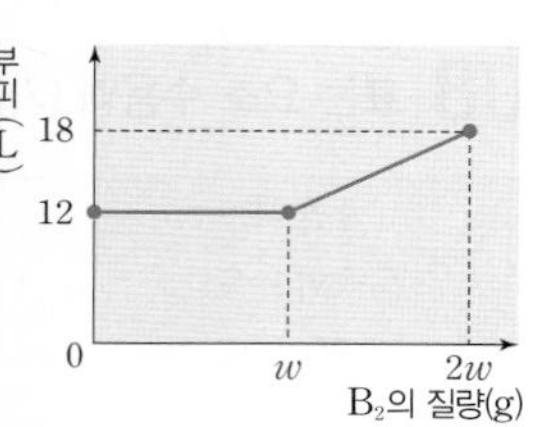

이에 대한 설명으로 옳은 것만을 <보기>에서 있는 대로 고른 것은? (단, 온도와 압력은 일정하며, A, B는 임의의 원소 기호이다.)

> 보기
> ㄱ. X의 분자식은 AB_2이다.
> ㄴ. B_2의 질량이 w g일 때 $\frac{\text{반응 후 기체의 밀도}}{\text{반응 전 기체의 밀도}}>1$이다.
> ㄷ. 원자량의 비는 A : B=2 : 1이다.

① ㄱ ② ㄴ ③ ㄱ, ㄷ
④ ㄴ, ㄷ ⑤ ㄱ, ㄴ, ㄷ

[8714-0054]

11 그림은 25 ℃에서 0.1 M 수산화 나트륨(NaOH) 수용액 100 mL에 0.5 M 수산화 나트륨(NaOH) 수용액 10 mL를 가해 혼합 용액을 만드는 것을 나타낸 것이다.

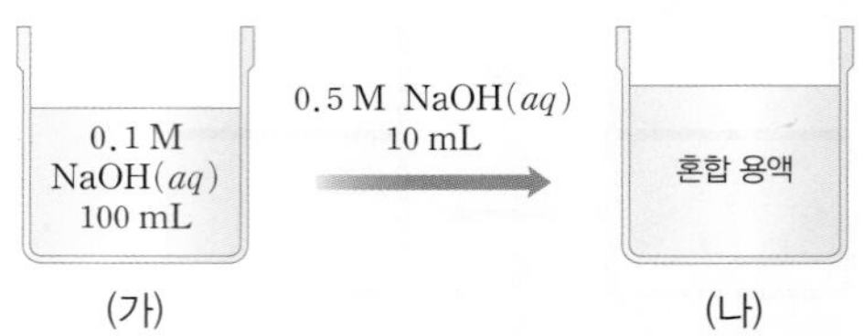

(가) (나)

이에 대한 설명으로 옳은 것만을 <보기>에서 있는 대로 고른 것은? (단, NaOH의 화학식량은 40이며, 혼합 용액의 부피는 혼합 전 각 용액의 부피의 합과 같다.)

> 보기
> ㄱ. (가)에 포함된 NaOH의 질량은 4 g이다.
> ㄴ. (나)의 몰 농도는 0.15 M보다 크다.
> ㄷ. 녹아 있는 NaOH의 양(mol)은 (나)가 (가)의 $\frac{3}{2}$배이다.

① ㄱ ② ㄷ ③ ㄱ, ㄴ
④ ㄴ, ㄷ ⑤ ㄱ, ㄴ, ㄷ

[8714-0055]

12 그림은 x M 염화 나트륨(NaCl) 수용액 100 mL에서 물을 증발시켜 용액의 부피가 50 mL가 된 것을 나타낸 것이다.

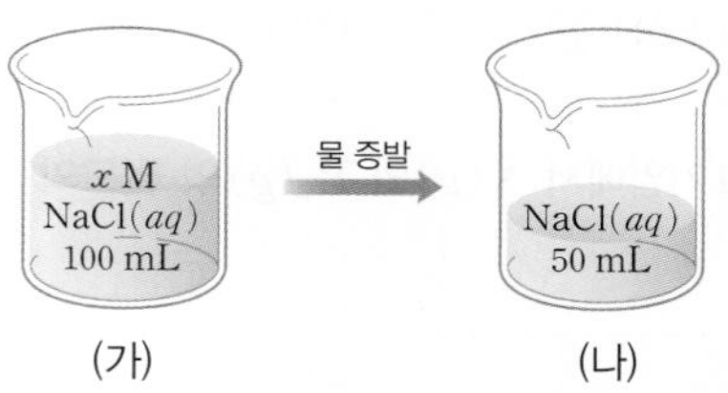

(가) (나)

이에 대한 설명으로 옳은 것만을 <보기>에서 있는 대로 고른 것은? (단, (가)와 (나)의 온도는 같고, 염화 나트륨은 모두 수용액에 녹아 있다.)

> 보기
> ㄱ. 수용액의 몰 농도는 (나)가 (가)의 2배보다 크다.
> ㄴ. (가)에 염화 나트륨 $\frac{x}{5}$몰을 더 녹이고 용액의 부피가 변함이 없다면 수용액의 몰 농도는 (나)와 같다.
> ㄷ. (나)에 증류수를 가해 전체 부피를 200 mL로 하면 수용액의 몰 농도는 (나)의 $\frac{1}{4}$이 된다.

① ㄴ ② ㄷ ③ ㄱ, ㄴ
④ ㄱ, ㄷ ⑤ ㄱ, ㄴ, ㄷ

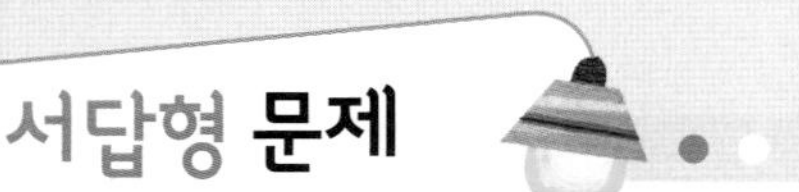

정답과 해설 09쪽

[8714-0056]
01 다음은 에탄올(C_2H_5OH)의 연소 반응에 대한 화학 반응식이다.

$$C_2H_5OH(l)+3O_2(g) \longrightarrow 2CO_2(g)+3H_2O(l)$$

이 반응에서 생성된 이산화 탄소의 부피가 0 ℃, 1기압에서 22.4 L였다. (단, H, C, O의 원자량은 각각 1, 12, 16이고, 0 ℃, 1기압에서 기체 1몰의 부피는 22.4 L이며, 아보가드로수는 6.02×10^{23}이다.)

(1) 반응한 에탄올의 질량을 구하시오.

(2) 반응한 산소의 부피(0 ℃, 1기압)를 구하시오.

(3) 생성된 물 분자 수를 구하시오.

[8714-0057]
02 다음은 탄산 칼슘($CaCO_3$)과 묽은 염산(HCl)의 반응에 대한 화학 반응식과, 이 반응에서 양적 관계를 알아보기 위한 실험 결과이다. (단, $CaCO_3$의 화학식량은 100이다.)

$$CaCO_3(s)+2HCl(aq) \longrightarrow CaCl_2(aq)+H_2O(l)+X(g)$$

실험 / 측정한 질량	(가)	(나)	(다)
탄산 칼슘의 질량(g)	1.0	3.0	5.0
묽은 염산이 담긴 삼각 플라스크의 질량(g)	132.7	132.7	132.7
반응 후 삼각 플라스크의 질량(g)	133.26	134.38	136.38

(1) 실험 (가)의 결과를 이용하여 X의 분자량을 구하고, 그 과정을 서술하시오.

(2) 실험 (다)에서 반응한 $CaCO_3$의 양(mol)은 반응 전 $CaCO_3$의 양(mol)의 몇 배인지 구하고, 그 과정을 서술하시오.

[8714-0058]
03 다음은 어떤 고체 물질 X w g을 물에 녹여 수용액을 만드는 과정에 대한 자료이다.

(가) 물의 부피: V_1(mL)
(나) X 수용액의 부피: V_2(mL)
(다) X의 분자량: W
(라) X 수용액의 밀도: d g/mL

(1) X 수용액의 몰 농도를 구하기 위해 (가)~(라) 중 반드시 필요한 자료만을 고르시오.

(2) (1)에서 고른 자료를 이용하여 X 수용액의 몰 농도를 나타내시오.

[8714-0059]
04 다음은 어떤 물질 A의 분해 반응에 대한 화학 반응식이다.

$$xA \longrightarrow 2B+yC \quad (x,\ y\text{는 반응 계수})$$

그림은 위 반응에서 생성되는 B의 양(mol)에 따른 A와 C의 양(mol) 변화를 나타낸 것이다. 생성물의 질량비는 B : C=4 : 1이다.

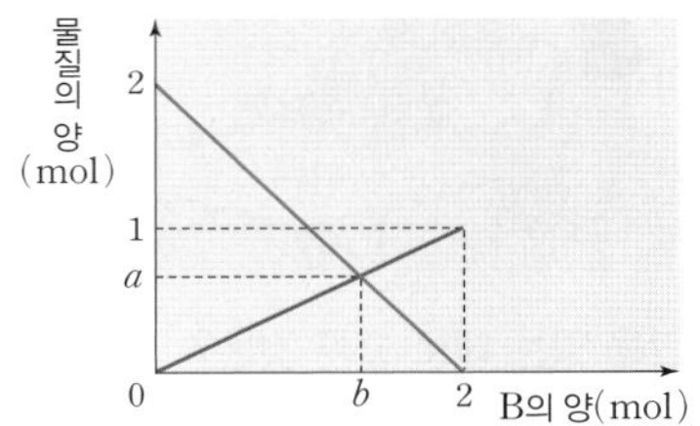

(1) 반응 계수 x와 y를 구하는 과정을 서술하시오.

(2) 그림에서 b의 값을 구하는 과정을 서술하시오.

(3) A~C의 분자량의 비를 구하는 과정을 서술하시오.

[8714-0060]
05 그림은 0.1 M 수산화 나트륨(NaOH) 수용액을 만드는 과정을 나타낸 것이다. (단, NaOH의 화학식량은 40이다.)

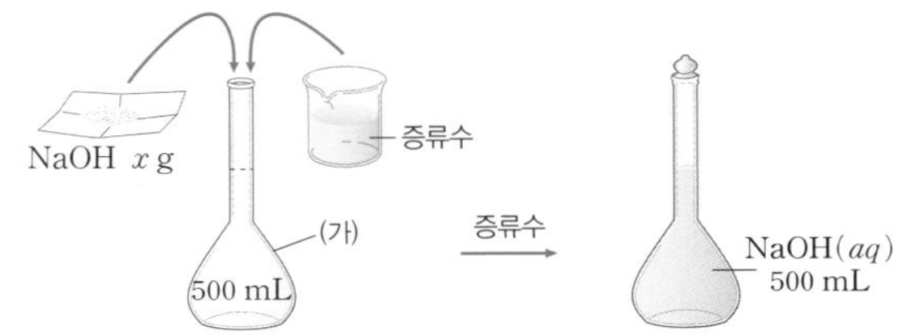

(1) 실험 기구 (가)의 이름을 쓰시오.

(2) 녹인 수산화 나트륨(NaOH)의 질량(x)을 구하시오.

[8714-0061]
06 다음은 수산화 나트륨(NaOH) 수용액을 만드는 과정을 나타낸 것이다. (단, NaOH의 화학식량은 40이다.)

(가) 비커에 물을 반쯤 넣고 수산화 나트륨(NaOH) 8.0 g을 넣어 녹인다.
(나) (가)의 용액을 1000 mL 부피 플라스크에 모두 옮기고 표시선까지 증류수를 넣는다.

(1) 위에서 만든 수산화 나트륨(NaOH) 수용액의 몰 농도를 구하는 과정을 서술하시오.

(2) (1)의 수산화 나트륨(NaOH) 수용액 100 mL에 증류수를 더 넣어 용액의 전체 부피가 200 mL가 되도록 하였다. 이 수산화 나트륨(NaOH) 수용액의 몰 농도를 구하는 과정을 서술하시오.

대단원 종합 문제

[8714-0062]
01 다음은 화학의 유용성에 대한 학생들의 대화이다.

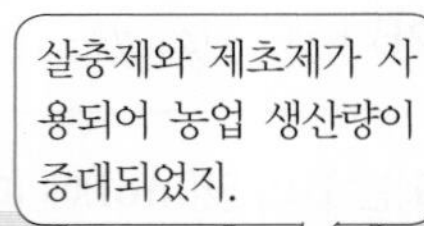

진통제로 쓰이는 아스피린은 버드나무 껍질에서 추출한 천연 의약품이야.
살충제와 제초제가 사용되어 농업 생산량이 증대되었지.
합성 섬유는 화석 연료를 원료로 하여 대량 생산할 수 있어 의류 문제를 해결할 수 있었어.
은이
나래
동엽

내용이 옳은 학생만을 있는 대로 고른 것은?

① 은이 ② 동엽 ③ 은이, 나래
④ 나래, 동엽 ⑤ 은이, 나래, 동엽

[8714-0063]
02 그림은 탄소 화합물 X의 분자 모형을 나타낸 것이다.
X에 대한 설명으로 옳은 것만을 <보기>에서 있는 대로 고른 것은?

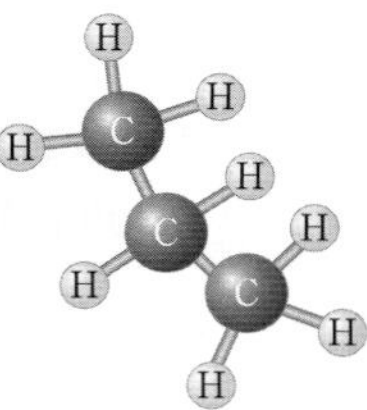

보기
ㄱ. $\frac{\text{수소 수}}{\text{탄소 수}}=\frac{8}{3}$이다.
ㄴ. 수소 원자 3개와 결합한 탄소 원자 수는 2이다.
ㄷ. 1몰이 완전 연소될 때 산소(O_2) 5몰이 반응한다.

① ㄱ ② ㄴ ③ ㄱ, ㄷ
④ ㄴ, ㄷ ⑤ ㄱ, ㄴ, ㄷ

[8714-0064]
03 그림은 탄소 화합물 X의 분자 모형을 나타낸 것이다.
이에 대한 설명으로 옳은 것만을 <보기>에서 있는 대로 고른 것은? (단, H, C, O의 원자량은 각각 1, 12, 16이다.)

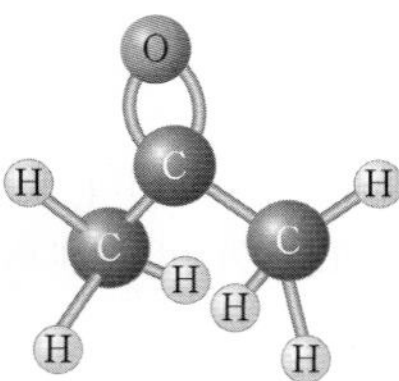

보기
ㄱ. 분자식은 C_3H_6O이다.
ㄴ. 완전 연소되면 이산화 탄소(CO_2)와 물(H_2O)이 생성된다.
ㄷ. 0.5몰에 포함된 탄소(C)의 질량은 36 g이다.

① ㄱ ② ㄷ ③ ㄱ, ㄴ
④ ㄴ, ㄷ ⑤ ㄱ, ㄴ, ㄷ

[8714-0065]
04 다음은 탄소 화합물 X에 대한 설명이다.

- C 원자 1개에 H 원자 2개와 O 원자 1개가 결합한 구조이다.
- 플라스틱이나 가구용 접착제의 원료로 이용되며, 새집 증후군의 원인 물질이다.

X의 분자 모형으로 옳은 것은?

①
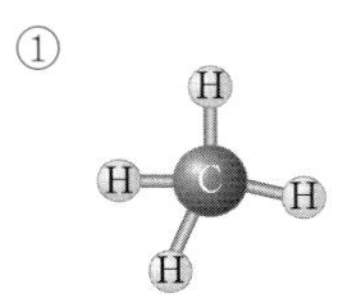
②
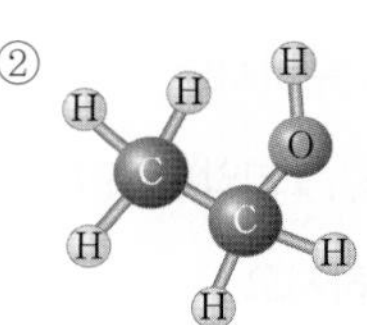
③
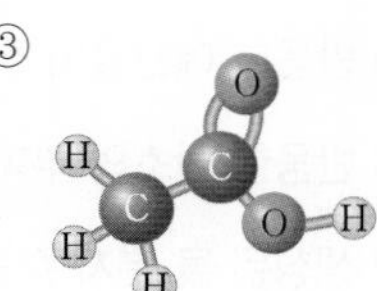
④
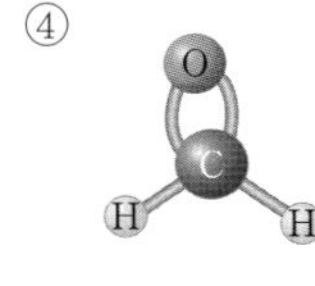
⑤
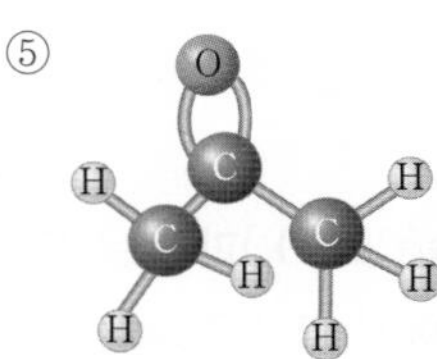

[8714-0066]
05 표는 0 ℃, 1기압에서 4가지 물질의 양을 나타낸 것이다.

구분	물질	물질의 양
(가)	암모니아(NH_3)	부피 5.6 L
(나)	물(H_2O)	질량 9 g
(다)	수소(H_2)	분자 6.02×10^{23}개
(라)	메테인(CH_4)	분자 0.5몰

(가)~(라)의 전체 원자 수를 옳게 비교한 것은? (단, 아보가드로수는 6.02×10^{23}이고, H, C, N, O의 원자량은 각각 1, 12, 14, 16이다.)

① (가)>(나)>(다)>(라) ② (나)>(다)>(가)>(라)
③ (나)>(다)>(라)>(가) ④ (다)>(나)>(라)>(가)
⑤ (라)>(다)>(나)>(가)

[8714-0067]
06 그림은 같은 온도와 압력에서 부피가 같은 플라스크에 산소(O_2) 16 g과 이산화 탄소(CO_2) 0.5몰이 들어 있는 것을 나타낸 것이다.
이에 대한 설명으로 옳은 것만을 <보기>에서 있는 대로 고른 것은? (단, C, O의 원자량은 각각 12, 16이다.)

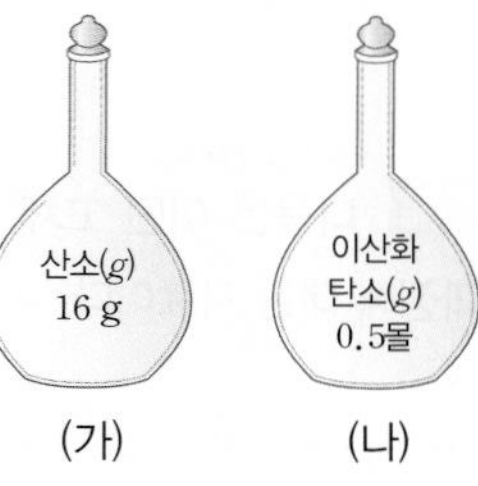

보기
ㄱ. 기체 분자 수는 (가)와 (나)가 같다.
ㄴ. 산소 원자 수는 (가)>(나)이다.
ㄷ. 기체의 질량은 (나)가 (가)보다 크다.

① ㄱ ② ㄴ ③ ㄱ, ㄷ
④ ㄴ, ㄷ ⑤ ㄱ, ㄴ, ㄷ

[8714-0068]
07 그림은 25 ℃, 1기압에서 7 g, 4 L의 탄화수소 $X(g)$가 들어 있는 실린더에 다른 종류의 탄화수소 $Y(g)$와 $Z(g)$를 w g씩 넣었을 때의 각각의 부피 변화를 나타낸 것이다. Y에서 성분 원소의 질량 조성비는 C : H=3 : 1이다.

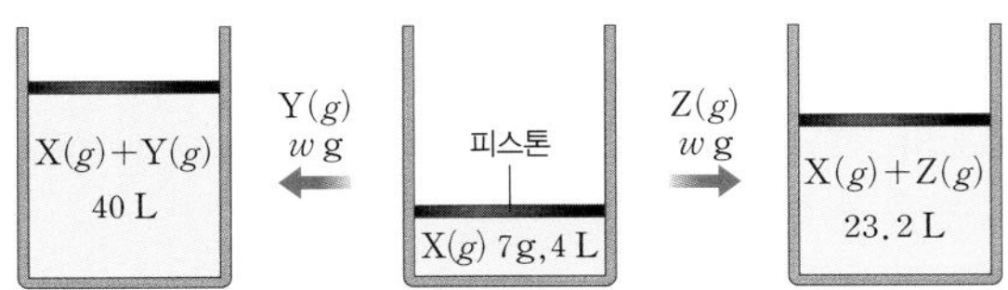

이에 대한 설명으로 옳은 것만을 〈보기〉에서 있는 대로 고른 것은? (단, 혼합 기체는 반응하지 않으며, H, C의 원자량은 각각 1, 12이고, 온도와 압력은 일정하며, 25 ℃, 1기압에서 기체 1몰의 부피는 24 L이고, 피스톤의 질량과 마찰은 무시한다.)

보기
ㄱ. w는 24이다.
ㄴ. Z의 분자식은 C_2H_6이다.
ㄷ. 탄소(C)의 질량 백분율은 X가 Z보다 크다.

① ㄱ ② ㄴ ③ ㄱ, ㄷ
④ ㄴ, ㄷ ⑤ ㄱ, ㄴ, ㄷ

[8714-0069]
08 그림은 원소 A, B로 이루어진 분자 (가)~(다)에서 성분 원소의 질량 관계를 나타낸 것이다. (가)~(다)는 1분자당 원자 수가 3 이하이고, 원자량의 비는 A : B=7 : 8이다.

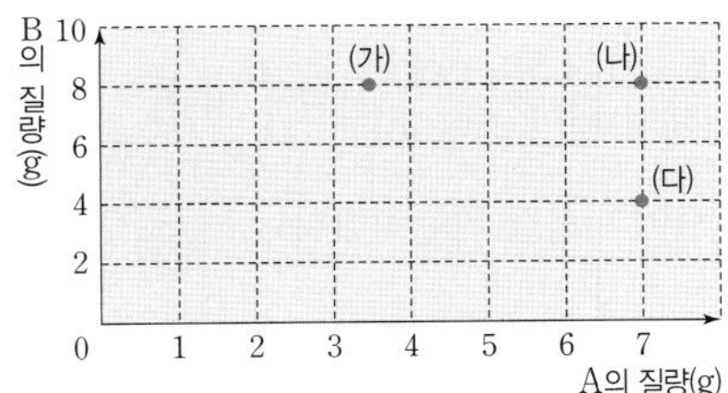

이에 대한 설명으로 옳은 것만을 〈보기〉에서 있는 대로 고른 것은? (단, A, B는 임의의 원소 기호이다.)

보기
ㄱ. 1분자당 원자 수는 (가)와 (나)가 같다.
ㄴ. 1분자에 들어 있는 A 원자 수비는 (가) : (다)=1 : 1이다.
ㄷ. 1 g에 들어 있는 원자 수비는 (나) : (다)=44 : 45이다.

① ㄴ ② ㄷ ③ ㄱ, ㄴ
④ ㄱ, ㄷ ⑤ ㄱ, ㄴ, ㄷ

[8714-0070]
09 그림은 탄화수소 (가)~(다)의 1분자당 탄소 수와 완전 연소시켰을 때 생성되는 이산화 탄소(CO_2)와 물(H_2O)의 몰비를 나타낸 것이다.

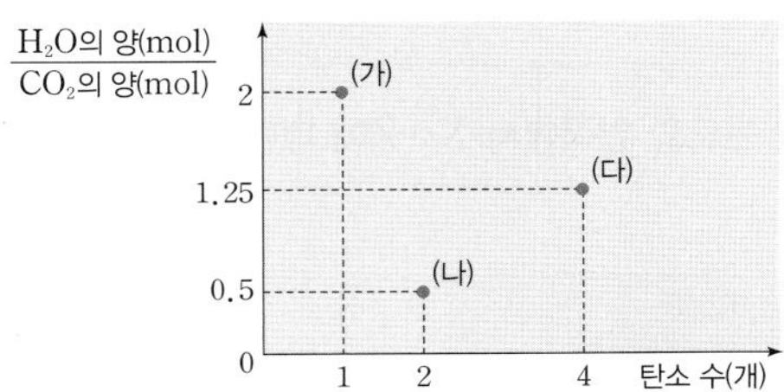

이에 대한 설명으로 옳은 것만을 〈보기〉에서 있는 대로 고른 것은?

보기
ㄱ. (가)는 분자식이 CH_4이다.
ㄴ. (나)는 탄소 원자 사이에 다중 결합이 들어 있다.
ㄷ. (다)는 2가지의 구조식이 가능하다.

① ㄱ ② ㄴ ③ ㄱ, ㄷ
④ ㄴ, ㄷ ⑤ ㄱ, ㄴ, ㄷ

[8714-0071]
10 다음은 기체 A_2와 B_2의 반응에 대한 화학 반응식이다.

$$aA_2(g)+bB_2(g) \longrightarrow cX(g)$$

표는 A_2와 B_2 기체의 부피를 달리하여 반응시킬 때, 생성되는 기체 X와 반응하지 않고 남은 기체의 전체 부피를 나타낸 것이다.

실험		(가)	(나)	(다)	(라)	(마)
반응 전 부피	A_2(mL)	10	10	10	20	30
	B_2(mL)	50	40	30	30	30
반응 후 전체 부피(mL)		40	30	20	30	40

이에 대한 설명으로 옳은 것만을 〈보기〉에서 있는 대로 고른 것은? (단, A, B는 임의의 원소 기호이며, 기체의 부피를 측정한 온도와 압력은 같다.)

보기
ㄱ. X는 3원자 분자이다.
ㄴ. 생성된 $X(g)$의 질량은 (가)와 (라)가 같다.
ㄷ. (나)와 (마)에서 각각 남은 기체를 반응시키면 A_2 $\frac{40}{3}$ mL가 남는다.

① ㄱ ② ㄴ ③ ㄱ, ㄷ
④ ㄴ, ㄷ ⑤ ㄱ, ㄴ, ㄷ

11 [8714-0072] 다음은 기체 X와 Y가 반응하여 기체 Z가 생성되는 반응의 화학 반응식이다.

$$aX(g)+bY(g) \longrightarrow cZ(g) \quad (a\sim c\text{는 반응 계수})$$

표는 일정한 온도와 압력에서 X~Z에 대한 자료이다. 원자량은 B가 A보다 크다.

화합물	X	Y	Z
성분 원소	A, B	–	A, B
1분자당 원자 수	2	2	3
단위 질량당 부피(L/g)	0.88	0.77	0.56

이에 대한 설명으로 옳은 것만을 <보기>에서 있는 대로 고른 것은? (단, A, B는 임의의 원소 기호이다.)

보기
ㄱ. Y의 분자식은 A_2이다.
ㄴ. $\frac{\text{반응 후 기체의 밀도}}{\text{반응 전 기체의 밀도}}>1$이다.
ㄷ. 1 g 속의 B 원자 수비는 X : Z=11 : 14이다.

① ㄱ ② ㄴ ③ ㄱ, ㄷ ④ ㄴ, ㄷ ⑤ ㄱ, ㄴ, ㄷ

12 [8714-0073] 다음은 기체 A와 B의 반응에 대한 화학 반응식이다.

$$aA(g)+bB(g) \longrightarrow cC(g) \ (a\sim c\text{는 반응 계수})$$

표는 w g의 B(g)가 들어 있는 용기에 A(g)의 질량을 달리하여 넣고 완전히 반응시켰을 때, 반응 전과 후 전체 기체의 양(mol)을 나타낸 것이다. 반응 계수 a와 c는 같다.

실험		(가)	(나)	(다)	(라)	(마)
기체의 양	반응 전(mol)	1.6	1.8	2.0	2.2	2.4
	반응 후(mol)	0.8	0.6	–	1.0	1.2

이에 대한 설명으로 옳은 것만을 <보기>에서 있는 대로 고른 것은?

보기
ㄱ. $\frac{a+c}{b}=1$이다.
ㄴ. B의 분자량은 $\frac{6w}{5}$이다.
ㄷ. (다)에서 반응 후 $\frac{C(g)\text{의 양(mol)}}{\text{전체 기체의 양(mol)}}=\frac{3}{4}$이다.

① ㄱ ② ㄴ ③ ㄱ, ㄷ ④ ㄴ, ㄷ ⑤ ㄱ, ㄴ, ㄷ

13 [8714-0074] 다음은 NaOH 수용액을 만드는 과정이다.

(가) 부피 플라스크에서 NaOH 2 g을 녹여 80 ℃ 수용액 100 mL를 만들었다.
(나) 용액의 온도를 실온(25 ℃)으로 낮추었더니 수면이 표시선 아래로 내려갔다.
(다) (나)의 용액에 증류수를 더 넣어 표시선까지 수면을 맞추어 25 ℃ 수용액을 만들었다.

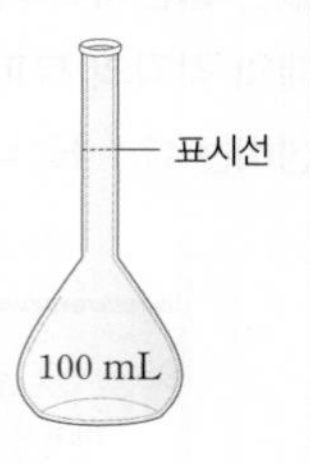

이에 대한 설명으로 옳은 것만을 <보기>에서 있는 대로 고른 것은? (단, NaOH의 화학식량은 40이다.)

보기
ㄱ. (가) 수용액의 몰 농도는 0.5 M이다.
ㄴ. 25 ℃에서 수용액의 밀도는 (나)>(다)이다.
ㄷ. 수용액 1 mL에 녹아 있는 NaOH의 질량은 (가)와 (다)가 같다.

① ㄱ ② ㄴ ③ ㄱ, ㄷ ④ ㄴ, ㄷ ⑤ ㄱ, ㄴ, ㄷ

14 [8714-0075] 다음은 기체 A와 B의 반응에 대한 화학 반응식과 실험을 나타낸 것이다. (나)와 (다)에서 반응 후 남은 기체의 종류는 같지 않다.

[화학 반응식]
$$2A(g)+bB(g) \longrightarrow 2C(g) \quad (b\text{는 반응 계수})$$
[실험]
(가) 그림과 같이 기체 A와 B를 꼭지가 달린 용기에 넣는다.

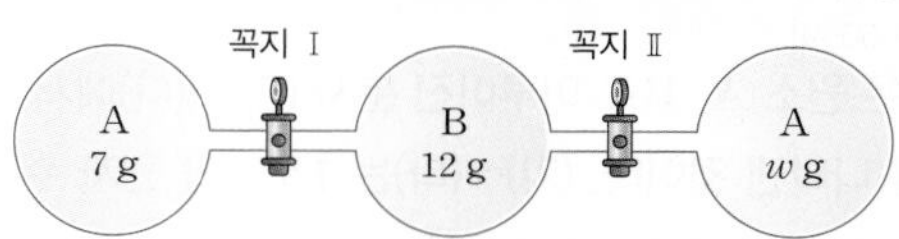

(나) 꼭지 Ⅰ을 열어 반응을 완결시켰더니, 기체 C 11 g이 생성되고 $\frac{C(g)\text{의 양(mol)}}{\text{전체 기체의 양(mol)}}=\frac{1}{2}$이다.
(다) 콕 Ⅱ를 열어 반응을 완결시켰더니, $\frac{C(g)\text{의 양(mol)}}{\text{전체 기체의 양(mol)}}=\frac{3}{4}$이다.

이에 대한 설명으로 옳은 것만을 <보기>에서 있는 대로 고른 것은?

보기
ㄱ. w는 20이다.
ㄴ. 분자량의 비는 A : B=7 : 4이다.
ㄷ. $\frac{\text{(다)에서 반응 후 기체 분자 수}}{\text{(가)에서 반응 전 기체 분자 수}}=\frac{8}{11}$이다.

① ㄴ ② ㄷ ③ ㄱ, ㄴ ④ ㄱ, ㄷ ⑤ ㄱ, ㄴ, ㄷ

[8714-0076]
15 표는 기체 X와 Y의 부피를 달리하여 완전히 반응시켰을 때, 생성되는 기체 Z의 부피와 반응 후 남은 기체의 종류와 질량을 나타낸 것이다. X와 Z는 성분 원소가 모두 A와 B이고, X와 Y는 2원자 분자, Z는 3원자 분자이다.

실험	반응물의 부피(L)		생성물의 부피(L)	반응 후 남은 기체	
	$X(g)$	$Y(g)$	$Z(g)$	종류	질량(g)
Ⅰ	20	5	10	(가)	12.0
Ⅱ	20	20	20	$Y(g)$	12.8

이에 대한 설명으로 옳은 것만을 〈보기〉에서 있는 대로 고른 것은? (단, A, B는 임의의 원소 기호이고, 원자량은 B > A이다.)

보기
ㄱ. 화학 반응식은 $2X(g)+Y(g) \longrightarrow 2Z(g)$이다.
ㄴ. (가)의 분자식은 AB이다.
ㄷ. 같은 질량의 $X(g)$와 $Y(g)$를 반응시켰을 때, 반응 후에 $\frac{\text{반응하지 않고 남은 기체의 질량}}{\text{전체 기체의 질량}}=\frac{7}{30}$이다.

① ㄱ ② ㄴ ③ ㄱ, ㄷ
④ ㄴ, ㄷ ⑤ ㄱ, ㄴ, ㄷ

[8714-0077]
16 다음은 금속 M과 묽은 염산의 반응에 대한 화학 반응식과 M의 원자량을 측정하는 실험이다. 기체 1몰의 부피는 24 L이고, 온도와 압력은 일정하다.

$$aM(s)+bHCl(aq) \longrightarrow cMCl_3(aq)+dH_2(g)$$

[실험 과정 및 결과]
(가) $M(s)$ w g을 충분한 양의 $HCl(aq)$과 반응시키고, 발생하는 $H_2(g)$를 눈금 실린더로 모은다.
(나) 반응이 모두 완결된 후 발생한 $H_2(g)$의 부피를 측정했더니, 48 mL였다.

이에 대한 설명으로 옳은 것만을 〈보기〉에서 있는 대로 고른 것은?

보기
ㄱ. 물질의 양(mol)은 반응 전보다 반응 후가 더 크다.
ㄴ. (나)에서 발생하는 $H_2(g)$는 0.002몰이다.
ㄷ. $M(s)$의 원자량은 $500w$이다.

① ㄱ ② ㄴ ③ ㄱ, ㄷ
④ ㄴ, ㄷ ⑤ ㄱ, ㄴ, ㄷ

[8714-0078]
17 그림은 물질 X가 녹아 있는 수용액 (가)와 (나)를 나타낸 것이다. X의 분자량은 100이며, (나) 용액의 밀도는 1.1 g/mL이다.
이에 대한 설명으로 옳은 것만을 〈보기〉에서 있는 대로 고른 것은?

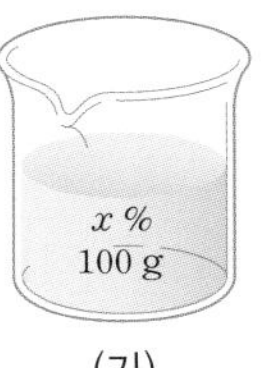

(가)

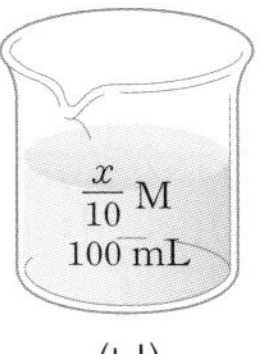

(나)

보기
ㄱ. 녹아 있는 X의 양(mol)은 (가)와 (나)가 같다.
ㄴ. 용매의 질량은 (가) > (나)이다.
ㄷ. (가)와 (나)를 혼합한 후 증류수를 가해 전체 부피를 2 L로 하면 몰 농도는 $\frac{x}{100}$ M이다.

① ㄱ ② ㄴ ③ ㄱ, ㄷ
④ ㄴ, ㄷ ⑤ ㄱ, ㄴ, ㄷ

[8714-0079]
18 다음은 1.0 M의 묽은 염산(HCl) 250 mL를 만드는 실험 과정이다.

(가) 밀도가 1.25 g/mL이고 질량 퍼센트 농도가 36.5 %인 진한 염산을 피펫으로 x mL 취한다.
(나) 250 mL 부피 플라스크에 (가)의 진한 염산을 넣고 증류수를 가해 표시선까지 채운다.

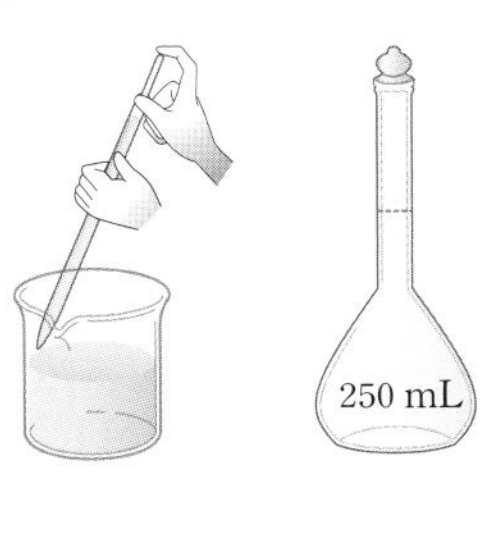

필요한 진한 염산의 부피인 x는 얼마인가? (단, HCl의 분자량은 36.5이다.)

① 10 ② 12 ③ 12.5
④ 15 ⑤ 20

[8714-0080]

19 그림은 탄소 수가 3인 탄화수소 (가)~(다)의 구조식과 자료이다. 구조식은 (가)~(다)의 순서와 일치하지 않는다.

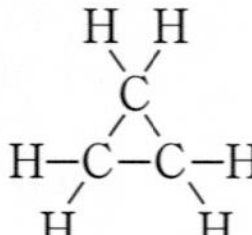

- (가)와 (나)는 H 원자 2개와 결합한 탄소 수가 같다.
- (나)와 (다)는 탄소 원자 사이의 결합이 모두 단일 결합이다.

이에 대한 설명으로 옳은 것만을 <보기>에서 있는 대로 고른 것은?

보기

ㄱ. (가)와 (다)는 분자식이 같다.

ㄴ. $\frac{\text{수소 수}}{\text{탄소 수}}$는 (나)>(다)이다.

ㄷ. (다)는 고리 모양 탄화수소이다.

① ㄱ ② ㄴ ③ ㄱ, ㄷ ④ ㄴ, ㄷ ⑤ ㄱ, ㄴ, ㄷ

[8714-0081]

20 다음은 탄소 5개로 이루어진 서로 다른 4가지 탄화수소에 대한 자료이다. (가)~(라)의 분자식은 C_5H_{12}, C_5H_{10}, C_5H_8 중 하나이다.

- 고리 모양 탄화수소는 (가)와 (다)이다.
- 탄소 원자 사이의 결합이 모두 단일 결합인 탄화수소는 (가)와 (라)이다.
- (나)에는 3중 결합이 포함되어 있다.
- (다)에는 2중 결합이 포함되어 있다.

(가)~(라)에 대한 설명으로 옳은 것만을 <보기>에서 있는 대로 고른 것은?

보기

ㄱ. (가)는 분자식이 C_5H_8이다.

ㄴ. (나)와 (다)는 모두 $\frac{\text{수소 수}}{\text{탄소 수}}=2$이다.

ㄷ. 1분자에 들어 있는 수소 원자 수는 (라)가 가장 크다.

① ㄴ ② ㄷ ③ ㄱ, ㄴ ④ ㄱ, ㄷ ⑤ ㄱ, ㄴ, ㄷ

[8714-0082]

21 그림은 20 ℃, 1기압에서 기체 X_2, X_l, C_mH_n의 질량과 부피를 나타낸 것이다. 20 ℃, 1기압에서 기체 1몰의 부피는 24 L이다.

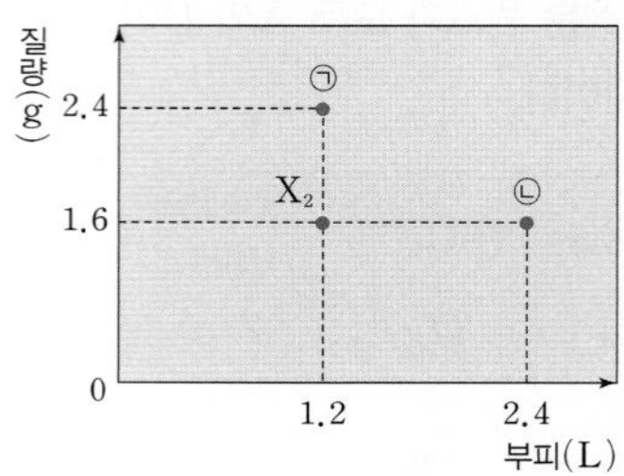

이에 대한 설명으로 옳은 것만을 <보기>에서 있는 대로 고른 것은? (단, X는 임의의 원소 기호이고, H, C의 원자량은 각각 1, 12이다.)

보기

ㄱ. $l+m+n=8$이다.

ㄴ. 전체 원자 수비는 ㉠ : ㉡=3 : 10이다.

ㄷ. 1 g에 들어 있는 분자 수비는 X_2 : X_l : C_mH_n=2 : 3 : 6이다.

① ㄱ ② ㄷ ③ ㄱ, ㄴ ④ ㄴ, ㄷ ⑤ ㄱ, ㄴ, ㄷ

[8714-0083]

22 그림은 탄화수소 $C_mH_n(g)$을 강철 용기에서 연소시키기 전과 후에 용기에 존재하는 물질에 대한 자료를 나타낸 것이다. 연소 후 용기 내 H_2O과 O_2의 질량은 표시하지 않았다.

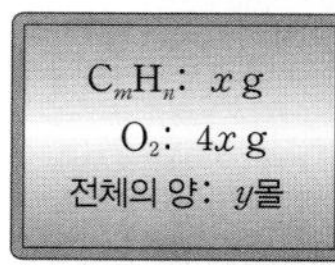

연소 전

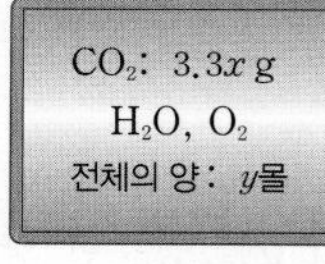

연소 후

이에 대한 설명으로 옳은 것만을 <보기>에서 있는 대로 고른 것은? (단, H, C, O의 원자량은 각각 1, 12, 16이다.)

보기

ㄱ. $m+n=7$이다.

ㄴ. $C_mH_n(g)$ 1몰과 반응하는 산소(O_2)는 4몰이다.

ㄷ. $C_mH_n(g)$ x g이 완전 연소되었을 때 남아 있는 산소(O_2)의 질량은 $0.8x$ g이다.

① ㄱ ② ㄴ ③ ㄱ, ㄷ ④ ㄴ, ㄷ ⑤ ㄱ, ㄴ, ㄷ

[8714-0084]
23 표는 원자 A~C의 1 g에 들어 있는 원자 수와 A~C로 이루어진 화합물 (가)와 (나)에 대한 자료이다. B의 원자량은 12이고, (가)와 (나)의 분자량은 같으며, 분자 1개의 질량은 w g이다.

원자	A	B	C
1 g당 원자 수	$24n$	$28n$	$21n$

화합물	(가)	(나)
성분 원소	A, C	B, C
한 분자당 원자 수	3	3

이에 대한 설명으로 옳은 것만을 〈보기〉에서 있는 대로 고른 것은? (단, A~C는 임의의 원소 기호이다.)

보기
ㄱ. 1분자당 C 원자 수비는 (가) : (나)=1 : 2이다.
ㄴ. A 원자 1개의 질량은 $\frac{7}{22}w$ g이다.
ㄷ. (나) 1몰에 들어 있는 분자 수는 $\frac{22}{w}$이다.

① ㄱ ② ㄷ ③ ㄱ, ㄴ
④ ㄴ, ㄷ ⑤ ㄱ, ㄴ, ㄷ

[8714-0085]
24 다음은 기체 X가 생성되는 반응의 화학 반응식이다.

$aA_2(g)+bB_2(g) \longrightarrow 2X(g)$ (a, b는 반응 계수)

표는 반응 전 기체의 양(mol)과 반응 후 생성된 X와 반응하지 않고 남은 기체의 전체 양(mol)을 나타낸 것이다. (가)와 (나)에서 반응하지 않고 남은 기체의 종류는 같지 않다.

실험	반응 전 기체의 양(mol)		반응 후 전체 기체의 양(mol)
	A_2	B_2	
(가)	1	4	4
(나)	2	3	3.5
(다)	3	—	4

이에 대한 설명으로 옳은 것만을 〈보기〉에서 있는 대로 고른 것은? (단, A, B는 임의의 원소 기호이다.)

보기
ㄱ. X는 2원자 분자이다.
ㄴ. 반응 후 $\frac{X(g)\text{의 양(mol)}}{\text{전체 기체의 양(mol)}}$은 (나)가 (다)의 $\frac{12}{7}$배이다.
ㄷ. 반응 전 몰비가 $A_2 : B_2=1 : 1$이면 전체 기체의 양(mol)은 반응 후가 반응 전의 $\frac{3}{4}$배이다.

① ㄱ ② ㄴ ③ ㄱ, ㄷ
④ ㄴ, ㄷ ⑤ ㄱ, ㄴ, ㄷ

[8714-0086]
25 다음은 NaOH 수용액을 희석하는 과정이다.

(가) NaOH(aq) $0.1x$ g이 녹아 있는 수용액 x g을 준비한다.
(나) (가)의 수용액을 500 mL 부피 플라스크에 넣고 표시선까지 증류수를 더 넣어 1 M NaOH(aq)을 만든다.

이에 대한 설명으로 옳은 것만을 〈보기〉에서 있는 대로 고른 것은? (단, 온도는 일정하고, H_2O과 NaOH의 화학식량은 각각 18, 40이며, (나)에서 수용액의 밀도는 d g/mL이다.)

보기
ㄱ. $x=200$이다.
ㄴ. (가)에서 $\frac{\text{NaOH의 양(mol)}}{\text{용액 전체의 양(mol)}}=\frac{1}{20}$이다.
ㄷ. (가) → (나)에서 더 넣어 준 증류수의 양은 $(500d-200)$ g이다.

① ㄱ ② ㄴ ③ ㄱ, ㄷ
④ ㄴ, ㄷ ⑤ ㄱ, ㄴ, ㄷ

[8714-0087]
26 다음은 농도가 a %이고 밀도가 d g/mL인 진한 황산(H_2SO_4)을 이용하여 1 M 황산(H_2SO_4) 용액 1 L를 만드는 실험 과정이다.

(가) 1 L의 [㉠]에 증류수를 $\frac{1}{3}$ 정도 넣는다.
(나) (가)에 진한 황산(H_2SO_4) [㉡] mL를 조금씩 떨어뜨려 넣는다.
(다) 증류수를 [㉠]의 표시선까지 채운 후 잘 섞는다.

이에 대한 설명으로 옳은 것만을 〈보기〉에서 있는 대로 고른 것은? (단, H_2SO_4의 분자량은 C이다.)

보기
ㄱ. ㉠은 눈금 실린더이다.
ㄴ. 진한 황산의 몰 농도는 $\frac{ad}{C}$(M)이다.
ㄷ. ㉡은 $\frac{100C}{ad}$이다.

① ㄴ ② ㄷ ③ ㄱ, ㄴ
④ ㄱ, ㄷ ⑤ ㄱ, ㄴ, ㄷ

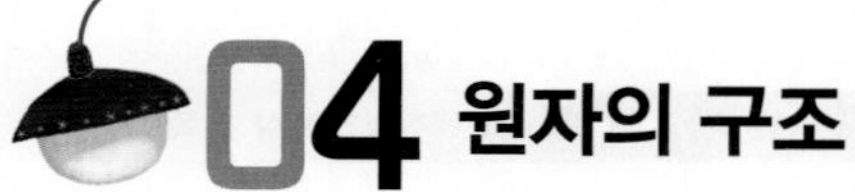

04 원자의 구조

1 원자의 구성 입자 발견

(1) 전자의 발견: 1897년 영국의 과학자 톰슨이 전자의 존재를 최초로 발견하였다.

① 톰슨은 음극선관 실험을 통해 전자의 존재를 확인하였다.

② 톰슨의 음극선관 실험

- 음극선: 진공관 속에서 (−)전하를 띠는 빛의 흐름으로, 자기장과 전기장의 영향으로 휘어진다.

③ 음극선의 성질

- 음극선의 진행 경로에 전기장을 걸어 주면 음극선이 (+)극 쪽으로 휜다.
  ➡ 음극선은 (−)전하를 띠는 입자의 흐름이다.

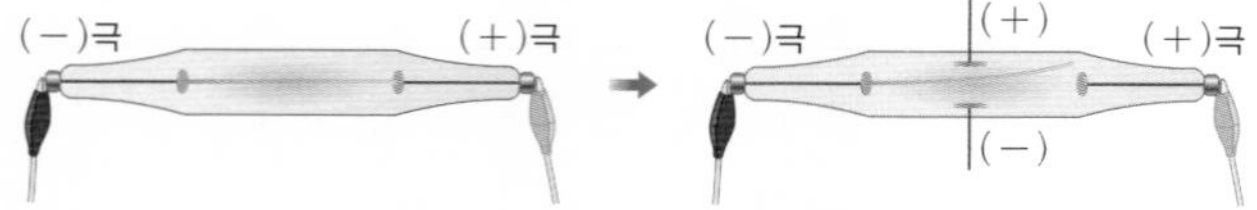

- 진공관 내부에 물체를 놓아두면 (−)극의 반대쪽에 그 물체의 그림자가 생긴다.
  ➡ 음극선은 직진하는 입자의 흐름이다.

- 음극선의 진행 경로에 얇고 가벼운 물체를 놓아두면 음극선의 진행 방향으로 그 물체가 움직인다.
  ➡ 음극선은 질량을 가진 입자의 흐름이다.

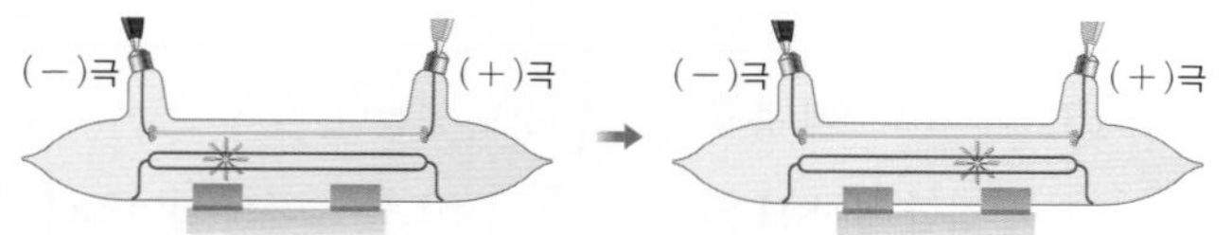

(2) 원자핵의 발견: 1911년 영국의 과학자 러더퍼드가 원자핵을 발견하였다.

① 러더퍼드는 금박에 알파(α) 입자를 산란시켜 원자핵의 존재를 확인하였다.

② 러더퍼드의 알파(α) 입자 산란 실험

- 결과: 대부분의 알파(α) 입자들은 금박을 통과하였으며, 일부는 조금 휘어지고 극소수의 알파(α) 입자들은 큰 각도로 튕겨 나왔다.

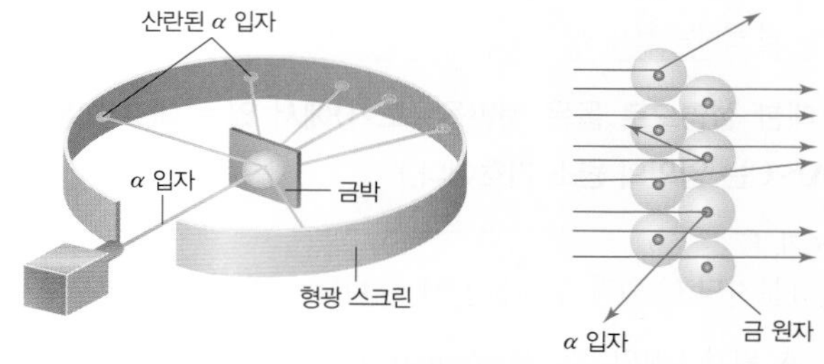

- 결과 해석: 원자의 대부분은 빈 공간이고, 원자의 중심에 (+)전하를 띠는 매우 작고 원자 질량의 대부분을 차지하는 원자핵이 있다.

(3) 양성자의 발견

① 1886년 미국의 과학자 골트슈타인이 양극선의 흐름을 관찰하였다.

② 1919년 영국의 과학자 러더퍼드는 양극선이 수소의 원자핵, 즉 양성자의 흐름이라고 주장하였다. 질소(N) 등의 원자에 알파(α) 입자를 충돌시켰을 때 공통적으로 양성자를 방출한다는 것을 발견하여 양성자가 원자를 구성하는 기본 입자임을 확인하였다.

(4) 중성자의 발견

① 1932년 영국의 과학자 채드윅이 중성자를 발견하였다.

② 베릴륨(Be)에 알파(α) 입자를 충돌시켰을 때 전하를 띠지 않는 입자가 튀어나오는 것을 발견하였다. 중성자의 발견으로 원자를 구성하는 입자를 모두 밝히게 되었다.

핵심 개념 체크

정답과 해설 16쪽

1. 원자의 구성 입자와 관련된 과학자의 실험과 실험을 통해 발견한 입자를 옳게 연결하시오.

(1) 톰슨의 음극선관 실험 •
(2) 채드윅의 베릴륨 알파(α) 입자 충돌 실험 •
(3) 러더퍼드의 금박에 대한 알파(α) 입자 산란 실험 •

• ㉠ 원자핵
• ㉡ 전자
• ㉢ 중성자

2. 다음 설명 중 옳은 것은 ○표, 옳지 않은 것은 ×표 하시오.

(1) 음극선은 질량을 가진 입자의 흐름이다. (　　)

(2) 러더퍼드는 양성자가 원자를 구성하는 기본 입자임을 확인하였다. (　　)

3. 원자의 대부분은 빈 공간이고, 중심에 (+)전하를 띠는 매우 작고 원자 질량의 대부분을 차지하는 (　　)이/가 있다.

4. 톰슨은 (　　) 실험을 통해 전자의 존재를 확인하였다.

5. 채드윅은 베릴륨(Be)에 알파(α) 입자를 충돌시켰을 때 전하를 띠지 않는 입자가 튀어나오는 것을 발견하였는데, 이 입자가 무엇인지 쓰시오.

2 원자의 구성 입자의 성질

(1) 원자의 구성 입자: 양성자와 중성자로 구성된 원자핵이 중심에 있고, 전자는 원자핵 주변에 존재한다.

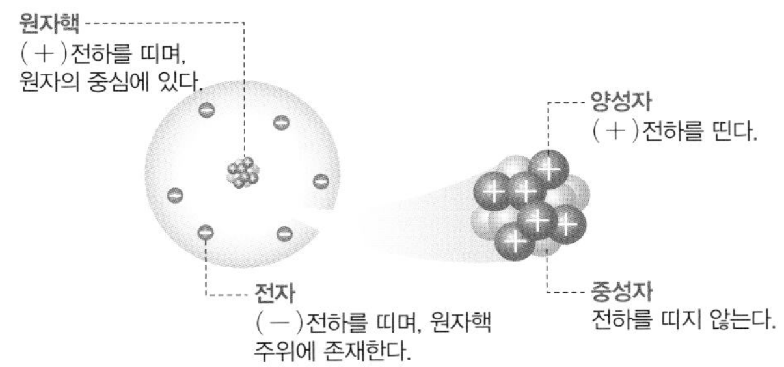

원자를 구성하는 입자 모형

(2) 원자를 구성하는 입자의 전하량과 질량

입자		전하량(C)	상대적 전하	질량(g)	상대적 질량
원자핵	양성자	$+1.602\times10^{-19}$	$+1$	1.673×10^{-24}	1
	중성자	0	0	1.675×10^{-24}	1
전자		-1.602×10^{-19}	-1	9.109×10^{-28}	$\frac{1}{1837}$

① 양성자와 중성자의 질량은 비슷하며, 전자의 질량은 양성자나 중성자에 비해 매우 작다.

② 원자를 구성하는 양성자수와 전자 수는 같으므로 원자는 전기적으로 중성이다.

(3) 원자의 표시

① 원자 번호=양성자수=중성 원자의 전자 수

② 질량수=양성자수+중성자수

③ 원자의 표시 방법

(4) 동위 원소: 원자의 양성자수는 같지만 중성자수가 달라 질량수가 다른 원소

① 동위 원소는 양성자수와 전자 수가 같으므로 화학적 성질은 같지만, 중성자수가 다르므로 물리적 성질은 다르다.

② 수소의 동위 원소

동위 원소	수소($^{1}_{1}H$)	중수소($^{2}_{1}H$)	3중 수소($^{3}_{1}H$)
모형	전자, 양성자	중성자	
양성자수	1	1	1
중성자수	0	1	2
질량수	1	2	3

③ 염소의 동위 원소

동위 원소	양성자수	중성자수	질량수	존재 비율(%)
^{35}Cl	17	18	35	75.76
^{37}Cl	17	20	37	24.24

(5) 평균 원자량: 자연에 존재하는 동위 원소의 존재비를 고려하여 계산한 원자량

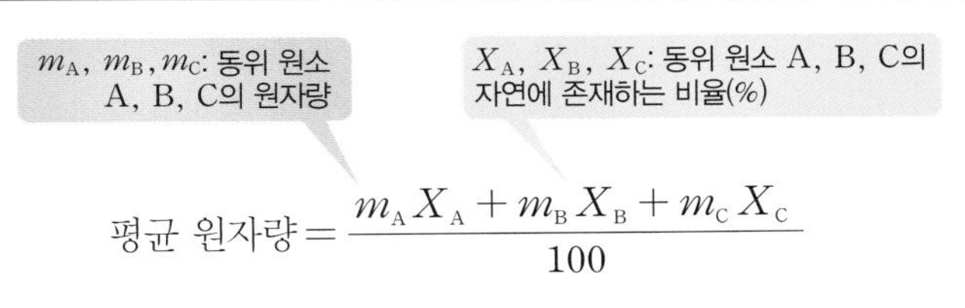

예 탄소의 평균 원자량

원소	동위 원소	원자량	존재 비율(%)
C	$^{12}_{6}C$	12.000	98.93
	$^{13}_{6}C$	13.003	1.07

$$\text{C의 평균 원자량}=\frac{12.000\times98.93+13.003\times1.07}{100}$$

$$\fallingdotseq 12.01$$

핵심 개념 체크

정답과 해설 16쪽

6. 원자를 구성하는 입자와 상대적인 전하를 옳게 연결하시오.

(1) 양성자 • • ㉠ -1

(2) 중성자 • • ㉡ $+1$

(3) 전자 • • ㉢ 0

7. 다음 설명 중 옳은 것은 ○표, 옳지 않은 것은 ×표 하시오.

(1) 원자 번호는 양성자수와 같다. (　　)

(2) 질량수는 중성자수와 같다. (　　)

(3) 동위 원소는 물리적 성질은 같지만, 화학적 성질은 다르다. (　　)

8. 오른쪽 원자에서 양성자수는 (　　)이고, 중성자수는 (　　)이며, 질량수는 (　　)이다. $^{12}_{6}C$

9. 원자의 양성자수는 같지만 중성자수가 다른 원소를 (　　)(이)라고 한다.

10. 자연에 존재하는 동위 원소의 존재 비율을 고려하여 계산한 원자량을 (　　)(이)라고 한다.

11. 양성자수, 중성 원자의 전자 수, 중성자수 중에서 수소의 동위 원소가 같은 값을 갖는 것을 쓰시오.

출제 예상 문제

[8714-0088]
01 **다음은 톰슨의 음극선관 실험이다.**

[실험 과정]
(가) 유리관 안에 매우 적은 양의 기체를 넣고 높은 전압을 걸어 준다.
(나) 음극선의 진로에 전기장을 걸어 준다.

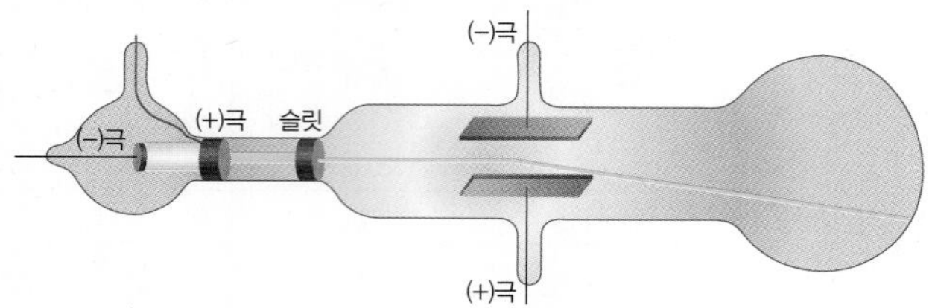

[실험 결과]
(가) (−)극에서 (+)극 쪽으로 음극선이 방출된다.
(나) 음극선의 경로가 (+)극 쪽으로 휘어진다.

이 실험을 통해 알 수 있는 내용에 대한 설명으로 옳은 것만을 〈보기〉에서 있는 대로 고른 것은?

보기
ㄱ. 음극선은 (−)전하를 띤다.
ㄴ. 음극선은 일정한 질량을 가진 입자의 흐름이다.
ㄷ. (−)전하를 띤 입자가 (+)전하 주변을 원운동한다.

① ㄱ ② ㄴ ③ ㄷ
④ ㄱ, ㄴ ⑤ ㄱ, ㄷ

[8714-0089]
02 **그림은 원자 (가)~(라)의 원자핵을 모형으로 나타낸 것이다. ●는 양성자, ●는 중성자이다.**

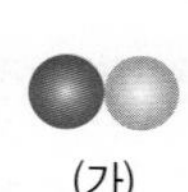

(가) (나) (다) (라)

이에 대한 설명으로 옳은 것만을 〈보기〉에서 있는 대로 고른 것은?

보기
ㄱ. (가)와 (나)는 동위 원소이다.
ㄴ. 질량수는 (나)와 (다)가 같다.
ㄷ. 중성 원자를 형성하기 위해 필요한 전자 수는 (다)와 (라)가 같다.

① ㄱ ② ㄷ ③ ㄱ, ㄴ
④ ㄴ, ㄷ ⑤ ㄱ, ㄴ, ㄷ

[8714-0090]
03 **다음은 러더퍼드의 알파(α) 입자 산란 실험이다.**

[실험 과정]
(가) 매우 얇은 금박에 빠른 속력으로 알파(α) 입자를 충돌시킨다.
(나) 형광 물질이 발라진 스크린을 통해 충돌 이후 산란되어 나오는 알파(α) 입자를 관찰한다.

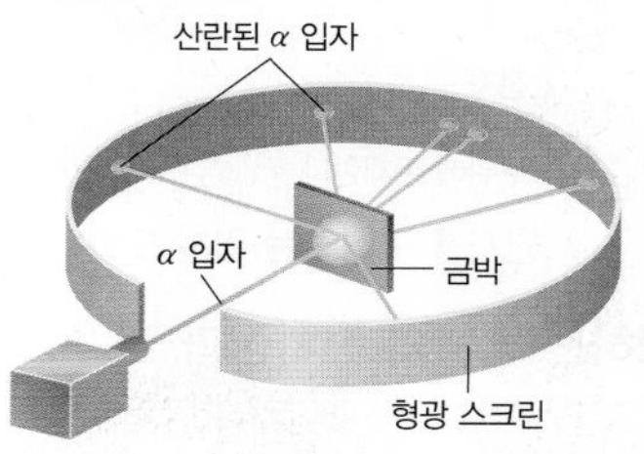

[실험 결과]
대부분의 알파(α) 입자들은 휘지 않고 금박을 통과했으며, 적은 수의 알파(α) 입자가 경로에서 약간 휘어져 통과하거나 매우 적은 수의 알파(α) 입자가 큰 각도로 튕겨 나왔다.

이에 대한 설명으로 옳은 것만을 〈보기〉에서 있는 대로 고른 것은?

보기
ㄱ. 원자 중심에 부피가 매우 작지만 원자 질량의 대부분을 차지하는 입자가 있다.
ㄴ. 원자 중심에는 (+)전하를 띠는 입자가 존재한다.
ㄷ. 알파(α) 입자는 금박 속 금 원자핵보다 질량이 크다.

① ㄱ ② ㄷ ③ ㄱ, ㄴ
④ ㄴ, ㄷ ⑤ ㄱ, ㄴ, ㄷ

[8714-0091]
04 **표는 원자 X~Z에 대한 자료이다.**

원자	X	Y	Z
중성자수	8	7	10
$\frac{\text{질량수}}{\text{전자 수}}$	2	2	$\frac{9}{4}$

이에 대한 설명으로 옳은 것만을 〈보기〉에서 있는 대로 고른 것은? (단, X~Z는 임의의 원소 기호이다.)

보기
ㄱ. 전자 수는 X>Y이다.
ㄴ. 양성자수는 Z>Y이다.
ㄷ. X와 Z는 동위 원소이다.

① ㄱ ② ㄷ ③ ㄱ, ㄴ
④ ㄴ, ㄷ ⑤ ㄱ, ㄴ, ㄷ

[8714-0092]
05 다음은 과학자들이 원자를 구성하는 입자의 존재를 확인한 실험 자료이다.

> (가) 톰슨이 음극선관 실험을 통해 (－)전하를 띠는 입자의 존재를 발견하였다.
> (나) 채드윅이 베릴륨에 알파(α) 입자를 충돌시킨 실험을 통해 전하를 띠지 않는 입자를 발견하였다.
> (다) 러더퍼드가 알파(α) 입자를 금박에 충돌시켜 원자의 대부분이 빈 공간임을 확인하였다.

원자를 구성하는 입자를 발견한 순서대로 옳게 나열한 것은?

① (가) → (나) → (다)　② (가) → (다) → (나)
③ (나) → (가) → (다)　④ (나) → (다) → (가)
⑤ (다) → (가) → (나)

[8714-0093]
06 그림은 원자를 구성하는 입자 a~c를 모형으로 나타낸 것이다.

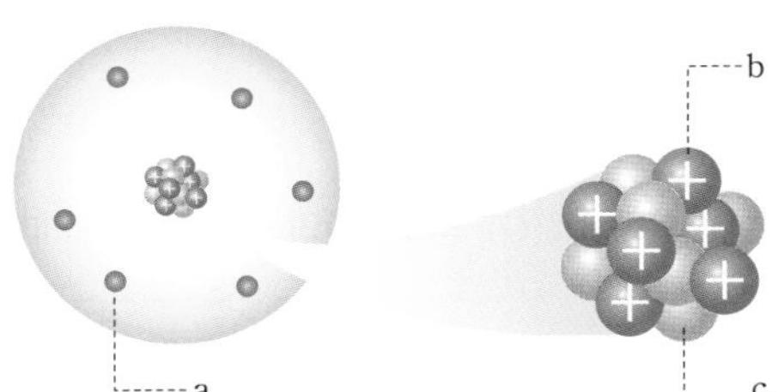

입자 a~c에 대한 설명으로 옳은 것만을 〈보기〉에서 있는 대로 고른 것은?

> 보기
> ㄱ. a는 (－)전하를 띤다.
> ㄴ. b와 c는 원자 질량의 대부분을 차지한다.
> ㄷ. 과학자들의 실험 결과 a가 c보다 먼저 발견되었다.

① ㄱ　② ㄴ　③ ㄱ, ㄷ
④ ㄴ, ㄷ　⑤ ㄱ, ㄴ, ㄷ

[8714-0094]
07 표는 원자를 구성하는 입자 ㉠~㉢에 대한 자료이다. ㉠~㉢은 각각 양성자, 전자, 중성자 중 하나이다.

입자	상대적 전하	상대적 질량
㉠	a	1
㉡	0	1
㉢	b	$\frac{1}{1837}$

이에 대한 설명으로 옳은 것만을 〈보기〉에서 있는 대로 고른 것은?

> 보기
> ㄱ. ㉠은 양성자이다.
> ㄴ. ㉡과 ㉢은 원자핵을 구성하는 입자이다.
> ㄷ. $a>b$이다.

① ㄱ　② ㄴ　③ ㄱ, ㄷ
④ ㄴ, ㄷ　⑤ ㄱ, ㄴ, ㄷ

[8714-0095]
08 그림은 수소의 동위 원소를 모형으로 나타낸 것이다.

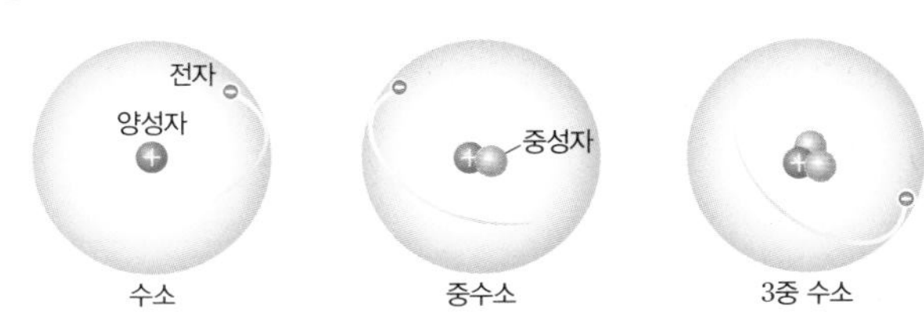

이에 대한 설명으로 옳은 것만을 〈보기〉에서 있는 대로 고른 것은?

> 보기
> ㄱ. 원자의 질량은 중수소가 수소보다 크다.
> ㄴ. 중수소와 3중 수소의 화학적 성질은 같다.
> ㄷ. 수소와 3중 수소의 질량수는 같다.

① ㄱ　② ㄷ　③ ㄱ, ㄴ
④ ㄴ, ㄷ　⑤ ㄱ, ㄴ, ㄷ

[8714-0096]
09 표는 염소의 동위 원소 (가)와 (나)에 대한 자료이다.

동위 원소	양성자수	중성자수	질량수
(가)	17	18	a
(나)	b	c	37

$a+b+c$의 값은?

① 66 ② 68 ③ 70
④ 72 ⑤ 74

[8714-0097]
10 표는 어떤 원소 X의 동위 원소 (가), (나)에 대한 자료이다.

동위 원소	질량수	존재 비율(%)	평균 원자량
(가)	35	a	35.5
(나)	37	b	

$\frac{a}{b}$의 값은? (단, X는 임의의 원소 기호이고 자연계에 2가지 동위 원소로만 존재하며, X의 원자량은 질량수와 같다.)

① $\frac{1}{3}$ ② $\frac{1}{2}$ ③ 2
④ 3 ⑤ $\frac{10}{3}$

[8714-0098]
11 표는 수소(H)의 동위 원소와 산소(O)의 동위 원소에 대한 자료이다.

수소의 동위 원소	${}^{1}_{1}H$
	${}^{2}_{1}H$
	${}^{3}_{1}H$
산소의 동위 원소	${}^{16}_{8}O$
	${}^{18}_{8}O$

수소 원자 2개와 산소 원자 1개가 결합하여 물 분자(H_2O) 1개를 형성할 때, 서로 다른 분자량을 갖는 물 분자의 가짓수는? (단, 수소와 산소의 원자량은 질량수와 같으며, 수소와 산소는 표에 주어진 동위 원소만 자연계에 존재한다.)

① 5 ② 6 ③ 7
④ 8 ⑤ 9

[8714-0099]
12 표는 원자 A~F의 중성자수와 질량수를 나타낸 것이다.

원자	A	B	C	D	E	F
중성자수	44	18	6	46	5	20
질량수	79	35	11	81	10	37

이에 대한 설명으로 옳은 것만을 〈보기〉에서 있는 대로 고른 것은? (단, A~F는 임의의 원소 기호이다.)

보기
ㄱ. A와 D는 동위 원소이다.
ㄴ. B와 C는 양성자수가 같다.
ㄷ. E와 F는 화학적 성질이 같다.

① ㄱ ② ㄴ ③ ㄷ
④ ㄱ, ㄴ ⑤ ㄱ, ㄷ

[8714-0100]
13 그림은 원자 X와 이온 Y^+, Z^-의 구조를 모형으로 나타낸 것이다.

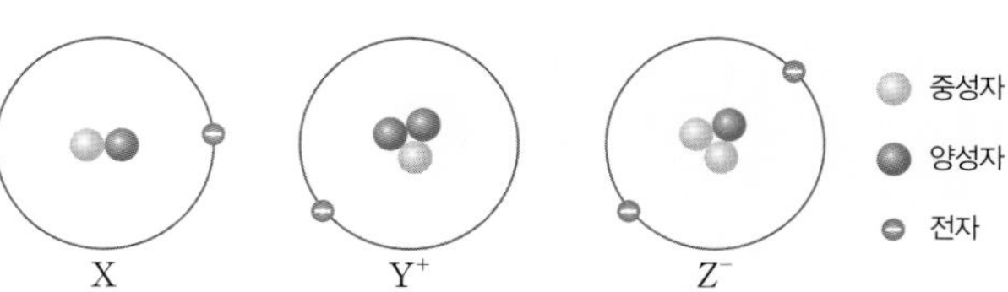

X~Z에 대한 설명으로 옳은 것만을 〈보기〉에서 있는 대로 고른 것은? (단, X~Z는 임의의 원소 기호이다.)

보기
ㄱ. X와 Y는 동위 원소이다.
ㄴ. Y와 Z는 질량수가 같다.
ㄷ. 원자 번호는 Z가 X보다 크다.

① ㄱ ② ㄴ ③ ㄱ, ㄷ
④ ㄴ, ㄷ ⑤ ㄱ, ㄴ, ㄷ

[8714-0101]
14 표는 탄소(C), 산소(O), 염소(Cl)의 동위 원소에 대한 자료이다.

원소 기호	C	O	Cl
원자 번호	6	8	17
동위 원소	${}^{12}C$, ${}^{13}C$	${}^{16}O$, ${}^{17}O$, ${}^{18}O$	${}^{35}Cl$, ${}^{37}Cl$

이에 대한 설명으로 옳은 것만을 〈보기〉에서 있는 대로 고른 것은?

보기
ㄱ. 양성자수는 ${}^{17}O$가 ${}^{37}Cl$보다 크다.
ㄴ. 질량수는 ${}^{18}O$가 ${}^{13}C$보다 크다.
ㄷ. 중성자수는 ${}^{12}C$가 ${}^{16}O$보다 크다.

① ㄱ ② ㄴ ③ ㄷ
④ ㄱ, ㄴ ⑤ ㄴ, ㄷ

정답과 해설 17쪽

[8714-0102]

01 다음은 음극선의 성질을 알아보기 위한 실험 결과 (가)~(다)이다.

(가) 음극선의 진행 경로에 전기장을 걸어 주면 음극선이 (+)극 쪽으로 휜다.

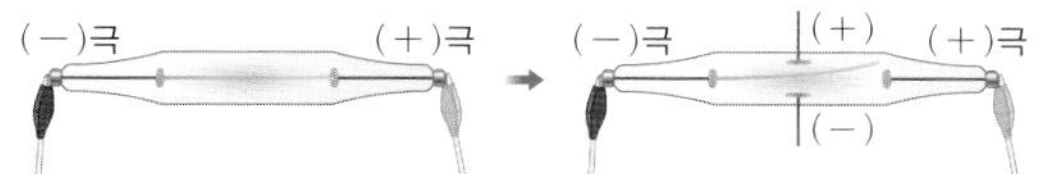

(나) 진공 유리관 내부에 물체를 놓아두면 (−)극의 반대쪽에 그림자가 생긴다.

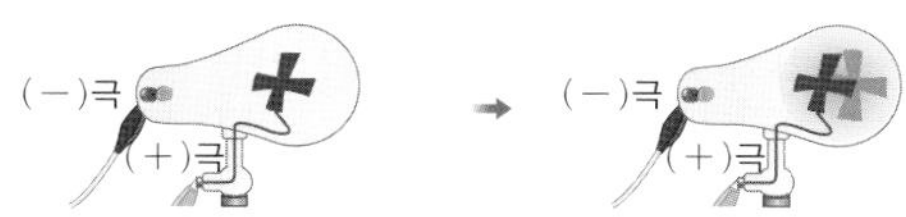

(다) 음극선이 지나가는 길에 수레바퀴를 설치하면 수레바퀴가 (+)극 쪽으로 굴러간다.

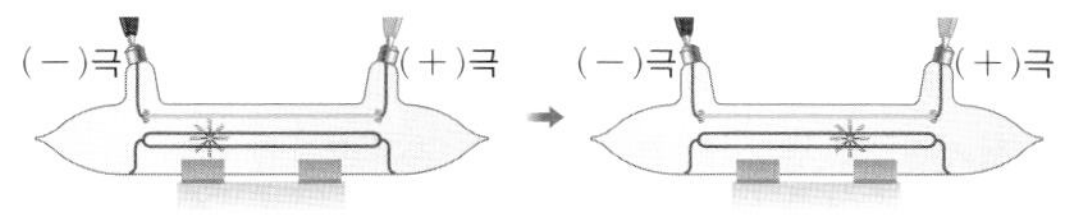

실험 결과 (가)~(다)로부터 알 수 있는 음극선의 성질을 각각 서술하시오.

[8714-0103]

02 그림은 러더퍼드의 알파(α) 입자 산란 실험 과정 (가), (나)와 실험 결과 A~C를 나타낸 것이다.

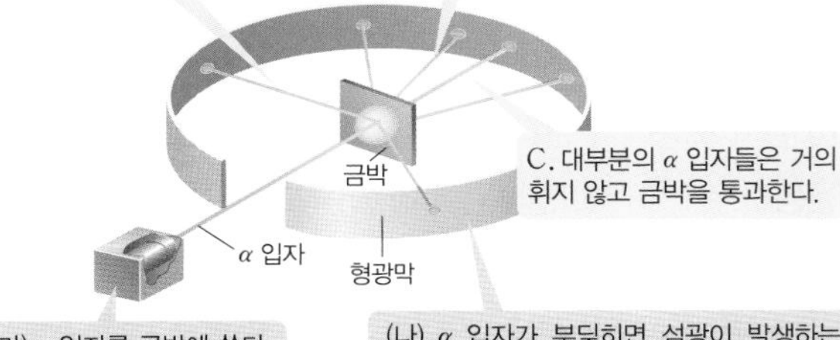

실험 결과 A~C로부터 유추할 수 있는 원자의 구조를 서술하시오.

[8714-0104]

03 다음은 원소 X에 대한 원자 표시를 나타낸 것이다.

원자 번호(Z)와 질량수(A)를 같이 나타낸 원자 표시에서 전자 수와 중성자수는 각각 어떻게 알 수 있는지 원자 번호(Z)와 질량수(A)를 이용하여 서술하시오. (단, X는 임의의 원소 기호이다.)

[8714-0105]

04 그림 (가)~(다)는 수소의 동위 원소를 모형으로 나타낸 것이다.

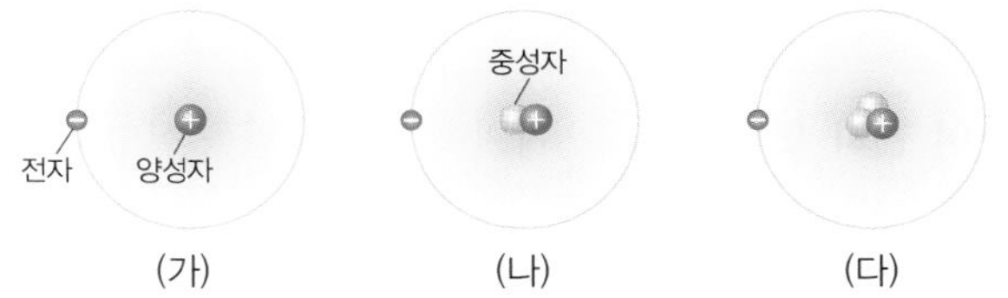

(가)~(다)에서 수소의 동위 원소에 포함된 양성자수와 중성자수를 각각 쓰시오.

동위 원소	(가)	(나)	(다)
양성자수			
중성자수			

[8714-0106]

05 표는 원소 X의 동위 원소에 대한 자료이다.

동위 원소	양성자수	중성자수	질량수	존재 비율(%)
^{35}X	17	㉠	35	㉡
^{37}X	㉢	20	㉣	100−㉡

X의 평균 원자량이 35.49일 때, ㉠+㉡+㉢+㉣의 값을 구하시오. (단, X는 임의의 원소 기호이며, X의 원자량은 질량수와 같고, X는 자연계에 2가지 동위 원소만 존재한다.)

05 현대 원자 모형

1 수소 원자의 선 스펙트럼과 보어 원자 모형

(1) 수소 원자의 선 스펙트럼: 수소 방전관에서 나오는 빛을 프리즘에 통과시키면, 그림과 같이 4개의 서로 다른 파장의 가시광선 영역의 빛이 불연속적인 선으로 나타난다.

[수소 원자의 선 스펙트럼]

410 434 486 656 파장(nm)

수소 방전관 슬릿 프리즘 검출기

- 1885년 스위스 과학자 발머는 수소 방전관에서 방출한 가시광선 영역의 빛의 파장들 사이의 관계를 간단한 식으로 나타낼 수 있다는 사실을 밝혀냈다.
- 이후 1913년 덴마크 과학자 보어는 전자가 원자핵 주위에 무질서하게 존재하는 것이 아니라, 특정한 에너지를 가진 몇 개의 궤도에만 있을 수 있다는 새로운 원자 모형을 제시하여 수소 원자의 선 스펙트럼을 설명하였다.

(2) 보어 원자 모형: 수소 원자의 선 스펙트럼을 설명하기 위해 보어가 제시한 원자 모형

[첫 번째 가정]

- 전자는 원자핵 주위를 돌 때 특정한 에너지 준위를 갖는 궤도를 따라 원운동을 하는데, 이 궤도를 전자 껍질이라고 한다.
- 전자 껍질은 핵에서 가까운 것부터 K, L, M, N 등의 기호로 표시한다.

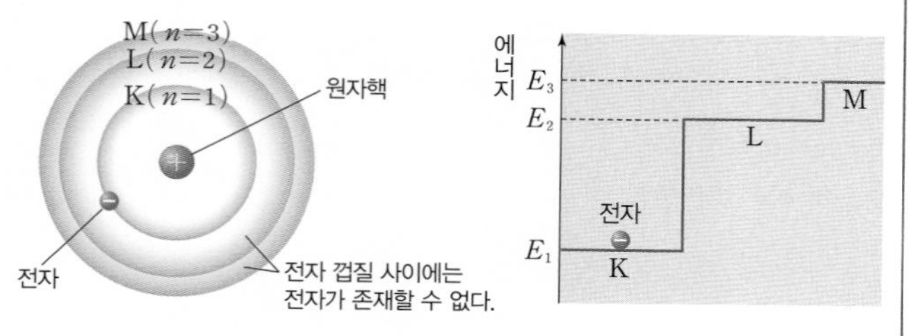

[두 번째 가정]

일정한 궤도를 돌고 있는 전자가 다른 전자 껍질로 이동하면 두 전자 껍질의 에너지 차이만큼 에너지를 흡수하거나 방출한다.

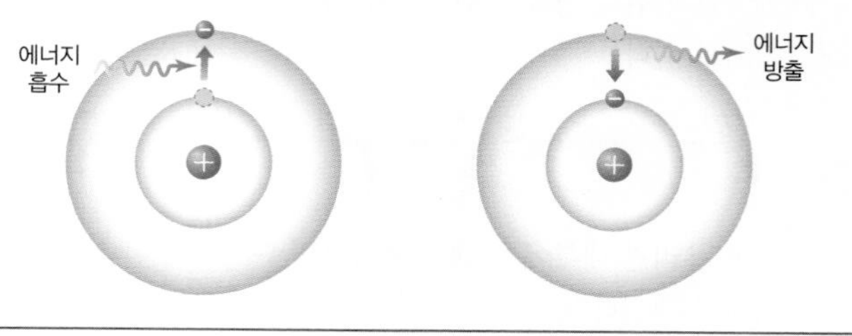

① 바닥상태: 원자가 가장 낮은 에너지를 갖는 안정한 상태

② 들뜬상태: 바닥상태의 전자가 에너지를 흡수하여 더 높은 에너지를 갖는 전자 껍질에 존재하는 불안정한 상태

2 현대 원자 모형

(1) 현대 원자 모형: 특정 위치에서 전자가 발견될 확률, 즉 오비탈로 전자의 분포 상태를 나타낸 모형

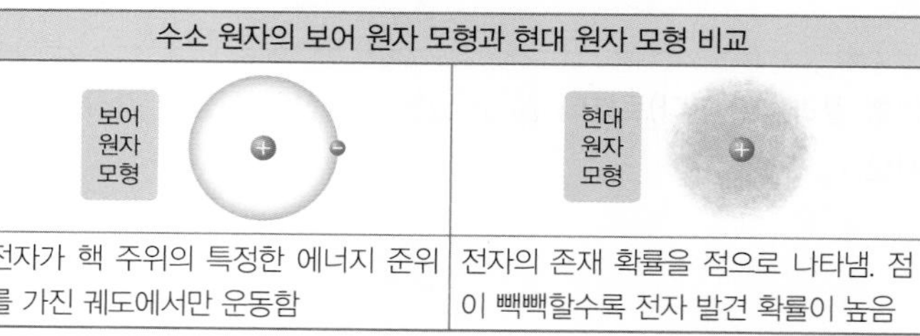

수소 원자의 보어 원자 모형과 현대 원자 모형 비교	
보어 원자 모형	현대 원자 모형
전자가 핵 주위의 특정한 에너지 준위를 가진 궤도에서만 운동함	전자의 존재 확률을 점으로 나타냄. 점이 빽빽할수록 전자 발견 확률이 높음

(2) 오비탈: 원자핵 주위에서 전자가 발견될 확률을 나타낸 함수

① 종류: s 오비탈, p 오비탈, d 오비탈, f 오비탈 등

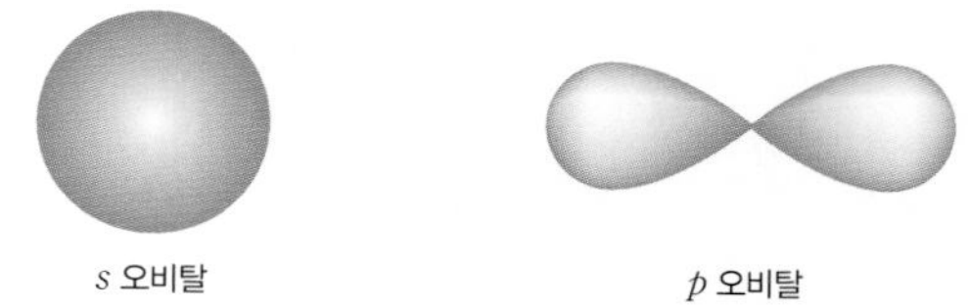

s 오비탈　　p 오비탈

- s 오비탈: 구형, 방향성이 없다.
- p 오비탈: 아령형, 방향성이 있다. L 전자 껍질(n=2) 이상에서 존재한다.

② 오비탈을 결정하는 4가지 양자수: 주 양자수, 부 양자수(방위 양자수), 자기 양자수, 스핀 양자수

핵심 개념 체크

정답과 해설 17쪽

1. 오비탈과 오비탈의 특징을 옳게 연결하시오.

(1) s 오비탈 • 　　• ㉠ 아령형

(2) p 오비탈 • 　　• ㉡ 구형

2. 다음 설명 중 옳은 것은 ○표, 옳지 않은 것은 ×표 하시오.

(1) 수소 원자의 선 스펙트럼은 불연속적이다. (　　)

(2) 보어 원자 모형은 수소 원자의 선 스펙트럼을 설명하기 위한 모형이다. (　　)

3. 보어 원자 모형에서 전자는 특정한 에너지 준위를 갖는 궤도를 원운동하는데, 이 궤도를 (　　)(이)라고 한다.

4. 원자핵 주위에서 전자가 발견될 확률을 나타낸 함수를 (　　)(이)라고 한다.

5. 원자가 가장 낮은 에너지를 갖는 상태를 (　　)(이)라고 한다.

6. 오비탈을 결정하는 4가지 양자수를 쓰시오.

(3) 양자수

① 주 양자수(n): 오비탈의 크기 및 에너지와 관련이 있다.

- 주 양자수가 클수록 오비탈의 크기가 크고, 전자가 원자핵으로부터 멀리 떨어져 있어서 에너지 준위가 높다.
- 보어 모형에서 전자 껍질에 해당하며, 자연수로 표시한다.

주 양자수(n)	1	2	3	4
전자 껍질	K	L	M	N

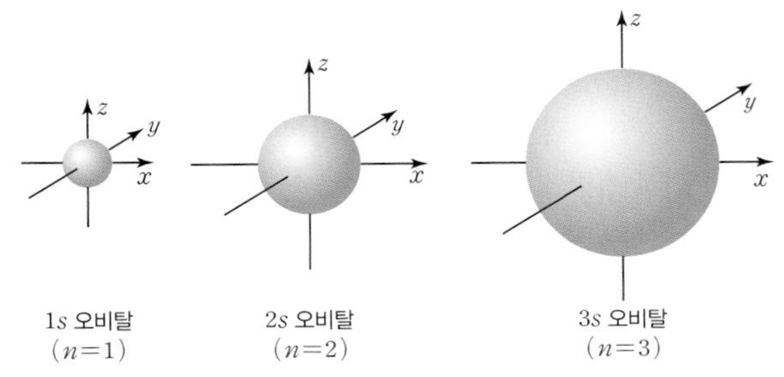

② 부 양자수(방위 양자수)(l): 오비탈의 종류와 관련이 있다.

부 양자수(l)	0	1	2	3
오비탈의 종류	s	p	d	f

- 주 양자수(n)에 따라 가질 수 있는 값이 정해진다.
- 주 양자수(n)와의 관계: 주 양자수가 n인 오비탈은 부 양자수 $l=0, 1, 2, \cdots, (n-1)$까지 n개 존재한다.

③ 자기 양자수(m_l): 오비탈의 방향과 관련이 있다.

- 부 양자수(l)에 따라 가질 수 있는 값이 정해진다.
- 부 양자수(l)와의 관계: 부 양자수가 l인 오비탈은 자기 양자수 $m_l=-l, (-l+1), \cdots, 0, \cdots, (+l-1), +l$까지 $(2l+1)$개 존재한다.
- p 오비탈은 방향에 따라 p_x, p_y, p_z 오비탈로 존재하므로 자기 양자수도 -1, 0, $+1$의 세 가지가 가능하다.

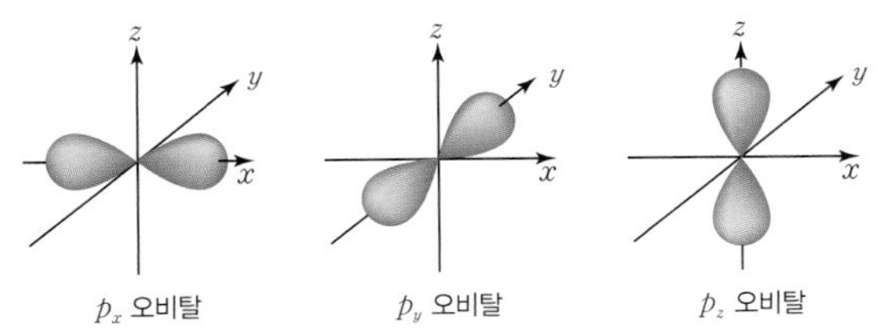

④ 스핀 양자수(m_s): 오비탈 내 전자의 스핀을 구분하는 양자수

- $+\frac{1}{2}$, $-\frac{1}{2}$ 두 가지 방향이 있다.
- 한 오비탈에 들어 있는 전자들은 반드시 다른 스핀 방향을 가진다.

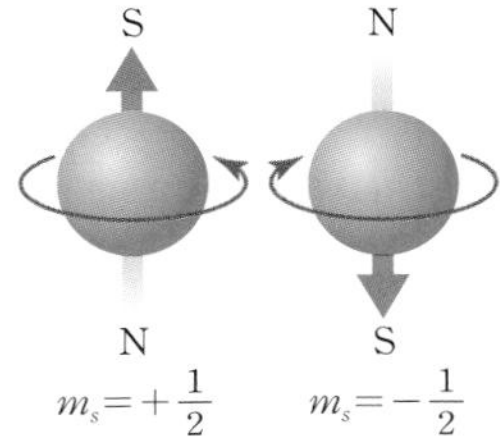

3 원자의 전자 배치

(1) 오비탈의 에너지 준위

① 수소 원자: 오비탈의 에너지 준위가 원자핵과 전자 사이의 인력에만 영향을 받는다. ➡ 오비탈의 에너지 준위는 주 양자수에 의해서만 결정된다.

$$1s<2s=2p<3s=3p=3d<4s=4p=4d=4f<\cdots$$

② 다전자 원자: 오비탈의 에너지 준위가 원자핵과 전자 사이의 인력뿐만 아니라 전자 사이의 반발력에도 영향을 받는다. ➡ 오비탈의 에너지 준위는 주 양자수뿐만 아니라 부 양자수(오비탈의 종류)에도 영향을 받는다.

$$1s<2s<2p<3s<3p<4s<3d<4p<\cdots$$

(2) 전자 배치 표시법: 오비탈의 종류 기호 앞에 주 양자수를, 오른쪽 위에 오비탈에 들어 있는 전자 수를 표시한다.

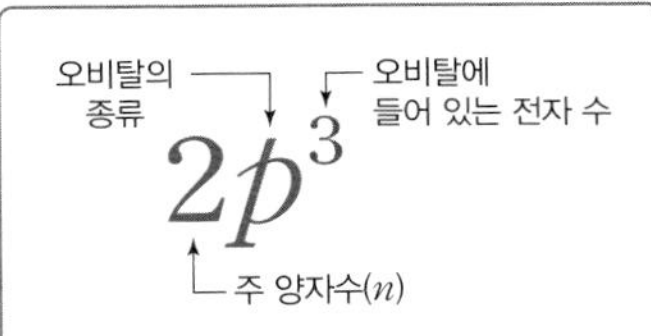

(3) 전자 배치 규칙

① 파울리 배타 원리: 전자는 한 오비탈에 최대 2개까지 들어갈 수 있으며, 한 오비탈에 들어간 두 전자의 스핀 방향은 서로 반대여야 한다.

② 훈트 규칙: 에너지 준위가 같은 오비탈에 전자가 들어갈 때 가능한 한 쌍을 이루지 않고 홀전자 수가 많도록 배치된다.

③ 쌓음 원리: 바닥상태 원자에서는 에너지 준위가 가장 낮은 오비탈부터 에너지가 높아지는 순서대로 전자가 배치된다.

핵심 개념 체크

정답과 해설 17쪽

7. 부 양자수(l)와 오비탈의 종류를 옳게 연결하시오.

(1) 0 •   • ㉠ s 오비탈
(2) 1 •   • ㉡ d 오비탈
(3) 2 •   • ㉢ p 오비탈

8. 다음 설명 중 옳은 것은 ○표, 옳지 않은 것은 ×표 하시오.

(1) 주 양자수(n)는 오비탈의 크기 및 에너지와 관련이 있다. ( )

(2) 다전자 원자에서 오비탈의 에너지 준위는 주 양자수에 의해서만 결정된다. ( )

9. 오비탈의 방향과 관련이 있는 양자수를 쓰시오.

10. 파울리 배타 원리에서 전자는 한 오비탈에 최대 ( )개까지 들어갈 수 있다.

11. 훈트 규칙에서 에너지 준위가 같은 오비탈에 전자가 들어갈 때 ( ) 수가 많도록 배치된다.

출제 예상 문제

[8714-0107]
01 그림은 수소 원자의 선 스펙트럼 실험 장치와 이 장치를 통해 얻어진 선 스펙트럼에 나타난 4개의 빛에 대한 파장을 나타낸 것이다.

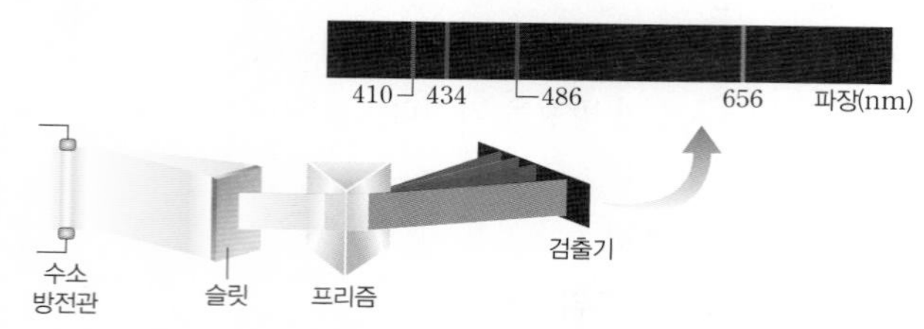

위 실험에서 얻은 4개의 빛에 대한 설명으로 옳은 것만을 〈보기〉에서 있는 대로 고른 것은?

> 보기
> ㄱ. 선 스펙트럼에서 선이 불연속적으로 나타난다.
> ㄴ. 수소 방전관에서 방출한 빛은 가시광선 영역이다.
> ㄷ. 에너지가 가장 큰 것은 파장 656 nm의 빛이다.

① ㄱ ② ㄷ ③ ㄱ, ㄴ
④ ㄴ, ㄷ ⑤ ㄱ, ㄴ, ㄷ

[8714-0108]
02 그림은 전자가 두 전자 껍질의 에너지 차이만큼 에너지를 흡수하거나 방출하는 모습을 보어 원자 모형으로 나타낸 것이다.

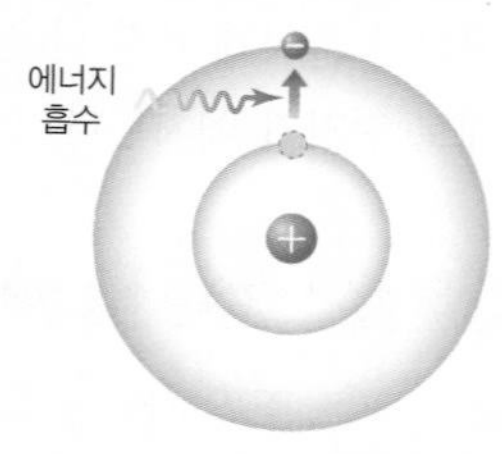

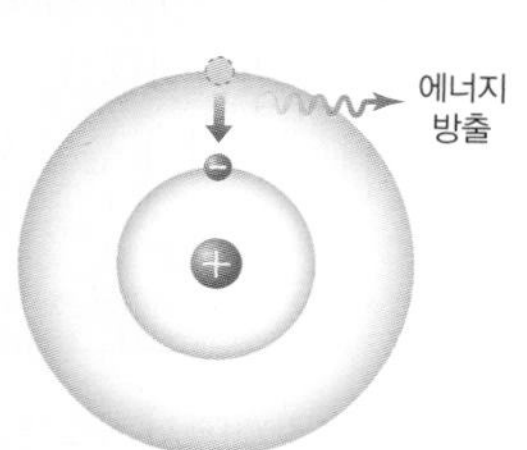

전자가 전이할 때 에너지를 방출하는 경우는?

	전이 전 전자 껍질	전이 후 전자 껍질
①	K	L
②	M	K
③	L	M
④	K	M
⑤	M	N

[8714-0109]
03 그림은 수소 원자의 선 스펙트럼을 설명하기 위해 보어가 제시한 원자 모형을 나타낸 것이다.
이에 대한 설명으로 옳은 것만을 〈보기〉에서 있는 대로 고른 것은?

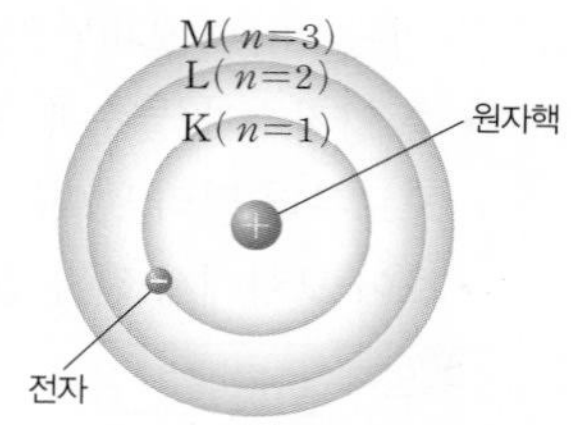

> 보기
> ㄱ. 전자는 원자핵 주위를 돌 때 특정한 에너지 준위를 갖는 궤도를 따라 원운동한다.
> ㄴ. 전자는 전자 껍질과 전자 껍질 사이에 존재할 수 없다.
> ㄷ. M 전자 껍질에서 L 전자 껍질로 전자가 전이할 때 에너지를 방출한다.

① ㄱ ② ㄷ ③ ㄱ, ㄴ
④ ㄴ, ㄷ ⑤ ㄱ, ㄴ, ㄷ

[8714-0110]
04 다음은 바닥상태와 들뜬상태에 대한 학생들의 대화 내용이다.

제시한 내용이 옳은 학생만을 있는 대로 고른 것은?

① A ② C ③ A, B
④ B, C ⑤ A, B, C

[8714-0111]
05 그림은 주 양자수가 2인 오비탈을 모형으로 나타낸 것이다.

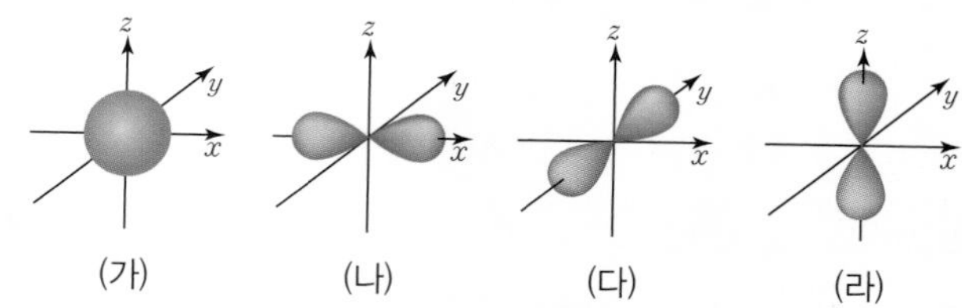

(가) (나) (다) (라)

이에 대한 설명으로 옳은 것만을 〈보기〉에서 있는 대로 고른 것은?

> 보기
> ㄱ. (가)는 $2s$ 오비탈이다.
> ㄴ. 수소 원자에서 에너지 준위는 (가)가 (나)보다 높다.
> ㄷ. 다전자 원자에서 에너지 준위는 (다)가 (라)보다 높다.

① ㄱ ② ㄴ ③ ㄷ
④ ㄱ, ㄴ ⑤ ㄴ, ㄷ

[8714-0112]
06 그림은 수소 원자의 $1s$, $2s$, $3s$ 오비탈을 모형으로 나타낸 것이다.

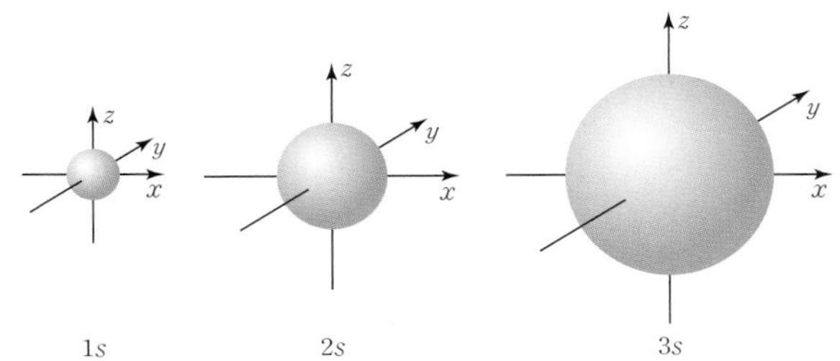

이에 대한 설명으로 옳은 것만을 〈보기〉에서 있는 대로 고른 것은?

보기
ㄱ. 에너지 준위는 $2s$ 오비탈이 $1s$ 오비탈보다 높다.
ㄴ. 주 양자수는 $3s$ 오비탈이 $2s$ 오비탈보다 크다.
ㄷ. $1s$ 오비탈에 들어 있는 전자와 $3s$ 오비탈에 들어 있는 전자는 같은 전자 껍질에 존재한다.

① ㄱ ② ㄷ ③ ㄱ, ㄴ
④ ㄴ, ㄷ ⑤ ㄱ, ㄴ, ㄷ

[8714-0113]
07 표는 주 양자수와 부 양자수에 따른 오비탈을 나타낸 것이다.

주 양자수(n)	1	2		3		
부 양자수(l)	0	0	㉠	0	㉠	2
오비탈	s	s	p	s	p	㉡

이에 대한 설명으로 옳은 것만을 〈보기〉에서 있는 대로 고른 것은?

보기
ㄱ. ㉠은 1이다.
ㄴ. ㉡은 d이다.
ㄷ. 주 양자수가 4일 때 부 양자수는 4가지이다.

① ㄱ ② ㄷ ③ ㄱ, ㄴ
④ ㄴ, ㄷ ⑤ ㄱ, ㄴ, ㄷ

[8714-0114]
08 그림은 오비탈에 들어 있는 전자 배치를 나타낸 것이다.
(가)~(다)에 대한 설명으로 옳은 것만을 〈보기〉에서 있는 대로 고른 것은?

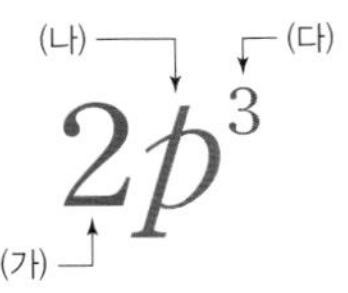

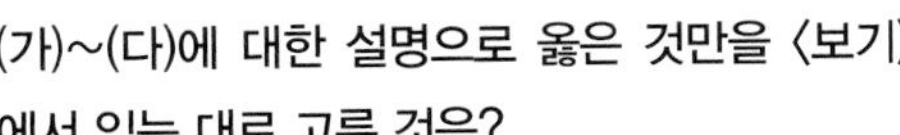

보기
ㄱ. (가)는 오비탈에 들어 있는 전자 수이다.
ㄴ. (나)는 오비탈의 종류를 나타낸다.
ㄷ. (다)는 주 양자수이다.

① ㄱ ② ㄴ ③ ㄷ
④ ㄱ, ㄴ ⑤ ㄴ, ㄷ

[8714-0115]
09 그림 (가)~(다)는 탄소(C) 원자의 전자 배치를 나타낸 것이다.

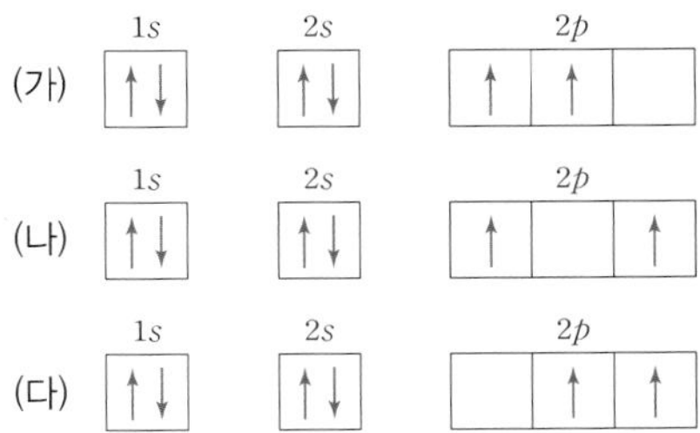

(가)~(다)에 대한 공통적인 설명으로 옳은 것만을 〈보기〉에서 있는 대로 고른 것은?

보기
ㄱ. 파울리 배타 원리를 만족한다.
ㄴ. 훈트 규칙을 만족한다.
ㄷ. 바닥상태 전자 배치이다.

① ㄱ ② ㄷ ③ ㄱ, ㄴ
④ ㄴ, ㄷ ⑤ ㄱ, ㄴ, ㄷ

[8714-0116]
10 표는 원자 A~D의 전자 배치를 나타낸 것이다.

원자	전자 배치
A	$1s^2\ 2s^2\ 2p_x^2\ 2p_y^2\ 2p_z^1$
B	$1s^2\ 2s^2\ 2p_x^2\ 2p_y^2\ 2p_z^1\ 3s^1$
C	$1s^2\ 2s^2\ 2p_x^2\ 2p_y^2\ 2p_z^2\ 3s^1$
D	$1s^2\ 2s^2\ 2p_x^2\ 2p_y^2\ 2p_z^2\ 3s^2\ 3p_x^1\ 3p_y^1\ 3p_z^1$

위 전자 배치에 대한 설명으로 옳은 것만을 〈보기〉에서 있는 대로 고른 것은? (단, A~D는 임의의 원소 기호이다.)

보기
ㄱ. 바닥상태 전자 배치를 갖는 원자는 2가지이다.
ㄴ. 홀전자 수는 D가 A보다 크다.
ㄷ. 전자가 들어 있는 오비탈 수는 C가 B보다 크다.

① ㄱ ② ㄴ ③ ㄷ
④ ㄱ, ㄴ ⑤ ㄴ, ㄷ

[8714-0117]
11 표는 주 양자수가 3 이하인 오비탈의 종류와 수 및 오비탈에 최대로 들어갈 수 있는 전자 수를 나타낸 것이다.

주 양자수	1	2		3		
오비탈의 종류	s	s	p	s	p	d
오비탈 수	1	㉠		9		
최대로 들어갈 수 있는 전자 수	㉡	8		㉢		

㉠+㉡+㉢은?

① 20 ② 22 ③ 24
④ 26 ⑤ 28

[8714-0118]
12 다음 중 원자의 바닥상태 전자 배치로 옳은 것은?

① $_8$O: $1s^2\ 2s^2\ 2p_x^2\ 2p_y^1\ 2p_z^1$
② $_9$F: $1s^2\ 2s^2\ 2p_x^2\ 2p_y^1\ 2p_z^1\ 3s^1$
③ $_{10}$Ne: $1s^2\ 2s^2\ 2p_x^2\ 2p_y^2\ 2p_z^1\ 3s^1$
④ $_{12}$Mg: $1s^2\ 2s^2\ 2p^6\ 3s^1\ 3p_x^1$
⑤ $_{13}$Al: $1s^2\ 2s^2\ 2p^6\ 3s^0\ 3p_x^1\ 3p_y^1\ 3p_z^1$

[8714-0119]
13 다음은 Na 원자의 바닥상태 전자 배치와 Na^+의 바닥상태 전자 배치 ㉠을 각각 나타낸 것이다.

• Na: $1s^2\ 2s^2\ 2p^6\ 3s^1$
• Na^+: ㉠

이에 대한 설명으로 옳은 것만을 〈보기〉에서 있는 대로 고른 것은?

보기
ㄱ. ㉠에는 '$1s^2\ 2s^2\ 2p^5\ 3s^1$'이 해당된다.
ㄴ. 홀전자 수는 Na이 Na^+보다 크다.
ㄷ. Na 원자와 Na^+의 전자가 들어 있는 오비탈 수는 같다.

① ㄱ ② ㄴ ③ ㄷ
④ ㄱ, ㄴ ⑤ ㄴ, ㄷ

[8714-0120]
14 그림 (가)~(라)는 학생이 그린 산소(O) 원자의 전자 배치 3가지와 산소 양이온(O^+)의 전자 배치 1가지를 나타낸 것이다.

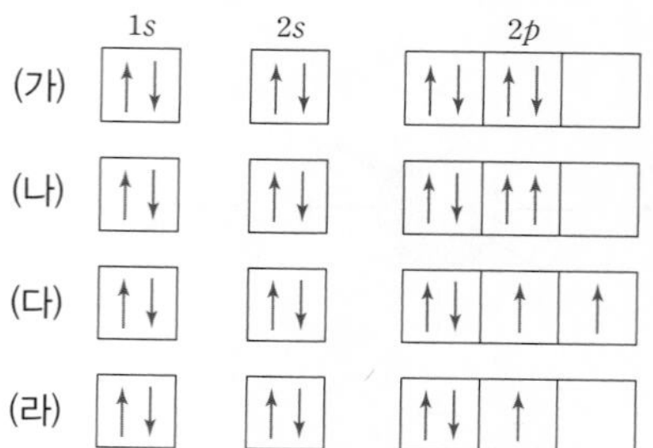

이에 대한 설명으로 옳은 것만을 〈보기〉에서 있는 대로 고른 것은?

보기
ㄱ. (라)에서 나타낸 전자 수는 산소 양이온(O^+)의 전자 수와 같다.
ㄴ. (다)는 산소 원자(O)의 바닥상태 전자 배치이다.
ㄷ. (가)와 (다)의 홀전자 수의 합은 (라)의 홀전자 수보다 작다.

① ㄱ ② ㄷ ③ ㄱ, ㄴ
④ ㄴ, ㄷ ⑤ ㄱ, ㄴ, ㄷ

[8714-0121]
15 X^{2+}과 Y^-은 바닥상태에서 모두 그림과 같은 전자 배치를 갖는다.

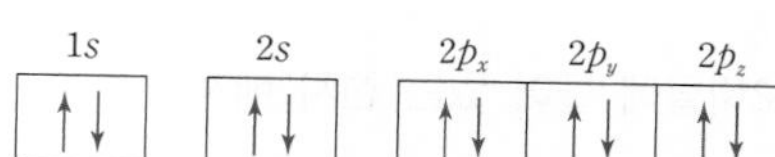

바닥상태의 원자 X와 Y에 대한 설명으로 옳은 것만을 〈보기〉에서 있는 대로 고른 것은? (단, X, Y는 임의의 원소 기호이다.)

보기
ㄱ. 원자 번호는 X가 Y보다 크다.
ㄴ. 홀전자 수는 X가 Y보다 크다.
ㄷ. 전자가 들어 있는 오비탈 수는 X가 Y보다 작다.

① ㄱ ② ㄴ ③ ㄷ
④ ㄱ, ㄴ ⑤ ㄱ, ㄷ

정답과 해설 19쪽

[8714-0122]
01 그림 (가)와 (나)는 수소 원자의 선 스펙트럼을 설명하기 위해 보어가 제시한 원자 모형을 나타낸 것이다.

(가)

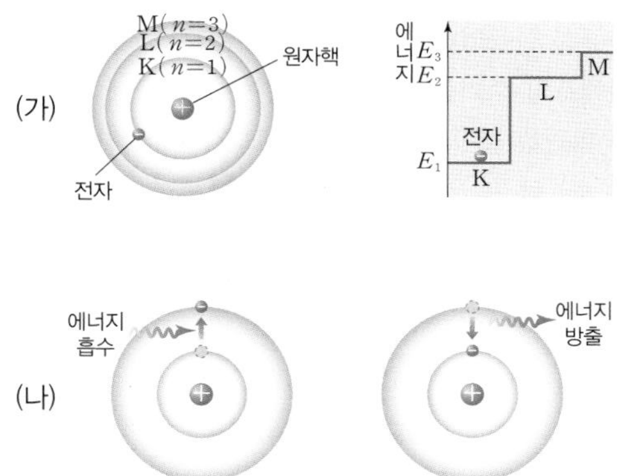

(나)

전자가 원자핵 주위를 돌 때 에너지를 흡수 또는 방출하는 경우를 전자 껍질과 에너지를 이용하여 서술하시오.

[8714-0123]
02 다음은 양자수 (가)~(다)에 대한 설명이다. (가)~(다)는 각각 주 양자수, 부 양자수, 자기 양자수 중 하나이다.

- (가)는 오비탈의 종류와 관련이 있으며, (다)에 따라 가질 수 있는 값이 정해진다.
- (나)는 오비탈의 방향과 관련이 있으며, (가)에 따라 가질 수 있는 값이 정해진다.
- (다)는 오비탈의 크기 및 에너지와 관련이 있다.

(가)~(다)에 해당하는 양자수를 각각 쓰시오.

[8714-0124]
03 다음은 수소 원자와 다전자 원자에서 오비탈의 에너지 준위를 나타낸 것이다.

- 수소 원자에서 오비탈의 에너지 준위
  $1s < 2s = 2p < 3s = 3p = 3d < 4s = 4p = 4d = 4f < \cdots$
- 다전자 원자에서 오비탈의 에너지 준위
  $1s < 2s < 2p < 3s < 3p < 4s < 3d < 4p < \cdots$

수소 원자와 다전자 원자에서 오비탈의 에너지 준위가 서로 다른 까닭을 원자핵과 전자 사이의 관계를 이용하여 서술하시오.

[8714-0125]
04 다음은 원자의 바닥상태 전자 배치와 관련된 내용이다.

- 한 오비탈에 전자는 최대 2개까지 들어갈 수 있으며, 한 오비탈에 들어간 두 전자의 스핀 방향은 서로 반대여야 한다. 이를 [㉠] 원리라고 한다.
- 에너지 준위가 같은 오비탈에 전자가 들어갈 때 가능한 한 쌍을 이루지 않고 홀전자 수가 많도록 배치되는 것을 [㉡] 규칙이라고 한다.
- 바닥상태 원자에서는 에너지 준위가 가장 낮은 오비탈부터 에너지가 높아지는 순서대로 전자가 배치되는 것을 [㉢] 원리라고 한다.

㉠~㉢에 알맞은 말을 각각 쓰시오.

[8714-0126]
05 그림은 학생이 그린 탄소($_6C$) 원자의 5가지 전자 배치를 나타낸 것이다.

	$1s$	$2s$	$2p$		
(가)	↑↓	↑↓	↑↑		
(나)	↑↓	↑↓	↑		↑
(다)	↑↓	↑↓		↑	↑
(라)	↑↓	↑	↑	↑	↑
(마)	↑↓	↑↓	↑↓		

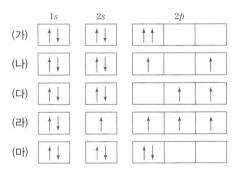

(1) <u>탄소($_6C$) 원자의 바닥상태 전자 배치 2가지</u>와 (2) <u>파울리 배타 원리에 어긋나는 전자 배치 1가지</u>를 각각 쓰시오.

[8714-0127]
06 다음은 3주기 원자 W~Z의 전자 배치를 나타낸 것이다.

- W: $1s^2\ 2s^2\ 2p^6\ 3s^2\ 3p_x^2\ 3p_y^1\ 3p_z^0$
- X: $1s^2\ 2s^2\ 2p^6\ 3s^1\ 3p_x^1\ 3p_y^1\ 3p_z^1$
- Y: $1s^2\ 2s^2\ 2p^6\ 3s^2\ 3p_x^2\ 3p_y^1\ 3p_z^1$
- Z: $1s^2\ 2s^2\ 2p^6\ 3s^2\ 3p_x^1\ 3p_y^1\ 3p_z^2$

W~Z 중에서 바닥상태 원자가 <u>아닌</u> 것을 고르고, 그 까닭을 전자 배치 규칙과 관련지어 서술하시오. (단, W~Z는 임의의 원소 기호이다.)

06 주기율표

1 주기율표의 역사

(1) 라부아지에(1743~1794, 프랑스)의 분류

라부아지에는 당시에 원소로 알려진 33종의 물질을 성질에 따라 다음과 같은 4개의 군으로 분류하였으나 현대적 관점에서 보면 큰 의미는 없다.

- 동물
- 식물
- 광물에 포함된 원소, 산을 만드는 원소
- 염기를 만드는 원소, 염을 만드는 원소

(2) 되베라이너(1780~1849, 독일)의 세 쌍 원소

되베라이너

- 화학적 성질에 따라 원소를 분류할 때 비슷한 성질의 원소들이 3개씩 쌍을 이루는 경우가 있는데, 그는 실험을 통해 세 개의 원소로 이루어진 무리 중 어떤 원소들은 첫 번째 원소와 세 번째 원소의 물리량 평균이 두 번째 원소와 같음을 확인하였다.
- 세 쌍 원소의 예
  - 칼슘(Ca)−스트론튬(Sr)−바륨(Ba)
  - 염소(Cl)−브로민(Br)−아이오딘(I)
  - 리튬(Li)−나트륨(Na)−칼륨(K)
- 모든 원소에 이 경우를 적용할 수 없는 한계가 있었다.

(3) 뉴랜즈(1837~1898, 영국)의 옥타브 법칙

- 원소들을 원자량 순으로 배열하면 음악의 옥타브처럼 여덟 번째 원소마다 화학적 성질이 비슷한 원소가 나타나는 것을 발견하였다.
- 당시에는 비활성 기체가 발견되지 않았기 때문에 옥타브 법칙이 성립할 수 있었다.

H Li Be B C N O F
F Na Mg Al Si P S Cl

(4) 멘델레예프(1834~1907, 러시아)의 분류

- 원소들을 원자량뿐만 아니라 성질도 함께 고려하여 배열함으로써, 원소의 성질이 주기적으로 나타나는 것을 알 수 있도록 주기율표를 만들었다.
- 멘델레예프의 주기율표에서는 빈칸이 있었으나, 그는 새로운 원소가 발견될 것이라고 예측하고 그 원자량까지 예상하였다.

멘델레예프

- 멘델레예프의 주기율표에서 몇몇 원소가 원자 번호는 크게 배열되지만 원자량은 오히려 작게 배열된다는 한계가 있었다.

(5) 모즐리(1887~1915, 영국)의 주기율

모즐리

- 모즐리는 원자 번호에 따라 주기율표를 배열하였다.
- 모즐리는 X선을 이용하여 원소들을 분석한 결과, 원소들을 원자 번호 순으로 배열하면 멘델레예프의 주기율표에서 발생한 문제들을 해결할 수 있다는 것을 밝혀내었다.
- 양성자를 발견하기 이전에 내린 결론이어서 원자 번호의 의미를 정확하게 결정하지 않은 한계가 있었다.

2 주기율표

(1) 주기율과 주기율표

① 주기율: 원소를 배열할 때 비슷한 성질의 원소들이 주기적으로 나타나는 것

② 주기율표: 주기율에 따라 원소들을 가로와 세로로 배열한 것

핵심 개념 체크

정답과 해설 20쪽

1. 주기율표와 관련된 과학자와 그 과학자가 제안한 원소 분류의 특징을 옳게 연결하시오.

(1) 모즐리 • ㉠ 세 쌍 원소
(2) 되베라이너 • ㉡ 옥타브 법칙
(3) 뉴랜즈 • ㉢ 원자 번호 순서로 배열

2. 다음 설명 중 옳은 것은 ○표, 옳지 않은 것은 ×표 하시오.

(1) 멘델레예프가 제안한 주기율표가 현대의 주기율표이다. (　　)

(2) 뉴랜즈가 제안한 주기율표에는 비활성 기체가 포함된다. (　　)

(3) 리튬(Li)−나트륨(Na)−칼륨(K)은 되베라이너의 세 쌍 원소의 예가 된다. (　　)

3. (　　　)의 주기율표에서는 빈칸이 있었으나, 그는 새로운 원소가 발견될 것이라고 예측하고 그 원자량까지 예상하였다.

4. 원소들을 원자량뿐만 아니라 성질도 함께 고려하여 배열함으로써, 원소의 성질이 주기적으로 나타나는 것을 알 수 있도록 주기율표를 만든 과학자를 쓰시오.

(2) 족: 주기율표의 세로줄

① 1족부터 18족까지 존재한다.

② 같은 족 원소는 원자가 전자 수가 같아서 화학적 성질이 비슷하다.

(3) 주기: 주기율표의 가로줄

① 1주기부터 7주기까지 존재한다.

② 같은 주기 원소는 바닥상태 원자에서 전자가 들어 있는 전자 껍질 수가 같다.

3 주기율표의 특징

(1) 금속 원소와 비금속 원소

① 금속 원소: 주로 주기율표 왼쪽에 위치한다.

- 전자를 잃어 양이온이 되기 쉽고, 전기 전도성이 있다.
- 수은을 제외하고 상온에서 고체로 존재한다.

② 비금속 원소: 주로 주기율표 오른쪽에 위치한다.

- 전자를 얻어 음이온이 되기 쉽고, 전기 전도성이 없다.
- 상온에서 대체로 기체와 고체로 존재한다.

(2) 같은 족 원소

① 알칼리 금속: 수소를 제외한 1족 원소. Li, Na, K 등

- 은백색 광택을 가진 무른 금속으로 칼로 쉽게 잘라진다.
- 반응성이 매우 커 공기 중의 물이나 산소와 쉽게 반응한다.
- 비금속과 반응하여 +1가 양이온이 된다.

② 알칼리 토금속: 2족 원소. Be, Mg, Ca 등

- 알칼리 금속보다 반응성이 작다.
- 비금속과 반응하여 +2가 양이온이 된다.

③ 할로젠: 17족 원소. F, Cl, Br, I 등

- 반응성이 크며 금속과 반응하여 −1가 음이온이 된다.

④ 비활성 기체: 18족 원소. He, Ne, Ar, Kr 등

- 상온에서 모두 기체이다.
- 매우 안정하여 다른 원소와 거의 반응하지 않는다.

(3) 2, 3주기 원소

① 2주기 원소: Li, Be, B, C, N, O, F, Ne

② 3주기 원소: Na, Mg, Al, Si, P, S, Cl, Ar

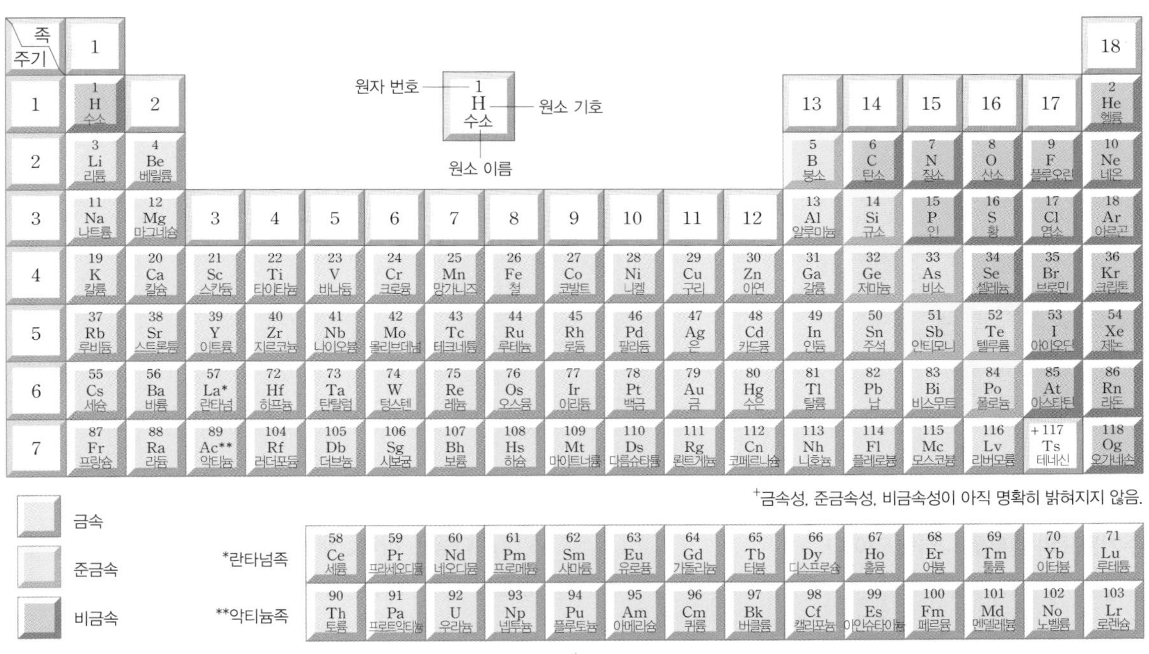

주기＼족	1	2	3	4	5	6	7	8	9	10	11	12	13	14	15	16	17	18
1	1 H 수소																	2 He 헬륨
2	3 Li 리튬	4 Be 베릴륨											5 B 붕소	6 C 탄소	7 N 질소	8 O 산소	9 F 플루오린	10 Ne 네온
3	11 Na 나트륨	12 Mg 마그네슘											13 Al 알루미늄	14 Si 규소	15 P 인	16 S 황	17 Cl 염소	18 Ar 아르곤
4	19 K 칼륨	20 Ca 칼슘	21 Sc 스칸듐	22 Ti 타이타늄	23 V 바나듐	24 Cr 크로뮴	25 Mn 망가니즈	26 Fe 철	27 Co 코발트	28 Ni 니켈	29 Cu 구리	30 Zn 아연	31 Ga 갈륨	32 Ge 저마늄	33 As 비소	34 Se 셀레늄	35 Br 브로민	36 Kr 크립톤
5	37 Rb 루비듐	38 Sr 스트론튬	39 Y 이트륨	40 Zr 지르코늄	41 Nb 나이오븀	42 Mo 몰리브데넘	43 Tc 테크네튬	44 Ru 루테늄	45 Rh 로듐	46 Pd 팔라듐	47 Ag 은	48 Cd 카드뮴	49 In 인듐	50 Sn 주석	51 Sb 안티모니	52 Te 텔루륨	53 I 아이오딘	54 Xe 제논
6	55 Cs 세슘	56 Ba 바륨	57 La* 란타넘	72 Hf 하프늄	73 Ta 탄탈럼	74 W 텅스텐	75 Re 레늄	76 Os 오스뮴	77 Ir 이리듐	78 Pt 백금	79 Au 금	80 Hg 수은	81 Tl 탈륨	82 Pb 납	83 Bi 비스무트	84 Po 폴로늄	85 At 아스타틴	86 Rn 라돈
7	87 Fr 프랑슘	88 Ra 라듐	89 Ac** 악티늄	104 Rf 러더포듐	105 Db 더브늄	106 Sg 시보귬	107 Bh 보륨	108 Hs 하슘	109 Mt 마이트너륨	110 Ds 다름슈타튬	111 Rg 뢴트게늄	112 Cn 코페르니슘	113 Nh 니호늄	114 Fl 플레로븀	115 Mc 모스코븀	116 Lv 리버모륨	+117 Ts 테네신	118 Og 오가네손

+금속성, 준금속성, 비금속성이 아직 명확히 밝혀지지 않음.

*란타넘족	58 Ce 세륨	59 Pr 프라세오디뮴	60 Nd 네오디뮴	61 Pm 프로메튬	62 Sm 사마륨	63 Eu 유로퓸	64 Gd 가돌리늄	65 Tb 터븀	66 Dy 디스프로슘	67 Ho 홀뮴	68 Er 어븀	69 Tm 툴륨	70 Yb 이터븀	71 Lu 루테튬
**악티늄족	90 Th 토륨	91 Pa 프로트악티늄	92 U 우라늄	93 Np 넵투늄	94 Pu 플루토늄	95 Am 아메리슘	96 Cm 퀴륨	97 Bk 버클륨	98 Cf 캘리포늄	99 Es 아인슈타이늄	100 Fm 페르뮴	101 Md 멘델레븀	102 No 노벨륨	103 Lr 로렌슘

핵심 개념 체크

정답과 해설 20쪽

5. 원소의 예를 옳게 연결하시오.

(1) 알칼리 금속 •   • ㉠ F, Cl, Br, I

(2) 할로젠 •   • ㉡ He, Ne, Ar, Kr

(3) 비활성 기체 •   • ㉢ Li, Na, K

6. 다음 설명 중 옳은 것은 ○표, 옳지 않은 것은 ×표 하시오.

(1) 같은 족 원소는 원자가 전자 수가 같아서 화학적 성질이 비슷하다. ( )

(2) 같은 주기 원소는 바닥상태 원자에서 전자가 들어 있는 전자 껍질 수가 같다. ( )

(3) 비금속 원소와 반응하여 +1가 양이온이 되는 원소를 할로젠이라고 한다. ( )

7. 주기율표의 세로줄은 ( ), 가로줄은 ( )(이)라고 한다.

8. Li, Be, B, C, N, O, F, Ne은 ( )주기 원소이다.

9. 18족 원소 중에서 원자 번호가 가장 작은 원소를 쓰시오.

출제 예상 문제

[8714-0128]

01 원자 A~E의 바닥상태 전자 배치는 다음과 같다.

- A: $1s^2\ 2s^2\ 2p^4$
- B: $1s^2\ 2s^2\ 2p^6\ 3s^1$
- C: $1s^2\ 2s^2\ 2p^6\ 3s^2$
- D: $1s^2\ 2s^2\ 2p^6\ 3s^2\ 3p^4$
- E: $1s^2\ 2s^2\ 2p^6\ 3s^2\ 3p^5$

A~E에 대한 설명으로 옳은 것만을 〈보기〉에서 있는 대로 고른 것은? (단, A~E는 임의의 원소 기호이다.)

보기

ㄱ. A와 D는 같은 족 원소이다.
ㄴ. B와 C는 같은 주기 원소이다.
ㄷ. B와 E는 화학적 성질이 비슷하다.

① ㄱ ② ㄷ ③ ㄱ, ㄴ
④ ㄴ, ㄷ ⑤ ㄱ, ㄴ, ㄷ

[8714-0129]

02 그림은 주기율표의 일부를 나타낸 것이다.

주기＼족	1	2	3~12	13	14	15	16	17	18
1									A
2	B						C	D	
3	E							F	

A~F에 대한 설명으로 옳은 것만을 〈보기〉에서 있는 대로 고른 것은? (단, A~F는 임의의 원소 기호이다.)

보기

ㄱ. B와 E는 알칼리 금속이다.
ㄴ. A와 C는 다른 원소와 거의 반응하지 않는다.
ㄷ. D와 F는 E와 반응하여 모두 -1가 음이온이 된다.

① ㄱ ② ㄴ ③ ㄷ
④ ㄱ, ㄴ ⑤ ㄱ, ㄷ

[8714-0130]

03 그림은 바닥상태 원자 A~D의 전자 배치에서 전자쌍 수와 홀전자 수를 나타낸 것이다.

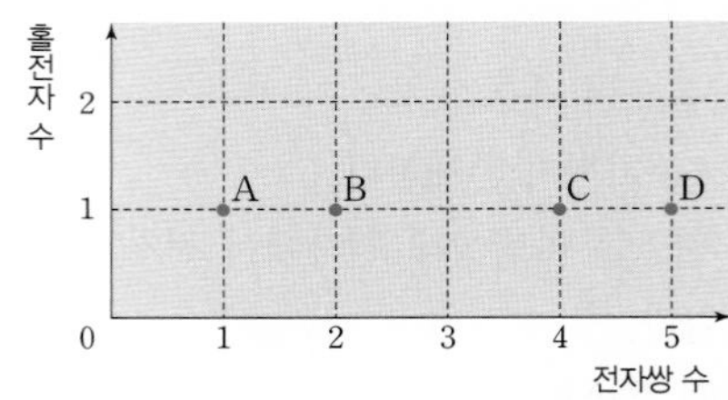

A~D에 대한 설명으로 옳은 것만을 〈보기〉에서 있는 대로 고른 것은? (단, A~D는 임의의 원소 기호이다.)

보기

ㄱ. A와 B는 같은 족 원소이다.
ㄴ. A와 D는 전기 전도성이 있다.
ㄷ. B와 D는 같은 주기 원소이다.

① ㄱ ② ㄴ ③ ㄷ
④ ㄱ, ㄴ ⑤ ㄴ, ㄷ

[8714-0131]

04 다음은 바닥상태 원자 A~E의 전자 배치에서 가장 바깥 전자 껍질의 전자 배치를 나타낸 것이다.

- A: $2s^2\ 2p^1$
- B: $2s^2\ 2p^3$
- C: $2s^2\ 2p^4$
- D: $3s^1$
- E: $3s^2\ 3p^4$

A~E에 대한 설명으로 옳은 것만을 〈보기〉에서 있는 대로 고른 것은? (단, A~E는 임의의 원소 기호이다.)

보기

ㄱ. 2주기 원소는 3가지이다.
ㄴ. A와 D는 같은 족 원소이다.
ㄷ. 할로젠은 1가지이다.

① ㄱ ② ㄴ ③ ㄷ
④ ㄱ, ㄴ ⑤ ㄱ, ㄷ

[8714-0132]
05 그림은 원자 A~C의 전자 배치를 전자 껍질 모형으로 나타낸 것이다.

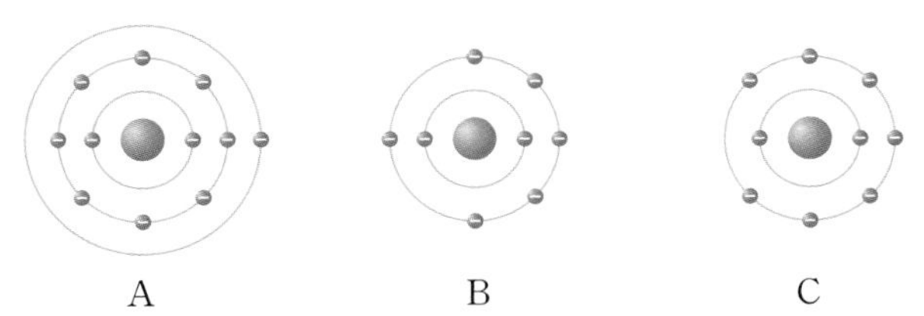

A~C에 대한 설명으로 옳은 것만을 〈보기〉에서 있는 대로 고른 것은? (단, A~C는 임의의 원소 기호이다.)

보기
ㄱ. A는 알칼리 금속이다.
ㄴ. B는 비금속 원소이다.
ㄷ. C는 7족 원소이다.

① ㄱ ② ㄷ ③ ㄱ, ㄴ
④ ㄴ, ㄷ ⑤ ㄱ, ㄴ, ㄷ

[8714-0133]
06 그림은 원소 $_{3}Li$, $_{8}O$, $_{9}F$, $_{10}Ne$, $_{11}Na$을 2가지 기준에 따라 분류한 것이다.

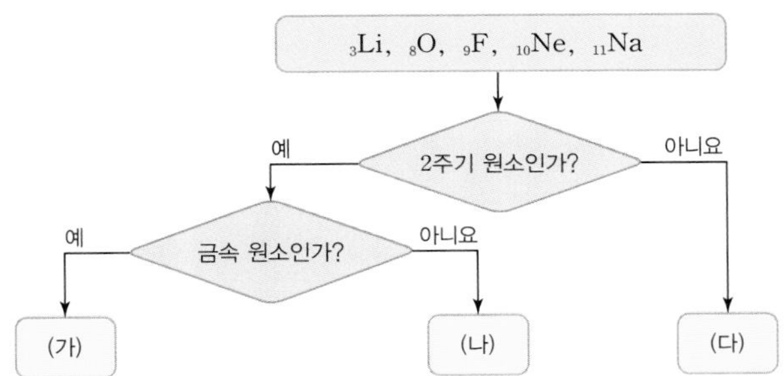

이에 대한 설명으로 옳은 것만을 〈보기〉에서 있는 대로 고른 것은?

보기
ㄱ. (가)에는 1가지 원소가 해당된다.
ㄴ. (나)에 해당하는 원소는 같은 족 원소이다.
ㄷ. (다)에 해당하는 원소의 원자가 전자 수는 2이다.

① ㄱ ② ㄴ ③ ㄷ
④ ㄱ, ㄴ ⑤ ㄱ, ㄷ

[8714-0134]
07 그림은 원자 A와 B의 전자 배치를 전자 껍질 모형으로 나타낸 것이다.

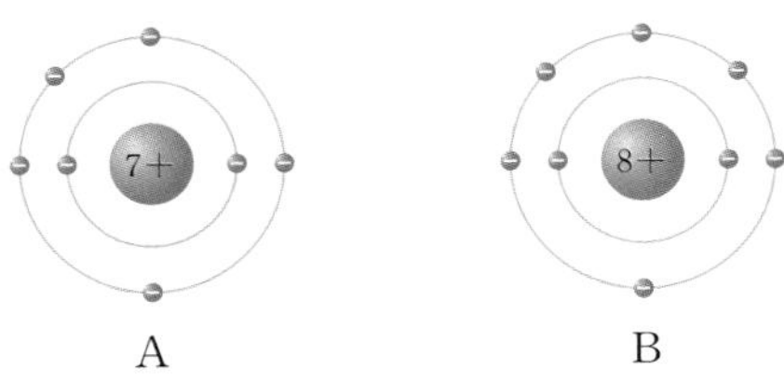

A와 B의 공통점에 대한 설명으로 옳은 것만을 〈보기〉에서 있는 대로 고른 것은? (단, A, B는 임의의 원소 기호이다.)

보기
ㄱ. 원자가 전자 수가 같다.
ㄴ. 같은 주기 원소이다.
ㄷ. 화학적 성질이 비슷하다.

① ㄴ ② ㄷ ③ ㄱ, ㄴ
④ ㄱ, ㄷ ⑤ ㄴ, ㄷ

[8714-0135]
08 표는 2, 3주기 서로 다른 원소 A~D에 대한 자료이다.

원소	A	B	C	D
원자가 전자 수	1	6	7	7
금속/비금속	금속	비금속	비금속	㉠
주기	2	2	2	㉡

이에 대한 설명으로 옳은 것만을 〈보기〉에서 있는 대로 고른 것은? (단, A~D는 임의의 원소 기호이다.)

보기
ㄱ. ㉠에는 '비금속'이 해당된다.
ㄴ. ㉡=3이다.
ㄷ. C와 D는 7족 원소이다.

① ㄱ ② ㄷ ③ ㄱ, ㄴ
④ ㄴ, ㄷ ⑤ ㄱ, ㄴ, ㄷ

[8714-0136]
09 그림은 주기율표의 일부를 나타낸 것이다.

주기 \ 족	1	16	17
2	A	B	C
3	D	E	

A~E에 대한 설명으로 옳은 것만을 〈보기〉에서 있는 대로 고른 것은? (단, A~E는 임의의 원소 기호이다.)

보기
ㄱ. A와 B는 화학적 성질이 비슷하다.
ㄴ. B와 E는 원자가 전자 수가 같다.
ㄷ. C와 D는 바닥상태에서 전자가 들어 있는 p 오비탈 수가 같다.

① ㄱ ② ㄴ ③ ㄷ
④ ㄱ, ㄴ ⑤ ㄴ, ㄷ

[8714-0137]
10 그림은 주기율표의 일부를 나타낸 것이다.

주기＼족	1	2	13	14	15	16	17	18
2	A					B		C
3		D					E	

이에 대한 설명으로 옳은 것만을 〈보기〉에서 있는 대로 고른 것은? (단, A~E는 임의의 원소 기호이다.)

보기
ㄱ. A와 D는 전기 전도성이 있다.
ㄴ. B^{2-}의 바닥상태 전자 배치는 C 원자의 바닥상태 전자 배치와 같다.
ㄷ. E는 할로젠이다.

① ㄱ ② ㄷ ③ ㄱ, ㄴ
④ ㄴ, ㄷ ⑤ ㄱ, ㄴ, ㄷ

[8714-0138]
11 그림은 주기율표의 일부를 나타낸 것이다.

주기＼족	1	2	13	14	15	16	17	18
1	A							
2				B		C	D	
3	E	F					G	

A~G에 대한 설명으로 옳은 것만을 〈보기〉에서 있는 대로 고른 것은? (단, A~G는 임의의 원소 기호이다.)

보기
ㄱ. A와 E는 금속 원소이다.
ㄴ. D와 G는 화학적 성질이 비슷하다.
ㄷ. 원자의 바닥상태 전자 배치에서 홀전자 수가 2인 원소는 3가지이다.

① ㄱ ② ㄴ ③ ㄷ
④ ㄱ, ㄴ ⑤ ㄴ, ㄷ

[8714-0139]
12 다음은 2, 3주기 원소 A~C에 대한 자료이다.

• A~C는 15 또는 16족 원소이다.
• 원자가 전자 수: A>B=C
• 원자의 바닥상태 전자 배치에서의 전자 껍질 수: A=B>C

주기율표에서 A~C의 위치로 가장 적절한 것은? (단, A~C는 임의의 원소 기호이다.)

①

주기＼족	15	16
2	A	B
3	C	

②

주기＼족	15	16
2	A	B
3		C

③

주기＼족	15	16
2	B	A
3	C	

④

주기＼족	15	16
2		C
3	A	B

⑤

주기＼족	15	16
2	C	
3	B	A

[8714-0140]
13 다음은 원소 A~C에 대한 자료이다.

• A와 C는 2주기 원소이고, B는 3주기 원소이다.
• A는 1족 원소이고, B와 C는 17족 원소이다.

A~C에 대한 설명으로 옳은 것만을 〈보기〉에서 있는 대로 고른 것은? (단, A~C는 임의의 원소 기호이다.)

보기
ㄱ. A는 비금속 원소이다.
ㄴ. A와 C는 화학적 성질이 비슷하다.
ㄷ. B와 C는 원자가 전자 수가 같다.

① ㄴ ② ㄷ ③ ㄱ, ㄴ
④ ㄱ, ㄷ ⑤ ㄴ, ㄷ

[8714-0141]
01 다음은 주기율표에서 같은 족에 속하는 원소들의 성질에 대한 자료이다.

• 은백색 광택을 가진 무른 금속으로 칼로 쉽게 잘라진다.
• 반응성이 매우 커서 공기 중의 물이나 산소와 쉽게 반응한다.
• 비금속 원소와 반응하여 +1가 양이온이 된다.

위 자료에서 설명하는 성질을 갖는 주기율표의 같은 족에 속하는 원소 중 2~4주기 원소의 원소 기호와 원소 이름을 쓰시오.

[8714-0142]
02 다음 자료는 2주기 원소와 3주기 원소를 원소 기호의 알파벳 순서로 나열한 것이다.

Al Ar B Be C Cl F Li
Mg N Na Ne O P S Si

(1) 자료의 원소를 2주기 원소와 3주기 원소로 구분하여 쓰시오.

(2) 자료에서 17족 원소를 모두 고르시오.

[8714-0143]
03 그림은 Ne(네온), Na(나트륨), Mg(마그네슘)의 전자 배치를 전자 껍질 모형으로 나타낸 것이다.

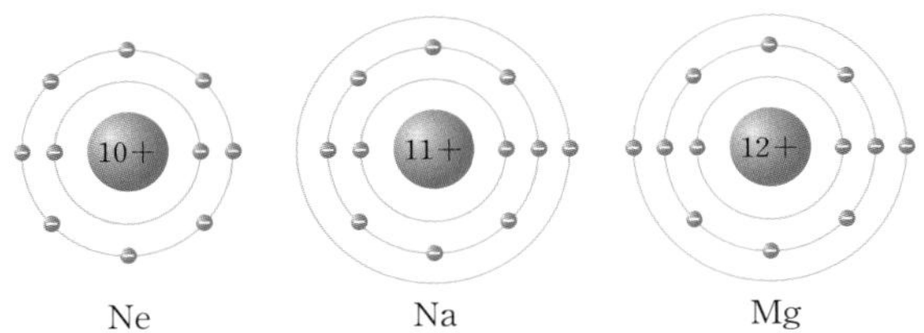

Na이 +1가 양이온, Mg이 +2가 양이온으로 되는 까닭을 Ne의 전자 배치와 비교하여 서술하시오.

[8714-0144]
04 그림은 주기율표의 일부를 나타낸 것이다.

주기＼족	1	2	13	14	15	16	17
1	A						
2							B
3	C						D

주기율표에서 같은 족 원소임에도 A와 C의 화학적 성질이 다른 까닭을 B와 D의 경우와 비교하여 서술하시오. (단, A~D는 임의의 원소 기호이다.)

[8714-0145]
05 다음은 바닥상태 원자 A~E의 전자 배치를 나타낸 것이다.

• A: $1s^2\ 2s^2\ 2p^1$
• B: $1s^2\ 2s^2\ 2p^3$
• C: $1s^2\ 2s^2\ 2p^4$
• D: $1s^2\ 2s^2\ 2p^6\ 3s^1$
• E: $1s^2\ 2s^2\ 2p^6\ 3s^2\ 3p^4$

A~E 중에서 주기율표에서 같은 족에 속하는 원소와 같은 주기에 속하는 원소를 각각 분류하여 서술하시오. (단, A~E는 임의의 원소 기호이다.)

[8714-0146]
06 다음은 현대의 주기율표가 만들어지기까지의 주기율표 역사를 순서 없이 나타낸 것이다.

(가) 원소들을 원자량뿐만 아니라 원소의 성질도 함께 고려하여 약 63종의 원소를 표의 형태로 배열하였다.
(나) 원자 번호에 따라 주기율표를 배열하였다.
(다) 음악의 옥타브처럼 여덟 번째 원소마다 물리적, 화학적 성질이 비슷한 원소가 나타나도록 배열하였다.

(1) 현대의 주기율표가 만들어지기까지의 주기율표 역사 (가)~(다)를 시대 순서로 나열하시오.

(2) (가)~(다)에서 주기율표를 완성한 과학자의 이름을 각각 쓰시오.

07 원소의 주기적 성질

1 유효 핵전하

(1) 핵전하와 유효 핵전하

① 핵전하: 원자핵의 (+)전하량

- 수소 원자에서 전자 1개가 K 전자 껍질에 들어 있으면 이 전자가 받는 핵전하는 원자핵의 (+)전하량과 같다.

② 유효 핵전하: 원자가 전자가 실제로 받는 핵전하로, 원자핵의 (+)전하량보다 작은 값을 가진다.

- 2개 이상의 전자를 가진 원자의 경우: 원자가 전자는 원자핵에 의한 인력과 원자 내부 전자 사이의 반발력을 동시에 받으므로 2개 이상의 전자를 가진 원자에 들어 있는 전자가 받는 핵전하는 원자핵의 (+)전하량보다 작다.
- 가려막기 효과: 가장 바깥 전자 껍질에 들어 있는 전자가 받는 핵전하는 안쪽 전자 껍질에 들어 있는 전자가 받는 핵전하보다 작은데, 이것은 안쪽 전자 껍질에 들어 있는 전자들이 원자핵의 (+)전하량을 가리기 때문이다.

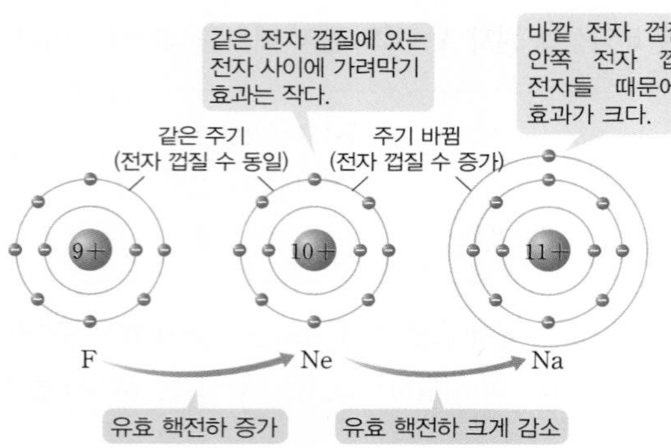

(2) 2, 3주기 원소의 유효 핵전하의 주기성

① 같은 주기에서의 경향성: 원자 번호가 커질수록 양성자수가 증가하므로 원자가 전자에 작용하는 유효 핵전하가 커진다.

- 전자와 원자핵 사이의 인력: 유효 핵전하가 클수록 원자핵과 전자 사이의 인력이 크다.

② 2주기에서 3주기로 바뀔 때 전자 껍질이 증가하여 안쪽 전자 껍질의 전자들에 의해 가려막기 효과를 크게 받으므로, 원자가 전자에 작용하는 유효 핵전하가 핵전하와 비교하여 크게 감소한다.

③ 2, 3주기 원소에서 원자가 전자의 유효 핵전하의 주기성

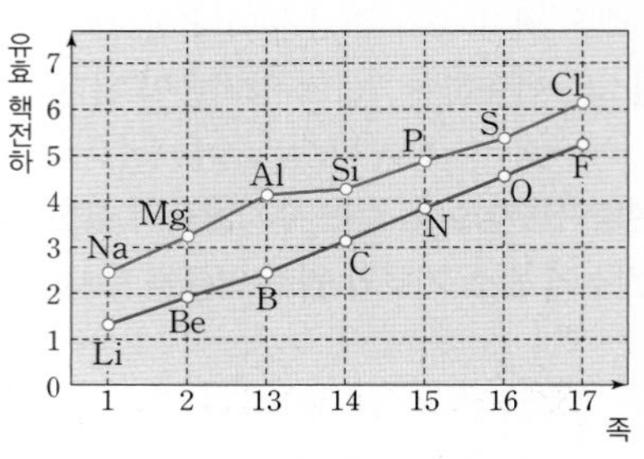

유효 핵전하의 주기성

2 원자 반지름

(1) 원자 반지름: 같은 종류의 두 원자가 결합되어 있을 때 두 원자의 원자핵 사이 거리의 $\frac{1}{2}$로 정의한다.

(2) 2, 3주기 원소의 원자 반지름의 주기성

① 같은 족: 원자 번호가 커질수록 전자 껍질 수가 커져 원자 반지름은 커진다.

② 같은 주기: 원자 번호가 커질수록 원자가 전자가 받는 유효 핵전하가 커져 원자 반지름이 작아진다.

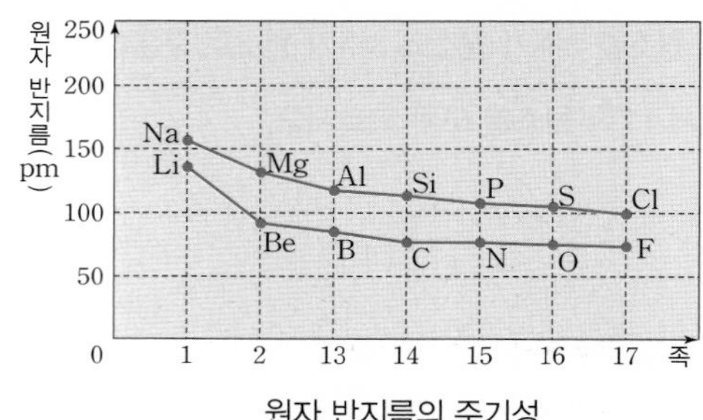

원자 반지름의 주기성

핵심 개념 체크

정답과 해설 21쪽

1. 원자 번호와 원자 반지름의 관계를 옳게 연결하시오.

(1) 같은 주기에서 원자 번호 증가 •   • ㉠ 원자 반지름 작아짐

(2) 같은 족에서 원자 번호 증가 •   • ㉡ 원자 반지름 커짐

2. 다음 설명 중 옳은 것은 ○표, 옳지 않은 것은 ×표 하시오.

(1) 유효 핵전하는 원자핵의 실제 (+)전하량이다. ( )

(2) 가장 바깥 전자 껍질에 들어 있는 전자는 안쪽 전자 껍질에 채워진 전자들보다 핵전하를 적게 받는다. ( )

(3) 유효 핵전하가 크면 전자와 원자핵 사이의 인력이 크다. ( )

(4) 같은 족에서는 원자 번호가 커질수록 원자가 전자가 받는 유효 핵전하가 커져 원자 반지름이 작아진다. ( )

3. 전자가 실제로 받는 핵전하를 ( )(이)라고 한다.

4. 2개 이상의 전자를 가진 원자의 경우, 전자는 원자핵에 의한 인력과 원자 내부 전자 사이의 ( )을/를 동시에 받는다.

5. 같은 종류의 두 원자가 결합되어 있을 때 두 원자의 원자핵 사이 거리의 $\frac{1}{2}$을 무엇이라고 하는지 쓰시오.

(3) 이온 반지름

① 원자가 안정한 이온이 될 때의 반지름 변화

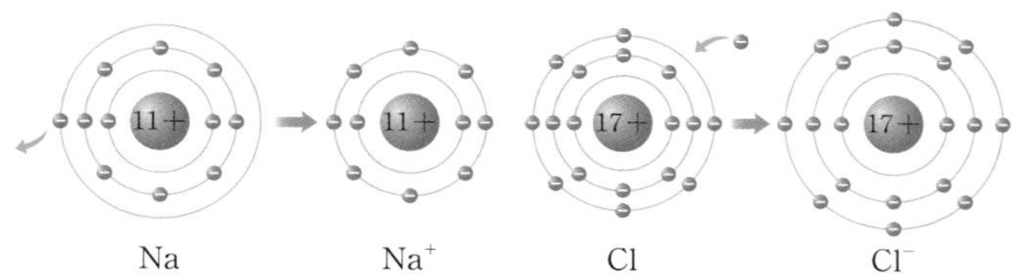

- 원자가 양이온이 될 때: 전자 껍질 수가 감소하여 양이온 반지름은 원자 반지름보다 작아진다.
- 원자가 음이온이 될 때: 가장 바깥 전자 껍질의 전자 수가 많아져 전자 사이의 반발력이 커지므로 음이온 반지름은 원자 반지름보다 커진다.

② 등전자 이온의 반지름 비교

- 등전자 이온: 다른 원소지만 전자 껍질 수와 전자 수가 같아서 전자 배치가 같은 이온 예 O^{2-}, F^-, Na^+, Mg^{2+}
- 핵전하가 클수록 유효 핵전하가 증가하므로 등전자 이온은 원자 번호가 커질수록 이온 반지름이 작아진다.
  예 이온 반지름: $O^{2-} > F^- > Na^+ > Mg^{2+}$

③ 금속 원소와 비금속 원소의 원자 반지름과 이온 반지름

- 금속 원소는 원자 반지름이 양이온 반지름보다 크다.
- 비금속 원소는 원자 반지름이 음이온 반지름보다 작다.

주기＼족	1	2	15	16	17
2	Li Li^+	Be Be^{2+}	N N^{3-}	O O^{2-}	F F^-
3	Na Na^+	Mg Mg^{2+}	P P^{3-}	S S^{2-}	Cl Cl^-

3 이온화 에너지

(1) 이온화 에너지: 기체 상태의 원자($M(g)$) 1몰에서 전자 1몰을 떼어 내는 데 필요한 에너지(단위: kJ/몰)

$$M(g)+E \longrightarrow M^+(g)+e^- \ (E\text{: 이온화 에너지})$$

예 나트륨 원자의 이온화 에너지

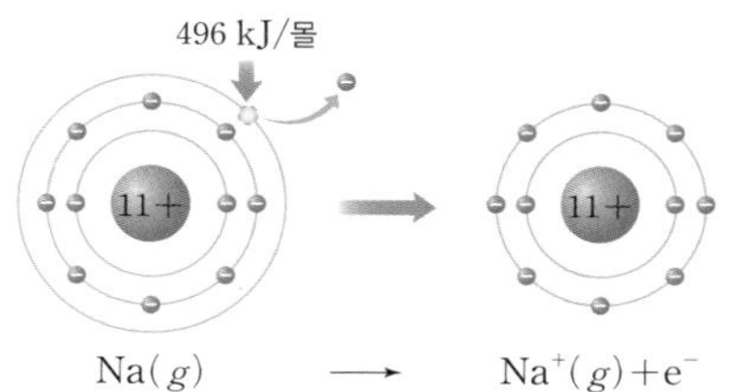

(2) 2, 3주기 원소의 이온화 에너지의 주기성

① 같은 족: 원자 번호가 커질수록 유효 핵전하가 커지지만, 전자 껍질 수가 커짐에 따라 원자핵과 전자 사이의 인력이 작아져 이온화 에너지는 감소한다.

② 같은 주기: 원자 번호가 커질수록 유효 핵전하가 커지고, 원자핵과 전자 사이의 인력이 커져 이온화 에너지는 대체로 증가한다.

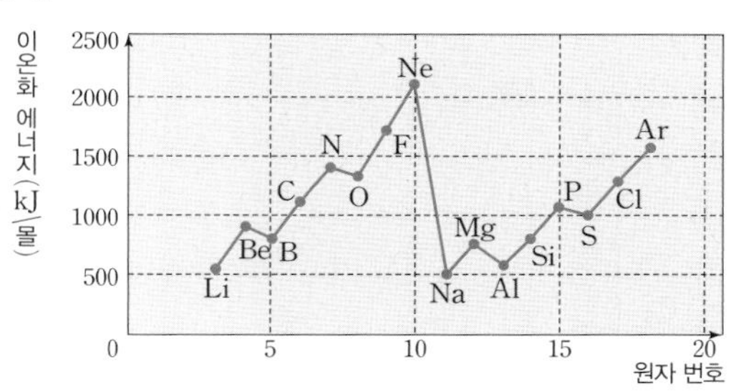

이온화 에너지의 주기성

(3) 순차 이온화 에너지: 기체 상태의 다전자 원자 1몰에서 전자를 1몰씩 차례로 떼어 낼 때 각 단계마다 필요한 이온화 에너지

① 원자 1몰에서 첫 번째 전자 1몰을 떼어 내는 데 필요한 에너지를 제1 이온화 에너지(E_1), 두 번째 전자 1몰을 떼어 내는 데 필요한 에너지를 제2 이온화 에너지(E_2), …라고 한다.

② 나트륨(Na), 마그네슘(Mg), 알루미늄(Al)의 순차 이온화 에너지

원소	순차 이온화 에너지(kJ/몰)			
	E_1	E_2	E_3	E_4
Na	496	4562	6910	9546
Mg	738	1451	7733	10542
Al	578	1817	2745	11578

핵심 개념 체크 정답과 해설 21쪽

6. 다음 설명 중 옳은 것은 ○표, 옳지 않은 것은 ×표 하시오.

(1) 원자가 양이온이 될 때 양이온 반지름은 원자 반지름보다 작아진다. (　　)

(2) 원자가 음이온이 될 때 음이온 반지름은 원자 반지름보다 작아진다. (　　)

7. 다른 원소지만 전자 껍질 수와 전자 수가 같아서 전자 배치가 같은 이온을 (　　　) 이온이라고 한다.

8. 기체 상태의 원자($M(g)$) 1몰로부터 전자 1몰을 떼어 내는 데 필요한 에너지를 무엇이라고 하는지 쓰시오.

9. 원자 번호와 이온화 에너지의 관계를 옳게 연결하시오.

(1) 같은 주기에서 원자 번호 증가 • 　　• ㉠ 이온화 에너지 대체로 증가

(2) 같은 족에서 원자 번호 증가 • 　　• ㉡ 이온화 에너지 감소

출제 예상 문제

[8714-0147]
01 그림은 주기율표의 일부를 나타낸 것이다.

주기 \ 족	1	2	15	16	17	18
1	A					
2				B		
3	C				D	

A~D에 대한 설명으로 옳은 것만을 〈보기〉에서 있는 대로 고른 것은? (단, A~D는 임의의 원소 기호이다.)

보기
ㄱ. 원자가 전자 수는 B가 A의 16배이다.
ㄴ. 원자가 전자의 유효 핵전하는 D가 C보다 크다.
ㄷ. 금속은 2가지이다.

① ㄱ ② ㄴ ③ ㄷ
④ ㄱ, ㄴ ⑤ ㄴ, ㄷ

[8714-0148]
02 그림은 2, 3주기 원소의 원자가 전자의 유효 핵전하를 나타낸 것이다.

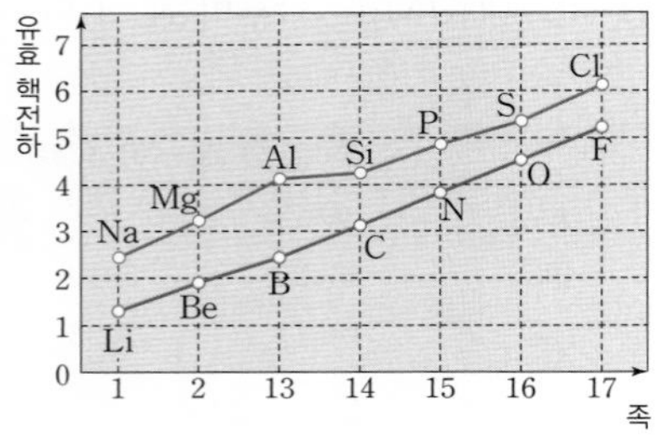

이에 대한 설명으로 옳은 것만을 〈보기〉에서 있는 대로 고른 것은?

보기
ㄱ. 같은 족에서 원자 번호가 커질수록 원자가 전자의 유효 핵전하는 커진다.
ㄴ. 같은 주기에서 원자 번호가 커질수록 원자가 전자의 유효 핵전하는 커진다.
ㄷ. 같은 주기에서 원자가 전자의 유효 핵전하가 커질수록 원자 반지름은 커진다.

① ㄱ ② ㄷ ③ ㄱ, ㄴ
④ ㄴ, ㄷ ⑤ ㄱ, ㄴ, ㄷ

[8714-0149]
03 그림은 2, 3주기 원소의 원자 반지름을 나타낸 것이다.

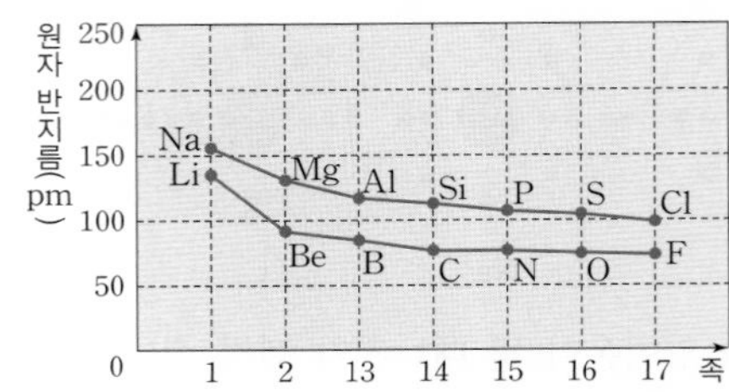

이에 대한 설명으로 옳은 것만을 〈보기〉에서 있는 대로 고른 것은?

보기
ㄱ. 같은 족에서 원자 번호가 커질수록 원자 반지름은 커진다.
ㄴ. 같은 주기에서 원자 번호가 커질수록 원자 반지름은 작아진다.
ㄷ. 같은 주기에서 원자 번호가 커질수록 원자가 전자의 유효 핵전하가 커진다.

① ㄱ ② ㄷ ③ ㄱ, ㄴ
④ ㄴ, ㄷ ⑤ ㄱ, ㄴ, ㄷ

[8714-0150]
04 다음은 학생 A가 가설을 검증하기 위해 조사한 자료이다.

[학습 내용]
등전자 이온들의 이온 반지름은 원자 번호가 커질수록 작아진다.
[가설]

[자료 조사 결과]
• Ne과 전자 수가 같은 이온들의 이온 반지름
$_{8}O^{2-} > {}_{9}F^{-} > {}_{11}Na^{+} > {}_{12}Mg^{2+}$
• Ar과 전자 수가 같은 이온들의 이온 반지름
$_{16}S^{2-} > {}_{17}Cl^{-} > {}_{19}K^{+} > {}_{20}Ca^{2+}$
[결론]
가설은 옳다.

학생 A의 결론이 타당할 때, 검증하고자 했던 가설로 가장 적절한 것은?

① 등전자 이온들의 이온 반지름은 같다.
② 등전자 이온들의 이온 반지름은 유효 핵전하가 작을수록 작아진다.
③ 등전자 이온들의 이온 반지름은 원자 반지름이 클수록 작아진다.
④ 등전자 이온들의 이온 반지름은 홀전자 수가 클수록 작아진다.
⑤ 등전자 이온들의 이온 반지름은 양성자수가 클수록 작아진다.

[8714-0151]
05 그림은 2, 3주기 원소의 원자 반지름을 나타낸 것이다. (가), (나)는 각각 2, 3주기 원소 중 하나이다.

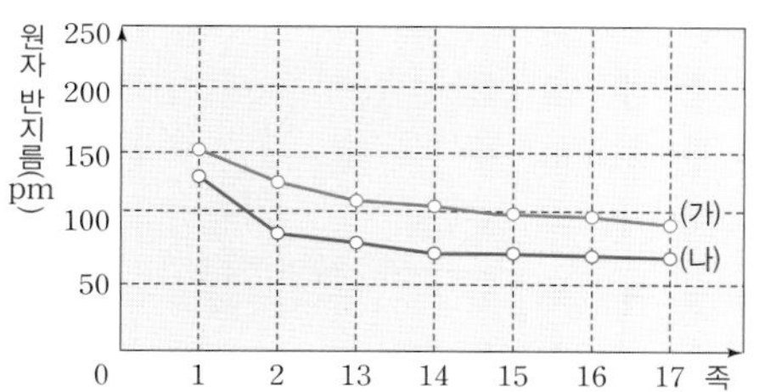

이에 대한 설명으로 옳은 것만을 〈보기〉에서 있는 대로 고른 것은?

보기
ㄱ. (가)는 3주기 원소의 원자 반지름이다.
ㄴ. 같은 주기에서 원자 반지름이 커질수록 원자가 전자 수가 커진다.
ㄷ. 같은 족에서 2, 3주기 원소의 원자 반지름이 다른 까닭은 전자가 들어 있는 전자 껍질 수가 다르기 때문이다.

① ㄱ ② ㄴ ③ ㄷ
④ ㄱ, ㄴ ⑤ ㄱ, ㄷ

[8714-0152]
06 그림은 원소 A~D가 Ne과 같은 전자 배치를 갖는 이온이 되었을 때의 이온 반지름을 나타낸 것이다. A~D는 각각 O, F, Na, Mg 중 하나이다.

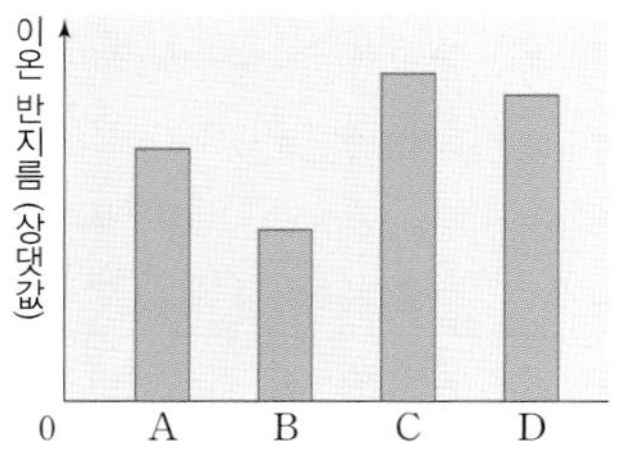

이에 대한 설명으로 옳은 것만을 〈보기〉에서 있는 대로 고른 것은?

보기
ㄱ. A는 Na이다.
ㄴ. C와 D는 비금속 원소이다.
ㄷ. 원자가 전자의 유효 핵전하는 A가 B보다 크다.

① ㄱ ② ㄷ ③ ㄱ, ㄴ
④ ㄴ, ㄷ ⑤ ㄱ, ㄴ, ㄷ

[8714-0153]
07 다음은 원자 번호가 연속인 2주기 원소 A~C에 대한 자료이다.

- 원자 반지름은 A>C이다.
- 바닥상태 전자 배치에서 홀전자 수는 B>A=C이다.
- 제1 이온화 에너지는 B>C이다.
- 원자가 전자 수의 합은 A+B+C=15이다.

A~C의 원자 번호가 큰 것부터 순서대로 나열한 것은? (단, A~C는 임의의 원소 기호이다.)

① A−B−C ② A−C−B ③ B−A−C
④ C−A−B ⑤ C−B−A

[8714-0154]
08 표는 3주기 원소 X의 순차 이온화 에너지를 나타낸 것이다.

순차 이온화 에너지(kJ/몰)	E_1	E_2	E_3	E_4
	578	1817	2745	11578

X에 대한 설명으로 옳은 것만을 〈보기〉에서 있는 대로 고른 것은? (단, X는 임의의 원소 기호이다.)

보기
ㄱ. 13족 원소이다.
ㄴ. 바닥상태의 X^{2+}과 X^{3+}에서 전자가 들어 있는 오비탈 수는 같다.
ㄷ. 기체 상태의 원자 X를 X^{3+}으로 만드는 데 필요한 에너지는 E_3이다.

① ㄱ ② ㄴ ③ ㄷ
④ ㄱ, ㄴ ⑤ ㄱ, ㄷ

[8714-0155]
09 그림은 원자 번호가 연속인 2주기 원소 A~D의 원자 반지름과 제1 이온화 에너지를 나타낸 것이다.

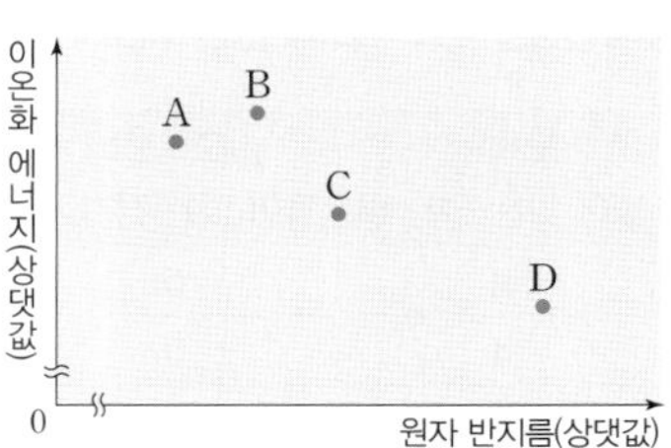

A~D에 대한 설명으로 옳은 것만을 〈보기〉에서 있는 대로 고른 것은? (단, A~D는 임의의 원소 기호이다.)

보기
ㄱ. 원자 번호는 A가 B보다 작다.
ㄴ. 원자가 전자의 유효 핵전하는 C가 D보다 크다.
ㄷ. 바닥상태 전자 배치에서 홀전자 수는 B=C+D이다.

① ㄱ ② ㄴ ③ ㄷ
④ ㄱ, ㄴ ⑤ ㄴ, ㄷ

[8714-0156]

10 다음은 이온화 에너지에 대한 학생들의 대화 내용이다.

이온화 에너지는 기체 상태의 원자 1몰에서 전자 1몰을 떼어 내는 데 필요한 에너지야.
같은 족에서는 원자 번호가 커질수록 이온화 에너지가 감소해.
다전자 원자에서 제1 이온화 에너지는 제2 이온화 에너지보다 항상 큰 값을 나타내.
학생 A
학생 B
학생 C

제시한 내용이 옳은 학생만을 있는 대로 고른 것은?

① A ② C ③ A, B
④ B, C ⑤ A, B, C

[8714-0157]

11 표는 바닥상태인 원자 X~Z에 관한 자료이다.

원자	s 오비탈에 들어 있는 전자 수	p 오비탈에 들어 있는 전자 수	홀전자 수
X	a	6	1
Y	4	3	b
Z	3	c	d

이에 대한 설명으로 옳은 것만을 〈보기〉에서 있는 대로 고른 것은? (단, X~Z는 임의의 원소 기호이다.)

보기
ㄱ. $a+b+c+d=9$이다.
ㄴ. 원자 반지름은 Y가 Z보다 크다.
ㄷ. 제1 이온화 에너지는 X가 Z보다 크다.

① ㄱ ② ㄴ ③ ㄷ
④ ㄱ, ㄴ ⑤ ㄱ, ㄷ

[8714-0158]

12 그림은 원자 번호가 연속인 2, 3주기 원소 W~Z를 2가지 기준에 따라 분류한 것이다. 원자의 바닥상태 전자 배치에서 홀전자 수는 X=Y>W=Z이다.

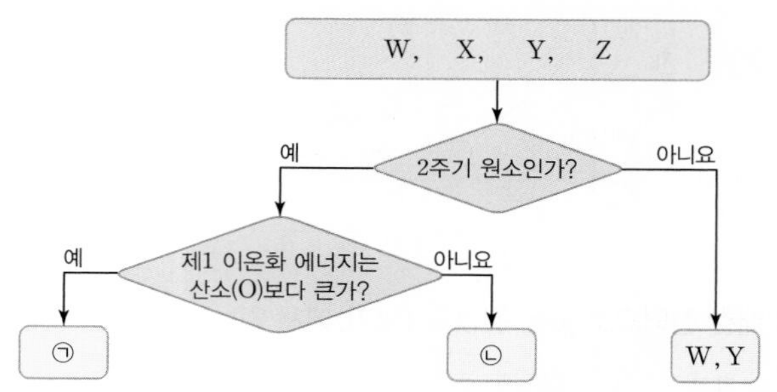

W~Z에 대한 설명으로 옳은 것만을 〈보기〉에서 있는 대로 고른 것은? (단, W~Z는 임의의 원소 기호이다.)

보기
ㄱ. ㉠에는 2가지 원소가 해당된다.
ㄴ. 원자가 전자의 유효 핵전하는 W가 Y보다 작다.
ㄷ. X는 산소(O)보다 원자 반지름이 크다.

① ㄱ ② ㄴ ③ ㄷ
④ ㄱ, ㄴ ⑤ ㄱ, ㄷ

[8714-0159]

13 그림은 바닥상태인 2주기 원자 A~C의 홀전자 수에 따른 원자 반지름 (가)와 이온화 에너지 (나)를 나타낸 것이다.

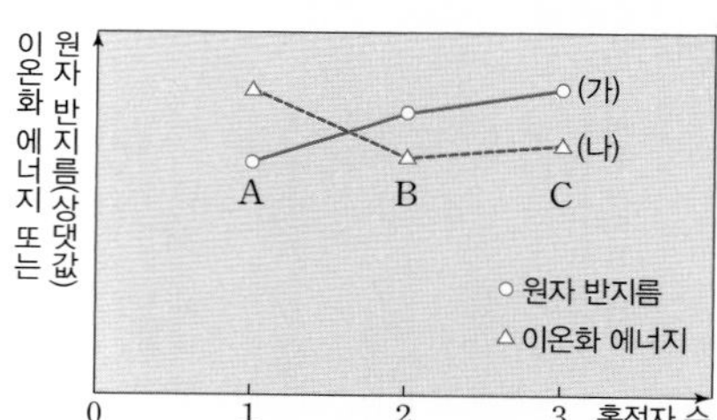

이에 대한 설명으로 옳은 것만을 〈보기〉에서 있는 대로 고른 것은? (단, A~C는 임의의 원소 기호이다.)

보기
ㄱ. A는 산소(O)이다.
ㄴ. 원자가 전자의 유효 핵전하는 B<C이다.
ㄷ. 이온 반지름은 $A^{-}<B^{2-}$이다.

① ㄱ ② ㄷ ③ ㄱ, ㄴ
④ ㄴ, ㄷ ⑤ ㄱ, ㄴ, ㄷ

[8714-0160]
14 다음은 원자 W~Z에 대한 자료이다. W~Z는 각각 N, O, F, Na 중 하나이다.

- 바닥상태 전자 배치의 홀전자 수: W=Y
- 원자가 전자 수: Y>Z>X
- 제1 이온화 에너지: Y>X>Z

이에 대한 설명으로 옳은 것만을 〈보기〉에서 있는 대로 고른 것은?

보기
ㄱ. W는 Na이다.
ㄴ. 원자 반지름은 X>Z이다.
ㄷ. Ne의 바닥상태 전자 배치를 갖는 이온의 반지름은 W>Y이다.

① ㄱ ② ㄷ ③ ㄱ, ㄴ
④ ㄴ, ㄷ ⑤ ㄱ, ㄴ, ㄷ

[8714-0161]
15 그림은 원자 번호가 연속인 2주기 원소 A~E의 제1 이온화 에너지를 나타낸 것이다.

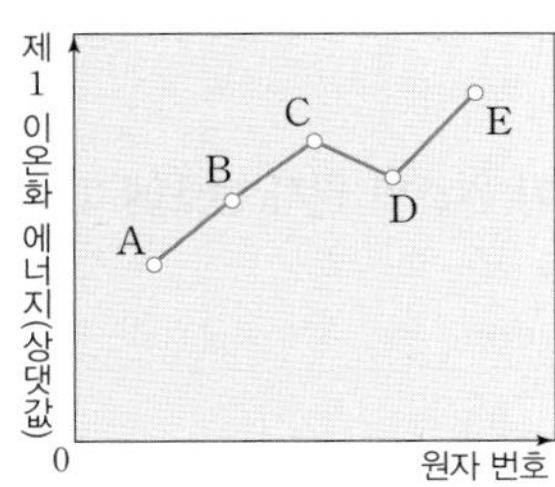

A~E에 대한 설명으로 옳은 것만을 〈보기〉에서 있는 대로 고른 것은? (단, A~E는 임의의 원소 기호이다.)

보기
ㄱ. A와 B의 원자 번호 합은 11이다.
ㄴ. 바닥상태 전자 배치에서 홀전자 수는 C가 D보다 크다.
ㄷ. 원자가 전자의 유효 핵전하는 D가 E보다 크다.

① ㄱ ② ㄴ ③ ㄷ
④ ㄱ, ㄴ ⑤ ㄱ, ㄷ

[8714-0162]
16 표는 3주기 원소 X의 순차 이온화 에너지를 나타낸 것이다.

순차 이온화	E_1	E_2	E_3	E_4	E_5
에너지(kJ/몰)	578	1817	2745	11578	14830

원자 X의 바닥상태 전자 배치로 가장 적절한 것은? (단, X는 임의의 원소 기호이다.)

① $1s^2\ 2s^2\ 2p^6\ 3s^2\ 3p^1$ ② $1s^2\ 2s^2\ 2p^6\ 3s^2\ 3p^2$
③ $1s^2\ 2s^2\ 2p^6\ 3s^2\ 3p^3$ ④ $1s^2\ 2s^2\ 2p^6\ 3s^2\ 3p^4$
⑤ $1s^2\ 2s^2\ 2p^6\ 3s^2\ 3p^5$

[8714-0163]
17 그림은 주기율표의 일부를 나타낸 것이다.

주기＼족	1	2	13	14	15	16	17	18
2		A				B		C
3	D						E	

A~E에 대한 설명으로 옳은 것만을 〈보기〉에서 있는 대로 고른 것은? (단, A~E는 임의의 원소 기호이다.)

보기
ㄱ. 원자 반지름은 B가 A보다 크다.
ㄴ. 제1 이온화 에너지는 C가 B보다 크다.
ㄷ. 원자가 전자의 유효 핵전하는 D가 E보다 크다.

① ㄱ ② ㄴ ③ ㄷ
④ ㄱ, ㄴ ⑤ ㄴ, ㄷ

[8714-0164]
18 표는 3주기 원소 A, B의 순차 이온화 에너지의 일부를 나타낸 것이다.

원소	순차 이온화 에너지(kJ/몰)				
	E_1	E_2	E_3	E_4	E_5
A	578	1817	2745	11578	14830
B	x	1451	7733	10542	13630

이에 대한 설명으로 옳은 것만을 〈보기〉에서 있는 대로 고른 것은? (단, A, B는 임의의 원소 기호이다.)

보기
ㄱ. B 원자의 바닥상태 전자 배치는 $1s^2\ 2s^2\ 2p^6\ 3s^2\ 3p^2$이다.
ㄴ. 원자 번호는 A가 B보다 크다.
ㄷ. x는 578보다 크다.

① ㄱ ② ㄴ ③ ㄷ
④ ㄱ, ㄴ ⑤ ㄴ, ㄷ

[8714-0165]

01 다음은 수소 원자의 핵전하와 다전자 원자의 핵전하에 대한 자료이다.

> 수소 원자는 전자 1개가 K 전자 껍질에 들어 있으면 이 전자가 받는 핵전하는 원자핵의 (+)전하량과 같다. 그러나 2개 이상의 전자를 가진 다전자 원자의 경우, 전자는 원자핵에 의한 인력과 원자 내부 전자 사이의 반발력을 동시에 받으므로 2개 이상의 전자를 가진 원자에 들어 있는 전자가 받는 핵전하는 원자핵의 (+)전하량보다 작아지는데, 이 전하를 (㉠)(이)라고 한다.

㉠에 적절한 용어를 쓰시오.

[8714-0166]

02 그림은 2, 3주기 원소의 원자 반지름을 나타낸 것이다.

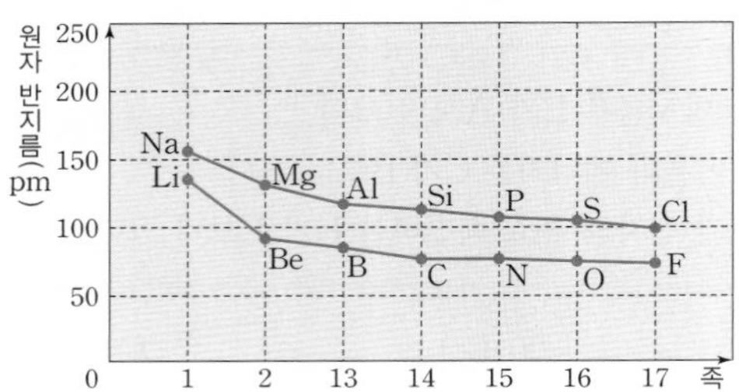

같은 주기에서 원자 번호가 커질수록 원자 반지름이 작아지는 까닭을 서술하시오.

[8714-0167]

03 다음은 양이온과 음이온의 반지름에 대한 자료이다.

> (가) 원자가 안정한 양이온이 되면 전자 껍질 수가 감소하여 양이온 반지름은 원자 반지름보다 (커 , 작아)진다.
> (나) 원자가 안정한 음이온이 되면 가장 바깥 전자 껍질의 전자 수가 많아져 전자 사이의 반발력이 커지므로 음이온 반지름은 원자 반지름보다 (커 , 작아)진다.

(가)와 (나)에서 적절한 용어를 각각 고르시오.

[8714-0168]

04 그림은 2, 3주기 금속, 비금속 원소의 원자 반지름과 이온 반지름의 상대적 크기를 모형으로 나타낸 것이다.

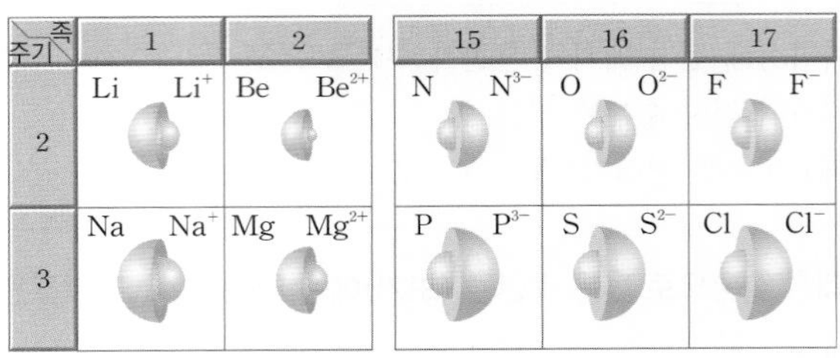

족
주기
1
2
15
16
17
2
Li
Li^{+}
Be
Be^{2+}
N
N^{3-}
O
O^{2-}
F
F^{-}
3
Na
Na^{+}
Mg
Mg^{2+}
P
P^{3-}
S
S^{2-}
Cl
Cl^{-}

다음은 위 자료로부터 얻을 수 있는 결론이다.

> (가) 금속 원소는 원자 반지름이 안정한 양이온의 반지름보다 (크다 , 작다).
> (나) 비금속 원소는 원자 반지름이 안정한 음이온의 반지름보다 (크다 , 작다).

(가)와 (나)에서 적절한 용어를 각각 고르시오.

[8714-0169]

05 다음은 Ne의 전자 배치를 갖는 양이온과 음이온의 반지름 크기 및 등전자 이온의 정의를 나타낸 것이다.

> • 이온 반지름: $O^{2-} > F^{-} > Na^{+} > Mg^{2+}$
> • 등전자 이온: 서로 다른 원소지만 전자 껍질 수와 전자 수가 같아서 전자 배치가 같은 이온

원자 번호가 커질수록 등전자 이온의 반지름이 작아지는 까닭을 서술하시오.

[8714-0170]

06 그림은 2, 3주기 원소의 원자 번호에 따른 이온화 에너지를 나타낸 것이다.

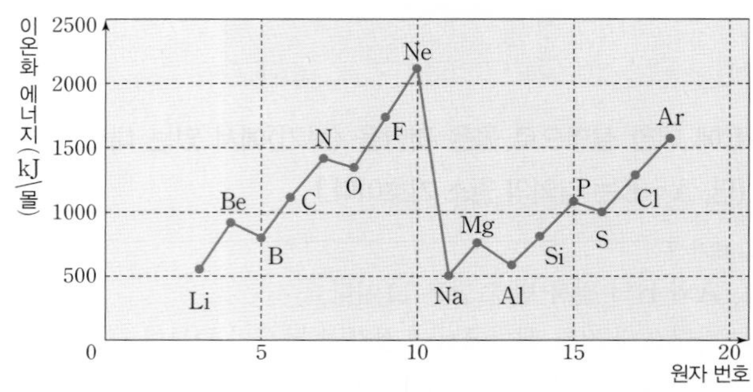

같은 족에서 원자 번호가 커질수록 이온화 에너지가 감소하는 까닭을 유효 핵전하와 전자 껍질 수를 언급하여 서술하시오.

대단원 종합 문제

[8714-0171]
01 표는 원자 또는 이온에 대한 자료이다.

원자 또는 이온	양성자수	중성자수	질량수
A	5	㉠	10
B	㉡	18	35
C^{+}	11	㉢	23
D^{-}	17	20	
E^{2+}	20		

이에 대한 설명으로 옳은 것만을 <보기>에서 있는 대로 고른 것은? (단, A~E는 임의의 원소 기호이다.)

보기
ㄱ. ㉠+㉡+㉢=34이다.
ㄴ. B와 D는 동위 원소이다.
ㄷ. C와 E는 같은 족 원소이다.

① ㄱ ② ㄷ ③ ㄱ, ㄴ
④ ㄴ, ㄷ ⑤ ㄱ, ㄴ, ㄷ

[8714-0172]
02 그림은 원자 X~Z의 전자 배치를 모형으로 나타낸 것이다.

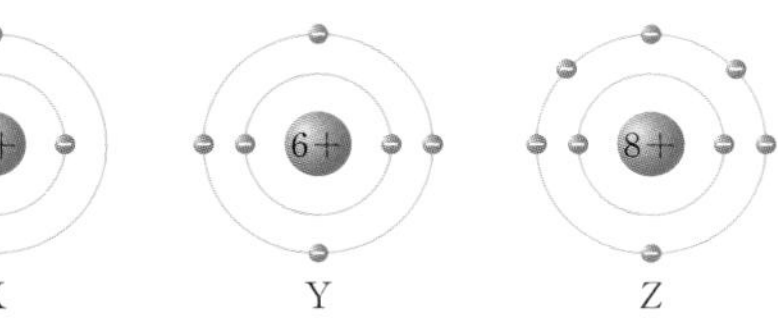

X~Z에 대한 설명으로 옳은 것만을 <보기>에서 있는 대로 고른 것은? (단, X~Z는 임의의 원소 기호이다.)

보기
ㄱ. 제1 이온화 에너지는 X가 Y보다 작다.
ㄴ. 원자 반지름은 Y가 Z보다 작다.
ㄷ. 원자가 전자의 유효 핵전하는 X가 가장 작다.

① ㄱ ② ㄴ ③ ㄷ
④ ㄱ, ㄴ ⑤ ㄱ, ㄷ

[8714-0173]
03 다음은 바닥상태 3주기 원자 A~D에 대한 자료이다.

- 원자 반지름은 A>B이다.
- 원자가 전자의 유효 핵전하는 D>C이다.
- 제1 이온화 에너지는 C>D>B이다.
- 홀전자 수는 C>D>B>A이다.

A~D의 원자 번호 크기를 옳게 비교한 것은? (단, A~D는 임의의 원소 기호이다.)

① B>D>C>A ② C>D>A>B
③ C>D>B>A ④ D>C>A>B
⑤ D>C>B>A

[8714-0174]
04 그림은 2주기 원자 V~Z의 제1 이온화 에너지를 나타낸 것이다. V~Z는 각각 Be, B, C, N, O 중 하나이다.

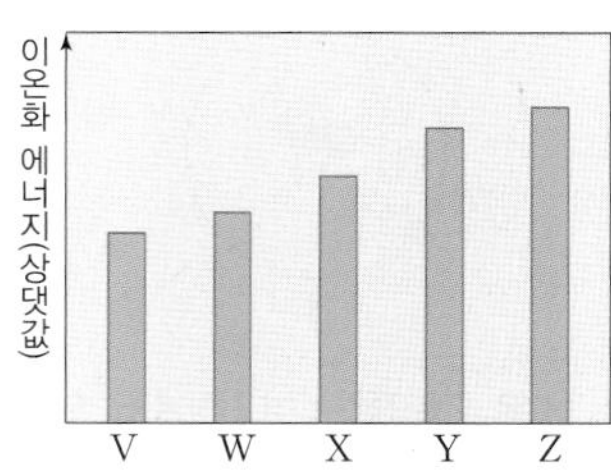

이에 대한 설명으로 옳은 것만을 <보기>에서 있는 대로 고른 것은?

보기
ㄱ. V는 붕소(B)이다.
ㄴ. 원자가 전자의 유효 핵전하는 W가 X보다 크다.
ㄷ. 이온 반지름은 Z^{3-}이 Y^{2-}보다 작다.

① ㄱ ② ㄴ ③ ㄷ
④ ㄱ, ㄴ ⑤ ㄱ, ㄷ

[8714-0175]
05 표는 자연에 존재하는 탄소(C)와 염소(Cl)의 동위 원소와 평균 원자량을 나타낸 것이다.

원소	원자 번호	동위 원소	원자량	평균 원자량
C	6	(가)	12	12.01
		(나)	13	
Cl	17	(다)	35	35.45
		(라)	37	

이에 대한 설명으로 옳은 것만을 <보기>에서 있는 대로 고른 것은? (단, 탄소의 동위 원소는 자연계에 (가)와 (나)만 존재하며, 원자량은 질량수와 같다.)

보기
ㄱ. 자연에 존재하는 비율은 (가)가 (나)보다 크다.
ㄴ. 중성자수는 (라)가 (다)보다 크다.
ㄷ. 원자량이 16인 산소(O)로 만들 수 있는 분자량이 다른 CO_2는 4가지이다.

① ㄱ ② ㄴ ③ ㄷ
④ ㄱ, ㄴ ⑤ ㄱ, ㄴ, ㄷ

[8714-0176]

06 그림은 원자 X~Z의 구조를 모형으로 나타낸 것이다. ●, ●, ●은 양성자, 중성자, 전자를 각각 모형으로 나타낸 것이다.

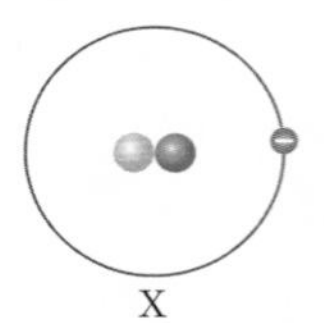
X

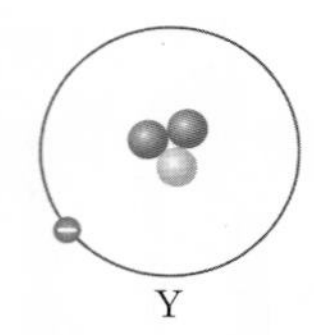
Y

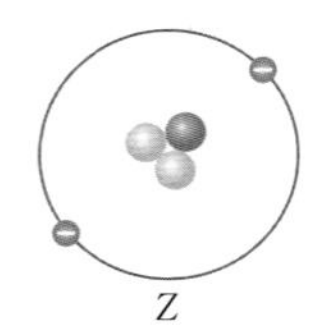
Z

이에 대한 설명으로 옳은 것만을 〈보기〉에서 있는 대로 고른 것은? (단, X~Z는 임의의 원소 기호이다.)

보기

ㄱ. X와 Y는 동위 원소이다.
ㄴ. 질량수는 Y와 Z가 같다.
ㄷ. 바닥상태에서 전자가 들어 있는 오비탈 수는 Z가 X보다 크다.

① ㄱ　② ㄷ　③ ㄱ, ㄴ　④ ㄴ, ㄷ　⑤ ㄱ, ㄴ, ㄷ

[8714-0177]

07 표는 바닥상태 원자 W~Z에 대한 자료이다.

원자	*s* 오비탈에 들어 있는 전자 수	*p* 오비탈에 들어 있는 전자 수	홀전자 수
W	4	3	*a*
X	*b*	4	2
Y	5	*c*	1
Z	6	11	*d*

이에 대한 설명으로 옳은 것만을 〈보기〉에서 있는 대로 고른 것은? (단, W~Z는 임의의 원소 기호이다.)

보기

ㄱ. W는 3주기 원소이다.
ㄴ. $a+b+c+d=14$이다.
ㄷ. Y와 Z는 금속 원소이다.

① ㄱ　② ㄴ　③ ㄷ　④ ㄱ, ㄴ　⑤ ㄴ, ㄷ

[8714-0178]

08 표는 원소 A~D의 원자 또는 이온의 중성자수와 바닥상태에서 오비탈에 들어 있는 전자 수를 나타낸 것이다.

원자 또는 이온	중성자수	오비탈에 들어 있는 전자 수				
		1*s*	2*s*	2*p*	3*s*	3*p*
A	9	2	2	5		
B	12	2	2	6	1	
C^{2+}	12	2	2	6		
D^{-}	18	2	2	6	2	6

이에 대한 설명으로 옳은 것만을 〈보기〉에서 있는 대로 고른 것은? (단, A~D는 임의의 원소 기호이다.)

보기

ㄱ. A와 D는 같은 족 원소이다.
ㄴ. 원자 번호는 B>C이다.
ㄷ. 질량수는 D>B=C>A이다.

① ㄱ　② ㄴ　③ ㄷ　④ ㄱ, ㄴ　⑤ ㄱ, ㄷ

[8714-0179]

09 그림은 원자 번호가 연속인 2, 3주기 원소 A~F의 원자 반지름과 이온 반지름을 나타낸 것이다. •, ▲는 각각 원자 반지름과 이온 반지름 중 하나이다.

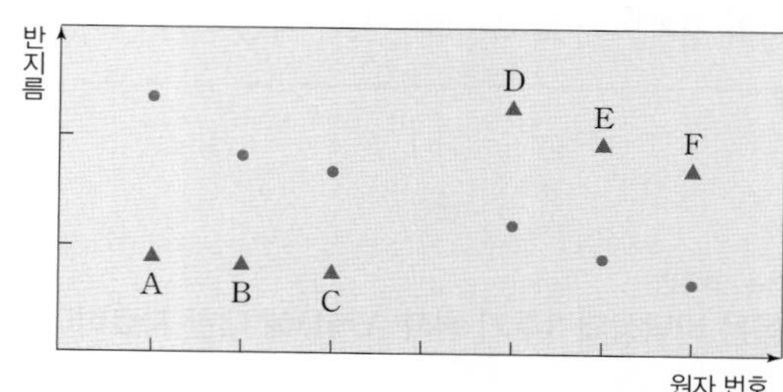

이에 대한 설명으로 옳은 것만을 〈보기〉에서 있는 대로 고른 것은? (단, A~F는 18족 원소를 제외한 임의의 원소 기호이고, 이온의 전자 배치는 Ne과 같다.)

보기

ㄱ. •는 이온 반지름이다.
ㄴ. A~C는 2주기 원소이다.
ㄷ. 바닥상태 전자 배치에서 홀전자 수는 E>D이다.

① ㄱ　② ㄷ　③ ㄱ, ㄴ　④ ㄴ, ㄷ　⑤ ㄱ, ㄴ, ㄷ

[8714-0180]

10 그림은 2, 3주기 원소의 제1 이온화 에너지를 나타낸 것이다. (가), (나)는 각각 2, 3주기 원소의 제1 이온화 에너지 중 하나이다.

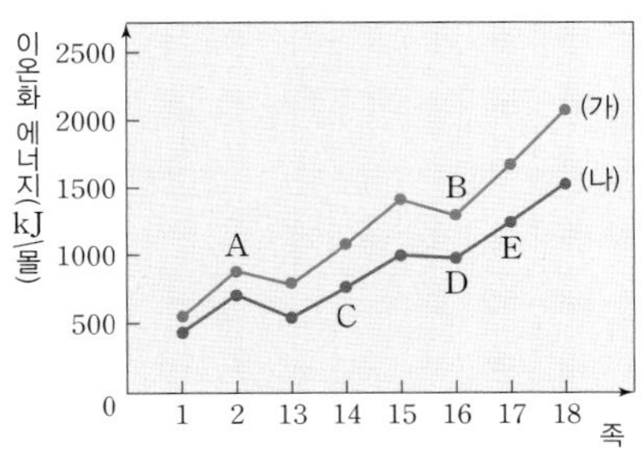

이에 대한 설명으로 옳은 것만을 〈보기〉에서 있는 대로 고른 것은? (단, A~E는 임의의 원소 기호이다.)

보기

ㄱ. (가)는 3주기 원소이다.

ㄴ. 바닥상태 전자 배치에서 p 오비탈에 들어 있는 전자 수는 B+C>A+E이다.

ㄷ. 바닥상태 전자 배치에서 홀전자 수는 D+E>B+C이다.

① ㄱ ② ㄴ ③ ㄷ ④ ㄱ, ㄴ ⑤ ㄴ, ㄷ

[8714-0181]

11 그림은 원자 A~C에 대한 자료이고, Z^*는 원자가 전자의 유효 핵전하이다. A~C의 이온은 모두 Ne의 전자 배치를 가지며, 원자 번호는 각각 9, 11, 12 중 하나이다.

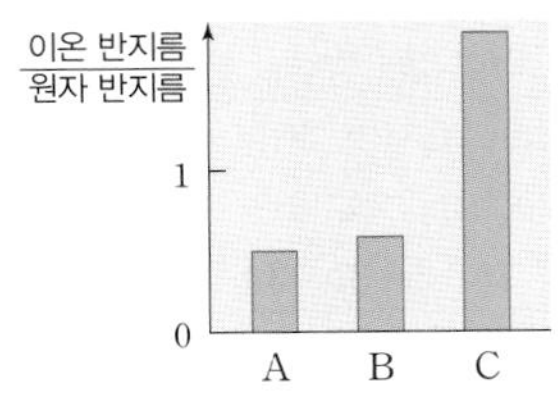

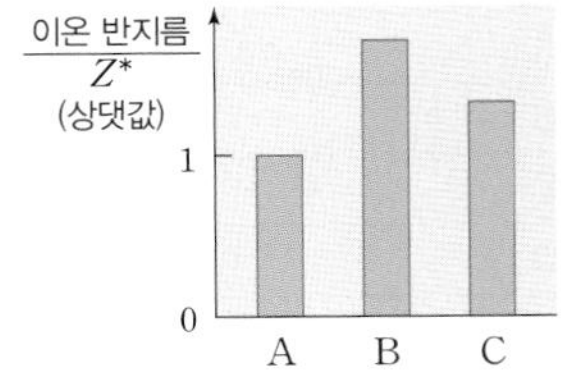

이에 대한 설명으로 옳은 것만을 〈보기〉에서 있는 대로 고른 것은?

보기

ㄱ. A와 B는 금속 원소이다.

ㄴ. 제1 이온화 에너지는 A<B이다.

ㄷ. 바닥상태 전자 배치에서 홀전자 수는 A+B>C이다.

① ㄱ ② ㄴ ③ ㄷ ④ ㄱ, ㄴ ⑤ ㄱ, ㄷ

[8714-0182]

12 다음은 원자 번호가 연속인 2주기 바닥상태 원자 A~D에 대한 자료이고, 그림은 원자 A~D의 제1 이온화 에너지의 상댓값을 나타낸 것이다.

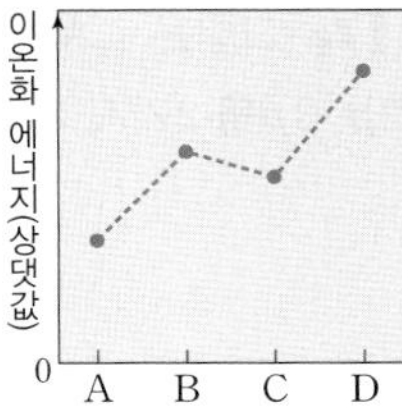

- 원자 A~D의 홀전자 수의 합은 8이다.
- 원자 번호는 D>C>B>A이다.

A~D에 대한 설명으로 옳은 것만을 〈보기〉에서 있는 대로 고른 것은? (단, A~D는 임의의 원소 기호이다.)

보기

ㄱ. s 오비탈에 들어 있는 전자 수는 모두 같다.

ㄴ. 금속 원소는 1가지이다.

ㄷ. 원자가 전자의 유효 핵전하 크기는 A>B>C>D이다.

① ㄱ ② ㄴ ③ ㄷ ④ ㄱ, ㄴ ⑤ ㄱ, ㄷ

[8714-0183]

13 그림은 원자 W~Z의 제1 이온화 에너지를 나타낸 것이다. W~Z는 각각 Si, P, S, Cl 중 하나이다.

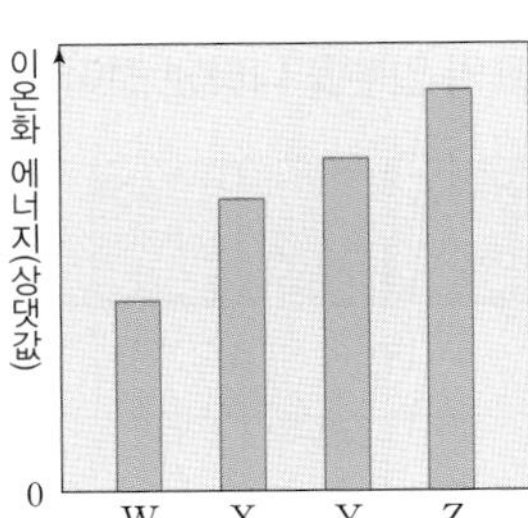

이에 대한 설명으로 옳은 것만을 〈보기〉에서 있는 대로 고른 것은?

보기

ㄱ. 원자 반지름은 W>Y이다.

ㄴ. 원자가 전자의 유효 핵전하는 Z>X이다.

ㄷ. 바닥상태 전자 배치에서 p 오비탈에 들어 있는 전자 수는 Y>W=X>Z이다.

① ㄱ ② ㄷ ③ ㄱ, ㄴ ④ ㄴ, ㄷ ⑤ ㄱ, ㄴ, ㄷ

[8714-0184]

14 그림은 $_{18}Ar$의 바닥상태 전자 배치에서 오비탈 $1s$, $2s$, $3s$, $2p$, $3p$를 2가지 기준에 따라 분류한 것이다.

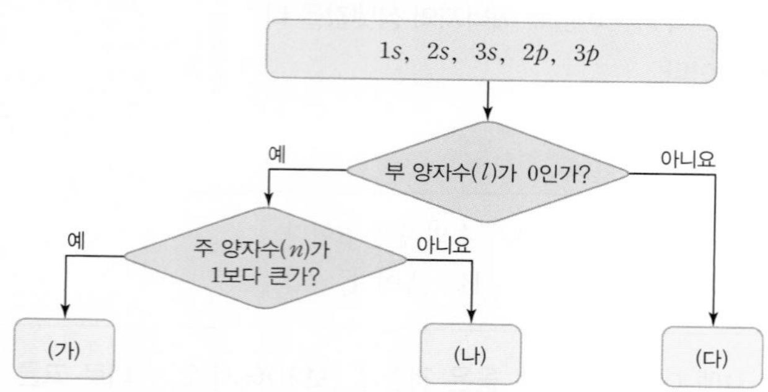

이에 대한 설명으로 옳은 것만을 <보기>에서 있는 대로 고른 것은?

보기
ㄱ. (가)에는 2가지 오비탈이 해당된다.
ㄴ. (나)에 해당하는 오비탈은 방향성이 있다.
ㄷ. (다)에 해당하는 오비탈은 모두 구형이다.

① ㄱ ② ㄴ ③ ㄷ
④ ㄱ, ㄴ ⑤ ㄱ, ㄷ

[8714-0185]

15 그림은 주기율표의 일부를 나타낸 것이다.

주기 \ 족	1	2	13	14	15	16	17
2	A				B	C	
3	D						E

A~E에 대한 설명으로 옳은 것만을 <보기>에서 있는 대로 고른 것은? (단, A~E는 임의의 원소 기호이다.)

보기
ㄱ. A와 D는 화학적 성질이 비슷하다.
ㄴ. 원자가 전자의 유효 핵전하는 B가 C보다 크다.
ㄷ. 원자 E는 -1가 음이온이 될 때 반지름이 커진다.

① ㄱ ② ㄴ ③ ㄷ
④ ㄱ, ㄴ ⑤ ㄱ, ㄷ

[8714-0186]

16 그림 (가)~(라)는 탄소($_6C$)의 전자 배치를 나타낸 것이다.

	$1s$	$2s$	$2p_x$	$2p_y$	$2p_z$
(가)	↑↓	↑↓	↑↓		
(나)	↑↓	↑↓	↑		↑
(다)	↑↓	↑↓	↑	↑	
(라)	↑↓	↑	↑	↑	↑

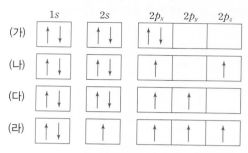

(가)~(라)에 대한 설명으로 옳은 것만을 <보기>에서 있는 대로 고른 것은?

보기
ㄱ. 바닥상태 전자 배치는 2가지이다.
ㄴ. 훈트 규칙에 어긋난 전자 배치는 1가지이다.
ㄷ. 파울리 배타 원리에 어긋난 전자 배치는 1가지이다.

① ㄱ ② ㄷ ③ ㄱ, ㄴ
④ ㄴ, ㄷ ⑤ ㄱ, ㄴ, ㄷ

[8714-0187]

17 표는 원자 A~D의 전자 배치를 나타낸 것이다.

원자	전자 배치
A	$1s^2\,2s^2\,2p_x^1\,2p_y^1\,2p_z^1$
B	$1s^2\,2s^2\,2p_x^2\,2p_y^2\,2p_z^1\,3s^1$
C	$1s^2\,2s^2\,2p_x^2\,2p_y^2\,2p_z^2\,3s^1$
D	$1s^2\,2s^2\,2p_x^2\,2p_y^2\,2p_z^2\,3s^2\,3p_x^1\,3p_y^1\,3p_z^1$

A~D에 대한 설명으로 옳은 것만을 <보기>에서 있는 대로 고른 것은? (단, A~D는 임의의 원소 기호이다.)

보기
ㄱ. 원자 A의 전자 배치는 훈트 규칙을 만족한다.
ㄴ. 원자 B의 전자 배치는 바닥상태 전자 배치이다.
ㄷ. C와 D는 화학적 성질이 비슷하다.

① ㄱ ② ㄴ ③ ㄷ
④ ㄱ, ㄴ ⑤ ㄱ, ㄷ

[8714-0188]
18 그림은 보어 원자 모형에 따른 전자 껍질의 에너지 준위를 나타낸 것이고, 표는 수소 원자 (가)~(다)가 에너지를 흡수하기 전과 후에 전자가 들어 있는 전자 껍질을 나타낸 것이다.

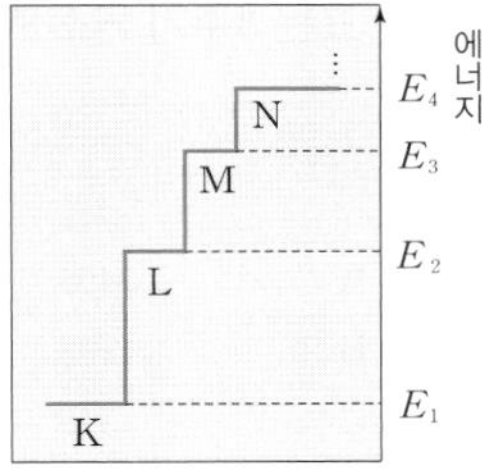

수소 원자	에너지 흡수 전	에너지 흡수 후
(가)	K	L
(나)	K	M
(다)	L	M

(가)~(다)에 대한 설명으로 옳은 것만을 〈보기〉에서 있는 대로 고른 것은?

보기
ㄱ. 에너지를 흡수하기 전 바닥상태 전자 배치를 갖는 수소 원자는 2가지이다.
ㄴ. (나)에서 전자는 (E_3-E_1)만큼의 에너지를 흡수한다.
ㄷ. 가장 많은 에너지를 흡수한 수소 원자는 (다)이다.

① ㄱ ② ㄷ ③ ㄱ, ㄴ
④ ㄴ, ㄷ ⑤ ㄱ, ㄴ, ㄷ

[8714-0189]
19 다음은 바닥상태 원자 X에 대한 자료이고, 표는 X의 동위 원소 ^{a}X, ^{b}X, ^{c}X에 대한 자료이다.

- p 오비탈에 들어 있는 전자 수는 8이다.
- 자연계 존재 비율이 가장 큰 X는 양성자수－중성자수＝0이다.

동위 원소	자연계 존재 비율(%)	원자량
^{a}X	90	m
^{b}X	5	$m+2$
^{c}X	5	$m+4$

이에 대한 설명으로 옳은 것만을 〈보기〉에서 있는 대로 고른 것은? (단, X는 임의의 원소 기호이고, 원자량과 질량수는 같다.)

보기
ㄱ. $a+m=42$이다.
ㄴ. X의 평균 원자량은 28.3이다.
ㄷ. 바닥상태 원자 X의 s 오비탈에 들어 있는 전자 수는 8보다 크다.

① ㄱ ② ㄴ ③ ㄷ
④ ㄱ, ㄴ ⑤ ㄴ, ㄷ

[8714-0190]
20 그림은 L 전자 껍질에 존재하는 오비탈 (가)와 (나)를 모형으로 나타낸 것이다.

(가)

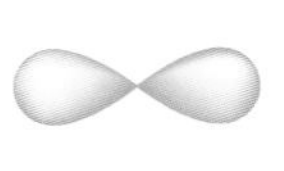
(나)

(가)와 (나)에 대한 설명으로 옳은 것만을 〈보기〉에서 있는 대로 고른 것은?

보기
ㄱ. (가)는 $2s$ 오비탈이다.
ㄴ. (나)는 방향에 따라 2가지 오비탈이 존재한다.
ㄷ. 수소 원자에서 에너지 준위는 (가)＜(나)이다.

① ㄱ ② ㄴ ③ ㄷ
④ ㄱ, ㄴ ⑤ ㄱ, ㄷ

[8714-0191]
21 그림은 원자 A, B와 C^-의 중성자수와 질량수를 나타낸 것이다.
이에 대한 설명으로 옳은 것만을 〈보기〉에서 있는 대로 고른 것은? (단, A~C는 임의의 원소 기호이다.)

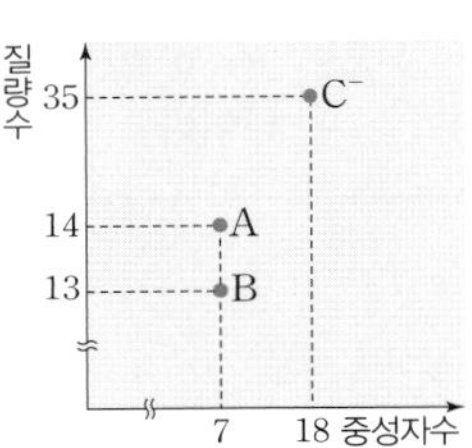

보기
ㄱ. A는 2주기 원소이다.
ㄴ. A와 B는 동위 원소이다.
ㄷ. 전자 수는 $A+B+C^-=30$이다.

① ㄱ ② ㄴ ③ ㄷ
④ ㄱ, ㄴ ⑤ ㄱ, ㄷ

[8714-0192]
22 표는 원소 A~D에 대한 자료이다.

원소	A	B	C	D
주기	2	2	3	3
원자 반지름(pm)	73	72	186	160
이온 반지름(pm)	140	133	102	72

이에 대한 설명으로 옳은 것만을 〈보기〉에서 있는 대로 고른 것은? (단, A~D는 임의의 원소 기호이고, 이온 반지름은 18족 원소의 전자 배치를 갖는 이온의 반지름이다.)

보기
ㄱ. A는 비금속 원소이다.
ㄴ. 원자 번호는 C＜D이다.
ㄷ. 제1 이온화 에너지는 B＞D이다.

① ㄱ ② ㄷ ③ ㄱ, ㄴ
④ ㄴ, ㄷ ⑤ ㄱ, ㄴ, ㄷ

고난도 문제

23 [8714-0193]
그림에서 (가)~(다)는 원자 번호가 연속인 2, 3주기 원소 U~Z의 원자 반지름, 원자가 전자의 유효 핵전하, Ne의 전자 배치를 갖는 이온의 반지름을 각각 순서 없이 나타낸 것이다.

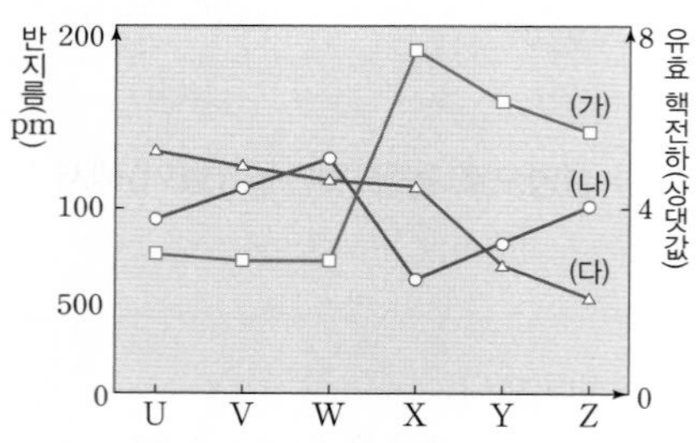

이에 대한 설명으로 옳은 것만을 〈보기〉에서 있는 대로 고른 것은? (단, U~Z는 임의의 원소 기호이며, 18족 원소는 제외한다.)

보기
ㄱ. (가)는 원자 반지름이다.
ㄴ. 양성자수는 $X>W$이다.
ㄷ. U~Z 중 바닥상태 전자 배치에서 홀전자 수가 가장 큰 것은 U이다.

① ㄱ ② ㄷ ③ ㄱ, ㄴ
④ ㄴ, ㄷ ⑤ ㄱ, ㄴ, ㄷ

24 [8714-0194]
그림은 주기율표의 일부를 나타낸 것이다.

주기 \ 족	1	2	13	14	15	16	17	18
1								A
2	B						C	
3		D			E		F	

A~F에 대한 설명으로 옳은 것은? (단, A~F는 임의의 원소 기호이다.)

① 원자 번호는 $A>B$이다.
② B와 D는 금속 원소이다.
③ 제1 이온화 에너지는 $D>E$이다.
④ B와 C는 화학적 성질이 비슷하다.
⑤ 바닥상태 전자 배치에서 홀전자 수는 $F>E$이다.

25 [8714-0195]
표는 3주기 원소 A~C의 순차 이온화 에너지를 나타낸 것이다.

원소	순차 이온화 에너지(kJ/몰)			
	E_1	E_2	E_3	E_4
A	496	4562	6910	9546
B	738	1451	7733	10542
C	578	1817	2745	11578

A~C에 대한 설명으로 옳은 것만을 〈보기〉에서 있는 대로 고른 것은? (단, A~C는 임의의 원소 기호이다.)

보기
ㄱ. A는 나트륨(Na)이다.
ㄴ. 원자가 전자의 유효 핵전하는 $B>C$이다.
ㄷ. 바닥상태 전자 배치에서 홀전자 수는 $A<C$이다.

① ㄱ ② ㄴ ③ ㄷ
④ ㄱ, ㄴ ⑤ ㄱ, ㄷ

26 [8714-0196]
다음은 바닥상태 전자 배치가 $1s^2 2s^2 2p^6$인 몇 가지 이온을 나타낸 것이다.

A^{2-} B^- C^+ D^{2+}

이에 대한 설명으로 옳은 것만을 〈보기〉에서 있는 대로 고른 것은? (단, A~D는 임의의 원소 기호이다.)

보기
ㄱ. 이온 반지름은 $A^{2-}>C^+$이다.
ㄴ. 원자 반지름은 $C>D$이다.
ㄷ. 바닥상태 전자 배치에서 홀전자 수는 $A+B<C+D$이다.

① ㄱ ② ㄷ ③ ㄱ, ㄴ
④ ㄴ, ㄷ ⑤ ㄱ, ㄴ, ㄷ

[8714-0197]
27 그림은 2주기 원소 A~G의 원자 반지름에 따른 제1 이온화 에너지를 나타낸 것이다.

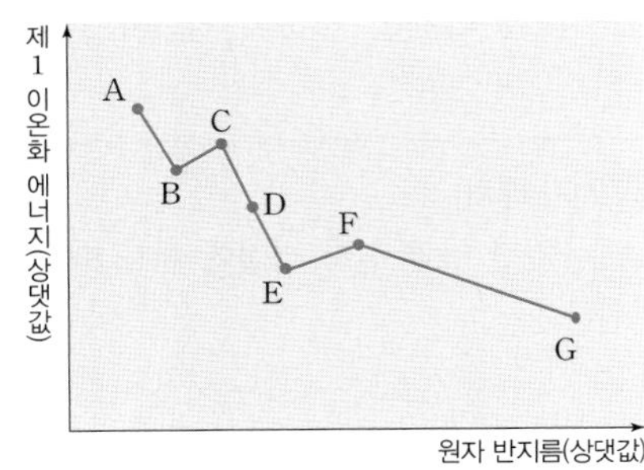

A~G에 대한 설명으로 옳은 것만을 〈보기〉에서 있는 대로 고른 것은? (단, A~G는 임의의 원소 기호이고, 18족 원소는 제외한다.)

보기
ㄱ. 원자 번호는 A>B이다.
ㄴ. 바닥상태 전자 배치에서 홀전자 수는 C가 가장 크다.
ㄷ. F와 G는 비금속 원소이다.

① ㄱ ② ㄴ ③ ㄷ
④ ㄱ, ㄴ ⑤ ㄱ, ㄷ

[8714-0198]
28 그림은 원자 A~E의 양성자수와 중성자수를 나타낸 것이다.

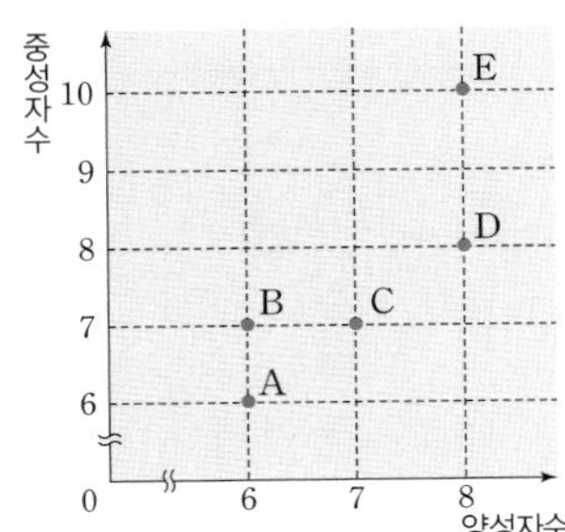

A~E에 대한 설명으로 옳은 것만을 〈보기〉에서 있는 대로 고른 것은? (단, A~E는 임의의 원소 기호이다.)

보기
ㄱ. A와 B는 동위 원소이다.
ㄴ. 질량수는 B와 C가 같다.
ㄷ. 바닥상태 전자 배치에서 홀전자 수는 C가 가장 크다.

① ㄱ ② ㄴ ③ ㄱ, ㄷ
④ ㄴ, ㄷ ⑤ ㄱ, ㄴ, ㄷ

[8714-0199]
29 그림은 2, 3주기 몇 가지 원소의 제1 이온화 에너지를 나타낸 것이다. 같은 점선으로 연결한 원소는 같은 주기에 속한다.

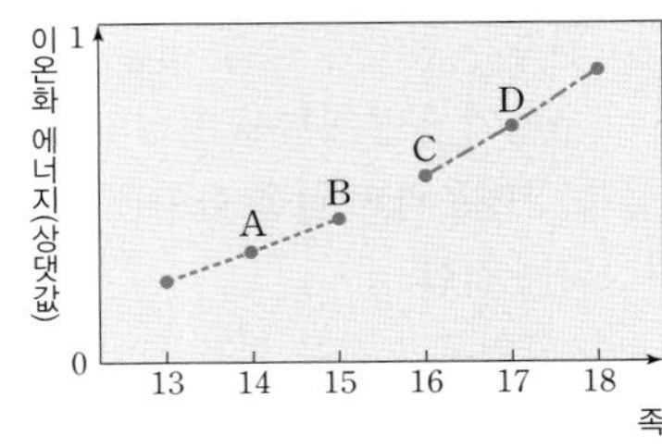

이에 대한 설명으로 옳은 것만을 〈보기〉에서 있는 대로 고른 것은? (단, A~D는 임의의 원소 기호이다.)

보기
ㄱ. A와 B는 3주기 원소이다.
ㄴ. 원자 반지름은 C<D이다.
ㄷ. 바닥상태 전자 배치에서 홀전자 수는 B<D이다.

① ㄱ ② ㄴ ③ ㄷ
④ ㄱ, ㄴ ⑤ ㄱ, ㄷ

[8714-0200]
30 표는 바닥상태 원자 A~E의 원자가 전자 수(a)와 p 오비탈에 들어 있는 전자 수(b)의 합($a+b$)과 홀전자 수(c)를 나타낸 것이다. A~E는 각각 N, O, F, Na, Mg 중 하나이다.

원소	A	B	C	D	E
$a+b$	8	10	12	7	8
c	3	2	1	1	0

이에 대한 설명으로 옳은 것만을 〈보기〉에서 있는 대로 고른 것은?

보기
ㄱ. A는 산소(O)이다.
ㄴ. D와 E는 같은 주기의 원소이다.
ㄷ. 원자 반지름은 B>C이다.

① ㄱ ② ㄴ ③ ㄷ
④ ㄱ, ㄴ ⑤ ㄴ, ㄷ

08 이온 결합

1 화학 결합의 전기적 성질

(1) 화학 결합: 공유 결합, 이온 결합, 금속 결합이 있다.

① 공유 결합: 두 원자가 전자를 각각 내놓아 전자쌍을 만들고, 이 전자쌍을 두 원자가 공유하면서 형성되는 결합

② 이온 결합: 금속 양이온과 비금속 음이온 사이의 정전기적 인력에 의해 형성되는 결합

③ 금속 결합: 금속 양이온과 자유 전자 사이의 정전기적 인력에 의해 형성되는 결합

(2) 물(H_2O)의 전기 분해

• 물에 전해질(Na_2SO_4 등)을 소량 넣고 전류를 흘려 주면 (+)극에서는 산소 기체가, (−)극에서는 수소 기체가 발생한다.

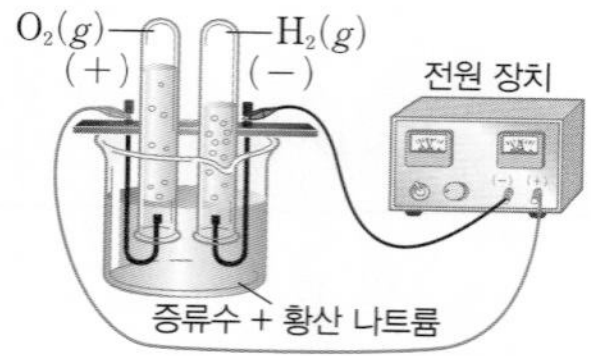

• (+)극: 물(H_2O)이 전자를 잃어 산소(O_2) 생성 ➡ 산화 반응
• (−)극: 물(H_2O)이 전자를 얻어 수소(H_2) 생성 ➡ 환원 반응
• 전체 반응: $2H_2O \longrightarrow 2H_2 + O_2$

• 공유 결합과 전자: 물의 전기 분해를 통해 공유 결합이 형성될 때 전자가 관여함을 알 수 있다.

(3) 염화 나트륨(NaCl) 용융액의 전기 분해

① 염화 나트륨의 고체 상태: 전기 전도성이 없다. ➡ 양이온과 음이온이 단단히 결합하고 있기 때문

② 염화 나트륨의 액체(용융액)나 수용액 상태: 전기 전도성이 있다. ➡ 양이온과 음이온이 자유롭게 이동할 수 있기 때문

• 염화 나트륨 용융액에 전류를 흘려 주면 (+)극에서는 염소 기체가, (−)극에서는 나트륨 금속이 생성된다.

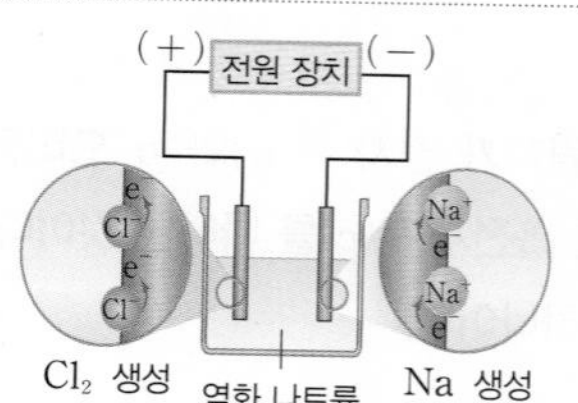

• (+)극: 염화 이온(Cl^-)이 전자를 잃어 염소(Cl_2) 생성 ➡ 산화 반응
• (−)극: 나트륨 이온(Na^+)이 전자를 얻어 금속 나트륨(Na) 생성 ➡ 환원 반응
• 전체 반응: $2NaCl \longrightarrow 2Na + Cl_2$

• 이온 결합과 전자: 염화 나트륨 용융액의 전기 분해를 통해 이온 결합이 형성될 때 전자가 관여함을 알 수 있다.

(4) 화학 결합의 원리

① 비활성 기체: 18족 원소로, 화학적으로 안정하여 1원자 분자로 존재한다.

[비활성 기체의 전자 배치]

• 비활성 기체는 가장 바깥 전자 껍질에 전자 8개(단, He은 2개)가 배치된다.

헬륨($_2He$) $1s^2$

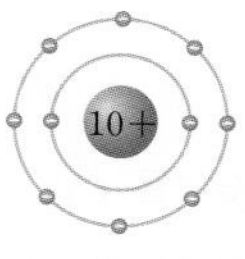

네온($_{10}Ne$) $1s^2 2s^2 2p^6$

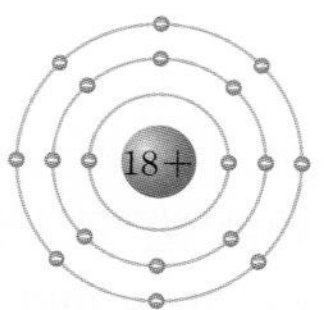

아르곤($_{18}Ar$) $1s^2 2s^2 2p^6 3s^2 3p^6$

• 가장 바깥 전자 껍질에 전자들이 모두 채워져 있어 화학적으로 매우 안정하므로 전자를 잃거나 얻으려 하지 않는다.

② 옥텟 규칙: 18족 원소 이외의 원자들이 18족 원소와 같이 가장 바깥 전자 껍질에 8개의 전자를 채워 안정한 전자 배치를 가지려는 경향

③ 화학 결합과 옥텟 규칙: 18족 원소 이외의 원자들은 전자를 잃거나 얻어서, 또는 전자를 공유하여 화학 결합을 함으로써 옥텟 규칙을 만족한다.

2 이온 결합

(1) 이온의 형성: 양이온은 (+)전하를 띠고, 음이온은 (−)전하를 띤다.

① 양이온의 형성: 금속 원자는 전자를 잃고 양이온이 되면서 옥텟 규칙을 만족한다.

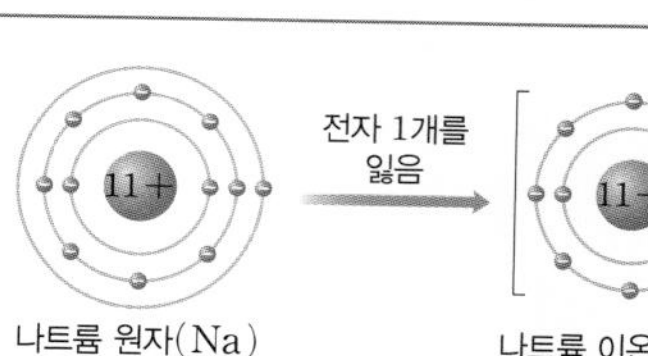

나트륨 이온은 18족 원소인 네온(Ne)과 전자 배치가 같다.

핵심 개념 체크

정답과 해설 27쪽

1. 다음 설명 중 옳은 것은 ○표, 옳지 않은 것은 ×표 하시오.
   (1) 염화 나트륨은 이온 결합 물질로 고체 상태에서 전기 전도성이 있다. ( )
   (2) 물의 전기 분해를 통해 공유 결합이 형성될 때 전자가 관여함을 알 수 있다. ( )
   (3) 금속 원자는 전자를 얻어 옥텟 규칙을 만족하는 음이온이 된다. ( )

2. 염화 나트륨 용융액에 전류를 흘려 주면 (+)극에서는 (나트륨 금속 , 염소 기체)이/가, (−)극에서는 (나트륨 금속 , 염소 기체)이/가 생성된다.

3. 염화 나트륨 용융액의 전기 분해를 통해 이온 결합이 형성될 때 ( )이/가 관여함을 알 수 있다.

4. 18족 원소 이외의 원자들은 전자를 잃거나 얻어서, 또는 전자를 공유함으로써 (옥텟 , 훈트) 규칙을 만족한다.

② 음이온의 형성: 비금속 원자는 전자를 얻어 음이온이 되면서 옥텟 규칙을 만족한다.

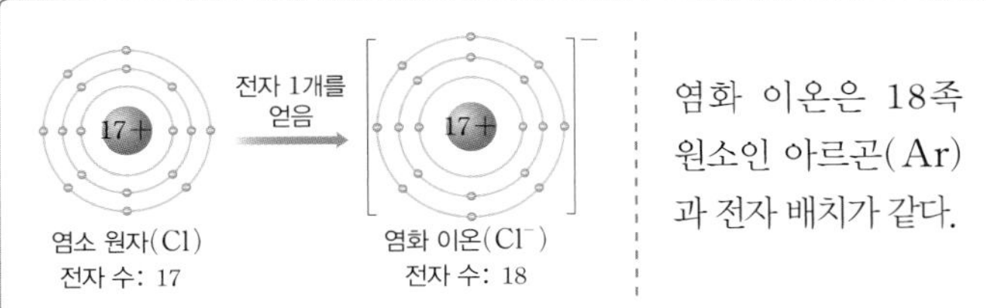

(2) 이온 결합의 형성

① 이온 결합: 양이온과 음이온 사이의 정전기적 인력에 의해 형성되는 결합

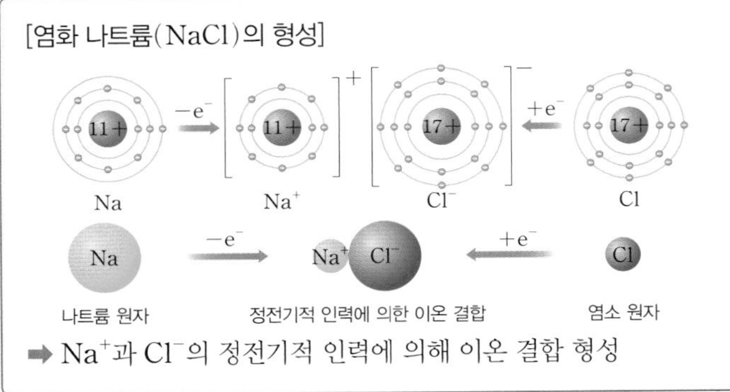

② 이온 결합의 형성과 에너지 변화

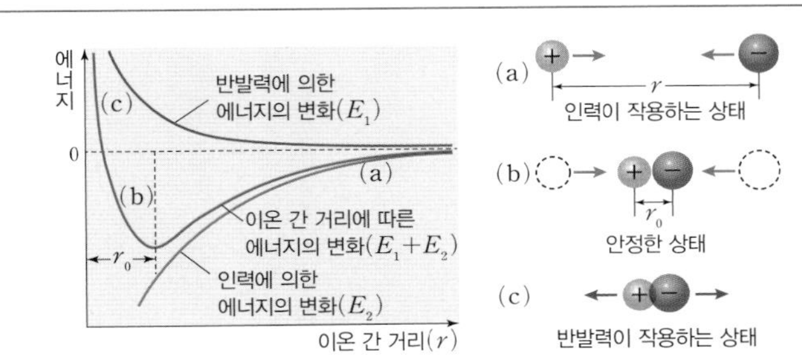

- 양이온과 음이온 간 거리가 가까워질수록 두 이온 사이에 작용하는 인력은 증가함(a)
- 두 이온이 계속 접근하여 거리가 너무 가까워지면 반발력이 커져 불안정한 상태가 됨(c)

➡ 양이온과 음이온은 인력과 반발력이 균형을 이루어 에너지가 가장 낮은 거리(r_0)에서 이온 결합이 형성됨(b)

③ 이온 결합 물질의 구조: 수많은 양이온과 음이온들이 정전기적 인력에 의해 결합하여 3차원적으로 서로 둘러싸여 규칙적으로 배열된다.

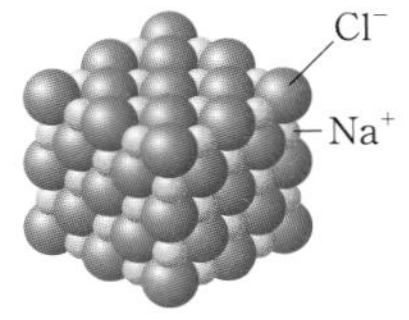

염화 나트륨(NaCl)의 구조

(3) 이온 결합 물질의 화학식

① 양이온을 먼저 쓰고, 음이온을 나중에 쓴다.

② 이온 결합 물질은 전기적으로 중성이므로 양이온의 총 전하량과 음이온의 총 전하량의 합은 0이다.

③ M^{a+}과 X^{b-}이 결합하여 형성된 이온 결합 물질의 화학식: M_bX_a

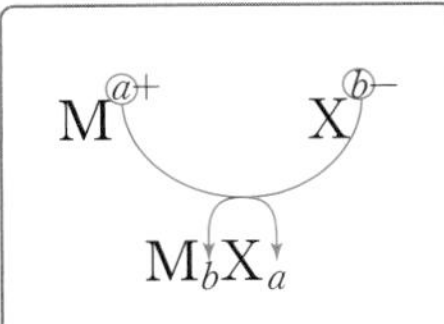

예 마그네슘 이온(Mg^{2+})과 염화 이온(Cl^-)이 결합하여 형성된 이온 결합 물질의 화학식: $MgCl_2$(염화 마그네슘) ➡ 숫자 1은 생략

(4) 이온 결합 물질의 성질

① 이온 결합 물질에 힘을 가하면 ➡ 같은 전하를 띤 이온들끼리 반발력이 작용 ➡ 쉽게 부스러진다.

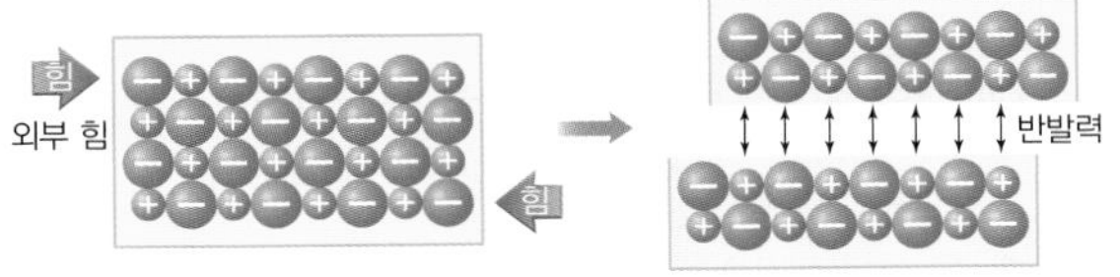

② 이온 결합 물질은 고체 상태에서는 전기 전도성이 없으나, 액체나 수용액 상태에서는 전기 전도성이 있다.

③ 이온 결합 물질은 녹는점과 끓는점이 비교적 높다.

- 양이온과 음이온의 전하량 크기가 같은 경우: 이온 사이의 거리가 짧을수록 녹는점이 높아진다. 예 NaF > NaCl
- 이온 사이의 거리가 비슷한 경우: 이온의 전하량이 클수록 녹는점이 높아진다. 예 $Na^+Cl^- < Ba^{2+}O^{2-}$
- 여러 가지 이온 결합 물질의 이온 간 거리와 녹는점

화학식	이온 간 거리 (pm)	녹는점 (℃)	화학식	이온 간 거리 (pm)	녹는점 (℃)
NaF	231	996	MgO	210	2825
NaCl	276	801	BaO	275	1972

핵심 개념 체크

정답과 해설 27쪽

5. (   )은/는 양이온과 음이온 간 정전기적 인력에 의해 형성되는 결합이다.

6. 양이온과 음이온 간 거리가 가까워질수록 두 이온 사이에 작용하는 (   )은/는 증가하지만, 두 이온이 계속 접근하여 거리가 너무 가까워지면 (   )이/가 커져 불안정한 상태가 된다.

7. 이온 결합 물질은 양이온의 총 전하량과 음이온의 총 전하량의 합이 (   )이다.

8. 다음 물질들의 녹는점을 부등호로 비교하시오.

(1) NaCl (   ) NaBr (2) MgO (   ) CaO
(3) NaF (   ) MgO

출제 예상 문제

[01~02] 그림 (가)는 고체 염화 나트륨($NaCl$)을, (나)는 (가)를 가열하여 용융시킨 것을, (다)는 (나)를 전기 분해할 때 각 이온이 이동하는 모습을 모형으로 나타낸 것이다.

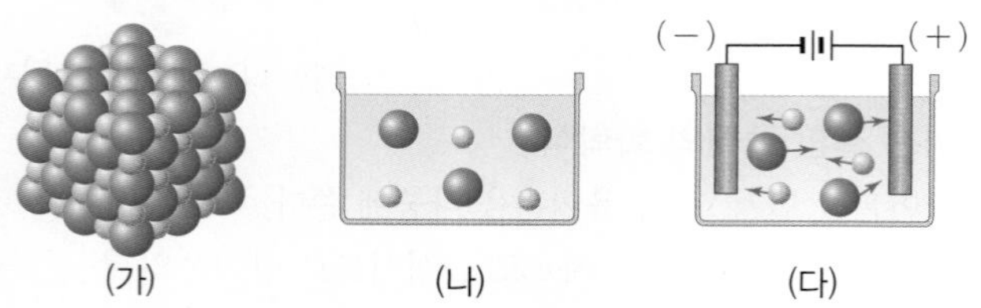

[8714-0201]
01 이에 대한 설명으로 옳은 것만을 〈보기〉에서 있는 대로 고른 것은?

> 보기
> ㄱ. (가)는 전기 전도성이 없다.
> ㄴ. (가)에는 양이온과 음이온이 존재하지 않는다.
> ㄷ. (나)에서 전하량의 총합은 0이다.

① ㄴ ② ㄷ ③ ㄱ, ㄴ
④ ㄱ, ㄷ ⑤ ㄱ, ㄴ, ㄷ

[8714-0202]
02 (다)에 대한 설명으로 옳은 것만을 〈보기〉에서 있는 대로 고른 것은?

> 보기
> ㄱ. ● 는 Na^+이다.
> ㄴ. ●는 네온과 전자 수가 같다.
> ㄷ. 각 전극에서 생성되는 물질의 몰비는 (+)극 : (−)극=2 : 1 이다.

① ㄱ ② ㄷ ③ ㄱ, ㄴ
④ ㄴ, ㄷ ⑤ ㄱ, ㄴ, ㄷ

[8714-0203]
03 그림은 증류수에 소량의 황산 나트륨(Na_2SO_4)을 녹인 후 건전지를 넣었을 때, 전극 A에서는 수소(H_2) 기체가, 전극 B에서는 산소(O_2) 기체가 발생하는 모습을 나타낸 것이다.

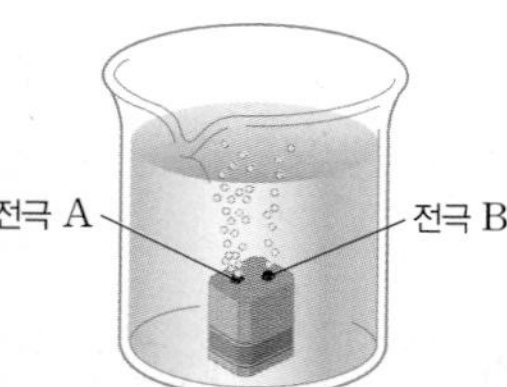

이에 대한 설명으로 옳은 것만을 〈보기〉에서 있는 대로 고른 것은?

> 보기
> ㄱ. 전극 A는 (−)극이다.
> ㄴ. 전극 B에서는 환원 반응이 일어난다.
> ㄷ. 물의 성분 원소는 2가지이다.

① ㄴ ② ㄷ ③ ㄱ, ㄴ
④ ㄱ, ㄷ ⑤ ㄱ, ㄴ, ㄷ

[8714-0204]
04 그림 (가)와 (나)는 물질 X의 전기 전도성을 알아보기 위한 실험이다. (가)에서는 X가 고체 상태로 꼬마전구에 불이 켜지지 않았고, (나)에서는 X가 액체 상태로 꼬마전구에 불이 켜졌다.

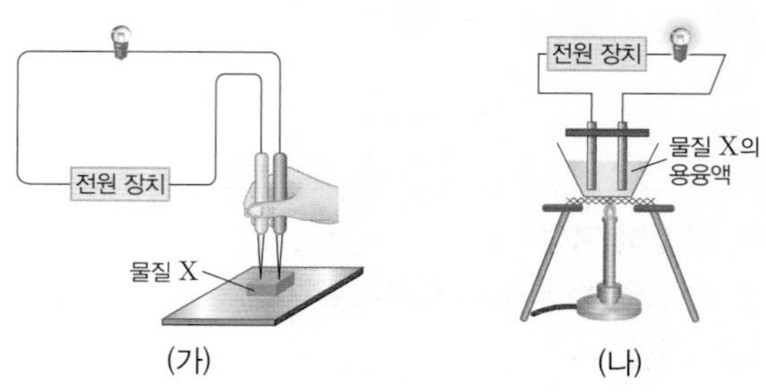

X에 해당하는 물질로 적절한 것만을 나타낸 것은?

① 나트륨, 물
② 나트륨, 염소
③ 물, 염화 칼슘
④ 흑연, 염화 나트륨
⑤ 염화 칼륨, 브로민화 나트륨

[8714-0205]
05 그림은 황산 나트륨(Na_2SO_4)을 소량 넣은 증류수를 전기 분해하는 장치를 나타낸 것이다.

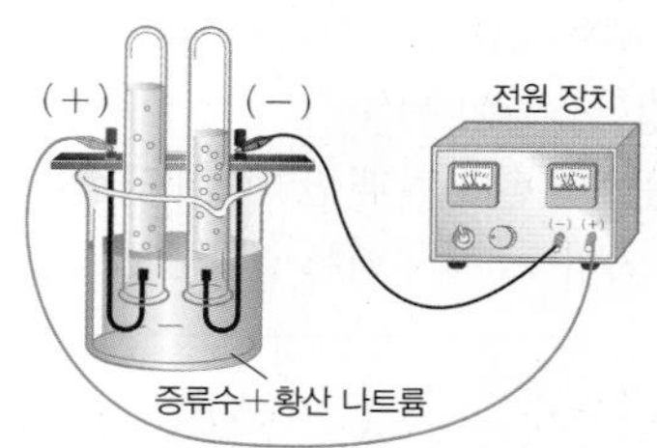

이에 대한 설명으로 옳은 것만을 〈보기〉에서 있는 대로 고른 것은?

> 보기
> ㄱ. (−)극에서 생성되는 기체는 산소이다.
> ㄴ. (+)극에서 산화 반응이 일어난다.
> ㄷ. 생성되는 물질의 몰비가 (+)극 : (−)극=1 : 2이다.

① ㄱ ② ㄴ ③ ㄷ
④ ㄱ, ㄴ ⑤ ㄴ, ㄷ

[8714-0206]
06 표는 4가지 이온의 전자 배치를 나타낸 것이다.

이온	전자 배치
A^{2-}, B^{+}	$1s^2\ 2s^2\ 2p^6$
C^{-}, D^{2+}	$1s^2\ 2s^2\ 2p^6\ 3s^2\ 3p^6$

이에 대한 설명으로 옳은 것만을 〈보기〉에서 있는 대로 고른 것은? (단, A~D는 임의의 원소 기호이다.)

보기
ㄱ. 녹는점은 DA(s)가 BC(s)보다 높다.
ㄴ. B와 C는 같은 주기 원소이다.
ㄷ. BC는 액체 상태에서 전류가 흐른다.

① ㄱ ② ㄷ ③ ㄱ, ㄴ
④ ㄴ, ㄷ ⑤ ㄱ, ㄴ, ㄷ

[8714-0207]
07 다음은 학생 A가 수행한 실험 과정이다.

(가) 증류수에 소량의 황산 나트륨을 녹인다.
(나) (가)의 수용액에 전류를 흘려 주어 발생하는 기체를 모은다.

다음 중 학생 A가 사용한 실험 장치로 가장 적절한 것은?

①
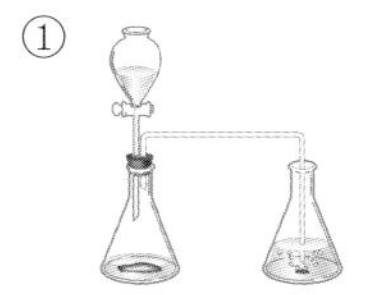
②

③

④
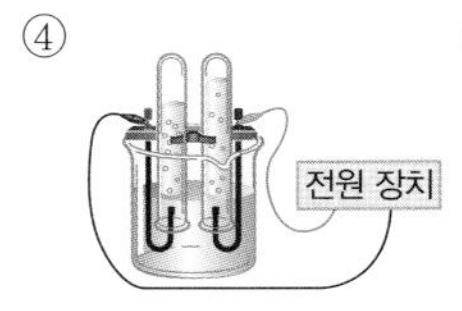

⑤
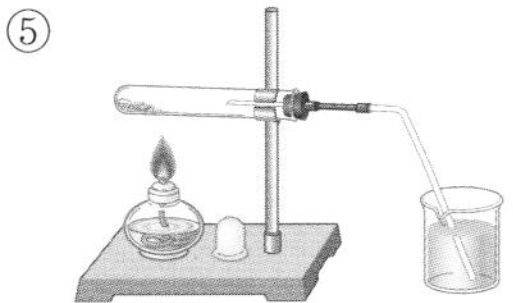

[8714-0208]
08 그림은 화합물 A_2B의 화학 결합을 모형으로 나타낸 것이다.

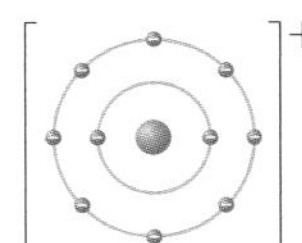

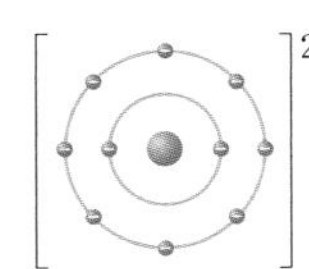

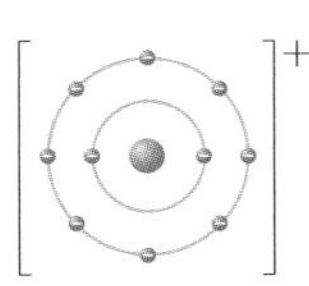

이에 대한 설명으로 옳은 것만을 〈보기〉에서 있는 대로 고른 것은? (단, A, B는 임의의 원소 기호이다.)

보기
ㄱ. 이온 반지름은 B 이온이 A 이온보다 크다.
ㄴ. 원자의 양성자수는 A가 B보다 크다.
ㄷ. A와 B는 같은 주기의 원소이다.

① ㄱ ② ㄷ ③ ㄱ, ㄴ
④ ㄴ, ㄷ ⑤ ㄱ, ㄴ, ㄷ

[8714-0209]
09 그림은 화합물 AB의 화학 결합을 모형으로 나타낸 것이다.

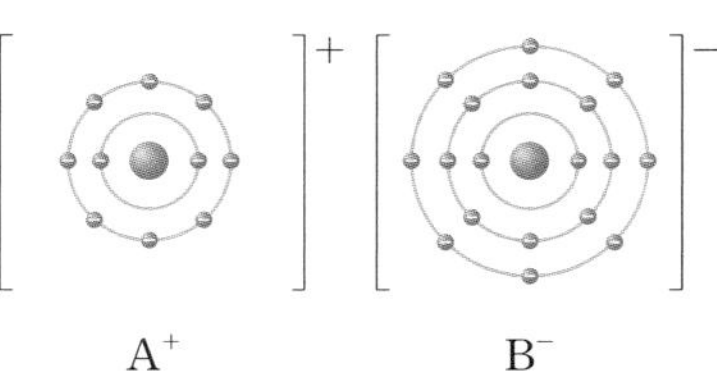

이에 대한 설명으로 옳은 것만을 〈보기〉에서 있는 대로 고른 것은? (단, A, B는 임의의 원소 기호이다.)

보기
ㄱ. A와 B가 이온 결합하여 AB가 될 때 A는 전자를 잃는다.
ㄴ. AB는 액체 상태에서 전기 전도성이 있다.
ㄷ. 원자 반지름은 A가 B보다 크다.

① ㄱ ② ㄷ ③ ㄱ, ㄴ
④ ㄴ, ㄷ ⑤ ㄱ, ㄴ, ㄷ

[8714-0210]
10 그림은 원자 A~C의 전자 배치를 나타낸 것이다. A~C의 이온의 전자 배치는 Ne과 같다.

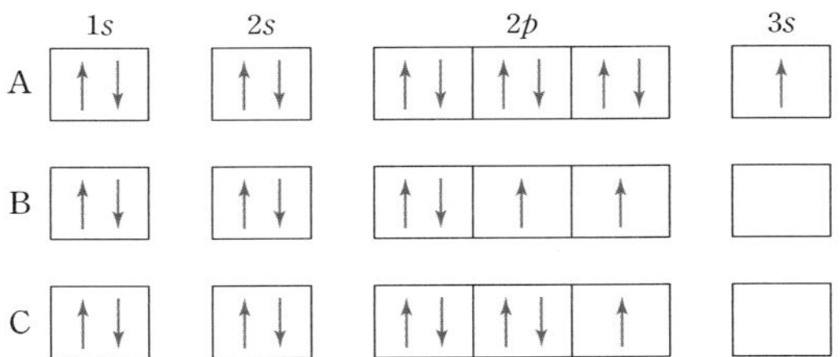

이에 대한 설명으로 옳은 것만을 〈보기〉에서 있는 대로 고른 것은? (단, A~C는 임의의 원소 기호이다.)

보기
ㄱ. BC_2는 이온 결합 물질이다.
ㄴ. 화합물 AC는 수용액 상태에서 전기 전도성이 있다.
ㄷ. B는 이온이 될 때 전자를 잃는다.

① ㄴ ② ㄷ ③ ㄱ, ㄴ
④ ㄱ, ㄷ ⑤ ㄱ, ㄴ, ㄷ

[8714-0211]
11 표는 몇 가지 이온 결합 물질의 이온 간 거리와 녹는점을 나타낸 것이다.

화학식	이온 간 거리(pm)	녹는점(℃)
LiF	207	(가)
LiCl	255	614
MgO	210	(나)
CaO	x	2572

이에 대한 설명으로 옳은 것만을 <보기>에서 있는 대로 고른 것은?

보기
ㄱ. (나)>(가)이다.
ㄴ. $x<210$이다.
ㄷ. LiF과 LiCl은 이온의 전하량에 따른 녹는점 변화를 알아보기 위한 화합물로 적절하다.

① ㄱ ② ㄷ ③ ㄱ, ㄴ
④ ㄴ, ㄷ ⑤ ㄱ, ㄴ, ㄷ

[8714-0212]
12 그림은 3주기 원소 M과 Cl로 이루어진 고체 상태의 화합물 MCl에 외부에서 힘을 가했을 때의 변화를 모형으로 나타낸 것이다.

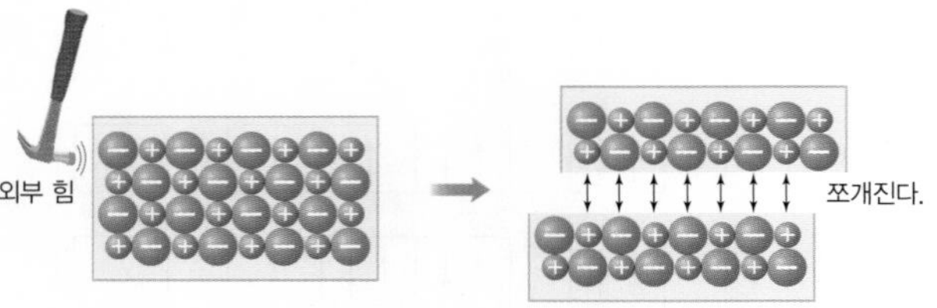

MCl에 대한 설명으로 옳은 것만을 <보기>에서 있는 대로 고른 것은? (단, M은 임의의 원소 기호이다.)

보기
ㄱ. 이온 결합 물질이다.
ㄴ. 고체 상태에서 전기 전도성이 있다.
ㄷ. 이온 반지름은 양이온이 음이온보다 크다.

① ㄱ ② ㄷ ③ ㄱ, ㄴ
④ ㄴ, ㄷ ⑤ ㄱ, ㄴ, ㄷ

[8714-0213]
13 그림은 양이온과 음이온 간 거리에 따른 에너지 변화를 나타낸 것이다.

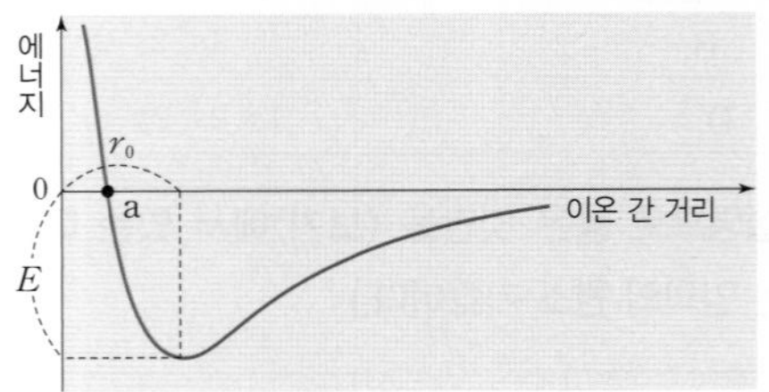

안정한 상태의 이온 결합 물질에 대한 설명으로 옳은 것만을 <보기>에서 있는 대로 고른 것은?

보기
ㄱ. r_0의 크기는 NaCl이 KCl보다 크다.
ㄴ. E의 크기는 MgO이 NaCl보다 크다.
ㄷ. a에서 이온 결합이 형성된다.

① ㄴ ② ㄷ ③ ㄱ, ㄴ
④ ㄱ, ㄷ ⑤ ㄱ, ㄴ, ㄷ

[8714-0214]
14 그림은 양이온과 음이온 간 거리에 따른 에너지 변화를 나타낸 것이다.

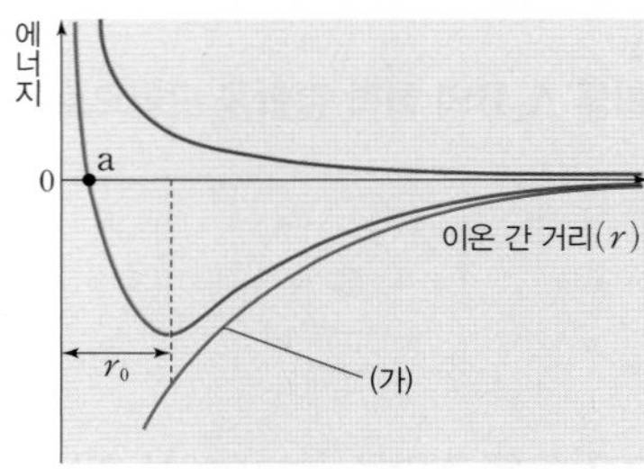

이에 대한 설명으로 옳은 것만을 <보기>에서 있는 대로 고른 것은?

보기
ㄱ. (가)는 반발력에 의한 에너지의 변화이다.
ㄴ. a에서 인력과 반발력이 균형을 이룬다.
ㄷ. 양이온과 음이온 간 거리가 r_0일 때 이온 결합이 형성된다.

① ㄴ ② ㄷ ③ ㄱ, ㄴ
④ ㄱ, ㄷ ⑤ ㄱ, ㄴ, ㄷ

서답형 문제

정답과 해설 28쪽

[8714-0215]
01 그림은 원자 A~D의 전자 배치를 모형으로 나타낸 것이다.

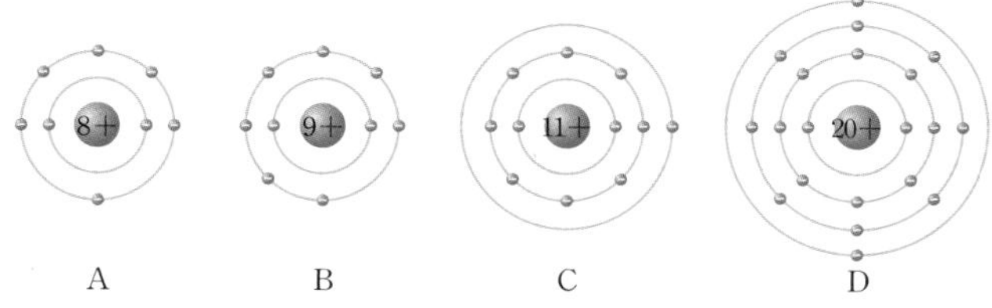

화합물 DA와 CB의 녹는점을 비교하고, 그 까닭을 이온의 전하량을 사용하여 서술하시오. (단, A~D는 임의의 원소 기호이고, 화합물 DA와 CB의 이온 사이의 거리는 비슷하다.)

[8714-0216]
02 그림은 황산 나트륨(Na_2SO_4)을 소량 녹인 물에 전류를 흘려 주었을 때 두 전극에서 기체가 발생하는 것을 나타낸 것이다.

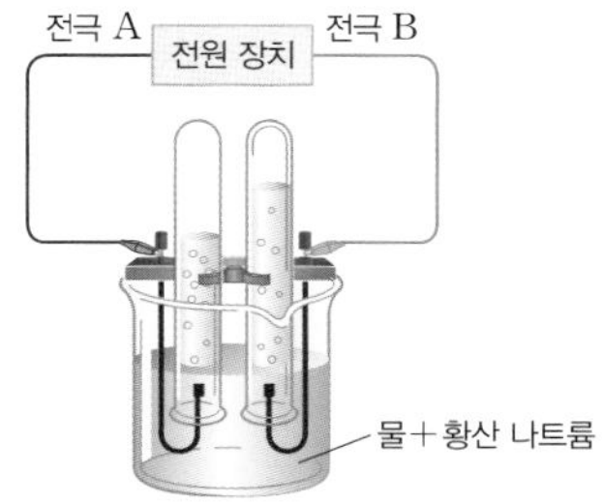

전극 A와 B를 (+)극과 (−)극으로 구분하고, A와 B에 연결된 시험관에서 발생하는 기체의 이름을 쓰시오.

[8714-0217]
03 그림은 고체 염화 나트륨(NaCl)의 구조를 나타낸 것이다.

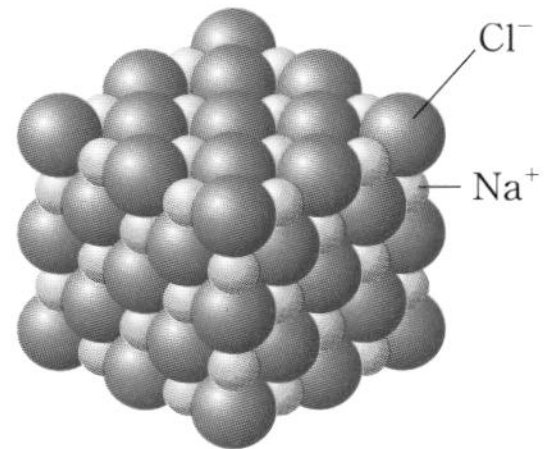

고체 상태에서 염화 나트륨의 전기 전도성 여부를 그 까닭과 함께 서술하고, 고체 상태의 염화 나트륨에 충격을 가하면 어떻게 될지를 그 까닭과 함께 서술하시오.

[8714-0218]
04 그림은 NaX과 NaY이 생성될 때 두 이온 간 거리에 따른 에너지를 나타낸 것이다. X, Y는 각각 2주기, 3주기 할로젠 원소 중 하나이다.

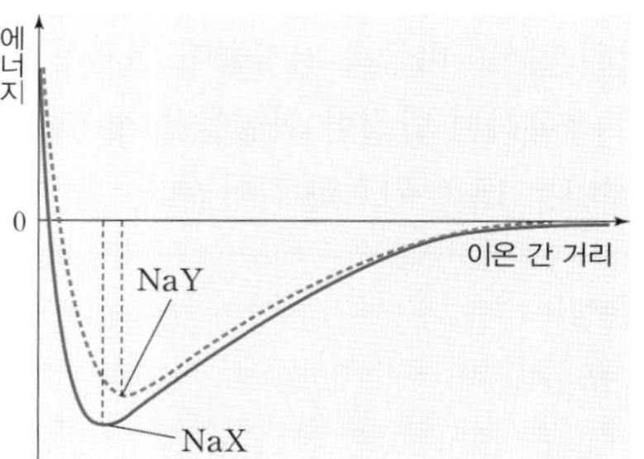

NaX과 NaY의 이름을 각각 쓰고, 두 물질의 녹는점을 제시된 그림 자료를 이용하여 비교하고 그 까닭을 서술하시오. (단, X, Y는 임의의 원소 기호이다.)

[8714-0219]
05 표는 3가지 화합물 (가)~(다)의 녹는점을 나타낸 것이다. (가)~(다)는 각각 NaF, NaBr, MgO 중의 하나이다.

화합물	(가)	(나)	(다)
녹는점(℃)	747	996	2825

(가)~(다)가 각각 무엇인지 쓰시오.

[8714-0220]
06 그림은 화합물 A_2B의 화학 결합을 모형으로 나타낸 것이다. (단, A, B는 임의의 원소 기호이다.)

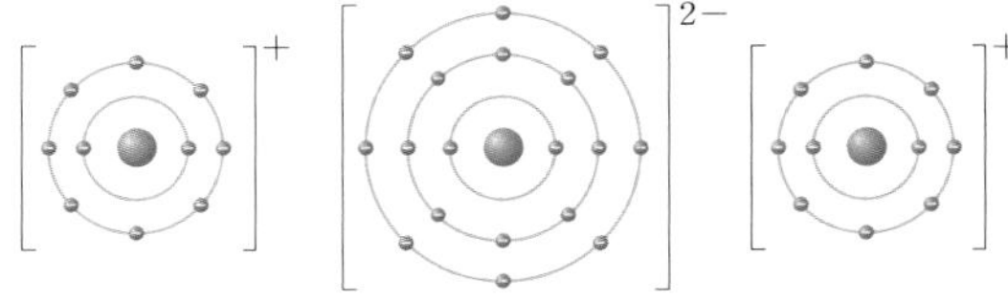

(1) A_2B의 화학 결합의 종류를 쓰시오.

(2) 원소 A와 B의 원자가 전자 수를 각각 쓰시오.

(3) 액체 상태에서 A_2B의 전기 전도성 여부를 쓰고, 그 까닭을 서술하시오.

09 공유 결합과 결합의 극성

1 공유 결합

(1) 공유 결합: 비금속 원소의 원자들이 전자쌍을 서로 공유하면서 형성되는 결합

① 공유 결합의 형성: 비금속 원자들이 전자를 내놓아 만든 전자쌍을 서로 공유하여 안정한 화합물을 형성한다. ➡ 각 원자들의 전자 배치는 18족 원소와 같아진다.

[물 분자의 형성]

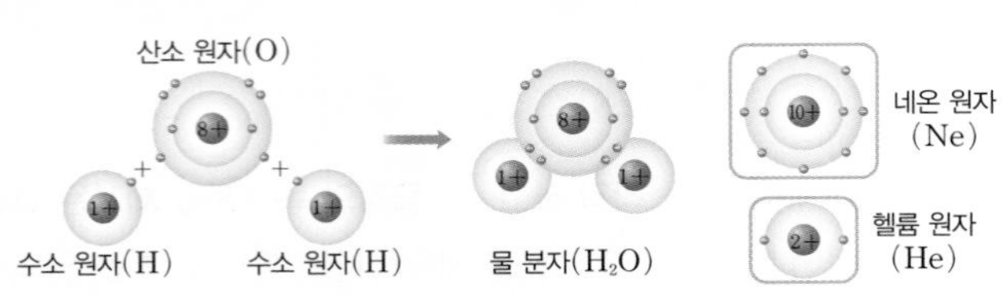

- 산소 원자가 수소 원자 2개와 각각 전자쌍 1개씩을 공유한다.
- 산소 원자는 네온과, 수소 원자는 헬륨과 전자 배치가 같다.

② 공유 결합의 형성과 에너지 변화

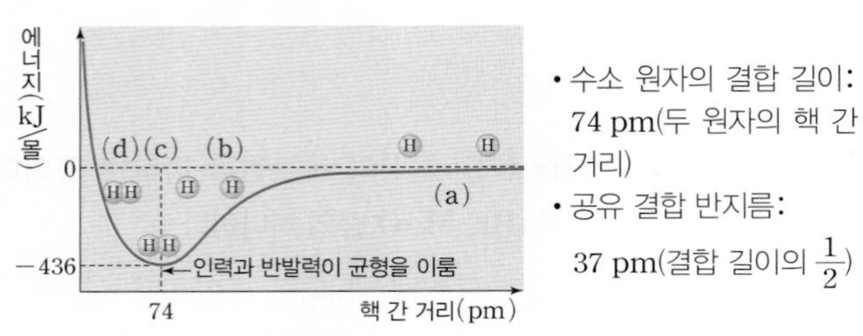

- 수소 원자의 결합 길이: 74 pm(두 원자의 핵 간 거리)
- 공유 결합 반지름: 37 pm(결합 길이의 $\frac{1}{2}$)

- (a): 두 원자가 멀리 떨어져 있어 인력이 거의 작용하지 않음
- (a) → (b): 원자핵과 전자 사이의 인력이 작용하여 에너지가 낮아짐
- (c): 인력과 반발력이 균형을 이루어 에너지가 가장 낮아짐 ➡ 공유 결합 형성
- (d): 원자핵 사이의 반발력, 전자 사이의 반발력으로 인해 불안정해짐

(2) 공유 결합의 종류

공유 결합의 종류	단일 결합	다중 결합	
		2중 결합	3중 결합
두 원자 사이에 공유된 전자쌍 수	1	2	3
예	F_2	O_2	N_2

F_2(단일 결합) O_2(2중 결합) N_2(3중 결합)

(3) 공유 결합 물질의 성질

① 전기 전도성: 대부분 고체나 액체, 수용액 상태에서 전기 전도성이 없다.
(예외: 흑연, $HCl(aq)$ 등은 전기 전도성 있음)

② 녹는점과 끓는점
- 분자 결정: 분자로 이루어진 공유 결합 물질로, 녹는점과 끓는점이 낮아 실온에서 액체나 기체 상태로 존재한다.
  예 수소(H_2), 산소(O_2) 등
- 공유 결정: 모든 원자들이 공유 결합하여 그물처럼 연결된 물질로, 녹는점이나 끓는점이 매우 높다.
  예 다이아몬드(C), 흑연(C) 등

③ 물에 대한 용해성: 극성 분자(HCl, NH_3 등)는 물에 잘 녹지만, 무극성 분자(H_2, N_2 등)는 물에 잘 녹지 않는다.

2 금속 결합

(1) 금속 결합의 형성

① 금속 결합: 금속 양이온과 자유 전자 사이의 정전기적 인력에 의해 형성되는 결합

② 자유 전자: 금속 원자가 양이온이 되면서 내놓은 원자가 전자로, 금속 양이온 사이를 자유롭게 이동한다.

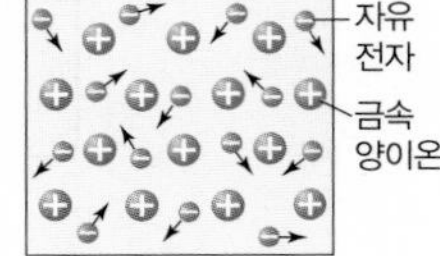

금속 결합 모형

(2) 금속의 특성: 자유 전자 때문에 나타난다.

① 고체와 액체 상태에서 전기 전도성이 있다. ➡ 자유 전자가 자유롭게 이동하기 때문

② 열 전도성이 매우 크다. ➡ 금속을 가열하면 자유 전자가 에너지를 얻어 인접한 자유 전자와 금속 양이온에 열에너지를 전달하기 때문

③ 뽑힘성(연성)과 펴짐성(전성)이 크다. ➡ 외부 힘에 의해 금속이 변형되어도 자유 전자가 이동하여 금속 결합을 유지시키기 때문

④ 녹는점과 끓는점이 높다. ➡ 자유 전자와 금속 양이온 사이의 강한 정전기적 인력 때문
예 철: 1538 ℃, 구리: 1085 ℃
(예외: 수은: −39 ℃, 알칼리 금속인 나트륨: 98 ℃ 등)

핵심 개념 체크

정답과 해설 29쪽

1. (공유 , 이온) 결합은 비금속 원소의 원자들이 전자쌍을 서로 공유하면서 형성되는 결합이다.
2. 물 분자에서 산소 원자는 (   )과/와, 수소 원자는 (   )과/와 전자 배치가 같다.
3. (극성 , 무극성) 분자는 물에 잘 녹지만, (극성 , 무극성) 분자는 물에 잘 녹지 않는다.
4. 금속은 (   )이/가 자유롭게 움직이므로 고체와 액체 상태에서 전기 전도성이 있다.

3 전기 음성도와 결합의 극성

(1) 전기 음성도

① 전기 음성도: 공유 결합하는 원자가 공유 전자쌍을 끌어당기는 능력을 상대적인 수치로 나타낸 값(18족 원소는 제외)

- 플루오린(F)의 전기 음성도: 4.0
- 전기 음성도가 큰 원자일수록 공유 결합에서 공유 전자쌍을 더 세게 끌어당긴다.

② 전기 음성도의 주기적 변화

- 같은 주기: 원자 번호가 증가할수록 전기 음성도가 증가한다.
  예 2주기: Li<Be<B<C<N<O<F
- 같은 족: 원자 번호가 증가할수록 전기 음성도가 감소한다.
  예 17족: F>Cl>Br>I

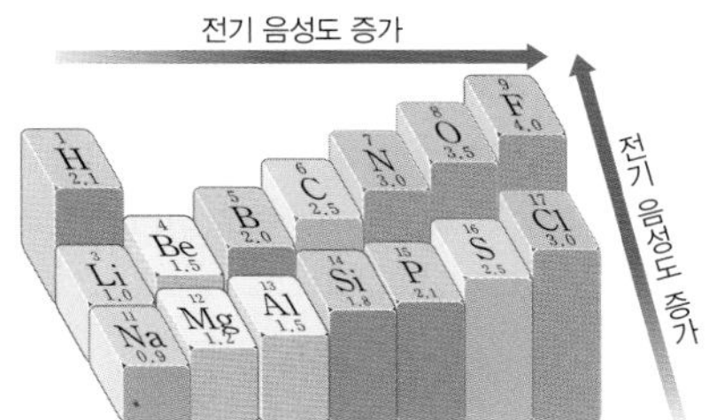

(2) 결합의 극성

① 극성 공유 결합: 전기 음성도가 다른 두 원자 사이의 공유 결합

- 전기 음성도가 큰 원자는 부분적인 음전하(δ^-)를 띠고, 전기 음성도가 작은 원자는 부분적인 양전하(δ^+)를 띤다.
  예 H−Cl, H−F

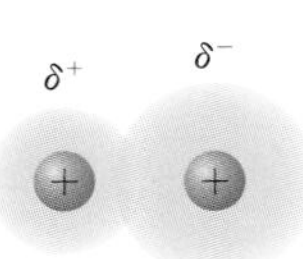
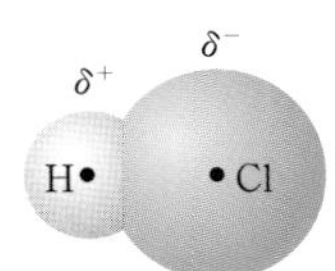

염화 수소 분자(HCl)

② 무극성 공유 결합: 같은 종류의 두 원자 사이의 공유 결합

- 결합한 두 원자의 전기 음성도가 같으므로 부분적인 전하가 생기지 않는다. 예 H−H, O=O

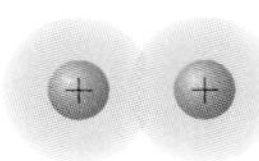
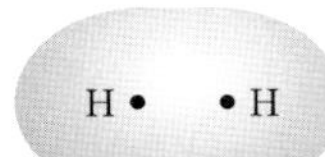

수소 분자(H_2)

③ 전기 음성도 차이와 화학 결합

- 두 원자의 전기 음성도 차이가 클수록 결합의 극성이 커진다.
- 전기 음성도 차이가 매우 크면 이온 결합이 형성된다.

결합의 종류	무극성 공유 결합	극성 공유 결합	이온 결합
모형	H H	δ^+ H δ^- Cl	Na^+ Cl^-
전기 음성도 차이	0	0.9	2.1
	→	→	증가

(3) 쌍극자 모멘트

① 쌍극자: 분자 내에서 전기 음성도가 큰 원자는 부분적인 음전하(δ^-)를 띠고, 전기 음성도가 작은 원자는 부분적인 양전하(δ^+)를 띠는 것처럼, 분자 내에서 서로 다른 전하가 일정한 거리를 두고 존재하는 것

② 쌍극자 모멘트(μ): 결합의 극성 또는 분자의 극성 정도를 나타내는 물리량으로, 쌍극자 모멘트가 클수록 극성이 강하다.

- 쌍극자 모멘트의 크기: 두 원자가 가지는 전하량($+q$, $-q$)과 두 전하 사이의 거리(r)의 곱

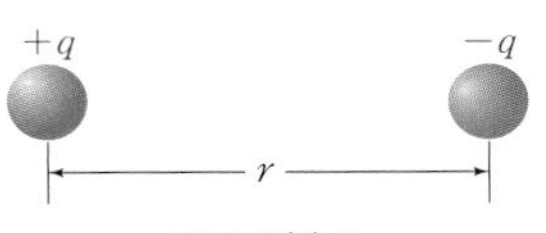

$$\mu = q \times r$$

- 쌍극자 모멘트의 표시: 부분적인 양전하(δ^+)를 띠는 원자에서 부분적인 음전하(δ^-)를 띠는 원자를 향하도록 표시한다.

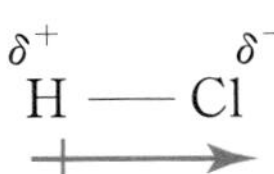

③ 쌍극자 모멘트와 공유 결합의 극성

- 두 원자 사이의 공유 결합이 무극성 공유 결합이면 쌍극자 모멘트는 0이다.
- 두 원자 사이의 공유 결합이 극성 공유 결합이면 쌍극자 모멘트는 0이 아니다.

핵심 개념 체크

정답과 해설 29쪽

5. 다음 설명 중 옳은 것은 ○표, 옳지 않은 것은 ×표 하시오.

(1) 전기 음성도는 Li이 Na보다 크다. ( )

(2) 2주기에서 원자 번호가 증가할수록 전기 음성도는 감소한다. ( )

(3) 극성 공유 결합에서는 쌍극자 모멘트가 0이다. ( )

6. 다음 분자들의 결합의 극성을 옳게 연결하시오.

(1) H_2 •
(2) H_2O •
(3) NH_3 •
(4) CO_2 •

• ㉠ 극성 공유 결합
• ㉡ 무극성 공유 결합

출제 예상 문제

[8714-0221]

01 그림은 분자 (가)와 (나)를 화학 결합 모형으로 나타낸 것이다. (가)와 (나)의 분자식은 각각 A_2, AB이다.

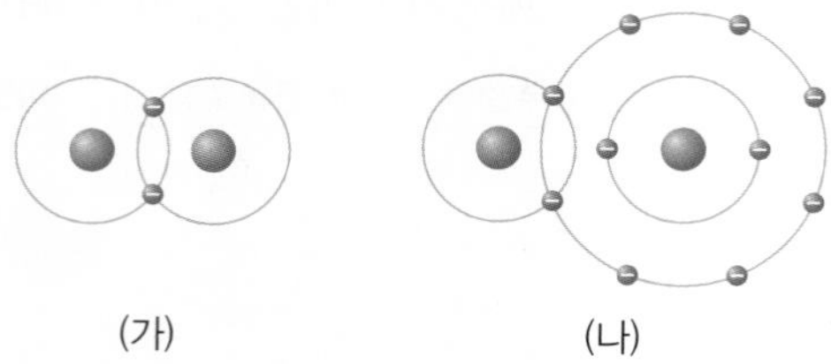

(가)와 (나)의 공통점으로 옳은 것만을 〈보기〉에서 있는 대로 고른 것은? (단, A, B는 임의의 원소 기호이다.)

> 보기
> ㄱ. 무극성 공유 결합이 존재한다.
> ㄴ. 단일 결합이 존재한다.
> ㄷ. 네온과 같은 전자 배치를 가진 원자가 존재한다.

① ㄴ ② ㄷ ③ ㄱ, ㄴ
④ ㄱ, ㄷ ⑤ ㄱ, ㄴ, ㄷ

[8714-0222]

02 그림은 수소 원자의 핵 간 거리에 따른 에너지 변화를 나타낸 것이다.

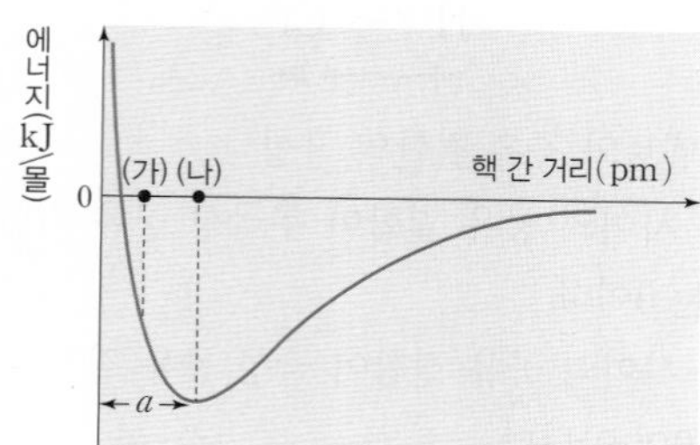

이에 대한 설명으로 옳은 것만을 〈보기〉에서 있는 대로 고른 것은?

> 보기
> ㄱ. 수소 원자의 공유 결합 반지름은 a pm이다.
> ㄴ. (가)에서는 수소 원자 사이의 반발력이 인력보다 우세하게 작용한다.
> ㄷ. (나)에서 수소 원자 사이에 공유 결합이 형성된다.

① ㄱ ② ㄷ ③ ㄱ, ㄴ
④ ㄴ, ㄷ ⑤ ㄱ, ㄴ, ㄷ

[8714-0223]

03 그림은 물질 (가)와 (나)의 구조를 나타낸 것이다. (가)와 (나)는 각각 흑연(C)과 드라이 아이스(CO_2) 중 하나이다.

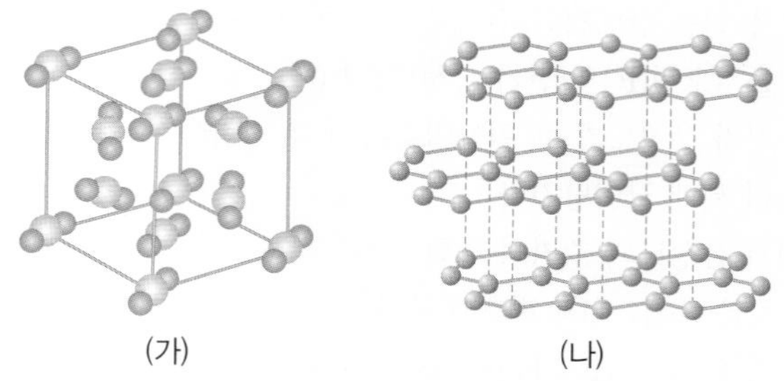

(가)와 (나)에 대한 설명으로 옳은 것만을 〈보기〉에서 있는 대로 고른 것은?

> 보기
> ㄱ. 화학 결합의 종류가 같다.
> ㄴ. (가)에는 분자당 2개의 2중 결합이 존재한다.
> ㄷ. (나)는 고체 상태에서 전기 전도성이 있다.

① ㄱ ② ㄷ ③ ㄱ, ㄴ
④ ㄴ, ㄷ ⑤ ㄱ, ㄴ, ㄷ

[8714-0224]

04 그림은 분자 (가)와 (나)를 화학 결합 모형으로 나타낸 것이다.

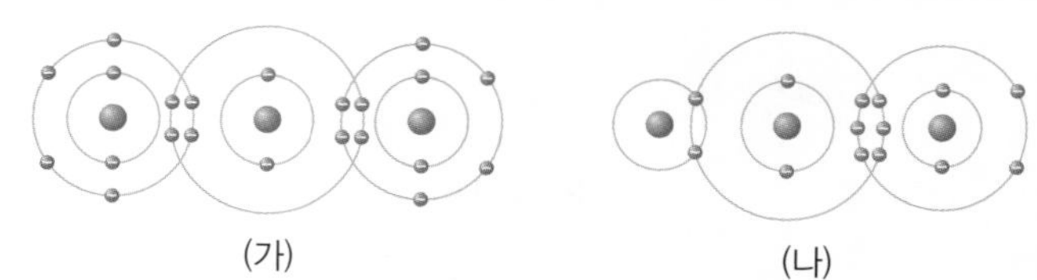

이에 대한 설명으로 옳은 것만을 〈보기〉에서 있는 대로 고른 것은?

> 보기
> ㄱ. (가)의 구성 원자는 모두 네온의 전자 배치를 갖는다.
> ㄴ. (나)에는 3중 결합이 존재한다.
> ㄷ. (가)와 (나)에는 모두 극성 공유 결합이 존재한다.

① ㄱ ② ㄷ ③ ㄱ, ㄴ
④ ㄴ, ㄷ ⑤ ㄱ, ㄴ, ㄷ

[8714-0225]
05 표는 원소 A~C로 이루어진 분자 (가)~(다)에 대한 자료이다. A~C는 각각 H, O, Cl 중 하나이다.

분자	(가)	(나)	(다)
구성 원소	A, C	B, C	C
구성 원자 수	3	2	2
총 전자 수	10	x	2

이에 대한 설명으로 옳은 것만을 〈보기〉에서 있는 대로 고른 것은?

보기
ㄱ. $x=18$이다.
ㄴ. (가)에서 A는 부분적인 양전하를 띤다.
ㄷ. 공유된 전자쌍 수는 (가)가 (다)보다 크다.

① ㄴ ② ㄷ ③ ㄱ, ㄴ
④ ㄱ, ㄷ ⑤ ㄱ, ㄴ, ㄷ

[8714-0226]
06 그림은 원자 A~C의 전자 배치 모형을 나타낸 것이고, 표는 물질 (가)~(다)에 대한 자료이다.

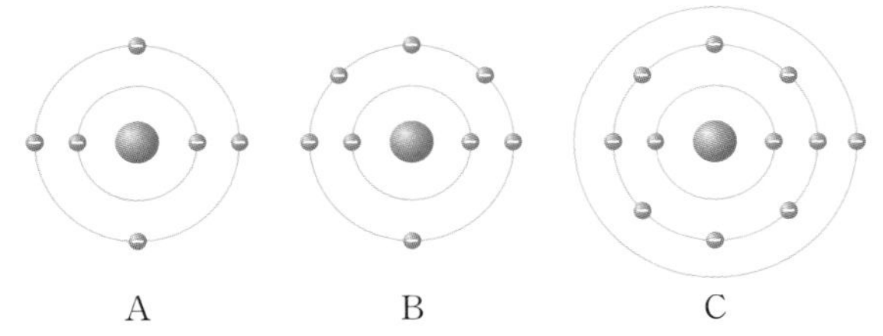

물질	(가)	(나)	(다)
구성 원소	A, B	B, C	B
구성 원자 수	3	3	2
원자 수의 비	A, B	B, C	

이에 대한 설명으로 옳은 것만을 〈보기〉에서 있는 대로 고른 것은? (단, A~C는 임의의 원소 기호이다.)

보기
ㄱ. (가)와 (다)에는 모두 2중 결합이 존재한다.
ㄴ. (나)와 (다)는 화학 결합의 종류가 같다.
ㄷ. 녹는점은 (나)가 (다)보다 높다.

① ㄱ ② ㄴ ③ ㄱ, ㄷ
④ ㄴ, ㄷ ⑤ ㄱ, ㄴ, ㄷ

[8714-0227]
07 그림은 주기율표의 일부를 나타낸 것이다.

주기＼족	1	2	13	14	15	16	17	18
1	A							
2				B		C	D	
3	E							

이에 대한 설명으로 옳은 것만을 〈보기〉에서 있는 대로 고른 것은? (단, A~E는 임의의 원소 기호이다.)

보기
ㄱ. 화합물 AD와 ED는 화학 결합의 종류가 같다.
ㄴ. 화합물 BC_2와 BD_4에서 공유된 전자쌍 수는 같다.
ㄷ. 화합물 CD_2에서 C는 부분적인 음전하를 띤다.

① ㄴ ② ㄷ ③ ㄱ, ㄴ
④ ㄱ, ㄷ ⑤ ㄱ, ㄴ, ㄷ

[8714-0228]
08 그림은 고체 상태의 물질 M에 전압을 걸어줄 때의 변화를 모형으로 나타낸 것이다.

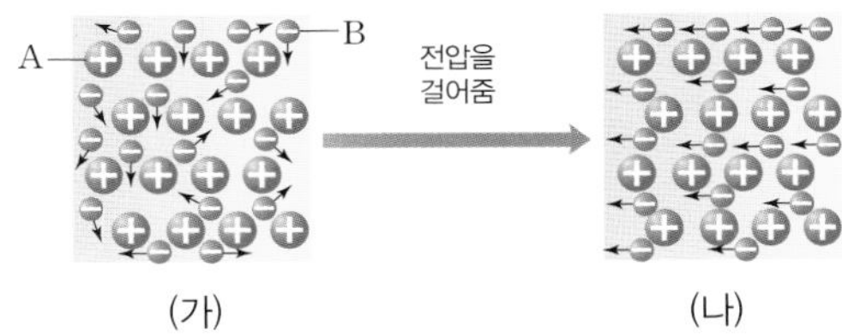

이에 대한 설명으로 옳은 것만을 〈보기〉에서 있는 대로 고른 것은?

보기
ㄱ. A는 금속 양이온이다.
ㄴ. (나)에서 B는 (+)극 쪽으로 이동한다.
ㄷ. (나)에서 A는 (−)극 쪽으로 이동한다.

① ㄱ ② ㄷ ③ ㄱ, ㄴ
④ ㄴ, ㄷ ⑤ ㄱ, ㄴ, ㄷ

[8714-0229]

09 그림은 원자 A~C가 각각 결합하여 화합물 (가)와 (나)를 생성한 것을 나타낸 것이다. (가)와 (나)의 화학식은 각각 A_2B, CB이다.

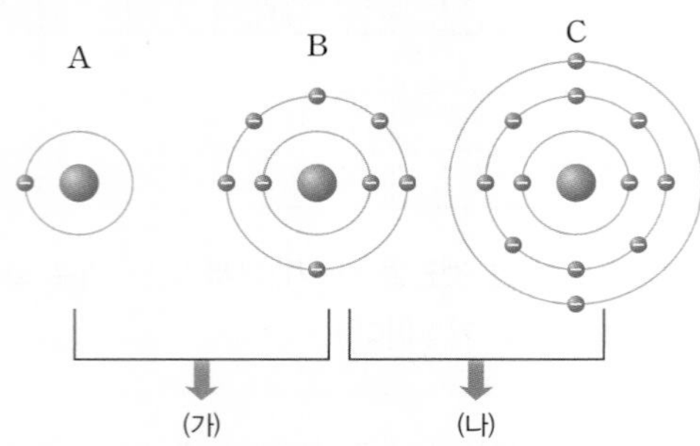

이에 대한 설명으로 옳은 것만을 〈보기〉에서 있는 대로 고른 것은? (단, A~C는 임의의 원소 기호이다.)

보기

ㄱ. (가)는 액체 상태에서 전기 전도성이 있다.
ㄴ. (나)가 생성될 때 전자는 B에서 C로 이동한다.
ㄷ. (나)에서 B와 C는 모두 옥텟 규칙을 만족한다.

① ㄱ ② ㄷ ③ ㄱ, ㄴ
④ ㄴ, ㄷ ⑤ ㄱ, ㄴ, ㄷ

[8714-0230]

10 그림은 3가지 물질의 구조를 모형으로 나타낸 것이다. A와 B는 3주기 원소이다.

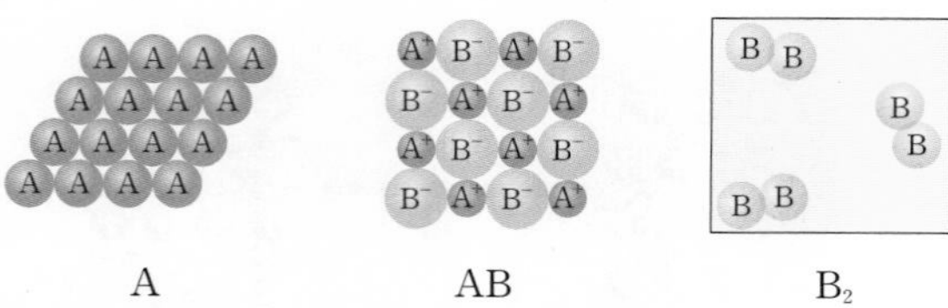

이에 대한 설명으로 옳은 것만을 〈보기〉에서 있는 대로 고른 것은? (단, A, B는 임의의 원소 기호이다.)

보기

ㄱ. 원자 반지름은 A가 B보다 크다.
ㄴ. 녹는점은 AB가 B_2보다 높다.
ㄷ. B_2에는 단일 결합이 존재한다.

① ㄱ ② ㄷ ③ ㄱ, ㄴ
④ ㄴ, ㄷ ⑤ ㄱ, ㄴ, ㄷ

[8714-0231]

11 그림은 3가지 물질을 분류 기준에 따라 분류한 것이다.

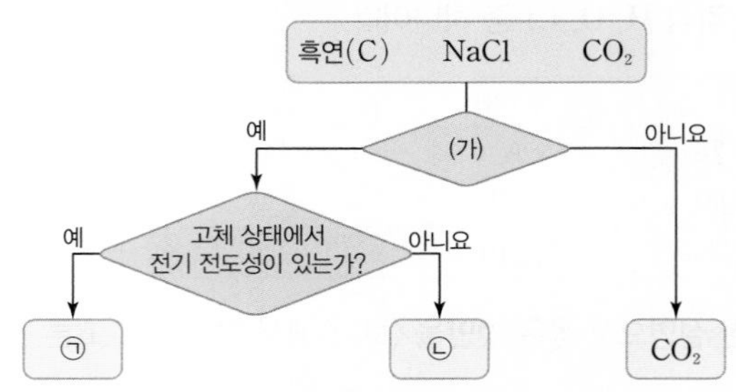

이에 대한 설명으로 옳은 것만을 〈보기〉에서 있는 대로 고른 것은?

보기

ㄱ. (가)에는 '이온 결합 물질인가?'가 적절하다.
ㄴ. ㉠은 공유 결합 물질이다.
ㄷ. ㉠과 ㉡은 모두 1기압, 실온에서 고체 상태이다.

① ㄱ ② ㄴ ③ ㄱ, ㄷ
④ ㄴ, ㄷ ⑤ ㄱ, ㄴ, ㄷ

[8714-0232]

12 그림은 몇 가지 원소의 전기 음성도를 주기에 따라 나타낸 것이다. A~D는 1족, 15족, 17족 원소 중 하나에 속하며, 같은 선으로 연결한 원소는 같은 족이다.

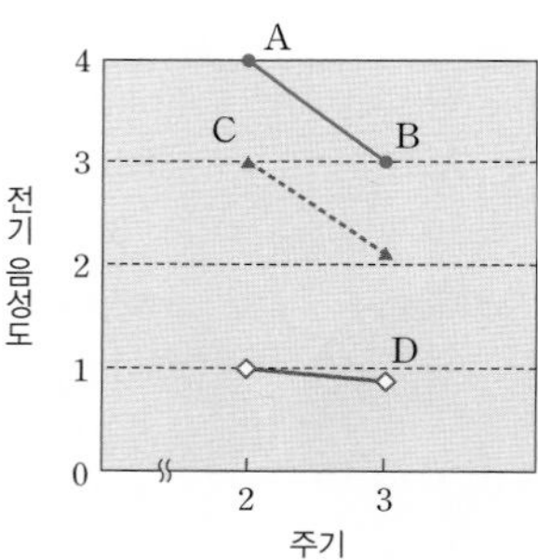

이에 대한 설명으로 옳은 것만을 〈보기〉에서 있는 대로 고른 것은? (단, A~D는 임의의 원소 기호이다.)

보기

ㄱ. CB_3는 공유 결합 물질이다.
ㄴ. 녹는점은 DA가 CA_3보다 높다.
ㄷ. 원자가 전자 수는 C가 B보다 크다.

① ㄱ ② ㄷ ③ ㄱ, ㄴ
④ ㄴ, ㄷ ⑤ ㄱ, ㄴ, ㄷ

[8714-0233]
13 그림은 3가지 물질 (가)~(다)의 모형을 나타낸 것이다.

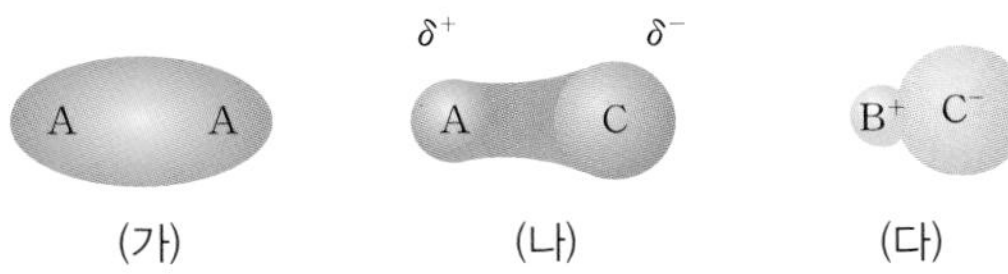

이에 대한 설명으로 옳은 것만을 〈보기〉에서 있는 대로 고른 것은? (단, A~C는 임의의 원소 기호이다.)

보기
ㄱ. 전기 음성도는 A가 B보다 크다.
ㄴ. (가)와 (나)는 모두 공유 결합 물질이다.
ㄷ. 쌍극자 모멘트는 (나)가 (가)보다 크다.

① ㄱ ② ㄷ ③ ㄱ, ㄴ
④ ㄴ, ㄷ ⑤ ㄱ, ㄴ, ㄷ

[8714-0234]
14 그림은 원소 A~C로 이루어진 분자 (가)와 (나)에서 결합의 쌍극자 모멘트를 나타낸 것이다. A~C는 각각 H, C, O 중 하나이다.

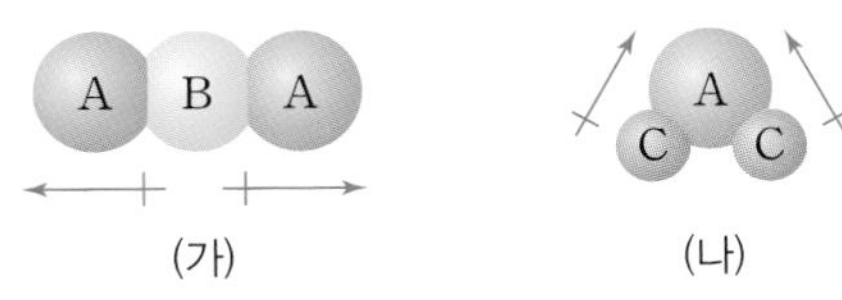

이에 대한 설명으로 옳은 것만을 〈보기〉에서 있는 대로 고른 것은?

보기
ㄱ. (가)는 무극성 공유 결합으로 이루어진 분자이다.
ㄴ. A~C 중 전기 음성도는 A가 가장 크다.
ㄷ. (가)와 (나)에서 부분적인 음전하를 띠는 원자는 같다.

① ㄱ ② ㄴ ③ ㄷ
④ ㄱ, ㄴ ⑤ ㄴ, ㄷ

[8714-0235]
15 그림은 원자 A와 B가 결합하여 화합물 AB_2가 생성되는 과정을 모형으로 나타낸 것이다.

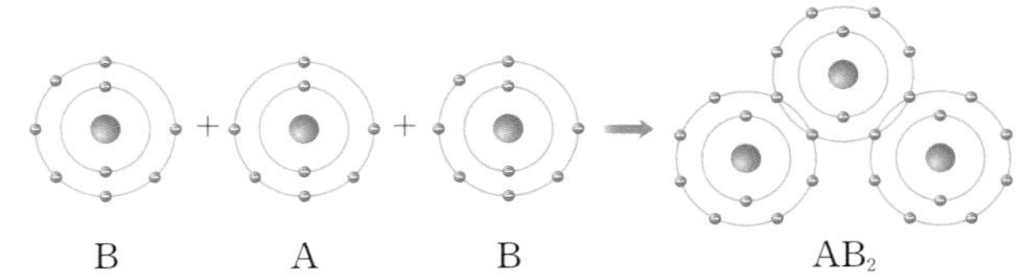

AB_2에 대한 설명으로 옳은 것만을 〈보기〉에서 있는 대로 고른 것은? (단, A, B는 임의의 원소 기호이다.)

보기
ㄱ. A는 부분적인 음전하를 띤다.
ㄴ. A와 B는 모두 옥텟 규칙을 만족한다.
ㄷ. 액체 상태에서 전기 전도성이 있다.

① ㄴ ② ㄷ ③ ㄱ, ㄴ
④ ㄱ, ㄷ ⑤ ㄱ, ㄴ, ㄷ

[8714-0236]
16 표는 바닥상태 원자 A~D의 전자 배치를 나타낸 것이다.

원자	전자 배치
A	$1s^2\ 2s^2\ 2p^2$
B	$1s^2\ 2s^2\ 2p^4$
C	$1s^2\ 2s^2\ 2p^5$
D	$1s^2\ 2s^2\ 2p^6\ 3s^1$

이에 대한 설명으로 옳은 것만을 〈보기〉에서 있는 대로 고른 것은? (단, A~D는 임의의 원소 기호이다.)

보기
ㄱ. 녹는점은 화합물 AC_4가 DC보다 높다.
ㄴ. 화합물 DC는 액체 상태에서 전기 전도성이 있다.
ㄷ. 화합물 BC_2에서 B는 부분적인 양전하를 띤다.

① ㄱ ② ㄷ ③ ㄱ, ㄴ
④ ㄴ, ㄷ ⑤ ㄱ, ㄴ, ㄷ

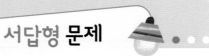

정답과 해설 30쪽

[8714-0237]

01 그림은 수소 분자(H_2)가 생성되는 과정에서의 핵 간 거리에 따른 에너지를 나타낸 것이다.

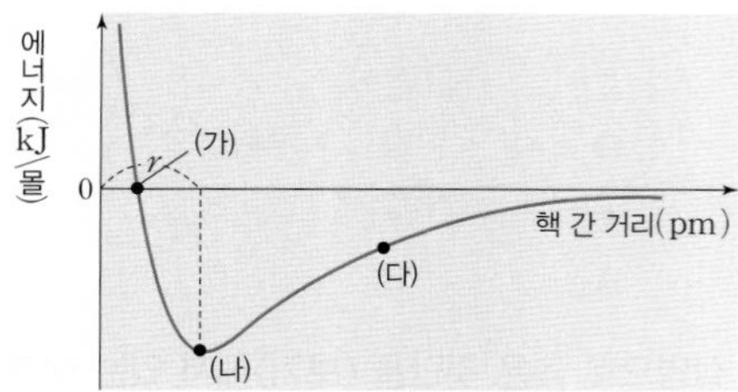

(1) (가)~(다) 중 공유 결합이 형성되는 지점을 쓰시오.

(2) 수소 원자의 공유 결합 반지름을 쓰시오.

[8714-0238]

02 그림은 2주기 원소 X~Z로 이루어진 분자 (가)와 (나)의 화학 결합 모형을 나타낸 것이다. 분자식이 (가)는 XY_2이고, (나)는 YZ_2이다. (단, X~Z는 임의의 원소 기호이다.)

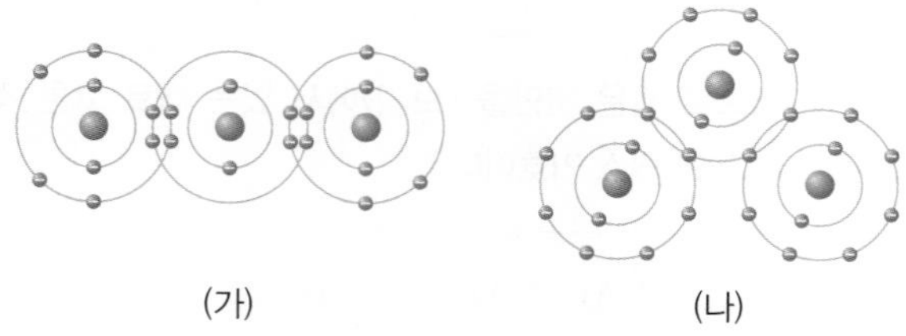

(가) (나)

(1) X~Z의 전기 음성도를 부등호로 비교하시오.

(2) (가)와 (나)에서 부분적인 음전하를 띠는 원자를 각각 쓰시오.

(3) (가)와 (나)에서 공유된 전자쌍 수를 각각 쓰시오.

[8714-0239]

03 그림은 3주기 원소로 이루어진 물질 (가)와 (나)의 결합 모형을 나타낸 것이다. (가)와 (나)의 화학식은 각각 AB, A이다. (단, A, B는 임의의 원소 기호이다.)

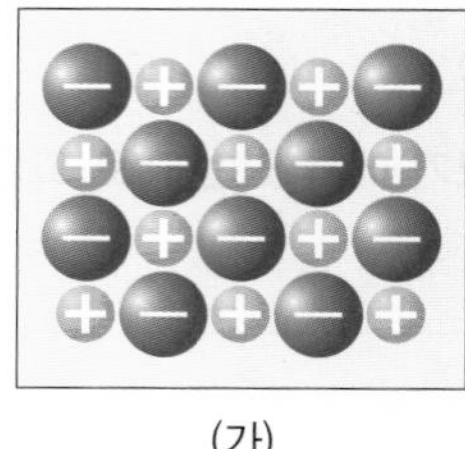

(가)

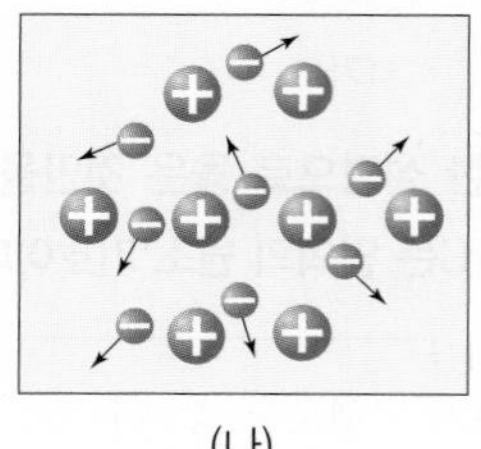

(나)

(1) (가)와 (나)의 화학 결합의 종류를 각각 쓰시오.

(2) (가)와 (나)에서 (−)전하를 띠는 입자가 각각 무엇인지 쓰시오.

(3) 고체 상태에서 (가)와 (나)의 전기 전도성 여부를 그 까닭과 함께 서술하시오.

(4) (가)와 (나) 중 외부에서 충격을 가할 때 쉽게 부스러지는 물질을 쓰고, 그 까닭을 서술하시오.

[8714-0240]

04 표는 2주기 원소 X, Y와 수소(H)로 이루어진 3가지 분자 (가)~(다)에 포함된 공유 결합의 종류를 나타낸 것이다. (가)~(다)에서 X, Y는 옥텟 규칙을 만족하고, X, Y는 임의의 원소 기호이다.

분자	(가)	(나)	(다)
분자식	X_2	Y_2	HX
공유 결합의 종류	단일 결합	2중 결합	단일 결합

(1) X와 Y의 전기 음성도를 부등호로 비교하시오.

(2) (다)에서 부분적인 양전하를 띠는 원자를 쓰시오.

10 분자의 구조

1 루이스 전자점식

(1) 루이스 전자점식: 원소 기호 주위에 원자가 전자를 점으로 나타낸 식

① 원자의 루이스 전자점식

- 원소 기호 상하좌우에 먼저 1개씩의 점을 찍은 다음, 다섯 번째 전자부터 쌍을 이루도록 배치한다.

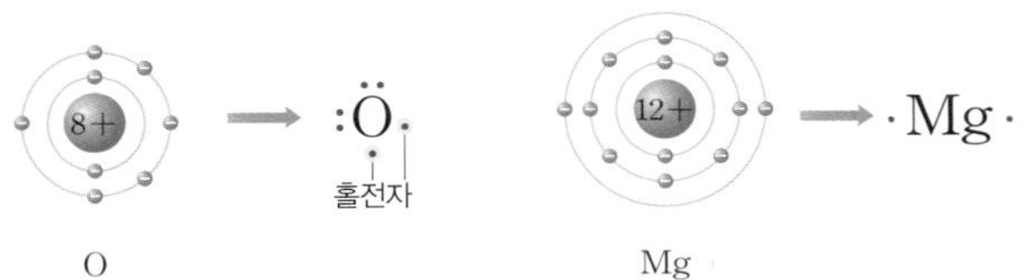

- 홀전자: 각 원자의 원자가 전자 중 쌍을 이루지 않는 전자
- 2, 3주기 원자의 루이스 전자점식

주기 \ 족	1	2	13	14	15	16	17
2	Li·	·Be·	·Ḃ·	·Ċ·	·N·	·O:	·F:
3	Na·	·Mg·	·Ȧl·	·Si·	·P·	·S:	·Cl:

② 분자의 루이스 전자점식

- 공유 결합으로 형성된 분자의 각 원자가 옥텟 규칙을 만족하도록 루이스 전자점식으로 나타낸다.
- 공유 전자쌍: 결합에 참여하는 두 원자가 서로 공유하는 전자쌍(두 원자의 원소 기호 사이에 표시)
- 비공유 전자쌍: 결합에 참여하지 않고 한 원자에만 속해 있는 전자쌍(각 원소 기호 주변에 표시)

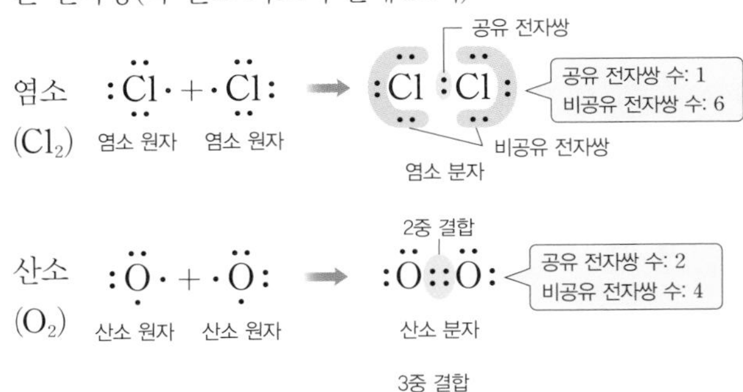

③ 이온의 루이스 전자점식

- 금속 원자: 전자를 잃고 양이온이 되면서 비활성 기체와 같은 전자 배치를 갖는다.

$$Na\cdot \longrightarrow Na^{+} + e^{-}$$

- 비금속 원자: 전자를 얻어 음이온이 되면서 비활성 기체와 같은 전자 배치를 갖는다.

$$:\ddot{Cl}\cdot + e^{-} \longrightarrow :\ddot{Cl}:^{-}$$

- 양이온과 음이온이 결합하여 이온 결합 물질을 형성한다.

$$Na\cdot + :\ddot{Cl}\cdot \longrightarrow [Na]^{+}[:\ddot{Cl}:]^{-}$$

- 다원자 이온의 루이스 전자점식

$[:\ddot{O}:H]^{-}$ 수산화 이온(OH^-)　$[H:\ddot{O}:H / H]^{+}$ 하이드로늄 이온(H_3O^+)　$[H / H:\ddot{N}:H / H]^{+}$ 암모늄 이온(NH_4^+)

(2) 구조식: 공유 전자쌍을 결합선(—)으로 나타낸 식

① 비공유 전자쌍은 생략하기도 한다.

② 단일 결합은 결합선 1개, 2중 결합은 결합선 2개, 3중 결합은 결합선 3개로 나타낸다.

분자	루이스 전자점식	구조식
H_2O	H:Ö:H	H—O—H
NH_3	H:N̈:H H	H—N—H | H
CO_2	:Ö::C::Ö:	O=C=O
CH_4	H H:C:H H	H | H—C—H | H

2 분자 구조

(1) 전자쌍 반발 이론

① 전자쌍 반발 이론: 중심 원자를 둘러싸고 있는 전자쌍들은 모두 음전하를 띠고 있어 서로 반발하여 가능한 멀리 떨어져 있으려고 한다는 이론

핵심 개념 체크

정답과 해설 31쪽

1. 루이스 전자점식은 원소 기호 주위에 (　　　)을/를 점으로 나타낸 식이다.

2. 산소(O_2) 분자에는 공유 전자쌍이 (　　　)개, 비공유 전자쌍이 (　　　)개 있다.

3. 공유 결합으로 이루어진 분자에서 결합에 참여하지 않고 한 원자에만 속하는 전자쌍을 (　　　)(이)라고 한다.

4. 다음 설명 중 옳은 것은 ○표, 옳지 않은 것은 ×표 하시오.

(1) CO_2에는 2중 결합이 존재한다. (　　)

(2) N 원자를 루이스 전자점식으로 나타내면 홀전자 수가 3이다. (　　)

(3) 플루오린(F)이 전자를 얻어 안정한 음이온이 되면 아르곤(Ar)과 같은 전자 배치를 갖게 된다. (　　)

② 전자쌍 반발 이론에 따른 전자쌍의 배치: 중심 원자 주위의 전자쌍 수에 따라 전자쌍의 배치가 달라진다.

중심 원자 주위의 전자쌍 수	2	3	4
전자쌍의 배치와 결합각	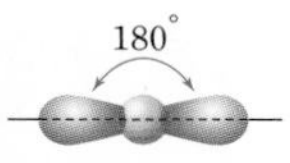 180°	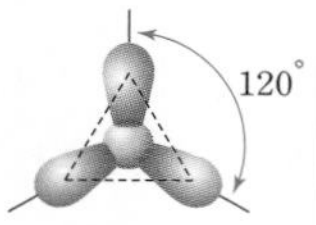 120°	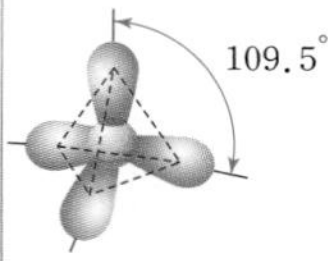 109.5°
분자 구조	선형	평면 삼각형	정사면체

③ 전자쌍 사이의 반발력 크기: 비공유 전자쌍은 공유 전자쌍에 비해 중심 원자에 더 가까이 있고, 핵 주위에서 더 큰 공간을 차지하므로 반발력이 크다. ➡ 비공유 전자쌍 사이의 반발력이 공유 전자쌍 사이의 반발력보다 크다.

비공유 전자쌍 사이의 반발력 > 공유 전자쌍과 비공유 전자쌍 사이의 반발력 > 공유 전자쌍 사이의 반발력

(2) 분자의 구조

① 2원자 분자: 항상 선형 구조를 갖는다.

분자식	H_2	HF	O_2	N_2
루이스 전자점식	H : H	H : F̤̈ :	:Ö::Ö:	:N⋮⋮N:
분자 모형	H—H	H—F	O=O	N≡N

② 중심 원자가 공유 전자쌍만 갖는 분자: 중심 원자 주위의 공유 전자쌍 수에 따라 분자 구조가 달라진다.

분자식	BeF_2	BCl_3	CH_4
공유 전자쌍 수	2	3	4
루이스 전자점식	:F̤̈ : Be : F̤̈:	:C̈l: / :C̤̈l : B : C̤̈l:	H / H : C̤̈ : H / H
분자 모형과 결합각	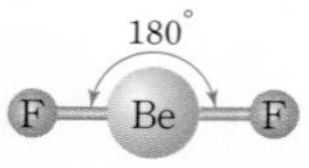 180°	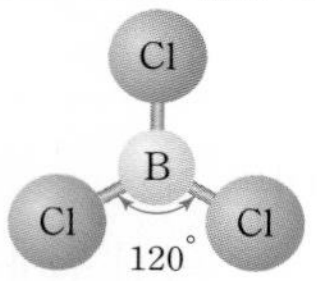 120°	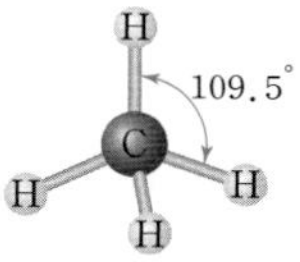 109.5°
분자 구조	선형	평면 삼각형	정사면체

③ 중심 원자가 비공유 전자쌍을 갖는 분자: 중심 원자에 결합한 원자 수와 비공유 전자쌍 수에 따라 분자 구조가 달라진다.

분자식	NH_3	H_2O
중심 원자에 결합한 원자 수	3	2
비공유 전자쌍 수	1	2
루이스 전자점식	비공유 전자쌍 / H : N̤̈ : H / H	비공유 전자쌍 / :Ö : H / H
분자 모형	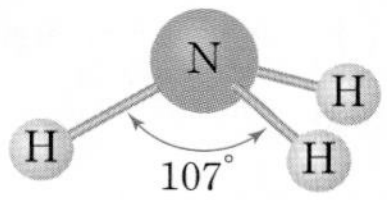 107°	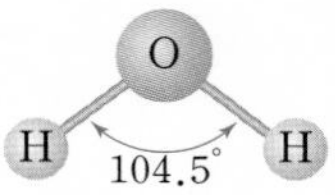 104.5°
분자 구조	삼각뿔	굽은 형

④ 2주기 원소 화합물의 분자 구조

분자식	BeF_2	BCl_3	CH_4	NH_3	H_2O
중심 원자의 전자쌍 수	2	3	4	4	4
공유 전자쌍 수	2	3	4	3	2
비공유 전자쌍 수	0	0	0	1	2
분자 모형	 180°	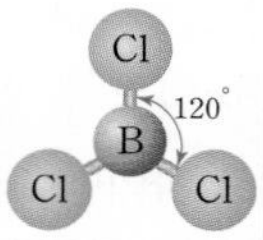 120°	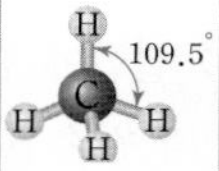 109.5°	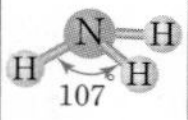 107°	 104.5°
분자 구조	선형	평면 삼각형	정사면체	삼각뿔	굽은 형

⑤ 탄소 원자 수가 2인 탄화수소의 분자 구조

에테인(C_2H_6)	에텐(C_2H_4)	에타인(C_2H_2)
H–C–C–H (약 109.5°)	H₂C=CH₂ (약 120°)	H–C≡C–H (180°)
단일 결합	2중 결합	3중 결합
• 분자 구조: 사면체(입체 구조) • 결합각: 약 109.5°	• 분자 구조: 평면 삼각형(평면 구조) • 결합각: 약 120°	• 분자 구조: 선형(평면 구조) • 결합각: 180°

핵심 개념 체크 정답과 해설 31쪽

5. 다음 설명 중 옳은 것은 ○표, 옳지 않은 것은 ×표 하시오.

(1) 3원자 분자는 항상 굽은 형 구조를 갖는다. ( )

(2) 공유 전자쌍 사이의 반발력은 비공유 전자쌍 사이의 반발력보다 크다. ( )

(3) 삼염화 붕소(BCl_3)의 결합각이 메테인(CH_4)의 결합각보다 크다. ( )

(4) 2주기 원소의 수소 화합물에서 중심 원자가 비공유 전자쌍을 갖는 분자는 모두 입체 구조이다. ( )

6. 다음 표의 빈칸을 알맞게 채우시오.

분자식	BeF_2	BCl_3	CH_4	NH_3	H_2O
결합각					
분자 구조					

출제 예상 문제

정답과 해설 31쪽

[8714-0241]

01 다음은 2주기 원자 X~Z의 루이스 전자점식이다.

·Ẋ·　　·Ÿ·　　:Z·

이에 대한 설명으로 옳은 것만을 〈보기〉에서 있는 대로 고른 것은? (단, X~Z는 임의의 원소 기호이다.)

보기
ㄱ. XZ_4는 입체 구조이다.
ㄴ. 공유 전자쌍 수는 Y_2가 Z_2보다 크다.
ㄷ. XY_2는 공유 전자쌍 수와 비공유 전자쌍 수가 같다.

① ㄱ　② ㄷ　③ ㄱ, ㄴ
④ ㄴ, ㄷ　⑤ ㄱ, ㄴ, ㄷ

[02~03] 다음은 2주기 원소 A~D로 이루어진 분자 (가)와 (나)의 루이스 전자점식이다. (단, A~D는 임의의 원소 기호이다.)

:B::A::B:　　　:D:C:D: / :D:

(가)　　(나)

[8714-0242]

02 (가)와 (나)에 대한 설명으로 옳은 것만을 〈보기〉에서 있는 대로 고른 것은?

보기
ㄱ. (가)의 결합각은 180°이다.
ㄴ. (나)의 분자 구조는 평면 삼각형이다.
ㄷ. (나)에서 D는 부분적인 음전하를 띤다.

① ㄴ　② ㄷ　③ ㄱ, ㄴ
④ ㄱ, ㄷ　⑤ ㄱ, ㄴ, ㄷ

[8714-0243]

03 A~D에 대한 설명으로 옳은 것만을 〈보기〉에서 있는 대로 고른 것은?

보기
ㄱ. 원자가 전자 수는 C가 B보다 크다.
ㄴ. 전기 음성도는 D가 가장 크다.
ㄷ. 원자 반지름은 A가 가장 크다.

① ㄱ　② ㄴ　③ ㄷ
④ ㄱ, ㄴ　⑤ ㄴ, ㄷ

[8714-0244]

04 다음은 분자 (가), (다)와 이온 (나)의 루이스 전자점식이다. (가)~(다)는 각각 물(H_2O), 하이드로늄 이온(H_3O^+), 암모니아(NH_3)이다.

H:Ö:H (가)　　[H:Ö:H / H]$^+$ (나)　　H:N̈:H / H (다)

(가)~(다)에 대한 설명으로 옳은 것만을 〈보기〉에서 있는 대로 고른 것은?

보기
ㄱ. 결합각은 (다)가 (가)보다 크다.
ㄴ. 평면 구조는 2가지이다.
ㄷ. 중심 원자는 모두 옥텟 규칙을 만족한다.

① ㄴ　② ㄷ　③ ㄱ, ㄴ
④ ㄱ, ㄷ　⑤ ㄱ, ㄴ, ㄷ

[8714-0245]

05 그림은 2주기 원소 X~Z의 수소 화합물인 (가)~(다)의 분자 구조를 모형으로 나타낸 것이다.

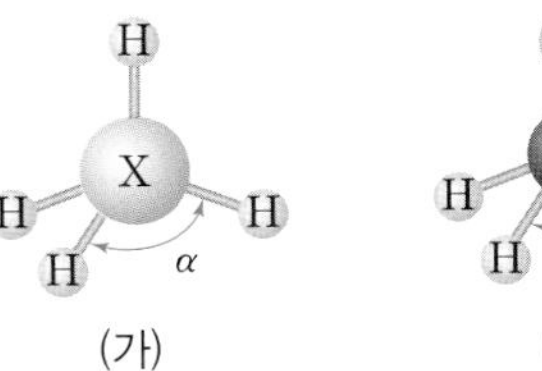

(가)

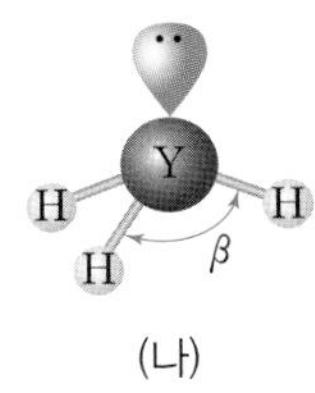

(나)

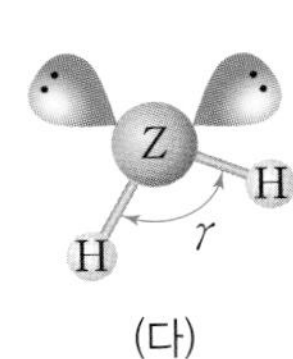

(다)

이에 대한 설명으로 옳은 것만을 〈보기〉에서 있는 대로 고른 것은? (단, X~Z는 임의의 원소 기호이다.)

보기
ㄱ. $\alpha > \beta > \gamma$이다.
ㄴ. XZ_2에는 극성 공유 결합이 존재한다.
ㄷ. 원자가 전자 수는 Z가 Y보다 크다.

① ㄴ　② ㄷ　③ ㄱ, ㄴ
④ ㄱ, ㄷ　⑤ ㄱ, ㄴ, ㄷ

[8714-0246]

06 그림은 4가지 분자를 주어진 기준에 따라 분류한 것이다.

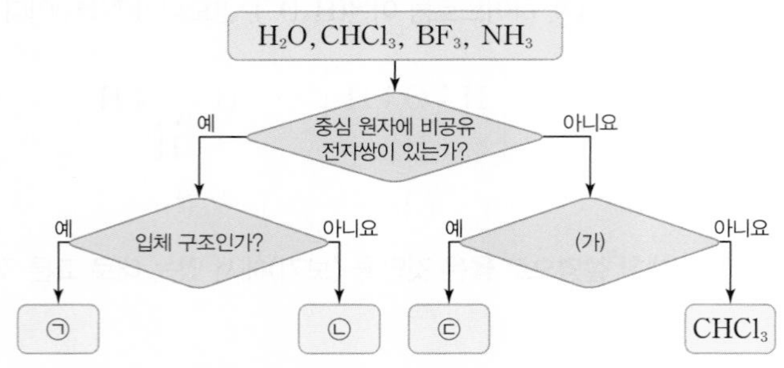

이에 대한 설명으로 옳은 것만을 <보기>에서 있는 대로 고른 것은?

보기
ㄱ. 결합각은 ㉠이 ㉡보다 크다. ㄴ. ㉢에서 중심 원자는 부분적인 음전하를 띤다. ㄷ. (가)에는 '모든 원자가 동일 평면에 존재하는가?'를 적용할 수 있다.

① ㄱ ② ㄴ ③ ㄱ, ㄷ
④ ㄴ, ㄷ ⑤ ㄱ, ㄴ, ㄷ

[8714-0247]

07 그림은 2주기 원소 X~Z로 이루어진 화합물 (가)와 (나)의 구조식을 나타낸 것이다. 원자가 전자 수는 Y > X이고, 분자에서 X~Z는 옥텟 규칙을 만족한다.

(가): Z가 X에 4개 결합 (Z−X(−Z)(−Z)−Z), 결합각 α
(나): Z−Y(−Z)−Z, 결합각 β

이에 대한 설명으로 옳은 것만을 <보기>에서 있는 대로 고른 것은? (단, X~Z는 임의의 원소 기호이다.)

보기
ㄱ. $\alpha > \beta$이다. ㄴ. (가)의 분자 구조는 정사면체이다. ㄷ. 비공유 전자쌍 수는 (나)가 (가)보다 크다.

① ㄱ ② ㄷ ③ ㄱ, ㄴ
④ ㄴ, ㄷ ⑤ ㄱ, ㄴ, ㄷ

[8714-0248]

08 그림은 메틸하이드록실 아민(CH_3ONH_2)의 구조식을 나타낸 것이다. 분자에서 C, O, N는 옥텟 규칙을 만족하며, 다중 결합은 표시하지 않았다.

H−C(H)(H)−O−N(H)−H (α: H−C−H 결합각, β: H−N−H 결합각)

이에 대한 설명으로 옳은 것만을 <보기>에서 있는 대로 고른 것은?

보기
ㄱ. $\alpha > \beta$이다. ㄴ. 비공유 전자쌍 수는 3이다. ㄷ. 다중 결합이 존재한다.

① ㄱ ② ㄷ ③ ㄱ, ㄴ
④ ㄴ, ㄷ ⑤ ㄱ, ㄴ, ㄷ

[8714-0249]

09 표는 2주기 원소의 수소 화합물 (가)~(다)에서 중심 원자 주위의 전자쌍 수를 나타낸 것이다. (가)~(다)에서 중심 원자는 모두 옥텟 규칙을 만족한다.

수소 화합물	(가)	(나)	(다)
비공유 전자쌍 수	2	1	0
공유 전자쌍 수	2	3	4

이에 대한 설명으로 옳은 것만을 <보기>에서 있는 대로 고른 것은?

보기
ㄱ. 중심 원자의 원자가 전자 수는 (나)가 (가)보다 크다. ㄴ. 중심 원자의 전기 음성도는 (나)가 (다)보다 크다. ㄷ. (나)에서 모든 원자는 동일 평면에 존재한다.

① ㄴ ② ㄷ ③ ㄱ, ㄴ
④ ㄱ, ㄷ ⑤ ㄱ, ㄴ, ㄷ

[8714-0250]

10 그림은 2주기 원소 X, Y와 수소(H)로 이루어진 분자 (가)와 (나)의 구조식을 나타낸 것이다. X와 Y는 각각 14족, 15족 원소 중 하나이며, 분자에서 옥텟 규칙을 만족한다.

(가): H−X(−H)=X(−H)−H, 결합각 α
(나): H−Y(−H)−Y(−H)−H, 결합각 β

이에 대한 설명으로 옳은 것만을 <보기>에서 있는 대로 고른 것은? (단, X, Y는 임의의 원소 기호이다.)

보기
ㄱ. $\alpha > \beta$이다. ㄴ. 비공유 전자쌍 수는 (나)가 (가)보다 크다. ㄷ. X의 원자가 전자 수는 5이다.

① ㄱ ② ㄷ ③ ㄱ, ㄴ
④ ㄴ, ㄷ ⑤ ㄱ, ㄴ, ㄷ

[8714-0251]
11 다음의 4가지 분자를 중심 원자의 비공유 전자쌍 수와 분자 구조에 따라 표와 같이 ㉠~㉣로 분류하였다.

H_2O CH_4 CO_2 NH_3

		중심 원자의 비공유 전자쌍 수		
		0	1	2
분자 구조	선형	㉠	–	–
	굽은 형	–	–	㉡
	(가)	㉢	–	–
	(나)	–	㉣	–

이에 대한 설명으로 옳은 것만을 〈보기〉에서 있는 대로 고른 것은?

보기
ㄱ. (가)는 '삼각뿔'이다.
ㄴ. $\frac{\text{공유 전자쌍 수}}{\text{비공유 전자쌍 수}}$는 ㉠과 ㉡이 같다.
ㄷ. 결합각은 ㉢이 ㉣보다 크다.

① ㄱ ② ㄷ ③ ㄱ, ㄴ
④ ㄴ, ㄷ ⑤ ㄱ, ㄴ, ㄷ

[8714-0252]
12 그림은 3가지 분자 (가)~(다)의 구조식을 나타낸 것이다.

$$\begin{array}{ccc} \mathrm{H-\underset{\underset{O}{\|}}{C}-H} & \mathrm{H-\underset{\underset{H}{|}}{O}} & \mathrm{Cl-\underset{\underset{Cl}{|}}{B}-Cl} \\ (가) & (나) & (다) \end{array}$$

(가)~(다)에 대한 설명으로 옳은 것만을 〈보기〉에서 있는 대로 고른 것은?

보기
ㄱ. 비공유 전자쌍 수는 (가)와 (나)가 같다.
ㄴ. 결합각은 (다)가 (나)보다 크다.
ㄷ. 모든 원자가 동일 평면에 존재하는 분자는 2가지이다.

① ㄱ ② ㄷ ③ ㄱ, ㄴ
④ ㄴ, ㄷ ⑤ ㄱ, ㄴ, ㄷ

[8714-0253]
13 그림은 2가지 분자 (가)와 (나)의 구조식을 나타낸 것이다. (가)와 (나)에서 C, N, O는 옥텟 규칙을 만족하며, 다중 결합은 표시하지 않았다.

$$\begin{array}{cc} \mathrm{H-N-N-H} & \mathrm{H-\underset{\underset{H}{|}}{C}-\overset{\overset{H}{|}}{C}-\underset{\underset{O}{|}}{C}-H} \\ (가) & (나) \end{array}$$

(나)에서 점선으로 표시된 C–C 결합은 ㉠, C–O 결합은 ㉡이다.

이에 대한 설명으로 옳은 것만을 〈보기〉에서 있는 대로 고른 것은?

보기
ㄱ. 비공유 전자쌍 수는 (가)가 (나)보다 크다.
ㄴ. (나)에서 ㉠과 ㉡은 모두 2중 결합이다.
ㄷ. (가)에서 구성 원자는 모두 일직선상에 배치된다.

① ㄴ ② ㄷ ③ ㄱ, ㄴ
④ ㄱ, ㄷ ⑤ ㄱ, ㄴ, ㄷ

[8714-0254]
14 표는 5가지 분자를 분류한 자료이다.

분자식	HCN CH_4 CO_2 NH_3 C_2H_2
분류	• 3중 결합을 가진 분자는 x가지이다.
	• 분자 구조가 입체 구조인 분자는 y가지이다.
	• 비공유 전자쌍 수가 1인 분자는 z가지이다.

$x+y+z$의 값은?

① 4 ② 5 ③ 6
④ 7 ⑤ 8

[8714-0255]
15 표는 2주기 원소의 수소 화합물 (가)~(다)에 있는 전자쌍 수를 나타낸 것이다. ㉠과 ㉡은 각각 공유 전자쌍과 비공유 전자쌍 중 하나이고, (가)~(다)에서 중심 원자는 모두 옥텟 규칙을 만족한다.

수소 화합물		(가)	(나)	(다)
전자쌍 수	㉠	2	3	4
	㉡	2	1	0

이에 대한 설명으로 옳은 것만을 〈보기〉에서 있는 대로 고른 것은?

보기
ㄱ. ㉠은 비공유 전자쌍이다.
ㄴ. 결합각은 (가)가 (다)보다 크다.
ㄷ. (나)는 입체 구조이다.

① ㄱ ② ㄷ ③ ㄱ, ㄴ
④ ㄴ, ㄷ ⑤ ㄱ, ㄴ, ㄷ

서답형 문제

정답과 해설 32쪽

[8714-0256]
01 그림은 분자 (가)와 (나)의 구조식을 나타낸 것이다.

(가) H–C(–H)(–H)–H, 결합각 α (나) H–N(–H)–H, 결합각 β

(1) α와 β의 크기를 비교하고, 그 까닭을 전자쌍 사이의 반발력 크기를 이용하여 서술하시오.

(2) (가)와 (나)의 분자 구조를 각각 쓰시오.

[02~03] 표는 4가지 분자를 중심 원자의 비공유 전자쌍 수와 분자 구조에 따라 (가)~(라)로 분류한 것이다.

H_2O CH_2Cl_2 CO_2 NH_3

		중심 원자의 비공유 전자쌍 수		
		0	1	2
분자 구조	평면 구조	(가)	없음	(나)
	입체 구조	(다)	(라)	없음

[8714-0257]
02 (가)~(라)에 해당하는 물질의 분자식을 각각 쓰시오.

[8714-0258]
03 (가)~(라) 중 결합각이 가장 큰 분자의 분자식과 결합각을 쓰시오.

[8714-0259]
04 다음은 2주기 원소 X~Z의 루이스 전자점식이다. (단, X~Z는 임의의 원소 기호이다.)

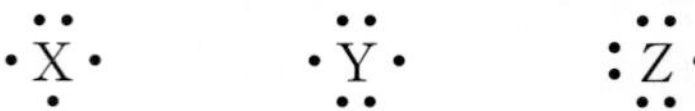

(1) XZ_3와 YZ_2의 분자 구조를 각각 쓰시오.

(2) X_2Z_4에서 공유 전자쌍 수와 비공유 전자쌍 수를 각각 쓰시오.

[8714-0260]
05 다음의 5가지 분자에 대하여 물음에 답하시오.

HCN CO_2 CH_4 NH_3 CH_2Cl_2

(1) 공유 전자쌍 수가 4인 분자를 모두 고르시오.

(2) 입체 구조인 분자를 모두 고르시오.

(3) 분자 구조가 선형인 분자를 모두 고르시오.

[8714-0261]
06 그림은 분자 (가)의 구조식을 나타낸 것이다. 다중 결합과 비공유 전자쌍은 나타내지 않았고, (가)에서 2주기 원소는 모두 옥텟 규칙을 만족한다.

H–C(H)(H)–C(O)–C(H)(H)–H, 결합각 α, β

(가)

(가)에 다중 결합과 비공유 전자쌍을 모두 표시한 후, α와 β의 크기를 비교하고 그 까닭을 서술하시오.

11 분자의 구조와 성질

1 분자의 구조와 극성

(1) 극성 분자: 분자 내에 전하가 고르게 분포되어 있지 않아 부분적인 양전하와 부분적인 음전하를 띠는 분자

➡ 분자의 쌍극자 모멘트가 0이 아닌 분자

① 2원자 분자: 전기 음성도가 다른 원자들이 공유 결합한 2원자 분자는 극성 공유 결합을 하므로 극성 분자이다.

예 HF, HCl 등

[플루오린화 수소(HF)]
- 극성 공유 결합을 한다.
- 쌍극자 모멘트가 0이 아니다.

➡ HF는 극성 분자이다.

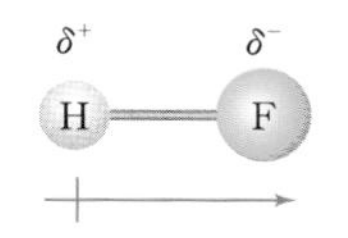

② 3개 이상의 원자가 결합한 다원자 분자: 한 분자 내에서 결합의 쌍극자 모멘트가 상쇄되지 않아 분자의 쌍극자 모멘트가 0이 되지 않으면 극성 분자이다.

➡ 분자 구조가 대칭을 이루지 않는다.

예 H_2O, NH_3, $CHCl_3$, CH_3Cl, HCN, H_2S, NF_3 등

분자	물(H_2O)	암모니아(NH_3)	클로로폼($CHCl_3$)
분자 모형			
분자 구조	굽은 형	삼각뿔	사면체
결합의 극성	O−H 극성 공유 결합	N−H 극성 공유 결합	C−H, C−Cl 극성 공유 결합
대칭 여부	비대칭	비대칭	비대칭
쌍극자 모멘트 합	0이 아님	0이 아님	0이 아님
분자의 극성	극성 분자	극성 분자	극성 분자

(2) 무극성 분자: 분자 내에 전하가 고르게 분포되어 있어 분자의 쌍극자 모멘트가 0이 되는 분자

➡ 극성 공유 결합을 이룬 분자라도 결합의 쌍극자 모멘트의 합이 0인 분자는 무극성 분자이다.

① 2원자 분자: 같은 원소로 이루어진 2원자 분자는 무극성 공유 결합을 하며 무극성 분자이다.

예 H_2, O_2, N_2, Cl_2 등

[염소(Cl_2)]
- 무극성 공유 결합을 한다.
- 쌍극자 모멘트가 0이다.

➡ Cl_2는 무극성 분자이다.

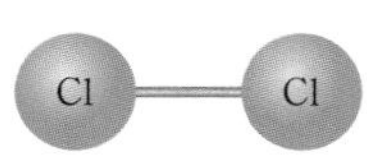

② 3개 이상의 원자가 결합한 다원자 분자: 한 분자 내에서 결합의 쌍극자 모멘트가 상쇄되어 분자의 쌍극자 모멘트가 0이 되면 무극성 분자이다.

➡ 분자 구조가 대칭을 이룬다.

예 BeF_2, BCl_3, CH_4, CO_2, CF_4 등

분자	삼염화 붕소(BCl_3)	메테인(CH_4)	이산화 탄소(CO_2)
분자 모형			
분자 구조	평면 삼각형	정사면체	선형
결합의 극성	B−Cl 극성 공유 결합	C−H 극성 공유 결합	C=O 극성 공유 결합
대칭 여부	대칭	대칭	대칭
쌍극자 모멘트 합	0	0	0
분자의 극성	무극성 분자	무극성 분자	무극성 분자

핵심 개념 체크

정답과 해설 33쪽

1. 다음 설명 중 옳은 것은 ○표, 옳지 않은 것은 ×표 하시오.

(1) 2원자 분자는 항상 극성 분자이다. ( )

(2) 무극성 분자는 분자의 쌍극자 모멘트가 0이 아니다. ( )

(3) 같은 원소로 이루어진 2원자 분자의 쌍극자 모멘트는 0이다. ( )

(4) 무극성 분자의 구성 원자는 항상 무극성 공유 결합을 한다. ( )

2. H_2S의 분자 구조는 (선형 , 굽은 형)이며 (극성 , 무극성) 분자이다.

3. BCl_3의 분자 구조는 (평면 삼각형 , 삼각뿔)이며 (극성 , 무극성) 분자이다.

4. 다음 분자들의 분자의 극성을 옳게 연결하시오.

(1) NH_3 •
(2) CH_4 •
(3) CO_2 •

• ㉠ 극성 분자
• ㉡ 무극성 분자

2 분자의 극성에 따른 성질

(1) 용해성

① 극성 물질은 극성 용매에 잘 용해되고, 무극성 물질은 무극성 용매에 잘 용해된다.

② 극성이 큰 용매인 물에는 에탄올(C_2H_5OH)과 같은 극성 물질이 잘 섞이고, 염화 나트륨($NaCl$)과 같은 이온 결합 물질이 잘 용해된다.

③ 무극성 물질인 아이오딘(I_2)은 극성 용매인 물에는 잘 용해되지 않지만, 무극성 용매인 사염화 탄소(CCl_4)에는 잘 용해된다.

용매	물(H_2O)	사염화 탄소(CCl_4)
용매의 성질	극성	무극성
잘 용해되는 물질	극성 분자, 이온 결합 물질 예 HCl, NH_3, $NaCl$, $CuSO_4$ 등	무극성 분자 예 Br_2, I_2, C_6H_6(벤젠) 등

④ 물질의 용해성 실험

[실험 과정]

(가) 시험관에 물과 사염화 탄소를 넣고 흔든 뒤 변화를 관찰한다.

(나) (가)의 시험관에 아이오딘(I_2)을 조금씩 넣고 흔들어 녹인다.

(다) (나)의 시험관에 황산 구리(Ⅱ)($CuSO_4$)를 조금씩 넣고 흔들어 녹인다.

[실험 결과]

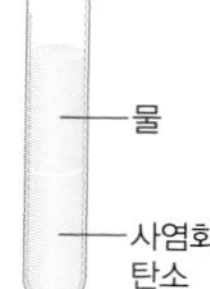

- (가)에서 두 용액이 섞이지 않고 물은 위층에, 사염화 탄소는 아래층에 위치한다.
  ➡ 극성 물질인 물과 무극성 물질인 사염화 탄소가 잘 섞이지 않고, 사염화 탄소의 밀도가 물보다 크기 때문이다.
- (나)에서 사염화 탄소 층은 보라색을 나타낸다.
  ➡ 무극성 물질인 아이오딘이 무극성 용매인 사염화 탄소에 녹았기 때문이다.
- (다)에서 물 층은 푸른색을 나타낸다.
  ➡ 이온 결합 물질인 황산 구리(Ⅱ)가 극성 용매인 물에 녹았기 때문이다.

(2) 끓는점: 분자량이 비슷한 경우 극성 분자 사이의 인력이 무극성 분자 사이의 인력보다 크므로, 극성 분자는 무극성 분자보다 끓는점이 높다.

극성 분자			무극성 분자		
분자식	분자량	끓는점(℃)	분자식	분자량	끓는점(℃)
NH_3	17	−33	CH_4	16	−161
H_2S	34	−61	O_2	32	−183

➡ NH_3와 CH_4은 분자량은 비슷하지만 극성 분자인 NH_3가 무극성 분자인 CH_4보다 분자 사이의 인력이 크므로, 끓는점은 NH_3가 CH_4보다 높다.

(3) 전기적 성질

① (+)전하나 (−)전하로 대전된 물체를 가까이하면 극성 분자는 대전체에 끌린다. ➡ 극성 분자 내에는 부분적인 양전하(δ^+)와 부분적인 음전하(δ^-)가 존재하기 때문

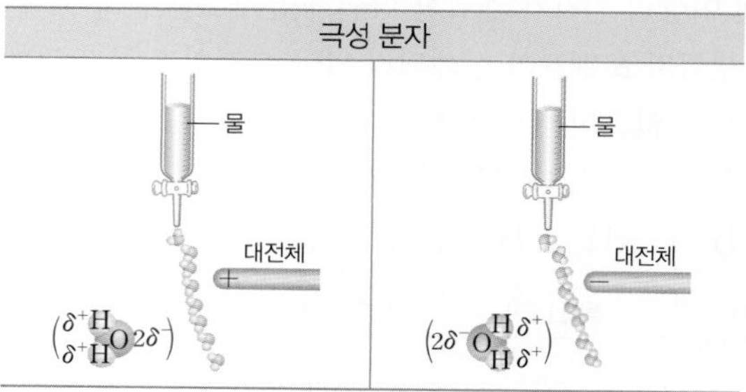

② 전기장에서 극성 분자와 무극성 분자의 배열: 기체 상태의 극성 분자를 전기장 속에 넣어 주면, 극성 분자의 부분적인 양전하(δ^+)를 띠는 부분은 전기장의 (−)극 쪽으로 배열되고, 부분적인 음전하(δ^-)를 띠는 부분은 전기장의 (+)극 쪽으로 배열되지만, 무극성 분자는 무질서하게 배열된다.

극성 분자	무극성 분자
(−)극 δ^+H Fδ^- … (+)극	(−)극 HH … (+)극

정답과 해설 33쪽

5. 극성 물질은 (극성 , 무극성) 용매에 잘 용해되고, 무극성 물질은 (극성 , 무극성) 용매에 잘 용해된다.

6. 다음 5가지 물질 중 물에 잘 용해되는 물질을 모두 고르시오.

HCl Cl_2 $NaCl$ NH_3 CCl_4

7. 기체 상태의 (극성 , 무극성) 분자를 전기장 속에 넣어 주면 무질서하게 배열된다.

8. (I_2 , $CuSO_4$)은/는 물보다 헥세인에 더 잘 녹는다.

9. 두 물질의 끓는점을 부등호로 비교하시오. (단, 괄호 안의 숫자는 분자량이다.)

(1) NH_3(17) ( ) CH_4(16)

(2) PH_3(34) ( ) SiH_4(32)

(3) O_2(32) ( ) H_2S(34)

출제 예상 문제

정답과 해설 33쪽

[8714-0262]

01 그림은 3가지 분자를 주어진 기준에 따라 분류한 것이다.

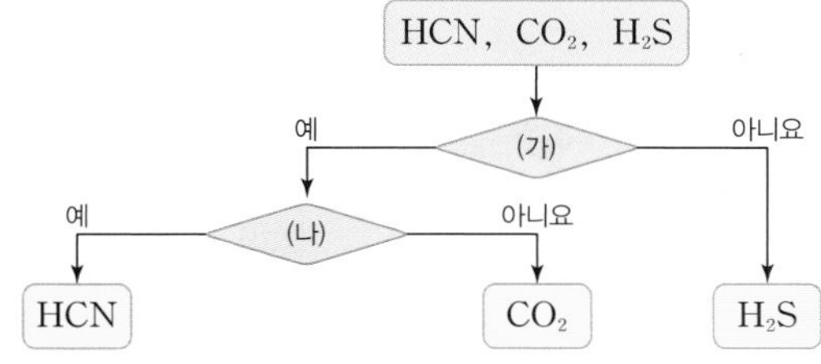

(가)와 (나)에 들어갈 적절한 분류 기준을 〈보기〉에서 골라 옳게 짝지은 것은?

> 보기
> ㄱ. 극성 분자인가?
> ㄴ. 분자 구조가 선형인가?
> ㄷ. 입체 구조인가?

	(가)	(나)
①	ㄱ	ㄴ
②	ㄱ	ㄷ
③	ㄴ	ㄱ
④	ㄴ	ㄷ
⑤	ㄷ	ㄱ

[8714-0263]

02 표는 원소 X~Z로 이루어진 분자 (가)와 (나)에 대한 자료이다. (가)와 (나)에서 X와 Y는 옥텟 규칙을 만족하며, X~Z는 각각 H, C, O 중 하나이다.

분자	구성 원자 수	구성 원소	구성 원자의 루이스 전자점식
(가)	3	X, Y	·Ẋ· (X 위아래 점 포함) :Ÿ·
(나)	3	Y, Z	:Ÿ· Z·

이에 대한 설명으로 옳은 것만을 〈보기〉에서 있는 대로 고른 것은?

> 보기
> ㄱ. (가)는 무극성 분자이다.
> ㄴ. 결합각은 (가)가 (나)보다 크다.
> ㄷ. (나) 분자의 쌍극자 모멘트는 0이다.

① ㄴ ② ㄷ ③ ㄱ, ㄴ
④ ㄱ, ㄷ ⑤ ㄱ, ㄴ, ㄷ

[8714-0264]

03 다음은 2가지 분자 (가)와 (나)의 루이스 전자점식이다.

:Ö::C::Ö: (가)　　H:C⋮⋮N: (나)

이에 대한 설명으로 옳은 것만을 〈보기〉에서 있는 대로 고른 것은?

> 보기
> ㄱ. 물에 대한 용해도는 (나)가 (가)보다 크다.
> ㄴ. 분자의 쌍극자 모멘트는 (가)가 (나)보다 크다.
> ㄷ. (가)와 (나)의 분자 구조는 모두 선형이다.

① ㄴ ② ㄷ ③ ㄱ, ㄴ
④ ㄱ, ㄷ ⑤ ㄱ, ㄴ, ㄷ

[8714-0265]

04 그림은 2주기 원소 W~Z로 이루어진 분자 (가)~(다)의 구조식을 나타낸 것이다. (가)~(다)의 모든 원자는 옥텟 규칙을 만족한다.

(가) W=X=W

(나) Y−X−Y (X 위아래에 각각 Y가 결합)

(다) Y−Z−Y (Z 위에 Y가 결합)

(가)~(다)에 대한 설명으로 옳은 것만을 〈보기〉에서 있는 대로 고른 것은? (단, W~Z는 임의의 원소 기호이다.)

> 보기
> ㄱ. 극성 분자는 2가지이다.
> ㄴ. 물에 대한 용해도는 (다)가 가장 크다.
> ㄷ. 모두 극성 공유 결합을 갖는다.

① ㄱ ② ㄷ ③ ㄱ, ㄴ
④ ㄴ, ㄷ ⑤ ㄱ, ㄴ, ㄷ

[8714-0266]

05 표는 3가지 분자 (가)~(다)에 대한 자료이다.

분자	분자식	분자량	끓는점(℃)
(가)	O_2	32	㉠
(나)	CH_3OH	32	㉡
(다)	H_2S	34	−61

이에 대한 설명으로 옳은 것만을 〈보기〉에서 있는 대로 고른 것은?

> 보기
> ㄱ. ㉠>㉡이다.
> ㄴ. 물에 대한 용해도는 (다)가 (가)보다 크다.
> ㄷ. 분자의 쌍극자 모멘트는 (나)가 (가)보다 크다.

① ㄱ ② ㄷ ③ ㄱ, ㄴ
④ ㄴ, ㄷ ⑤ ㄱ, ㄴ, ㄷ

[8714-0267]
06 그림은 2주기 원소로 이루어진 분자 (가)와 (나)의 루이스 구조식을 나타낸 것이다. (가)와 (나)에서 구성 원자는 모두 ◯로 표시하였고, 옥텟 규칙을 만족한다.

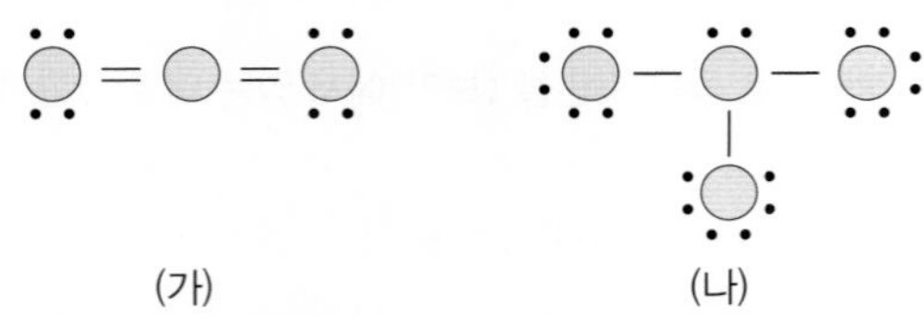

(가) (나)

이에 대한 설명으로 옳은 것만을 〈보기〉에서 있는 대로 고른 것은?

보기
ㄱ. 분자의 쌍극자 모멘트는 (나)가 (가)보다 크다.
ㄴ. 물에 대한 용해도는 (나)가 (가)보다 크다.
ㄷ. 결합각은 (가)가 (나)보다 크다.

① ㄱ ② ㄷ ③ ㄱ, ㄴ
④ ㄴ, ㄷ ⑤ ㄱ, ㄴ, ㄷ

[8714-0268]
07 그림은 기체 상태의 분자 (가)와 (나)를 전기장 속에 각각 넣었을 때 분자의 배열 모습을 나타낸 것이다. (가)와 (나)는 각각 CO_2와 HCl 중 하나이다.

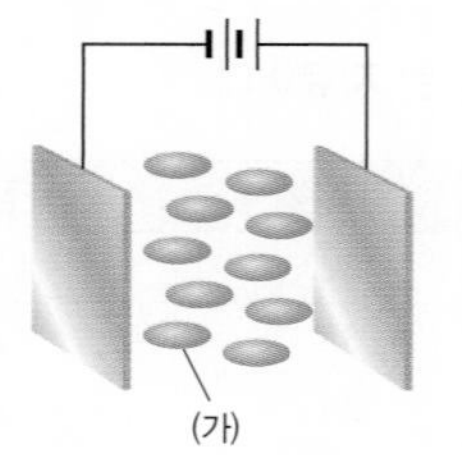

(가)

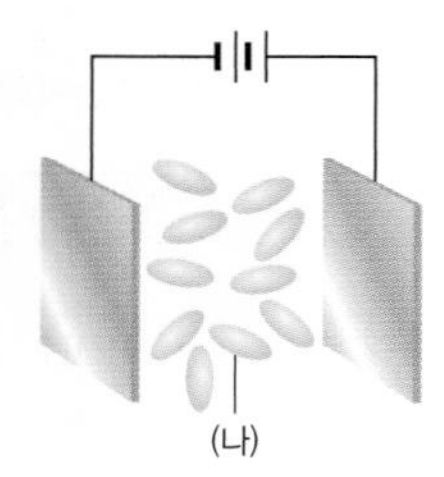

(나)

이에 대한 설명으로 옳은 것만을 〈보기〉에서 있는 대로 고른 것은?

보기
ㄱ. 비공유 전자쌍 수는 (가)가 (나)보다 크다.
ㄴ. 물에 대한 용해도는 (나)가 (가)보다 크다.
ㄷ. 분자의 쌍극자 모멘트는 (가)가 (나)보다 크다.

① ㄱ ② ㄷ ③ ㄱ, ㄴ
④ ㄴ, ㄷ ⑤ ㄱ, ㄴ, ㄷ

[8714-0269]
08 그림은 3가지 분자 (가)~(다)를 모형으로 나타낸 것이다.

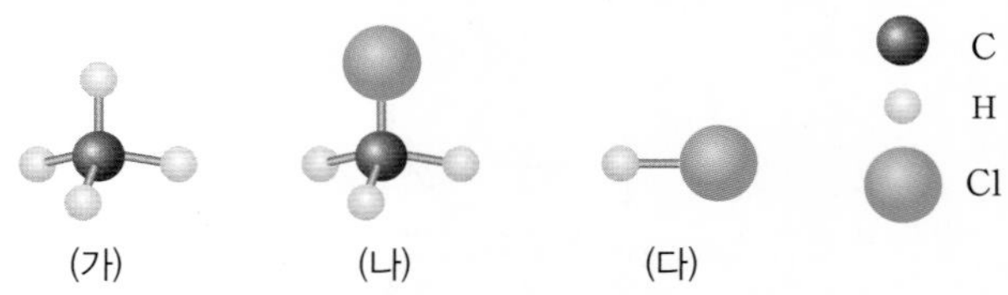

(가)~(다)에 대한 설명으로 옳은 것만을 〈보기〉에서 있는 대로 고른 것은?

보기
ㄱ. 극성 분자는 2가지이다.
ㄴ. 물에 대한 용해도는 (다)가 (가)보다 크다.
ㄷ. 무극성 공유 결합을 가진 분자는 1가지이다.

① ㄱ ② ㄷ ③ ㄱ, ㄴ
④ ㄴ, ㄷ ⑤ ㄱ, ㄴ, ㄷ

[8714-0270]
09 그림은 물을 가늘게 흘린 후 (−)전하를 띤 대전체를 가까이 가져갔을 때의 모습을 나타낸 것이다.

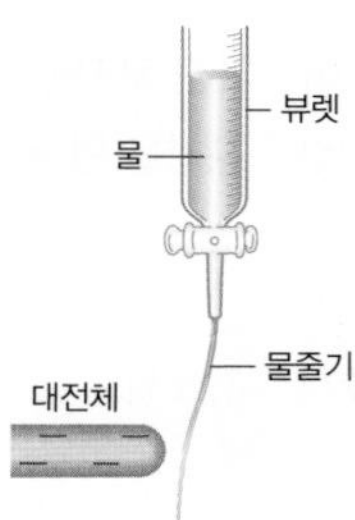

이에 대한 설명으로 옳은 것만을 〈보기〉에서 있는 대로 고른 것은?

보기
ㄱ. 물 분자에서 (−)전하를 띤 대전체 쪽으로 배열되는 원자는 수소이다.
ㄴ. 물 분자의 쌍극자 모멘트는 0이다.
ㄷ. (+)전하를 띤 대전체를 물줄기에 가까이 가져가면 물줄기는 끌려오지 않는다.

① ㄱ ② ㄷ ③ ㄱ, ㄴ
④ ㄴ, ㄷ ⑤ ㄱ, ㄴ, ㄷ

[8714-0271]
10 그림은 주기율표의 일부를 나타낸 것이다.

주기＼족	1	2	13	14	15	16	17	18
1	A							
2				B	C	D		

이에 대한 설명으로 옳은 것만을 〈보기〉에서 있는 대로 고른 것은? (단, A~D는 임의의 원소 기호이고, A, B, D의 원자량은 각각 1, 12, 16이다.)

보기
ㄱ. A_2D에 대한 용해도는 CA_3가 BA_4보다 크다.
ㄴ. 끓는점은 A_2D가 BA_4보다 높다.
ㄷ. A_2D에서 중심 원자는 부분적인 양전하를 띤다.

① ㄱ ② ㄷ ③ ㄱ, ㄴ
④ ㄴ, ㄷ ⑤ ㄱ, ㄴ, ㄷ

[8714-0272]
11 표는 2주기 원소 X~Z와 염소(Cl)로 이루어진 화합물 (가)~(다)에 대한 자료이다. X~Z는 각각 B, C, N 중 하나이다.

화합물	(가)	(나)	(다)
분자식	XCl_3	YCl_3	ZCl_4
분자의 극성	무극성	㉡	무극성
분자 구조	㉠	삼각뿔	정사면체

이에 대한 설명으로 옳은 것만을 〈보기〉에서 있는 대로 고른 것은?

보기
ㄱ. ㉠은 '평면 삼각형'이다.
ㄴ. ㉡은 '극성'이다.
ㄷ. 전기 음성도는 Y>X>Z이다.

① ㄱ ② ㄷ ③ ㄱ, ㄴ
④ ㄴ, ㄷ ⑤ ㄱ, ㄴ, ㄷ

[8714-0273]
12 그림은 기체 HCl를 전기장에 놓았을 때 HCl 분자가 일정한 방향으로 배열하는 것을 나타낸 것이다.

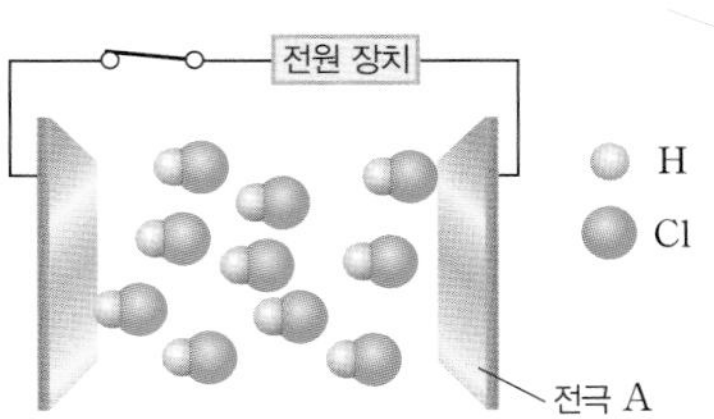

이에 대한 설명으로 옳은 것만을 〈보기〉에서 있는 대로 고른 것은?

보기
ㄱ. 전극 A는 (+)극이다.
ㄴ. HCl의 쌍극자 모멘트는 0이다.
ㄷ. HCl 대신 CO_2를 전기장에 놓았을 때 HCl 분자와 같이 일정한 방향으로 배열한다.

① ㄱ ② ㄷ ③ ㄱ, ㄴ
④ ㄴ, ㄷ ⑤ ㄱ, ㄴ, ㄷ

[8714-0274]
13 표는 2주기 원소의 수소 화합물 (가)~(다)에 대한 자료이다. (가)~(다)에서 중심 원자는 모두 옥텟 규칙을 만족한다.

수소 화합물	(가)	(나)	(다)
비공유 전자쌍 수	0	1	2
공유 전자쌍 수	4	3	2
분자의 쌍극자 모멘트	㉠	0이 아님	0이 아님

이에 대한 설명으로 옳은 것만을 〈보기〉에서 있는 대로 고른 것은?

보기
ㄱ. ㉠은 '0이 아님'이 적절하다.
ㄴ. (다)에 대한 용해도는 (가)가 (나)보다 크다.
ㄷ. (가)~(다) 중 입체 구조는 2가지이다.

① ㄱ ② ㄷ ③ ㄱ, ㄴ
④ ㄴ, ㄷ ⑤ ㄱ, ㄴ, ㄷ

정답과 해설 34쪽

[8714-0275]

01 다음은 물질의 극성과 용해성을 알아보기 위한 실험이다.

[실험 과정]

(가) 시험관 Ⅰ~Ⅳ를 준비하여 Ⅰ과 Ⅱ에는 물(H_2O) 10 mL씩을 넣고, Ⅲ과 Ⅳ에는 사염화 탄소(CCl_4) 10 mL씩을 넣는다.

(나) 시험관 Ⅰ과 Ⅲ에는 염화 구리(Ⅱ)($CuCl_2$) 1 g씩을 넣고, Ⅱ와 Ⅳ에는 아이오딘(I_2) 1 g씩을 넣고 잘 흔든 후, 용해된 정도를 관찰한다.

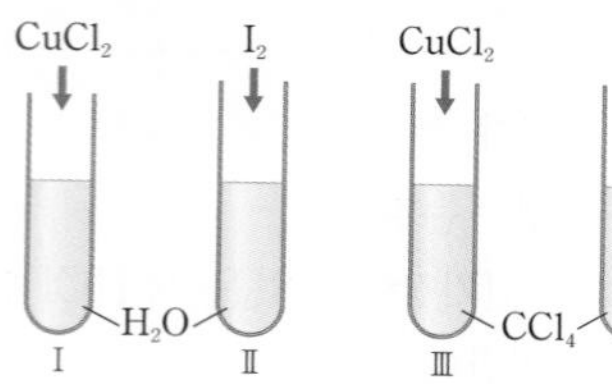

[실험 결과]

• 2개의 시험관에서는 넣어 준 물질이 잘 녹았고, 다른 2개의 시험관에서는 넣어 준 물질이 녹지 않았다.

(나) 과정 후, 시험관 Ⅰ~Ⅳ 중에서 넣어 준 물질이 잘 녹은 시험관을 고르고, 잘 녹은 까닭을 서술하시오.

[8714-0276]

02 표는 원소 X~Z로 이루어진 3원자 분자 (가)와 (나)에 대한 자료이다. X~Z는 각각 H, C, O 중 하나이고, (가)와 (나)에서 X와 Y는 옥텟 규칙을 만족하며, 전기 음성도는 Y > X > Z이다.

분자	구성 원소	분자의 극성
(가)	X, Y	무극성
(나)	Y, Z	

(나) 분자의 극성을 (나)의 분자식과 분자 구조를 사용하여 서술하시오.

[03~04] 그림은 분자 (가)와 (나)를 기체 상태로 전기장 속에 각각 넣었을 때 분자의 배열 상태를 나타낸 것이다.

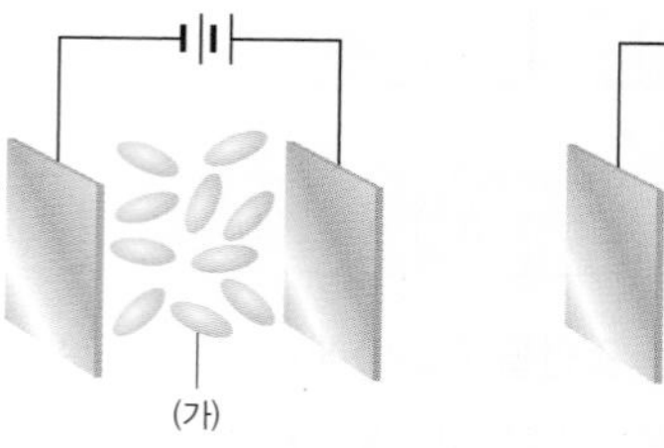
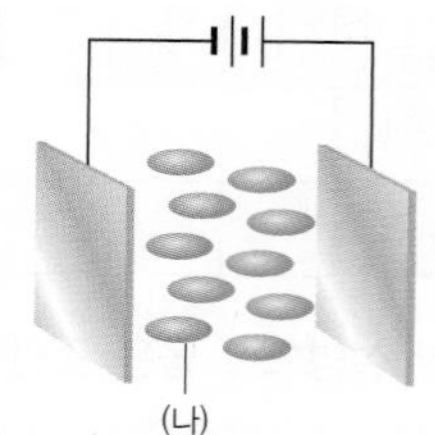

분자 (가)와 (나)의 분자식은 각각 AB_2와 HC 중 하나이고, 결합 모형은 다음과 같다. (단, A~C는 임의의 원소 기호이다.)

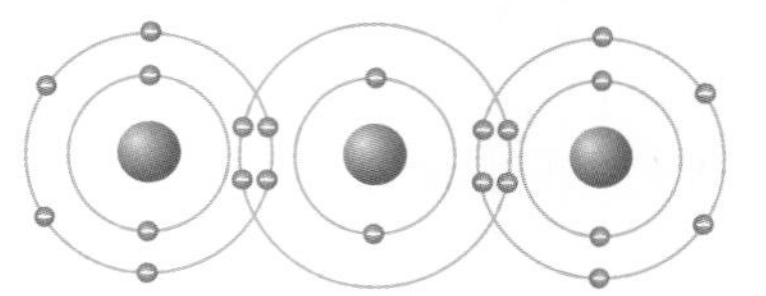
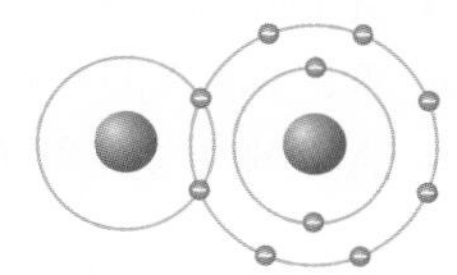

[8714-0277]

03 (가)와 (나)의 실제 분자식을 각각 쓴 후, 물에 대한 용해도를 까닭과 함께 비교하고 서술하시오.

[8714-0278]

04 A~C의 원소 기호를 쓴 후 전기 음성도를 부등호로 비교하시오.

[8714-0279]

05 그림은 원소 A~C로 이루어진 2가지 분자 (가)와 (나)의 분자 모형을 나타낸 것이다. A~C는 각각 H, O, F 중 하나이다.

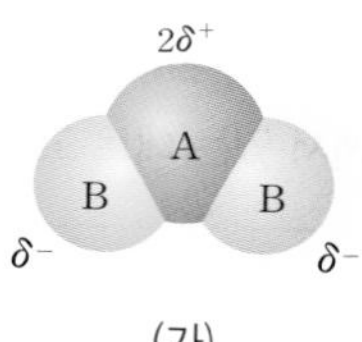

(가)

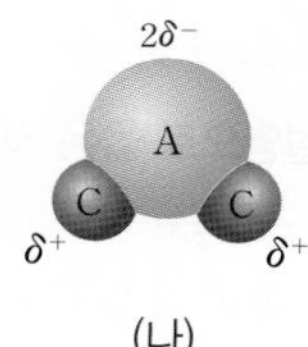

(나)

(1) A~C의 전기 음성도를 비교하시오.

(2) 분자 CB와 A_2의 (나)에 대한 용해도를 까닭과 함께 비교하여 서술하시오.

[01~02] 그림 (가)는 염화 나트륨(NaCl) 용융액을 전기 분해하는 것을, (나)는 황산 나트륨(Na_2SO_4)을 소량 녹인 물에 건전지를 넣어 물을 전기 분해하는 것을 나타낸 것이다. (가)의 전극 A에서는 금속이 석출된다.

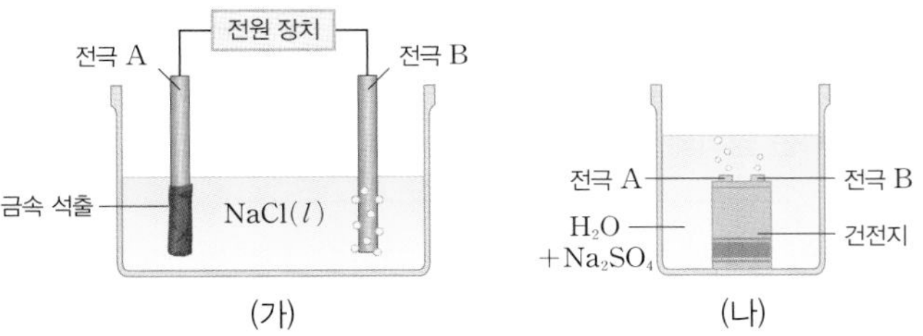

(가) (나)

[8714-0280]

01 (나)의 전극 A와 B에서 생성되는 물질의 화학식으로 옳은 것은?

	전극 A	전극 B		전극 A	전극 B
①	O_2	H_2	②	H_2	Cl_2
③	Cl_2	H_2	④	H_2	O_2
⑤	Cl_2	O_2			

[8714-0281]

02 전기 분해가 일어날 때 (가)와 (나)에서 공통적으로 일어나는 것만을 〈보기〉에서 있는 대로 고른 것은?

보기
ㄱ. 전극 A에서는 산화 반응이 일어난다.
ㄴ. 전극 B에서는 기체가 생성된다.
ㄷ. 각 전극에서 생성되는 물질의 몰비가 A : B=1 : 2이다.

① ㄴ ② ㄷ ③ ㄱ, ㄴ
④ ㄱ, ㄷ ⑤ ㄱ, ㄴ, ㄷ

[8714-0282]

03 그림은 1~3주기 원소 A~C로 이루어진 물질 (가)와 (나)의 화학 결합 모형을 나타낸 것이다. (가)와 (나)의 화학식은 각각 AC, BC이다.

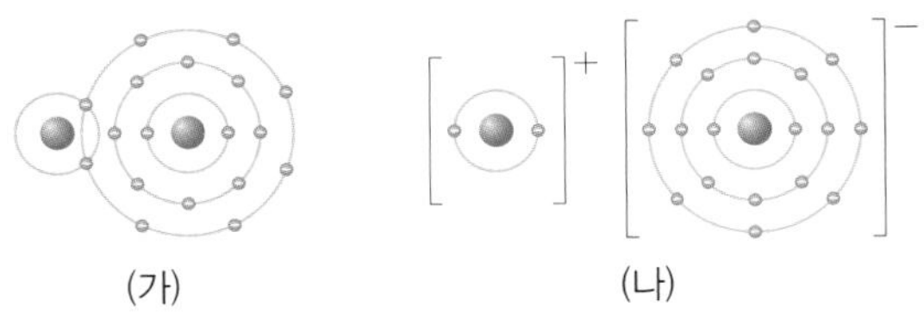
(가) (나)

이에 대한 설명으로 옳은 것만을 〈보기〉에서 있는 대로 고른 것은? (단, A~C는 임의의 원소 기호이다.)

보기
ㄱ. C는 (가)와 (나)에서 모두 옥텟 규칙을 만족한다.
ㄴ. 전기 음성도는 A>B이다.
ㄷ. (나)는 액체 상태에서 전기 전도성이 있다.

① ㄱ ② ㄷ ③ ㄱ, ㄴ
④ ㄴ, ㄷ ⑤ ㄱ, ㄴ, ㄷ

[8714-0283]

04 그림은 이온 결합 물질의 양이온과 음이온 간 거리에 따른 에너지 변화를, 표는 이온 결합 물질 (가)~(다)의 녹는점을 나타낸 것이다. (가)~(다)는 각각 NaCl, NaBr, NaI 중 하나이다.

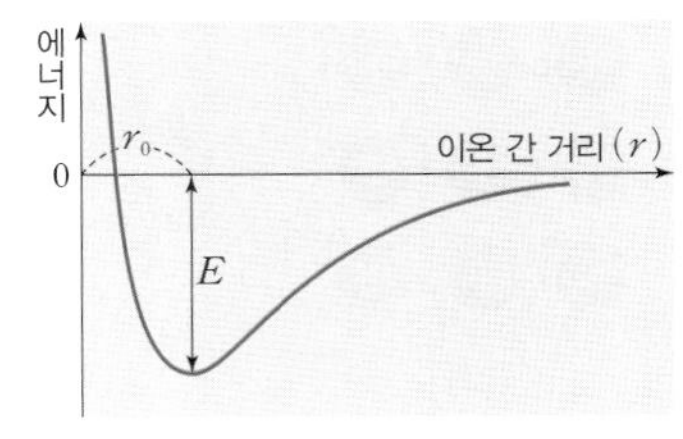

이온 결합 물질	(가)	(나)	(다)
녹는점(℃)	660	747	801

이에 대한 설명으로 옳은 것만을 〈보기〉에서 있는 대로 고른 것은?

보기
ㄱ. r_0는 (가)가 (나)보다 크다.
ㄴ. KBr은 (다)보다 녹는점이 높다.
ㄷ. (다)는 액체 상태에서 전기 전도성이 있다.

① ㄴ ② ㄷ ③ ㄱ, ㄴ
④ ㄱ, ㄷ ⑤ ㄱ, ㄴ, ㄷ

[8714-0284]

05 그림은 고체 상태인 염화 나트륨(NaCl) (가)를 가열하여 녹인 염화 나트륨 용융액 (나)와, 물에 녹인 염화 나트륨 수용액 (다)를 나타낸 것이다.

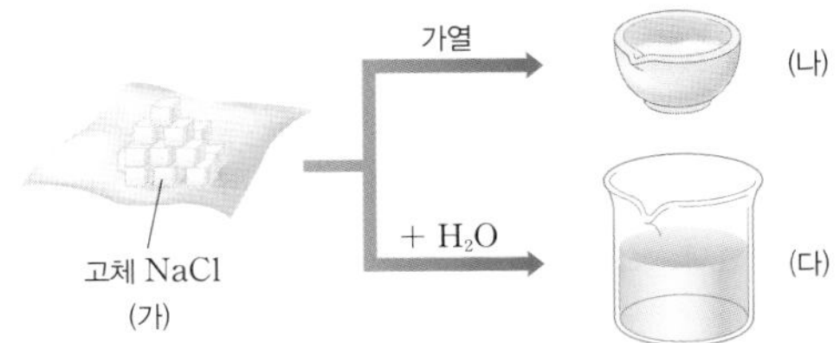

(가)~(다)의 공통점으로 옳은 것만을 〈보기〉에서 있는 대로 고른 것은?

보기
ㄱ. 전기 전도성이 있다.
ㄴ. 양이온과 음이온이 존재한다.
ㄷ. 이온들이 자유롭게 이동할 수 있다.

① ㄴ ② ㄷ ③ ㄱ, ㄴ
④ ㄱ, ㄷ ⑤ ㄱ, ㄴ, ㄷ

[8714-0285]

06 그림은 3주기 원소로 이루어진 2가지 물질 (가)와 (나)의 화학 결합 모형을, 표는 물질 A와 B의 성질을 나타낸 것이다. A와 B는 각각 (가)와 (나) 중 하나이다.

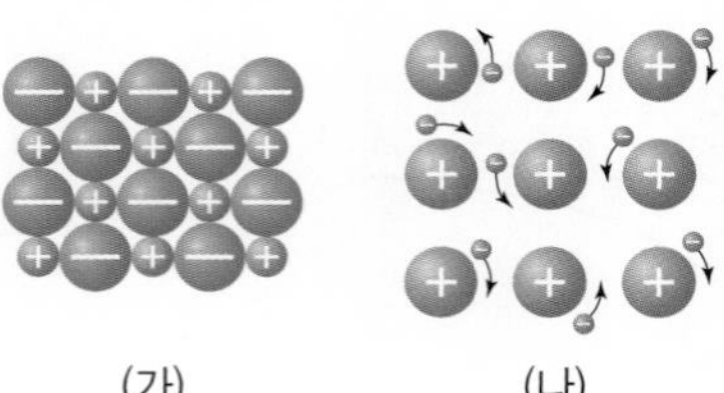

물질	녹는점	전기 전도성	
		고체 상태	액체 상태
A	97	있음	있음
B	801	㉠	있음

이에 대한 설명으로 옳은 것만을 〈보기〉에서 있는 대로 고른 것은?

보기
ㄱ. (가)는 A이다.
ㄴ. ㉠에는 '없음'이 적절하다.
ㄷ. (가)는 힘을 가하면 부스러지기 쉽다.

① ㄱ ② ㄴ ③ ㄷ
④ ㄱ, ㄴ ⑤ ㄴ, ㄷ

[8714-0286]

07 그림은 2, 3주기 원소 X와 Y로 이루어진 이온 결합 화합물 XY의 고체와 액체 상태에서의 결합 모형을 나타낸 것이다. X^+과 Y^-은 전자 수가 같다.

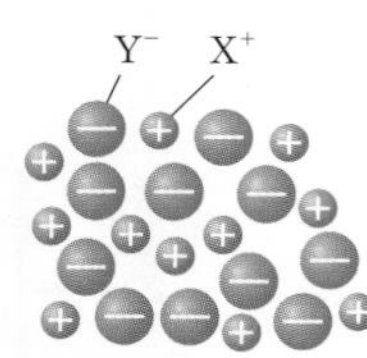

고체 상태 액체 상태

이에 대한 설명으로 옳은 것만을 〈보기〉에서 있는 대로 고른 것은? (단, X, Y는 임의의 원소 기호이다.)

보기
ㄱ. X는 금속 원소이다.
ㄴ. 액체 상태의 XY를 전기 분해하면 (−)극에서 Y_2 기체가 생성된다.
ㄷ. XY는 KCl보다 녹는점이 높다.

① ㄱ ② ㄴ ③ ㄱ, ㄷ
④ ㄴ, ㄷ ⑤ ㄱ, ㄴ, ㄷ

[8714-0287]

08 표는 몇 가지 이온의 전자 배치를 나타낸 것이다.

이온	전자 배치
A^{2-}, B^{2+}	$1s^2\ 2s^2\ 2p^6$
C^-	$1s^2\ 2s^2\ 2p^6\ 3s^2\ 3p^6$

이에 대한 설명으로 옳은 것만을 〈보기〉에서 있는 대로 고른 것은? (단, A~C는 임의의 원소 기호이다.)

보기
ㄱ. 공유 전자쌍 수는 A_2가 C_2보다 크다.
ㄴ. BC_2는 고체 상태에서 전기 전도성이 있다.
ㄷ. 녹는점은 BA가 C_2보다 높다.

① ㄴ ② ㄷ ③ ㄱ, ㄴ
④ ㄱ, ㄷ ⑤ ㄱ, ㄴ, ㄷ

[8714-0288]

09 그림은 화합물 A_2B와 C_2B의 화학 결합 모형을 나타낸 것이다.

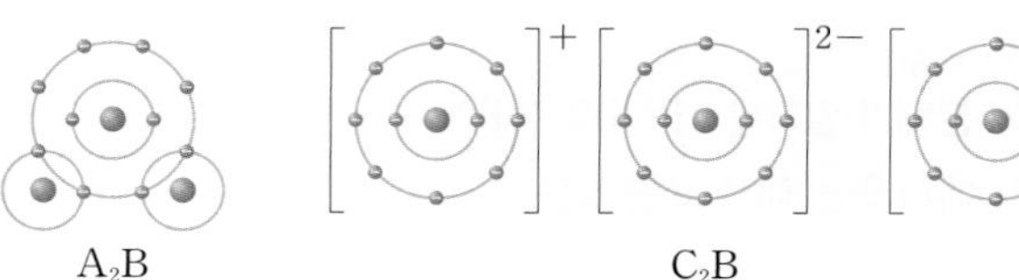

이에 대한 설명으로 옳은 것만을 〈보기〉에서 있는 대로 고른 것은? (단, A~C는 임의의 원소 기호이다.)

보기
ㄱ. 녹는점은 A_2B가 C_2B보다 높다.
ㄴ. A_2B에서 B는 부분적인 양전하를 띤다.
ㄷ. A_2B와 C_2B에서 B는 모두 옥텟 규칙을 만족한다.

① ㄱ ② ㄷ ③ ㄱ, ㄴ
④ ㄴ, ㄷ ⑤ ㄱ, ㄴ, ㄷ

[8714-0289]

10 그림은 분자 (가), (나)와 이온 (다)의 구조식을 나타낸 것이다.

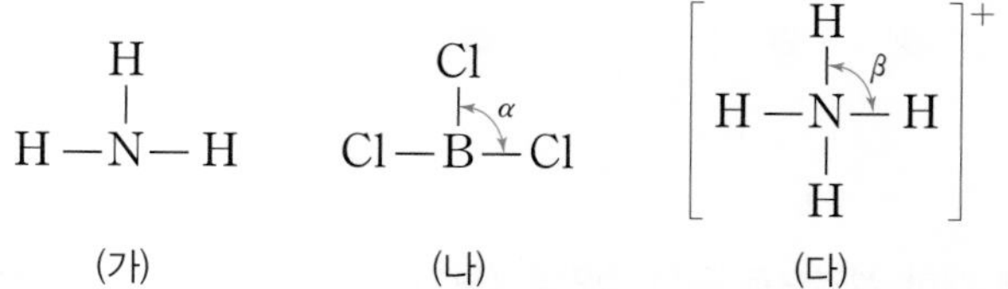

이에 대한 설명으로 옳은 것만을 〈보기〉에서 있는 대로 고른 것은?

보기
ㄱ. $\alpha > \beta$이다.
ㄴ. 분자의 쌍극자 모멘트는 (가)가 (나)보다 크다.
ㄷ. (가)~(다) 중 입체 구조는 2가지이다.

① ㄱ ② ㄷ ③ ㄱ, ㄴ
④ ㄴ, ㄷ ⑤ ㄱ, ㄴ, ㄷ

[8714-0290]

11 그림은 화합물 ABC의 화학 결합 모형을, 표는 물질 (가)~(다)의 화학식을 구성하는 원자 수를 나타낸 것이다. 전기 음성도는 B>C>A이다.

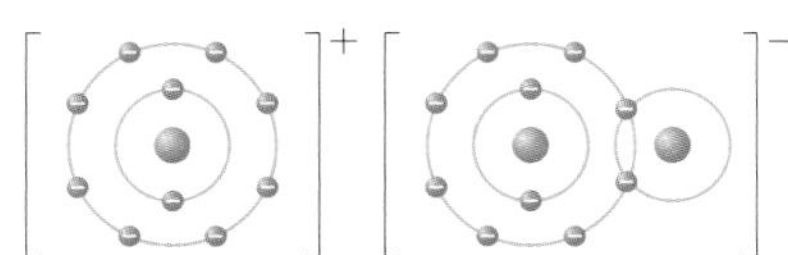

물질	구성 원자 수		
	A	B	C
(가)	0	1	2
(나)	2	1	0
(다)	0	2	0

(가)~(다)에 대한 설명으로 옳은 것만을 〈보기〉에서 있는 대로 고른 것은? (단, A~C는 임의의 원소 기호이다.)

보기
ㄱ. 액체 상태에서 전기 전도성이 있는 물질은 2가지이다.
ㄴ. (가)와 (다)는 화학 결합의 종류가 같다.
ㄷ. (가)와 (나)에서 B는 모두 옥텟 규칙을 만족한다.

① ㄱ ② ㄴ ③ ㄷ
④ ㄱ, ㄴ ⑤ ㄴ, ㄷ

[8714-0291]

12 그림은 2, 3주기 바닥상태 원자 A~C의 전자 배치를 나타낸 것이다.

	1s	2s	2p			3s
A	↑↓	↑↓	↑	↑	↑	
B	↑↓	↑↓	↑↓	↑	↑	
C	↑↓	↑↓	↑↓	↑↓	↑↓	↑

이에 대한 설명으로 옳은 것만을 〈보기〉에서 있는 대로 고른 것은? (단, A~C는 임의의 원소 기호이다.)

보기
ㄱ. 공유 전자쌍 수는 A_2가 B_2보다 크다.
ㄴ. AH_3는 H_2B에 잘 녹는다.
ㄷ. B와 C는 공유 결합을 통해 화합물 C_2B를 형성한다.

① ㄱ ② ㄷ ③ ㄱ, ㄴ
④ ㄴ, ㄷ ⑤ ㄱ, ㄴ, ㄷ

[8714-0292]

13 그림은 2주기 원소 A~C로 이루어진 분자 (가)와 (나)의 모형과 부분 전하(δ)를 나타낸 것이다. (가)와 (나)의 화학식은 각각 AB_2와 BC_2이고, A~C는 각각 C, O, F 중 하나이다.

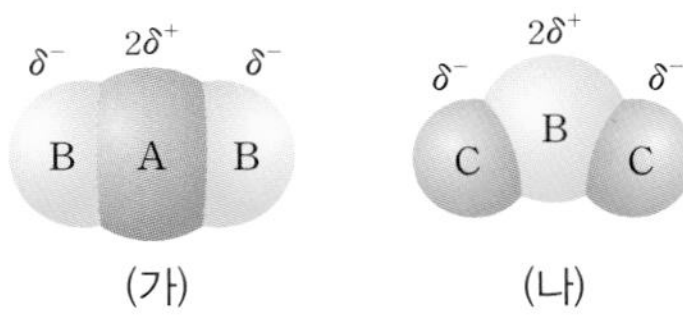

(가) (나)

이에 대한 설명으로 옳은 것만을 〈보기〉에서 있는 대로 고른 것은?

보기
ㄱ. 전기 음성도는 C가 A보다 크다.
ㄴ. (나)에는 무극성 공유 결합이 있다.
ㄷ. 분자의 쌍극자 모멘트는 (나)가 (가)보다 크다.

① ㄴ ② ㄷ ③ ㄱ, ㄴ
④ ㄱ, ㄷ ⑤ ㄱ, ㄴ, ㄷ

[8714-0293]

14 그림은 2주기 원소 X~Z와 수소(H)로 이루어진 분자 (가)와 (나)의 구조식을 나타낸 것이다. (가)와 (나)는 결합각이 같고, 비공유 전자쌍과 다중 결합은 표시하지 않았으며, X~Z는 옥텟 규칙을 만족한다.

X—Y—X H—Y—Z
(가) (나)

(나)가 (가)보다 큰 값을 갖는 것만을 〈보기〉에서 있는 대로 고른 것은? (단, X~Z는 임의의 원소 기호이다.)

보기
ㄱ. 분자의 쌍극자 모멘트
ㄴ. 물에 대한 용해도
ㄷ. 공유 전자쌍 수

① ㄱ ② ㄷ ③ ㄱ, ㄴ
④ ㄴ, ㄷ ⑤ ㄱ, ㄴ, ㄷ

15 [8714-0294] 다음은 액체의 성질을 알아보기 위한 실험이다.

[실험 과정]
(가) 시험관에 사염화 탄소, 물, 벤젠을 차례대로 넣었다.
(나) (가)의 시험관에 아이오딘(I_2)을 넣어 녹였다.
[실험 결과]

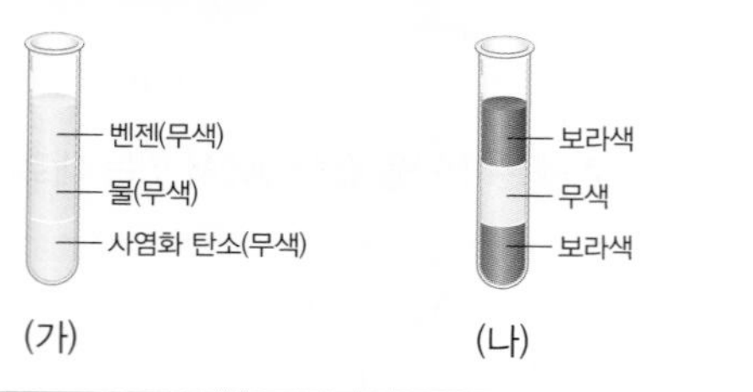

이에 대한 설명으로 옳은 것만을 〈보기〉에서 있는 대로 고른 것은?

보기
ㄱ. (가)의 시험관 속 물질 중 극성 분자는 2가지이다.
ㄴ. 분자의 쌍극자 모멘트는 사염화 탄소가 물보다 크다.
ㄷ. 벤젠과 사염화 탄소는 서로 잘 섞인다.

① ㄱ ② ㄷ ③ ㄱ, ㄴ
④ ㄴ, ㄷ ⑤ ㄱ, ㄴ, ㄷ

16 [8714-0295] 표는 2주기 원소 X~Z의 수소 화합물 (가)~(다)에 대한 자료이다. (가)~(다)에서 구성 원자 X~Z는 각각 1개씩이며, 옥텟 규칙을 만족한다.

화합물	구성 원소	수소 원자 수	분자의 극성
(가)	X, H	2	㉠
(나)	Y, H	3	극성
(다)	Z, H	4	무극성

이에 대한 설명으로 옳은 것만을 〈보기〉에서 있는 대로 고른 것은? (단, X~Z는 임의의 원소 기호이다.)

보기
ㄱ. ㉠은 '극성'이다.
ㄴ. (가)에 대한 용해도는 (나)가 (다)보다 크다.
ㄷ. (가)~(다) 중 입체 구조는 2가지이다.

① ㄱ ② ㄷ ③ ㄱ, ㄴ
④ ㄴ, ㄷ ⑤ ㄱ, ㄴ, ㄷ

17 [8714-0296] 그림은 HCl 기체를 전기장에 놓았을 때 분자의 배열을 나타낸 것이고, 표는 2주기 원소 A~C로 이루어진 2가지 분자 (가)와 (나)에 대한 자료이다. (가)와 (나)에서 모든 원자는 옥텟 규칙을 만족한다.

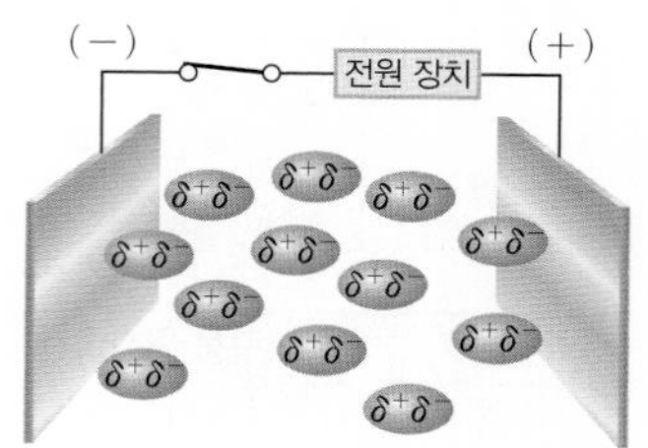

분자	분자식	중심 원자가 가지는 전자쌍 수	
		비공유 전자쌍	공유 전자쌍
(가)	AC_3	1	㉠
(나)	BC_4	0	㉡

이에 대한 설명으로 옳은 것만을 〈보기〉에서 있는 대로 고른 것은? (단, A~C는 임의의 원소 기호이다.)

보기
ㄱ. ㉠>㉡이다.
ㄴ. 물에 대한 용해도는 (가)가 (나)보다 크다.
ㄷ. 기체 상태인 (가)를 전기장에 놓아두면 HCl 기체와 같이 일정한 방향으로 배열된다.

① ㄱ ② ㄷ ③ ㄱ, ㄴ
④ ㄴ, ㄷ ⑤ ㄱ, ㄴ, ㄷ

18 [8714-0297] 그림은 고체 상태의 3가지 물질 (가)~(다)의 결정 구조를 모형으로 나타낸 것이다.

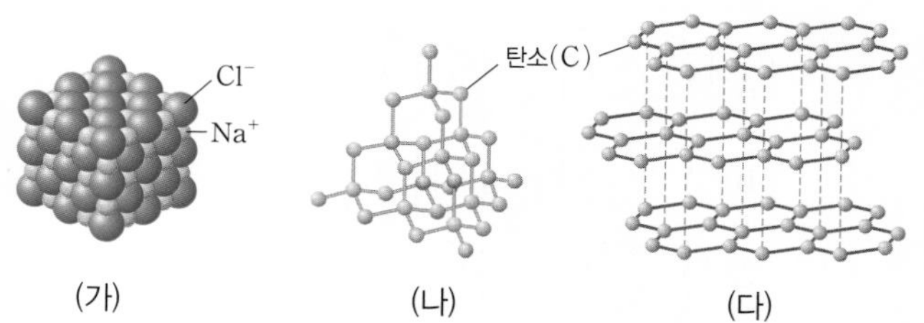

(가)~(다)에 대한 설명으로 옳은 것만을 〈보기〉에서 있는 대로 고른 것은?

보기
ㄱ. 공유 결합 물질은 2가지이다.
ㄴ. 고체 상태에서 전기 전도성이 있는 물질은 1가지이다.
ㄷ. (다)는 분자로 구성되어 있다.

① ㄱ ② ㄷ ③ ㄱ, ㄴ
④ ㄴ, ㄷ ⑤ ㄱ, ㄴ, ㄷ

[8714-0298]

19 표는 5가지 분자와 이를 분류하기 위한 기준 (가)~(다)를 나타낸 것이고, 그림은 이 기준에 따라 5가지 분자를 A~E로 분류한 벤 다이어그램이다.

분자	분류 기준
HCN, H_2O, BCl_3, CO_2, CH_4	(가) 모든 원자가 동일 평면에 있다. (나) 분자 구조가 선형이다. (다) 분자의 쌍극자 모멘트가 0이다.

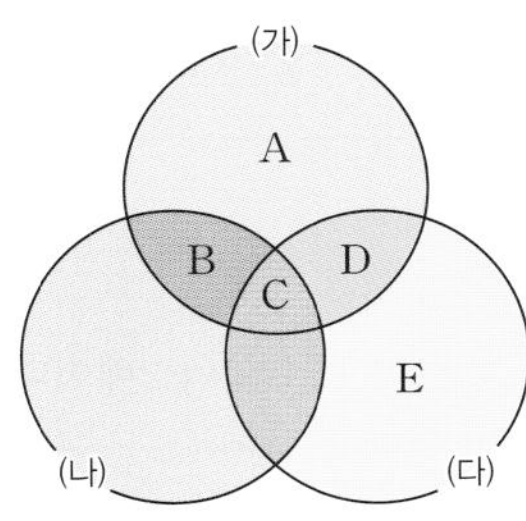

이에 대한 설명으로 옳은 것만을 〈보기〉에서 있는 대로 고른 것은?

보기
ㄱ. 결합각은 D가 A보다 크다.
ㄴ. 물에 대한 용해도는 B가 C보다 크다.
ㄷ. 공유 전자쌍 수는 E가 A의 2배이다.

① ㄱ ② ㄷ ③ ㄱ, ㄴ
④ ㄴ, ㄷ ⑤ ㄱ, ㄴ, ㄷ

[8714-0299]

20 표는 중심 원자 주위의 전자쌍 수에 따른 전자쌍의 배열을 나타낸 것이다.

구분	(가)	(나)	(다)
전자쌍 수	2	3	4
전자쌍의 배열			

이에 대한 설명으로 옳은 것만을 〈보기〉에서 있는 대로 고른 것은?

보기
ㄱ. NH_3에서 N 주위의 전자쌍 배열은 (나)와 같다.
ㄴ. BeF_2에서 Be 주위의 전자쌍 배열은 (가)와 같다.
ㄷ. (다)에서 비공유 전자쌍이 2개일 때 결합각은 BCl_3의 결합각보다 크다.

① ㄴ ② ㄷ ③ ㄱ, ㄴ
④ ㄱ, ㄷ ⑤ ㄱ, ㄴ, ㄷ

[8714-0300]

21 그림은 2주기 원소의 수소 화합물 (가)~(다)에서 중심 원자에 존재하는 전자쌍의 수를 나타낸 것이다. (가)~(다)에서 중심 원자는 각각 X~Z 1개씩이며, 모두 옥텟 규칙을 만족한다.

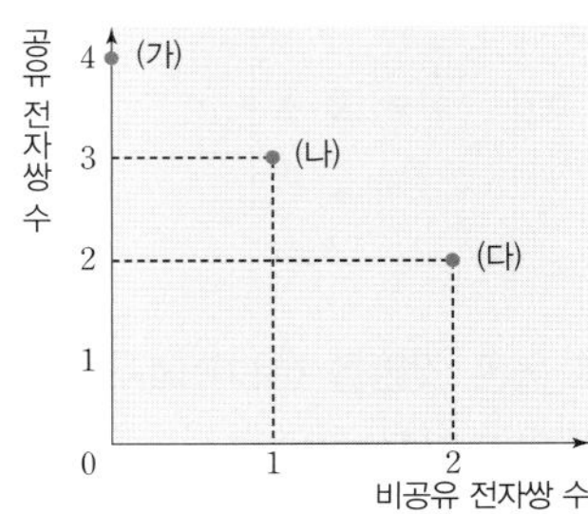

이에 대한 설명으로 옳은 것만을 〈보기〉에서 있는 대로 고른 것은? (단, X~Z는 임의의 원소 기호이다.)

보기
ㄱ. 전기 음성도는 X가 Z보다 크다.
ㄴ. 분자의 쌍극자 모멘트는 (나)가 (가)보다 크다.
ㄷ. (가)~(다) 중 입체 구조는 2가지이다.

① ㄱ ② ㄷ ③ ㄱ, ㄴ
④ ㄴ, ㄷ ⑤ ㄱ, ㄴ, ㄷ

[8714-0301]

22 그림은 분자 (가)~(다)의 $\frac{\text{비공유 전자쌍 수}}{\text{공유 전자쌍 수}}$를 상댓값으로 나타낸 것이다. (가)~(다)는 각각 NF_3, CO_2, HCN 중 하나이다.

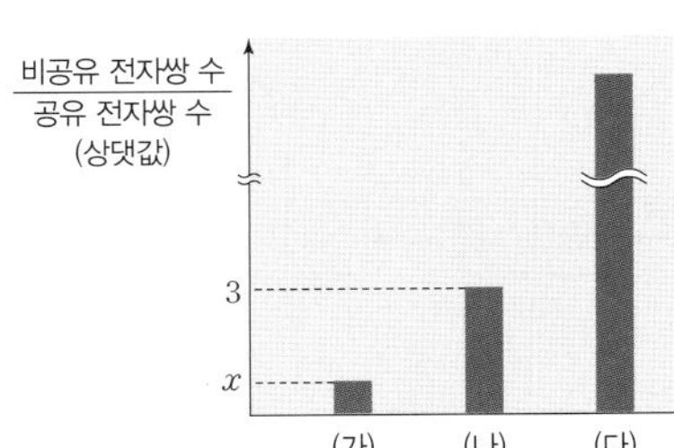

이에 대한 설명으로 옳은 것만을 〈보기〉에서 있는 대로 고른 것은?

보기
ㄱ. $x=1$이다.
ㄴ. 물에 대한 용해도는 (가)가 (나)보다 크다.
ㄷ. 분자의 쌍극자 모멘트는 (다)가 (나)보다 크다.

① ㄱ ② ㄷ ③ ㄱ, ㄴ
④ ㄴ, ㄷ ⑤ ㄱ, ㄴ, ㄷ

고난도 문제 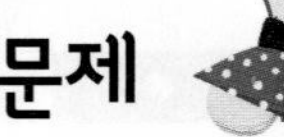

[8714-0302]

23 그림은 화합물 XY의 결합 모형과 화합물 ZY_4의 구조식을 나타낸 것이다. ZY_4에서 분자당 총 전자 수는 42개이다.

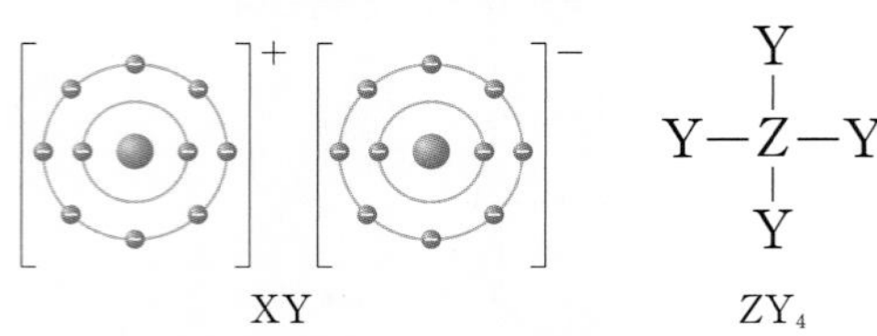

이에 대한 설명으로 옳은 것만을 〈보기〉에서 있는 대로 고른 것은? (단, X~Z는 임의의 원소 기호이다.)

보기
ㄱ. 양성자수는 X가 Z보다 크다.
ㄴ. ZY_4에서 중심 원자는 부분적인 음전하를 띤다.
ㄷ. 녹는점은 XY가 ZY_4보다 높다.

① ㄴ ② ㄷ ③ ㄱ, ㄴ
④ ㄱ, ㄷ ⑤ ㄱ, ㄴ, ㄷ

[8714-0303]

24 그림은 염화 나트륨(NaCl) 수용액으로부터 나트륨(Na)과 염소(Cl_2)를 얻는 과정을 나타낸 것이다.

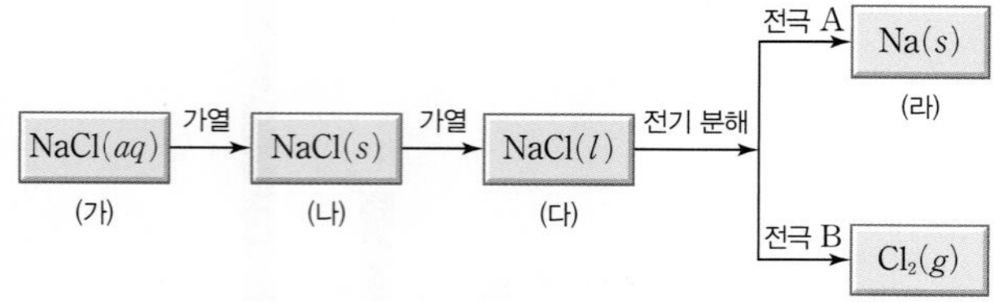

이에 대한 설명으로 옳은 것만을 〈보기〉에서 있는 대로 고른 것은?

보기
ㄱ. (가)~(라) 중 전기 전도성이 있는 것은 2가지이다.
ㄴ. 전극 A는 (−)극이다.
ㄷ. (나)에는 양이온과 음이온이 존재하지 않는다.

① ㄱ ② ㄴ ③ ㄷ
④ ㄱ, ㄴ ⑤ ㄴ, ㄷ

[8714-0304]

25 그림은 2주기 원소 X~Z와 수소(H)로 이루어진 3가지 분자 (가)~(다)의 구조식을 나타낸 것이다. (가)~(다)에서 X~Z는 모두 옥텟 규칙을 만족한다.

H−X≡Y (가)

H−X(=Z)−H (나)

H−Y(−H)−H (다)

(가)~(다)에 대한 설명으로 옳은 것만을 〈보기〉에서 있는 대로 고른 것은? (단, X~Z는 임의의 원소 기호이다.)

보기
ㄱ. 입체 구조는 2가지이다.
ㄴ. 전기 음성도는 Y > Z이다.
ㄷ. 비공유 전자쌍 수는 (나)가 (다)의 2배이다.

① ㄱ ② ㄷ ③ ㄱ, ㄴ
④ ㄴ, ㄷ ⑤ ㄱ, ㄴ, ㄷ

[8714-0305]

26 그림은 분자 (가)와 (나)를 화학 결합 모형으로 나타낸 것이다. (가)와 (나)의 분자식은 각각 ABC, BA_2D이다.

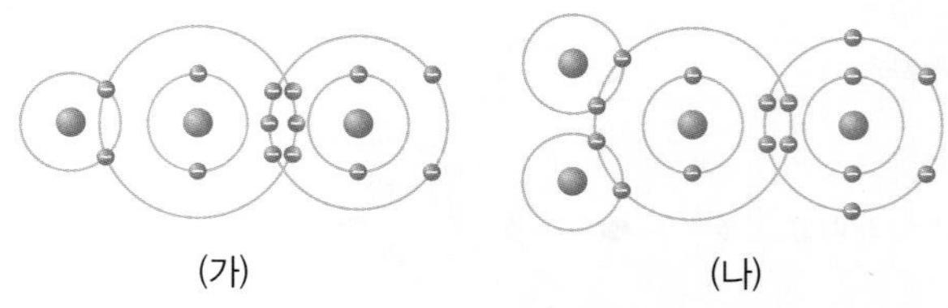

이에 대한 설명으로 옳은 것만을 〈보기〉에서 있는 대로 고른 것은? (단, A~D는 임의의 원소 기호이다.)

보기
ㄱ. A_2D에 대한 용해도는 CA_3가 BD_2보다 크다.
ㄴ. 공유 전자쌍 수는 C_2가 D_2보다 크다.
ㄷ. 결합각은 (가)가 (나)보다 크다.

① ㄱ ② ㄷ ③ ㄱ, ㄴ
④ ㄴ, ㄷ ⑤ ㄱ, ㄴ, ㄷ

[8714-0306]
27 다음은 원자 번호가 연속인 2주기 원소 W~Z에 대한 자료이다. W~Z는 원자 번호 순서가 아니다.

- 바닥상태 원자에서 홀전자 수는 Z>X=Y이다.
- 이온화 에너지는 W>Z이다.

표는 W~Z로 이루어진 분자 (가)~(다)에 대한 자료이다. (가)~(다)에서 W~Z는 모두 옥텟 규칙을 만족한다.

분자	(가)	(나)	(다)
분자식	Y_2W_2	YX_2	Z_2W_2
공유 전자쌍 수	5	4	x

이에 대한 설명으로 옳은 것만을 〈보기〉에서 있는 대로 고른 것은? (단, W~Z는 임의의 원소 기호이다.)

보기
ㄱ. $x=4$이다.
ㄴ. 비공유 전자쌍 수는 (다)가 (가)의 2배이다.
ㄷ. (가)~(다) 중 2중 결합을 가진 분자는 1가지이다.

① ㄱ ② ㄷ ③ ㄱ, ㄴ ④ ㄴ, ㄷ ⑤ ㄱ, ㄴ, ㄷ

[8714-0307]
28 표는 4가지 분자 CCl_4, CH_2O, CO_2, HCN를 주어진 기준에 따라 각각 분류한 결과를 나타낸 것이다. ㉠~㉣은 각각 CCl_4, CH_2O, CO_2, HCN 중 하나이다.

분류 기준	예	아니요
$\frac{\text{비공유 전자쌍 수}}{\text{공유 전자쌍 수}}<1$인가?	㉠, ㉢	㉡, ㉣
2중 결합이 있는가?	㉠, ㉡	㉢, ㉣

이에 대한 설명으로 옳은 것만을 〈보기〉에서 있는 대로 고른 것은?

보기
ㄱ. 물에 대한 용해도는 ㉡이 ㉢보다 크다.
ㄴ. 분자의 쌍극자 모멘트는 ㉠이 ㉡보다 크다.
ㄷ. ㉣은 입체 구조이다.

① ㄱ ② ㄷ ③ ㄱ, ㄴ ④ ㄴ, ㄷ ⑤ ㄱ, ㄴ, ㄷ

[8714-0308]
29 다음은 2주기 원소 X~Z의 플루오린(F) 화합물 (가)~(다)에 대한 자료이다. (가)~(다)에서 모든 원자는 옥텟 규칙을 만족한다.

- (가)~(다)의 분자식은 각각 XF_a, YF_b, ZF_c이다.
- 비공유 전자쌍 수의 비가 (가) : (다)=2 : 3이다.
- 전기 음성도는 X>Y>Z이다.

이에 대한 설명으로 옳은 것만을 〈보기〉에서 있는 대로 고른 것은? (단, X~Z는 임의의 원소 기호이다.)

보기
ㄱ. $a+b=6$이다.
ㄴ. (나)는 평면 구조이다.
ㄷ. 분자의 쌍극자 모멘트는 (가)가 (다)보다 크다.

① ㄱ ② ㄷ ③ ㄱ, ㄴ ④ ㄴ, ㄷ ⑤ ㄱ, ㄴ, ㄷ

[8714-0309]
30 다음은 원소 W~Z로 이루어진 분자 (가)~(다)에 대한 자료이다. (가)~(다)에서 중심 원자는 모두 옥텟 규칙을 만족하며, W~Z는 각각 H, C, N, O 중 하나이다.

- (가)~(다)의 구조식은 각각 다음 중 하나이다.

W=X=W　　　Y−Z−Y (Z에 Y가 하나 더 결합)　　　Y−W−Y

- 분자의 쌍극자 모멘트는 (나)>(다)이다.
- (가)는 입체 구조이다.

이에 대한 설명으로 옳은 것만을 〈보기〉에서 있는 대로 고른 것은?

보기
ㄱ. (나)에 대한 용해도는 (가)가 (다)보다 크다.
ㄴ. 결합각은 (다)가 (나)보다 크다.
ㄷ. 공유 전자쌍 수는 Z_2Y_2가 YXZ보다 크다.

① ㄱ ② ㄷ ③ ㄱ, ㄴ ④ ㄴ, ㄷ ⑤ ㄱ, ㄴ, ㄷ

12 동적 평형

1 가역 반응과 비가역 반응

(1) 가역 반응: 반응 조건(농도, 압력, 온도 등)에 따라 정반응과 역반응이 모두 일어날 수 있는 반응

① 정반응은 화학 반응식에서 오른쪽으로 진행되는 반응이고, 역반응은 왼쪽으로 진행되는 반응이다.

② 가역 반응은 화학 반응식에서 '$\rightleftharpoons$'로 나타낸다.

예 • 물의 상태 변화: $H_2O(l) \rightleftharpoons H_2O(g)$

• 석회 동굴과 종유석, 석순의 생성:

$CaCO_3(s)+CO_2(g)+H_2O(l) \rightleftharpoons Ca(HCO_3)_2(aq)$

• 염화 코발트 종이의 색 변화:

$CoCl_2 \cdot 6H_2O \rightleftharpoons CoCl_2+6H_2O$
붉은색　　　푸른색

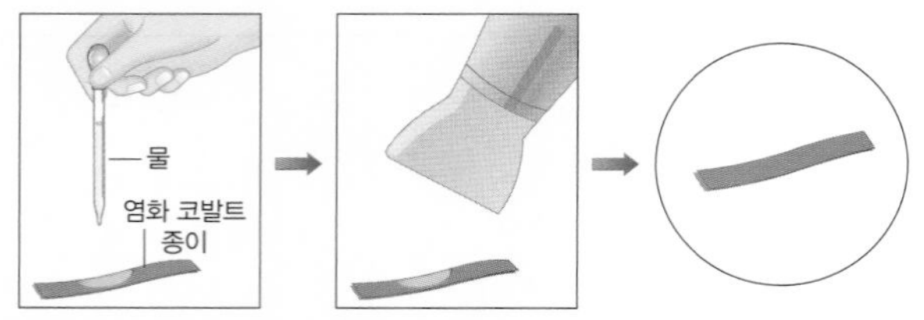

(2) 비가역 반응: 한쪽 방향으로만 진행되는 반응 ➡ 역반응이 정반응에 비해 무시할 수 있을 만큼 거의 일어나지 않는다.

예 • 연소 반응: $CH_4(g)+2O_2(g) \longrightarrow CO_2(g)+2H_2O(l)$

• 기체 발생 반응: $Mg(s)+2HCl(aq) \longrightarrow MgCl_2(aq)+H_2(g)$

• 산 염기 중화 반응: $HCl(aq)+NaOH(aq) \longrightarrow NaCl(aq)+H_2O(l)$

2 동적 평형

(1) 동적 평형: 가역 반응에서 정반응 속도와 역반응 속도가 같아서 겉보기에는 변화가 일어나지 않는 것처럼 보이는 상태

(2) 상평형: 물과 수증기의 동적 평형과 같이 한 물질의 두 가지 이상의 상태가 동적 평형을 이루는 것

(3) 물의 증발과 동적 평형

① 열린 공간에서 물의 증발: 열린 용기에서는 물의 증발 속도가 수증기의 응축 속도보다 빠르기 때문에 컵 속의 물이 점점 줄어들다가 결국에는 모두 없어진다.

② 닫힌 공간에서 물의 증발: 밀폐된 용기에 물을 담아 놓으면, 물이 조금씩 줄어들다가 더 이상 물이 줄어들지 않고 수면이 일정하게 유지되는 동적 평형 상태에 도달한다. 동적 평형 상태에서는 물의 증발 속도와 수증기의 응축 속도가 같아서 겉보기에는 물이 증발하지 않는 것처럼 보인다.

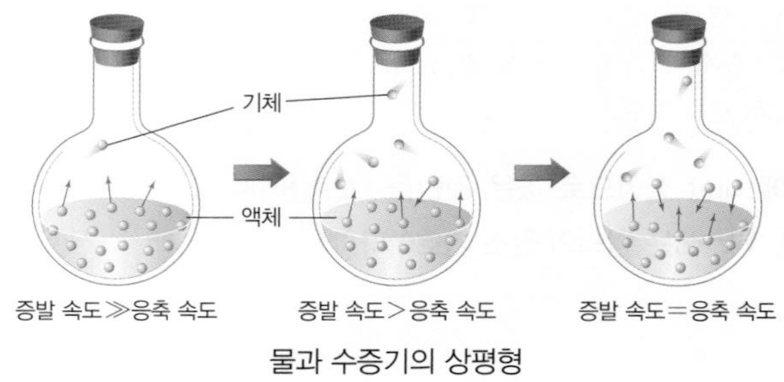

물과 수증기의 상평형

3 용해 평형

(1) 용해 평형: 용질의 용해 속도와 석출 속도가 같아 겉보기에는 용해나 석출이 일어나지 않는 것처럼 보이는 동적 평형 상태

(2) 포화 용액: 용해 평형을 이루고 있는 용액

[설탕의 용해 평형]

일정한 온도에서 일정량의 물에 설탕을 넣으면, 설탕 분자가 물 분자에 둘러싸이면서 용해되기 시작하다가 용해 평형 상태에 도달한다.

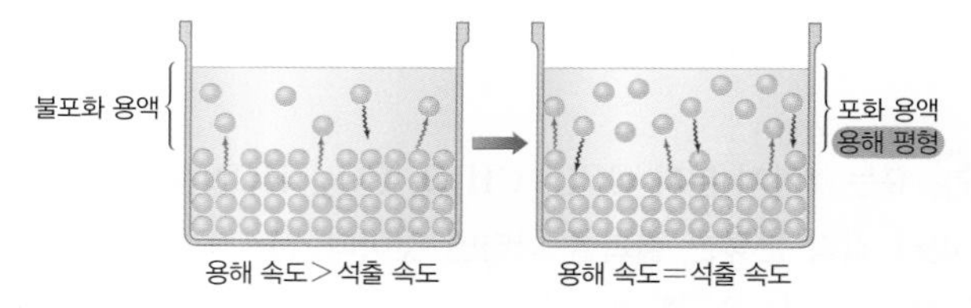

핵심 개념 체크

정답과 해설 38쪽

1. 가역 반응에 대한 설명 중 옳은 것은 ○표, 옳지 않은 것은 ×표 하시오.

(1) 가역 반응은 반응 조건에 따라 정반응과 역반응이 모두 일어날 수 있는 반응이다. (　　)

(2) 화학 반응식에서 가역 반응은 기호 '$\rightleftharpoons$'로 표시한다. (　　)

(3) 마그네슘과 염산의 반응처럼 기체가 발생하는 반응은 가역 반응이다. (　　)

2. 용해 평형을 이루고 있는 용액을 (　　　) 용액이라고 한다.

3. 밀폐된 용기에 물을 담아 놓으면, 처음에는 (　　　) 속도가 (　　　) 속도보다 빨라 물이 줄어들다가, 더 이상 물이 줄어들지 않고 수면이 일정하게 유지되는 (　　　) 상태에 도달한다.

4. 일정한 온도에서 일정량의 물에 고체 A를 넣고 충분한 시간이 지난 후 동적 평형에 도달하였다. 이 상태에 대한 설명 중 옳은 것은 ○표, 옳지 않은 것은 ×표 하시오.

(1) 용해 속도와 석출 속도는 같다. (　　)

(2) A 용액은 포화 용액이다. (　　)

(3) 석출 속도는 초기 상태보다 빠르다. (　　)

4 물의 자동 이온화와 물의 이온화 상수

물은 대부분 분자 상태로 존재하지만, 매우 적은 양의 물이 이온화하여 동적 평형을 이룬다.

(1) 물의 자동 이온화: 물(H_2O) 분자가 스스로 이온화하여 하이드로늄 이온(H_3O^+)과 수산화 이온(OH^-)을 생성하는 반응

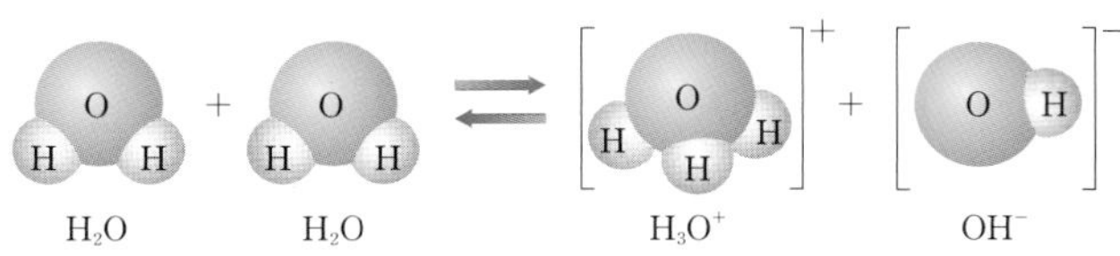

$$H_2O(l)+H_2O(l) \rightleftharpoons H_3O^+(aq)+OH^-(aq)$$

(2) 물의 이온화 상수(K_w): 물의 자동 이온화 과정에서 생성된 하이드로늄 이온(H_3O^+)의 몰 농도와 수산화 이온(OH^-)의 몰 농도 곱

$$K_w=[H_3O^+][OH^-]$$

① 물의 이온화 상수(K_w)는 온도가 일정하면 일정한 값을 가지며, 온도가 높을수록 커진다.

온도(℃)	0	10	25	50
K_w	1.1×10^{-15}	2.9×10^{-15}	1.0×10^{-14}	5.5×10^{-14}

② 순수한 물은 하이드로늄 이온(H_3O^+)과 수산화 이온(OH^-)의 몰 농도가 같다.

➡ 25 ℃에서 $K_w=[H_3O^+][OH^-]=1.0\times10^{-14}$이므로 25 ℃에서 $[H_3O^+]=[OH^-]=1.0\times10^{-7}$ M이다.

③ 온도가 일정하면 K_w는 순수한 물뿐 아니라 수용액에서도 일정한 값을 갖는다.

(3) 수용액의 액성에 따른 $[H_3O^+]$와 $[OH^-]$(25 ℃)

수용액의 액성	$[H_3O^+]$와 $[OH^-]$
산성	$[H_3O^+]>1.0\times10^{-7}$ M$>[OH^-]$
중성	$[H_3O^+]=1.0\times10^{-7}$ M$=[OH^-]$
염기성	$[H_3O^+]<1.0\times10^{-7}$ M$<[OH^-]$

5 용액의 pH

(1) pH와 pOH: 수용액에서 H_3O^+의 농도를 나타낼 때 H_3O^+ 농도의 역수의 상용로그 값으로 나타내는데, 이를 pH(수소 이온 농도 지수)라고 한다. pOH도 같은 방법으로 나타낸다.

• $pH=\log\frac{1}{[H_3O^+]}=-\log[H_3O^+]$

• $pOH=\log\frac{1}{[OH^-]}=-\log[OH^-]$

① pH가 1 작아지면 $[H_3O^+]$는 10배 커지고, pH가 1 커지면 $[H_3O^+]$는 $\frac{1}{10}$배 작아진다.

② 25 ℃ 수용액에서 $K_w=[H_3O^+][OH^-]=1.0\times10^{-14}$이므로 25 ℃ 수용액의 pH+pOH=14이다.

(2) 수용액의 액성에 따른 pH와 pOH(25 ℃)

수용액의 액성	$[H_3O^+]$와 $[OH^-]$	pH와 pOH
산성	$[H_3O^+]>1.0\times10^{-7}$ M$>[OH^-]$	pH<7, pOH>7
중성	$[H_3O^+]=1.0\times10^{-7}$ M$=[OH^-]$	pH=7, pOH=7
염기성	$[H_3O^+]<1.0\times10^{-7}$ M$<[OH^-]$	pH>7, pOH<7

(3) 생활 주변 여러 가지 물질의 pH

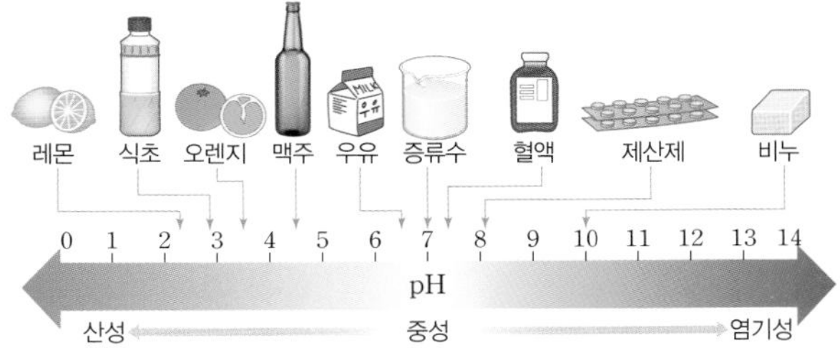

(4) 용액의 pH 측정

① 지시약 사용: 지시약은 용액의 pH에 따라 색이 달라지는 물질로, 수용액의 액성을 구별하거나 중화 반응 실험에서 중화점을 찾는 데 사용된다.

② pH 측정기: $[H_3O^+]$에 따른 전기 전도도 차이를 이용한 것으로, 비교적 정확한 pH를 측정할 수 있다.

핵심 개념 체크

정답과 해설 38쪽

5. 다음 설명 중 옳은 것은 ○표, 옳지 않은 것은 ×표 하시오.

(1) 산성 용액은 $[H_3O^+]$가 $[OH^-]$보다 크다. ( )

(2) 25 ℃ 염기성 용액에서 $[OH^-]>1.0\times10^{-7}$ M이다. ( )

(3) 수용액의 pH가 1만큼 작아지면 $[OH^-]$는 10배 커진다. ( )

(4) 25 ℃에서 pH>7이면 산성, pH<7이면 염기성이다. ( )

6. 물 분자가 스스로 이온화하여 H_3O^+과 OH^-을 생성하는 반응을 물의 ( )(이)라고 한다.

7. 물의 자동 이온화 과정에서 생성된 $[H_3O^+]$와 $[OH^-]$의 곱을 물의 ( )(이)라고 한다.

8. 25 ℃에서 $[H_3O^+]=1.0\times10^{-3}$ M인 용액의 pH와 pOH를 각각 구하시오.

9. pH가 2인 용액과 pH가 4인 용액의 $[H_3O^+]$를 각각 구하시오.

출제 예상 문제

[8714-0310]
01 밀폐 용기 속에서 일어나는 가역 반응에 대한 설명으로 옳은 것만을 〈보기〉에서 있는 대로 고른 것은?

보기
ㄱ. 정반응과 역반응이 모두 일어날 수 있는 반응이다.
ㄴ. 충분한 시간이 지나면 동적 평형에 도달한다.
ㄷ. 충분한 시간이 지나면 반응이 멈춘다.

① ㄱ ② ㄷ ③ ㄱ, ㄴ
④ ㄴ, ㄷ ⑤ ㄱ, ㄴ, ㄷ

[8714-0311]
02 비가역 반응만을 〈보기〉에서 있는 대로 고른 것은?

보기
ㄱ. 뷰테인을 연소시켰다.
ㄴ. 석회암 지대에서 석회 동굴이 생성되었다.
ㄷ. 수산화 나트륨 수용액에 묽은 염산을 넣어 중화시켰다.
ㄹ. 묽은 염산에 마그네슘을 넣었더니 기체가 발생하였다.

① ㄱ, ㄴ ② ㄱ, ㄷ ③ ㄴ, ㄷ
④ ㄱ, ㄷ, ㄹ ⑤ ㄴ, ㄷ, ㄹ

[8714-0312]
03 다음은 브로민(Br_2)의 기화에 대한 화학 반응식이다.

$$Br_2(l) \rightleftharpoons Br_2(g)$$

t ℃, 1기압에서 밀폐 용기에 $Br_2(l)$을 넣은 후 충분한 시간이 흐른 뒤 동적 평형 상태에 도달하였다.
이 상태에 대한 설명으로 옳은 것만을 〈보기〉에서 있는 대로 고른 것은?

보기
ㄱ. Br_2의 증발 속도와 응축 속도는 같다.
ㄴ. 시간이 지나면 $Br_2(l)$의 질량은 감소한다.
ㄷ. $Br_2(g)$의 응축은 더 이상 일어나지 않는다.

① ㄱ ② ㄴ ③ ㄱ, ㄷ
④ ㄴ, ㄷ ⑤ ㄱ, ㄴ, ㄷ

[8714-0313]
04 동적 평형에 대한 설명으로 옳은 것은?

① 생성물만 존재한다.
② 정반응의 속도는 0이다.
③ 반응이 더 이상 일어나지 않는다.
④ 반응물과 생성물의 몰 농도가 항상 같다.
⑤ 정반응과 역반응이 같은 속도로 일어난다.

[8714-0314]
05 그림은 밀폐 용기에 물을 넣은 후, 충분한 시간이 지났을 때 수면의 높이가 일정하게 유지되는 상태를 나타낸 것이다.

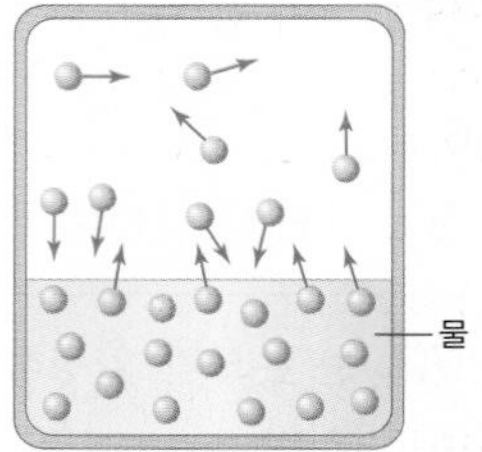

이에 대한 설명으로 옳은 것만을 〈보기〉에서 있는 대로 고른 것은?

보기
ㄱ. 물의 증발은 더 이상 일어나지 않는다.
ㄴ. 증발 속도와 응축 속도가 같다.
ㄷ. 시간이 지나면 물의 질량은 감소한다.

① ㄱ ② ㄴ ③ ㄱ, ㄷ
④ ㄴ, ㄷ ⑤ ㄱ, ㄴ, ㄷ

[8714-0315]
06 그림은 물 100 mL에 설탕을 넣어 용해시킨 후 충분한 시간이 흘렀을 때, 넣은 설탕 중 일부가 녹지 않고 바닥에 가라앉은 모습을 나타낸 것이다.
이 상태에 대한 설명으로 옳은 것만을 〈보기〉에서 있는 대로 고른 것은?

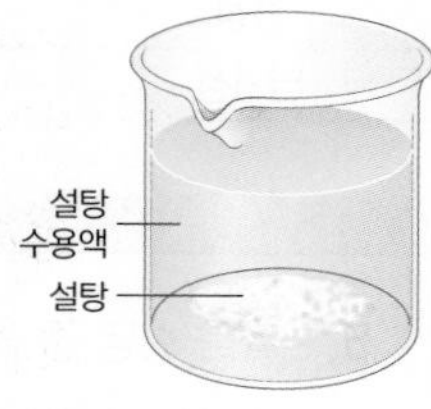

보기
ㄱ. 용해 평형 상태이다.
ㄴ. 설탕의 용해 속도와 석출 속도는 같다.
ㄷ. 시간이 지날수록 용해 속도는 점점 빨라진다.

① ㄱ ② ㄷ ③ ㄱ, ㄴ
④ ㄴ, ㄷ ⑤ ㄱ, ㄴ, ㄷ

[8714-0316]
07 그림 (가)는 비커에 에탄올을 넣은 것을, (나)는 (가)와 같은 질량의 에탄올을 동일한 비커에 넣은 후 밀폐 용기에 놓아둔 것을 나타낸 것이다.

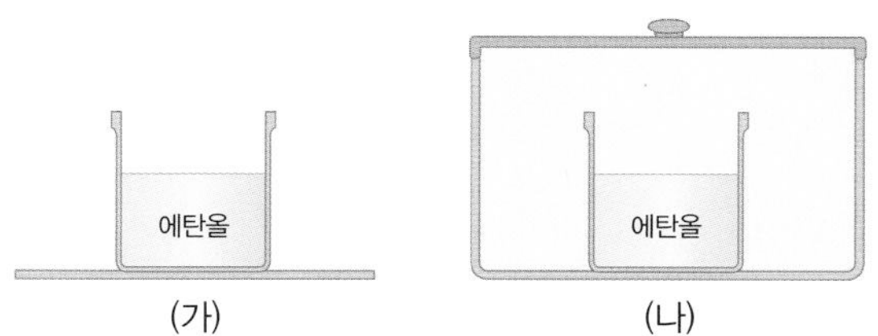

충분한 시간이 지난 후, (가)와 (나)의 에탄올에 대한 설명으로 옳은 것만을 〈보기〉에서 있는 대로 고른 것은? (단, (가)와 (나)의 온도는 같다.)

보기
ㄱ. (가)에서 증발 속도는 응축 속도보다 빠르다.
ㄴ. (나)에서 증발되는 분자 수와 응축되는 분자 수는 같다.
ㄷ. 비커에 들어 있는 에탄올의 양은 (가)가 (나)보다 많다.

① ㄱ ② ㄷ ③ ㄱ, ㄴ
④ ㄴ, ㄷ ⑤ ㄱ, ㄴ, ㄷ

[8714-0317]
08 그림은 일정한 온도에서 밀폐 용기 속에 물을 넣었을 때, 용기 속에서 일어나는 현상을 모형으로 나타낸 것이다. (다)는 동적 평형 상태이다.

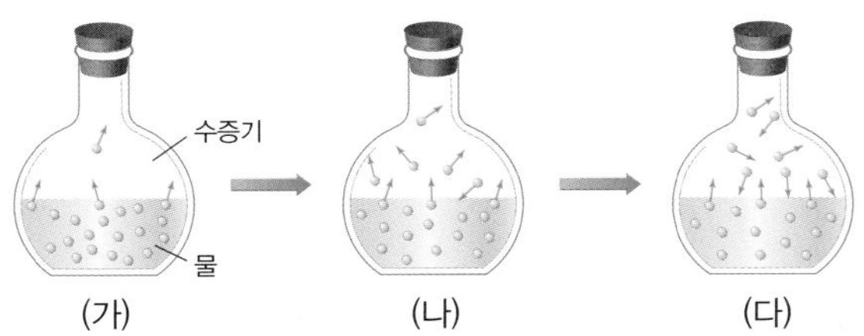

이에 대한 설명으로 옳은 것만을 〈보기〉에서 있는 대로 고른 것은?

보기
ㄱ. 물의 증발 속도는 (가)에서가 (나)에서보다 빠르다.
ㄴ. 물의 응축 속도는 (다)에서가 (나)에서보다 빠르다.
ㄷ. (다) 이후 수증기의 분자 수는 증가한다.

① ㄱ ② ㄴ ③ ㄱ, ㄷ
④ ㄴ, ㄷ ⑤ ㄱ, ㄴ, ㄷ

[8714-0318]
09 그림은 물의 자동 이온화를 모형으로 나타낸 것이다.

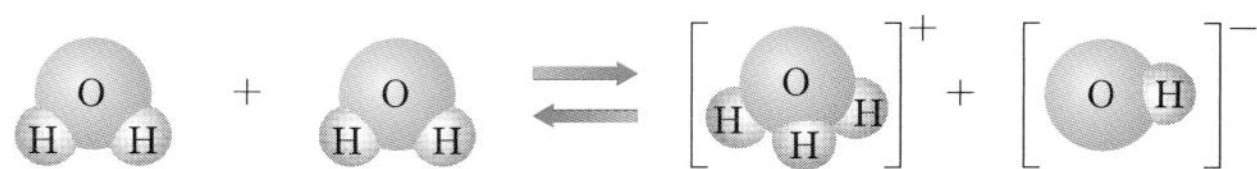

이에 대한 설명으로 옳지 않은 것은?

① 물의 자동 이온화는 가역 반응이다.
② 물 분자가 H^+을 주고받아 이온화한다.
③ 순수한 물에는 H_3O^+과 OH^-이 존재한다.
④ 순수한 물에서 $[H_3O^+]$가 $[OH^-]$보다 크다.
⑤ 일정한 온도의 수용액에서 $[H_3O^+]$와 $[OH^-]$의 곱은 일정하다.

[8714-0319]
10 표는 온도에 따른 물의 이온화 상수를 나타낸 것이다.

온도(℃)	0	10	25	50
K_w	1.1×10^{-15}	2.9×10^{-15}	1.0×10^{-14}	5.5×10^{-14}

순수한 물에 대한 설명으로 옳은 것만을 〈보기〉에서 있는 대로 고른 것은?

보기
ㄱ. 25 ℃일 때 $[OH^-]=1.0\times10^{-7}$ M이다.
ㄴ. 10 ℃일 때 $[OH^-]>[H_3O^+]$이다.
ㄷ. 50 ℃일 때 pH는 7보다 작다.

① ㄱ ② ㄴ ③ ㄱ, ㄴ
④ ㄱ, ㄷ ⑤ ㄴ, ㄷ

[8714-0320]
11 다음은 25 ℃에서 3가지 수용액에 대한 자료이다.

(가) pH가 3인 HCl(aq)
(나) 0.01 M NaOH(aq)
(다) $[OH^-]=1.0\times10^{-12}$ M인 HBr(aq)

이에 대한 설명으로 옳은 것만을 〈보기〉에서 있는 대로 고른 것은? (단, 25 ℃에서 물의 이온화 상수(K_w)$=1.0\times10^{-14}$이다.)

보기
ㄱ. (나)의 pH는 2이다.
ㄴ. $[H_3O^+]$는 (다)가 (가)의 10배이다.
ㄷ. (나)의 $[H_3O^+]$는 (다)의 $[OH^-]$보다 크다.

① ㄱ ② ㄴ ③ ㄱ, ㄷ
④ ㄴ, ㄷ ⑤ ㄱ, ㄴ, ㄷ

[8714-0321]
12 표는 일정한 온도에서 수용액 (가)~(다)의 $[H_3O^+]$와 $[OH^-]$를 비교한 자료이다.

(가)	(나)	(다)
$[H_3O^+]=[OH^-]$	$[OH^-]>[H_3O^+]$	$[H_3O^+]>[OH^-]$

이에 대한 설명으로 옳은 것만을 <보기>에서 있는 대로 고른 것은?

보기
ㄱ. pH는 (나)가 (가)보다 크다.
ㄴ. $[H_3O^+]$는 (가)가 (다)보다 크다.
ㄷ. $[H_3O^+]$와 $[OH^-]$의 곱은 (나)가 (다)보다 크다.

① ㄱ ② ㄴ ③ ㄱ, ㄷ
④ ㄴ, ㄷ ⑤ ㄱ, ㄴ, ㄷ

[8714-0322]
13 그림은 25 ℃, 0.01 M $HCl(aq)$을 이온 모형으로 나타낸 것이다.
이 용액에 대한 설명으로 옳은 것만을 <보기>에서 있는 대로 고른 것은? (단, 25 ℃에서 물의 이온화 상수(K_w)$=1.0\times10^{-14}$이다.)

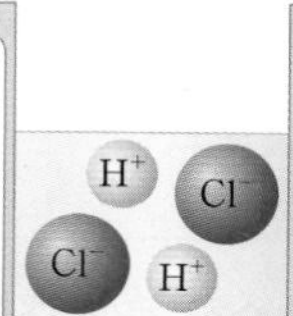

보기
ㄱ. pH는 2이다.
ㄴ. $[OH^-]=1.0\times10^{-12}$ M이다.
ㄷ. 물을 더 넣으면 $[H_3O^+]$는 작아진다.

① ㄱ ② ㄷ ③ ㄱ, ㄴ
④ ㄴ, ㄷ ⑤ ㄱ, ㄴ, ㄷ

[8714-0323]
14 그림은 25 ℃에서 부피가 같은 2가지 산 수용액 (가)와 (나)를 모형으로 나타낸 것이다.

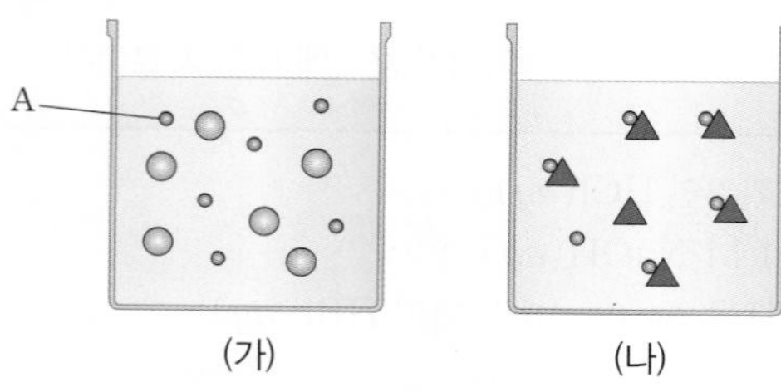

(가) (나)

이에 대한 설명으로 옳은 것만을 <보기>에서 있는 대로 고른 것은? (단, 25 ℃에서 물의 이온화 상수(K_w)는 1.0×10^{-14}이다.)

보기
ㄱ. A는 수소 이온이다.
ㄴ. (나)에서 $[H_3O^+]<1.0\times10^{-7}$ M이다.
ㄷ. 수용액의 pOH는 (나)가 (가)보다 크다.

① ㄱ ② ㄴ ③ ㄱ, ㄷ
④ ㄴ, ㄷ ⑤ ㄱ, ㄴ, ㄷ

[8714-0324]
15 표는 25 ℃에서 3가지 물질의 수용액에 대한 pH를 나타낸 것이다.

물질	레몬	제산제	비누
수용액의 pH	2.3	8.1	10

이에 대한 설명으로 옳은 것만을 <보기>에서 있는 대로 고른 것은? (단, 25 ℃에서 물의 이온화 상수(K_w)$=1.0\times10^{-14}$이다.)

보기
ㄱ. 제산제와 비누는 모두 염기성 물질이다.
ㄴ. $[H_3O^+]$는 레몬 수용액이 제산제 수용액보다 크다.
ㄷ. $[OH^-]$는 비누 수용액이 제산제 수용액의 10배 이상 크다.

① ㄱ ② ㄷ ③ ㄱ, ㄴ
④ ㄴ, ㄷ ⑤ ㄱ, ㄴ, ㄷ

[8714-0325]
16 그림 (가)와 (나)는 25 ℃에서 0.1 M $HCl(aq)$을 묽혀 x M $HCl(aq)$을 만드는 과정을 나타낸 것이다.

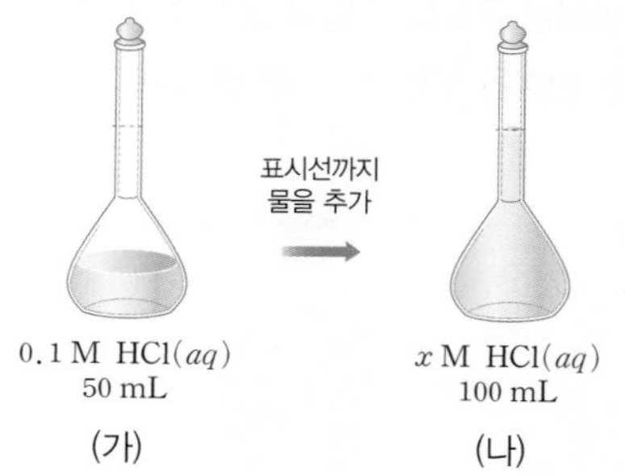

(가) (나)

이에 대한 설명으로 옳은 것만을 <보기>에서 있는 대로 고른 것은? (단, 25 ℃에서 물의 이온화 상수(K_w)는 1.0×10^{-14}이다.)

보기
ㄱ. (가)의 pH는 1보다 작다.
ㄴ. (나)에서 $[H_3O^+]>[OH^-]$이다.
ㄷ. HCl의 양(mol)은 (가)가 (나)보다 크다.

① ㄱ ② ㄴ ③ ㄱ, ㄴ
④ ㄱ, ㄷ ⑤ ㄴ, ㄷ

서답형 문제

정답과 해설 39쪽

[8714-0326]
01 그림은 일정한 온도에서 밀폐 용기에 일정량의 물을 넣은 다음, 용기 내에서 일어나는 증발과 응축을 시간 순서 없이 모형으로 나타낸 것이다.

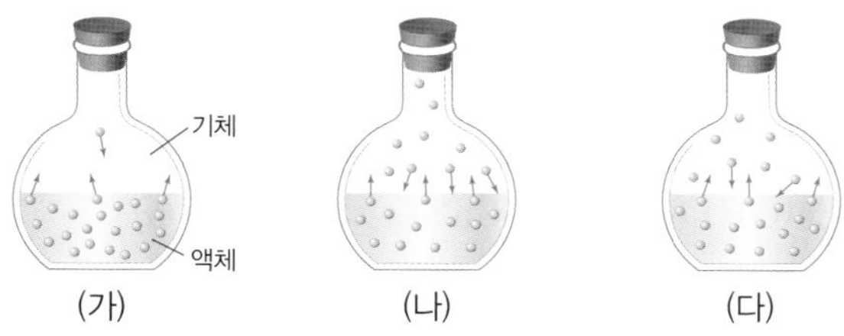

(1) (가)~(다)의 응축 속도를 비교하시오.

(2) (가)~(다)의 용기 속 $H_2O(l)$의 분자 수를 비교하시오.

[8714-0327]
02 그림 (가)는 일정한 온도에서 진공 상태의 용기 속에 액체 A를 넣은 것을, (나)는 (가)에서 시간에 따른 수은의 높이 차(h)를 나타낸 것이다.

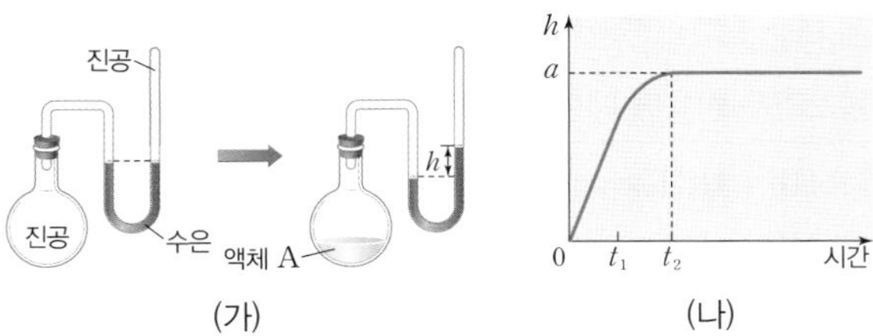

(1) 시간 t_2 이후 h가 일정한 까닭을 서술하시오.

(2) 시간 t_1일 때와 t_2일 때의 증발 속도를 비교하시오.

[8714-0328]
03 그림은 일정한 온도에서 0.1 M $HCl(aq)$ 100 mL에 증류수를 넣어 x M $HCl(aq)$ 1 L를 만드는 과정을 나타낸 것이다. 물의 이온화 상수(K_w)는 1.0×10^{-14}이다.

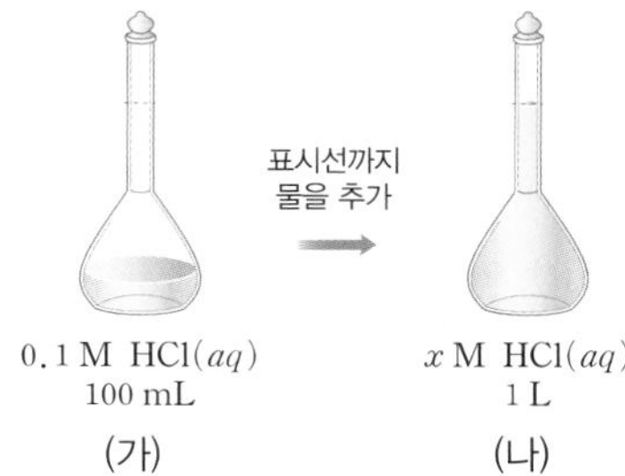

(1) (나)의 $[H_3O^+]$를 구하고, 그 과정을 서술하시오.

(2) (가)와 (나)에서 $[H_3O^+]$와 $[OH^-]$를 곱한 값을 비교하여 서술하시오.

[8714-0329]
04 그림은 우리 주변에서 볼 수 있는 4가지 물질의 pH를 나타낸 것이다.

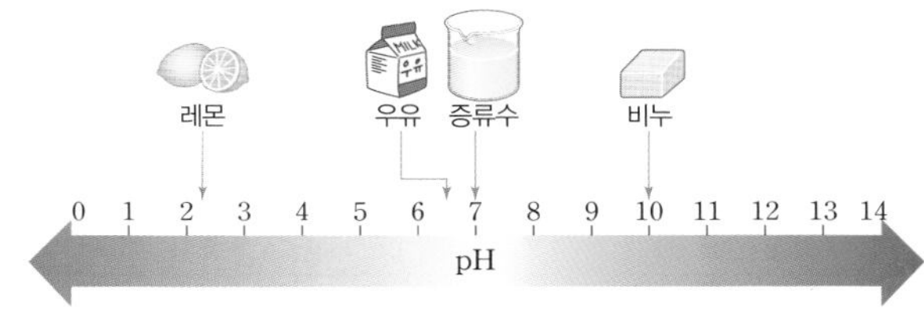

4가지 물질을 수용액 속 $[H_3O^+]$의 크기 순으로 나타내시오.

[8714-0330]
05 그림은 25 ℃, 1기압에서 x M 묽은 염산(HCl) 500 mL에 마그네슘 조각 1 g을 넣는 모습을 나타낸 것이다.

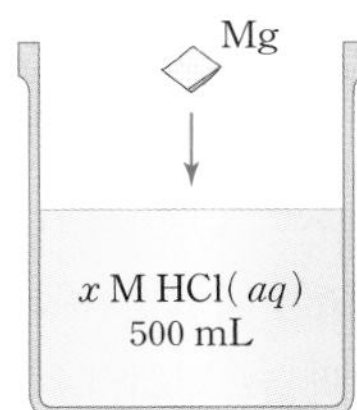

(1) 묽은 염산과 마그네슘의 반응을 화학 반응식으로 나타내시오.

(2) 반응 후 0.4 g의 마그네슘이 남았을 때, 반응 전 묽은 염산의 pH를 구하고 그 과정을 서술하시오. (단, H, Mg, Cl의 원자량은 각각 1, 24, 35.5이다.)

13 산 염기와 중화 반응

1 산과 염기

(1) 산과 산성

① 산: 수용액에서 수소 이온(H^+)을 내놓는 물질

예 HCl, HNO_3, H_2SO_4, CH_3COOH 등

② 산성: 산의 공통적인 성질 ➡ H^+ 때문에 나타난다.

- 대부분 신맛이 나며, 수용액에서 전류가 흐른다.
- 마그네슘(Mg), 아연(Zn) 등과 반응하여 수소(H_2) 기체를 발생시킨다. 예 $Mg + 2HCl \longrightarrow MgCl_2 + H_2\uparrow$
- 탄산 칼슘($CaCO_3$)과 반응하여 이산화 탄소 기체를 발생시킨다. 예 $CaCO_3 + 2HCl \longrightarrow CaCl_2 + H_2O + CO_2\uparrow$

(2) 염기와 염기성

① 염기: 수용액에서 수산화 이온(OH^-)을 내놓는 물질

예 $NaOH$, $Ca(OH)_2$ 등

② 염기성: 염기의 공통적인 성질 ➡ OH^- 때문에 나타난다.

- 대부분 쓴맛이 나며, 수용액에서 전류가 흐른다.
- 단백질을 녹이는 성질이 있어 피부에 묻으면 미끈거린다.
- 대부분의 금속과 반응하지 않는다.

(3) 용액의 성질에 따른 지시약의 색 변화

지시약	리트머스 종이	BTB 용액	페놀프탈레인 용액	메틸 오렌지 용액
산	푸른색 → 붉은색	노란색	무색	붉은색
염기	붉은색 → 푸른색	푸른색	붉은색	노란색

(4) 산과 염기의 이온화: 산과 염기는 전해질이므로 물에 녹아 양이온과 음이온으로 나누어지는데, 이를 이온화라고 한다.

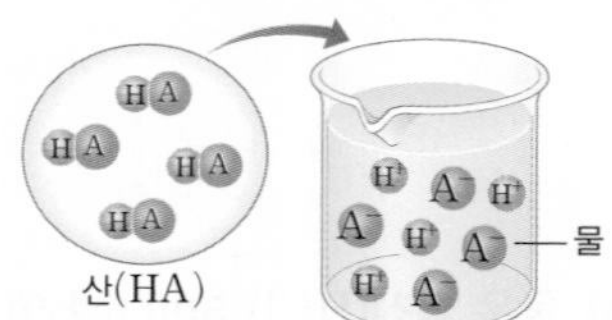

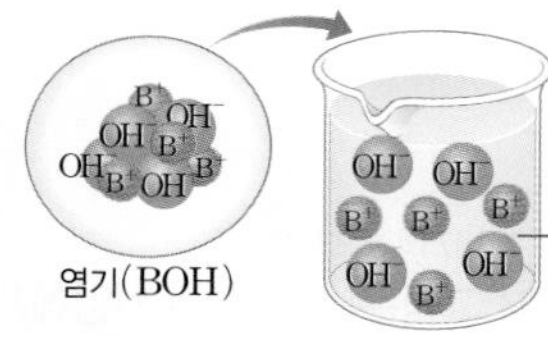

산(HA) ⟶ H^+ + 음이온(A^-)　　염기(BOH) ⟶ 양이온(B^+) + OH^-

2 산과 염기의 정의

(1) 아레니우스 정의

① 산: 수용액에서 수소 이온(H^+)을 내놓는 물질

- $HCl(aq) \longrightarrow H^+(aq) + Cl^-(aq)$
- $H_2SO_4(aq) \longrightarrow 2H^+(aq) + SO_4^{2-}(aq)$

② 염기: 수용액에서 수산화 이온(OH^-)을 내놓는 물질

- $NaOH(aq) \longrightarrow Na^+(aq) + OH^-(aq)$
- $Ca(OH)_2(aq) \longrightarrow Ca^{2+}(aq) + 2OH^-(aq)$

(2) 브뢴스테드・로리 정의

① 산: 양성자(H^+)를 주는 물질

② 염기: 양성자(H^+)를 받는 물질

③ 짝산과 짝염기: 양성자(H^+)의 이동에 의해 산과 염기로 되는 한 쌍의 물질

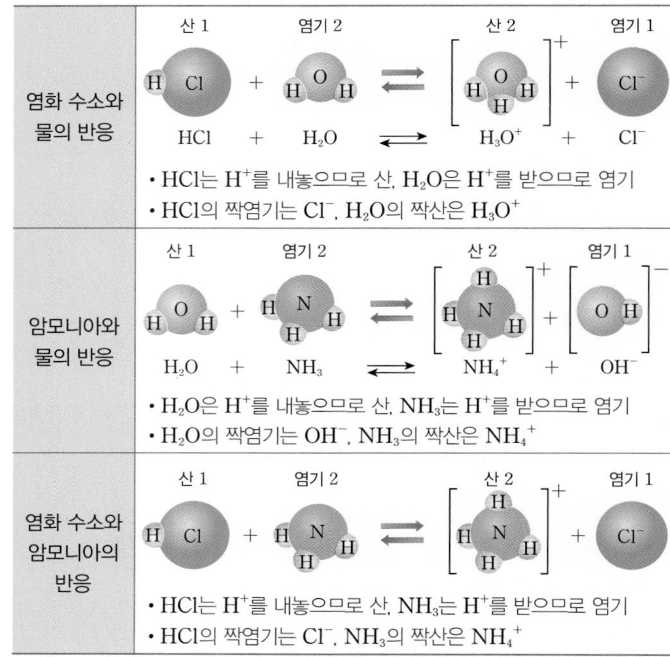

	반응
염화 수소와 물의 반응	산 1 HCl + 염기 2 H_2O ⇌ 산 2 H_3O^+ + 염기 1 Cl^- • HCl는 H^+를 내놓으므로 산, H_2O은 H^+를 받으므로 염기 • HCl의 짝염기는 Cl^-, H_2O의 짝산은 H_3O^+
암모니아와 물의 반응	산 1 H_2O + 염기 2 NH_3 ⇌ 산 2 NH_4^+ + 염기 1 OH^- • H_2O은 H^+를 내놓으므로 산, NH_3는 H^+를 받으므로 염기 • H_2O의 짝염기는 OH^-, NH_3의 짝산은 NH_4^+
염화 수소와 암모니아의 반응	산 1 + 염기 2 ⇌ 산 2 + 염기 1 • HCl는 H^+를 내놓으므로 산, NH_3는 H^+를 받으므로 염기 • HCl의 짝염기는 Cl^-, NH_3의 짝산은 NH_4^+

④ 양쪽성 물질: 반응에 따라 산으로 작용하기도 하고, 염기로 작용하기도 하는 물질 예 H_2O, HCO_3^- 등

핵심 개념 체크

정답과 해설 40쪽

1. 다음 설명 중 옳은 것은 ○표, 옳지 않은 것은 ×표 하시오.

(1) 산 수용액에 Mg을 넣으면 수소 기체가 발생한다. (　　　)

(2) 염기 수용액에 페놀프탈레인 용액을 넣으면 붉은색으로 변한다. (　　　)

(3) 산이 공통적인 성질을 나타내는 까닭은 이온화할 때 내놓는 음이온 때문이다. (　　　)

2. 아레니우스 산은 수용액에서 (　　　)을/를 내놓는 물질이다.

3. 브뢴스테드・로리 염기는 H^+를 (　　　)는 물질이다.

4. 다음 2가지 반응에 대한 물음에 답하시오.

> (가) $HF + H_2O \rightleftharpoons H_3O^+ + F^-$
> (나) $NH_3 + H_2O \rightleftharpoons NH_4^+ + OH^-$

(1) (가)에서 브뢴스테드・로리 염기는 (　　　)이다.

(2) (나)에서 NH_3의 짝산은 (　　　)이다.

(3) (가)와 (나)에서 양쪽성 물질은 (　　　)이다.

3 산 염기 중화 반응

(1) 중화 반응: 산과 염기가 반응하여 물과 염을 생성하는 반응

산＋염기 ⟶ 물(H_2O)＋염＋중화열

① 중화 반응 모형과 화학 반응식: 예 묽은 염산의 H^+과 수산화 나트륨 수용액의 OH^-이 반응하여 H_2O이 생성된다.

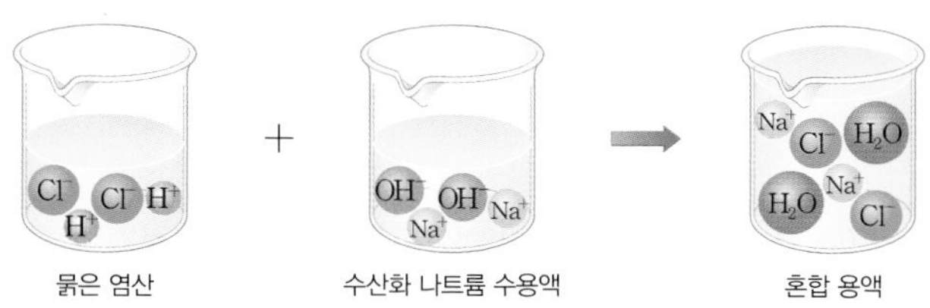

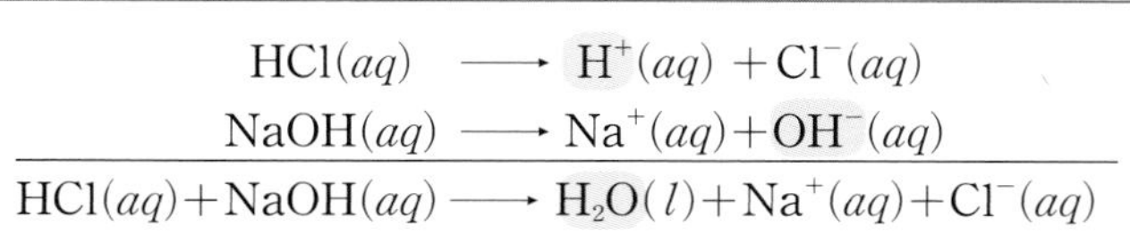

$$HCl(aq) \longrightarrow H^+(aq) + Cl^-(aq)$$
$$NaOH(aq) \longrightarrow Na^+(aq) + OH^-(aq)$$
$$HCl(aq) + NaOH(aq) \longrightarrow H_2O(l) + Na^+(aq) + Cl^-(aq)$$

② 알짜 이온 반응식: 반응에 실제로 참여한 이온만으로 나타낸 화학 반응식 ➡ $H^+(aq) + OH^-(aq) \longrightarrow H_2O(l)$

(2) 중화 반응의 양적 관계: 산의 H^+과 염기의 OH^-이 항상 1 : 1의 개수비로 반응하여 물을 생성한다.

① 혼합 용액의 액성

- $H^+ > OH^-$: 반응 후 H^+이 남음 ➡ 산성
- $H^+ = OH^-$: 모두 중화됨 ➡ 중성, 중화점
- $H^+ < OH^-$: 반응 후 OH^-이 남음 ➡ 염기성

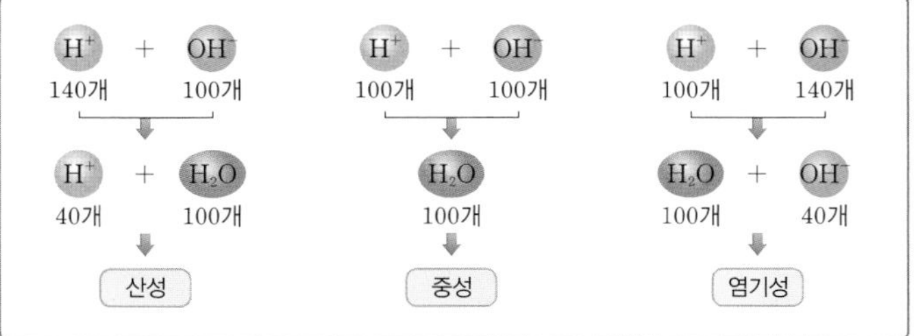

② 산과 염기가 완전히 중화되려면 산이 내놓는 H^+의 양(몰)과 염기가 내놓는 OH^-의 양(몰)이 같아야 한다.

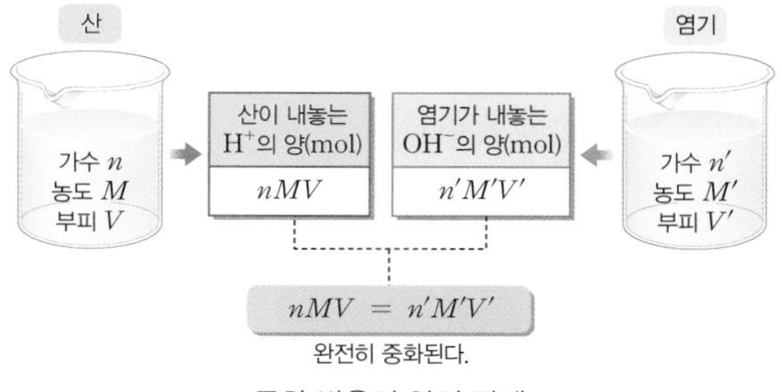

중화 반응의 양적 관계

(3) 중화 적정: 중화 반응의 양적 관계를 이용하여 농도를 모르는 산이나 염기의 농도를 알아내는 실험적 방법

➡ 중화 반응의 양적 관계($nMV = n'M'V'$)를 이용한다.

① 중화점: 중화 적정에서 산이 내놓는 H^+의 양(몰)과 염기가 내놓는 OH^-의 양(몰)이 같아지는 지점

② 중화 적정 과정

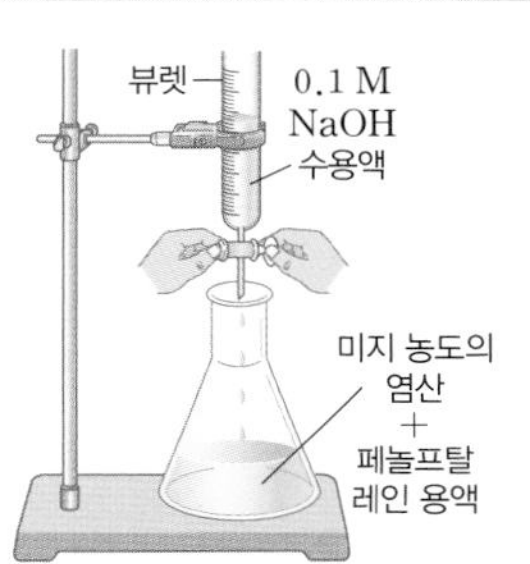

(가) 피펫으로 농도를 모르는 염산을 일정량 취하여 삼각 플라스크에 넣고, 페놀프탈레인 용액을 떨어뜨린다.

(나) 농도를 알고 있는 $NaOH(aq)$을 뷰렛에 넣고 조금 흘려보낸 다음 뷰렛의 눈금을 읽어 $NaOH(aq)$의 처음 부피를 측정한다.

(다) 뷰렛의 꼭지를 열어 삼각 플라스크에 $NaOH(aq)$을 떨어뜨리면서 용액 전체의 색이 붉은색으로 변하는 순간 뷰렛의 꼭지를 잠근다.

(라) 뷰렛의 눈금을 읽어 $NaOH(aq)$의 나중 부피를 측정한다.

(마) $nMV = n'M'V'$ 식을 이용하여 염산의 농도를 구한다.

핵심 개념 체크

정답과 해설 40쪽

5. 중화 반응에 대한 설명 중 옳은 것은 ○표, 옳지 않은 것은 ×표 하시오.

(1) 중화 반응은 H^+과 OH^-이 반응하여 물(H_2O)을 생성하는 반응이다. (　　)

(2) 중화 반응이 일어날 때 열이 발생하며, 이 열을 중화열이라고 한다. (　　)

(3) 중화 반응에 의해 생성된 염은 모두 물에 잘 용해된다. (　　)

(4) 산과 염기 수용액을 혼합한 용액은 항상 중성을 띤다. (　　)

6. 혼합하는 용액의 OH^- 수가 H^+ 수보다 많은 경우, 반응 후 (　　　)이 남고 혼합 용액은 (　　　)을 띤다.

7. 농도를 정확하게 알고 있는 용액을 (　　　)(이)라고 하며, 이 용액을 이용하여 농도를 모르는 산 또는 염기의 농도를 알아내는 방법을 (　　　)(이)라고 한다.

8. 중화 적정에 필요한 실험 기구 중 가해 주는 표준 용액의 부피를 측정할 때 사용하는 것은 (　　　)이다.

9. x M $NaOH(aq)$ 50 mL를 0.1 M $HCl(aq)$으로 적정했을 때, 중화점까지 넣어 준 $HCl(aq)$의 부피는 100 mL였다. x를 구하시오.

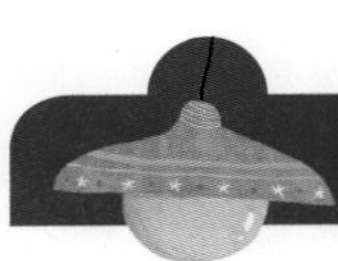

출제 예상 문제

[8714-0331]
01 아레니우스 염기의 공통적인 성질에 대한 설명으로 옳은 것만을 〈보기〉에서 있는 대로 고른 것은?

보기
ㄱ. 수용액에서 전류가 흐른다.
ㄴ. 물에 녹아 이온화될 때 같은 종류의 음이온을 내놓는다.
ㄷ. 마그네슘과 반응하면 수소 기체가 발생한다.

① ㄱ ② ㄷ ③ ㄱ, ㄴ
④ ㄴ, ㄷ ⑤ ㄱ, ㄴ, ㄷ

[8714-0332]
02 그림은 25 ℃에서 HA 수용액에 들어 있는 이온을 모형으로 나타낸 것이다.
이 수용액에 대한 설명으로 옳은 것만을 〈보기〉에서 있는 대로 고른 것은? (단, 25 ℃에서 물의 이온화 상수(K_w)는 1.0×10^{-14}이다.)

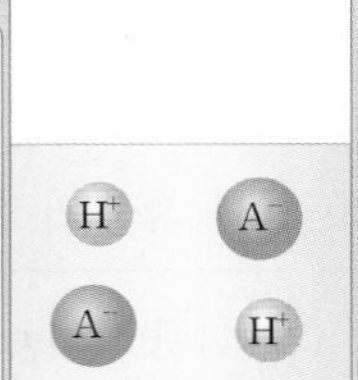

보기
ㄱ. pH는 7보다 크다.
ㄴ. 탄산 칼슘을 넣으면 기체가 발생한다.
ㄷ. 마그네슘 조각을 넣으면 기체가 발생한다.

① ㄱ ② ㄴ ③ ㄱ, ㄴ
④ ㄱ, ㄷ ⑤ ㄴ, ㄷ

[8714-0333]
03 그림 (가)와 (나)는 같은 부피의 묽은 염산과 아세트산 수용액에 각각 마그네슘 리본을 넣은 모습을 나타낸 것이다.

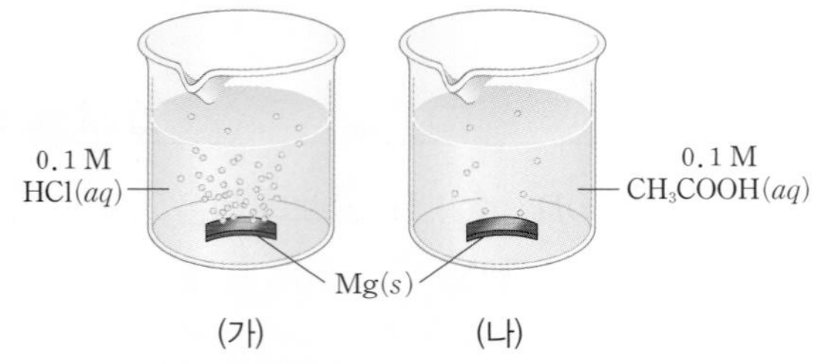

이에 대한 설명으로 옳은 것만을 〈보기〉에서 있는 대로 고른 것은?

보기
ㄱ. (가)와 (나)에서 발생하는 기체는 수소이다.
ㄴ. 반응 전 수용액의 $[H_3O^+]$는 (가) > (나)이다.
ㄷ. 반응이 진행될수록 (가)와 (나)의 pH는 모두 감소한다.

① ㄱ ② ㄷ ③ ㄱ, ㄴ
④ ㄴ, ㄷ ⑤ ㄱ, ㄴ, ㄷ

[8714-0334]
04 그림은 25 ℃에서 2가지 수용액 (가)와 (나)에 들어 있는 이온을 모형으로 나타낸 것이다.

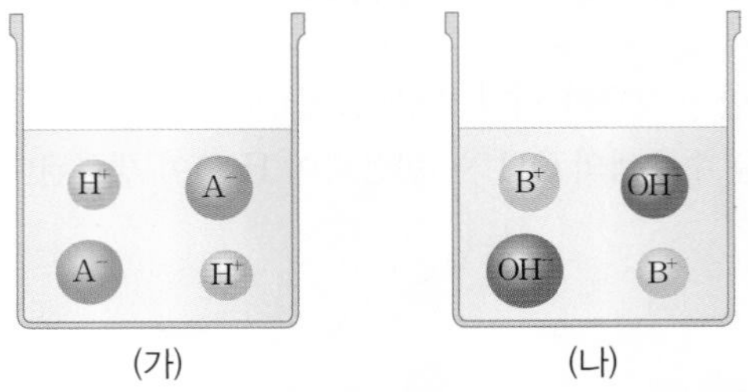

(가)와 (나)를 구별할 수 있는 방법으로 옳은 것만을 〈보기〉에서 있는 대로 고른 것은?

보기
ㄱ. 수용액의 pH를 측정한다.
ㄴ. 달걀 껍데기를 넣어 본다.
ㄷ. 전원 장치에 연결하여 전류를 흘려 본다.

① ㄱ ② ㄷ ③ ㄱ, ㄴ
④ ㄴ, ㄷ ⑤ ㄱ, ㄴ, ㄷ

[8714-0335]
05 그림은 3가지 물질의 수용액을 2가지 분류 기준에 따라 분류하여 나타낸 것이다.

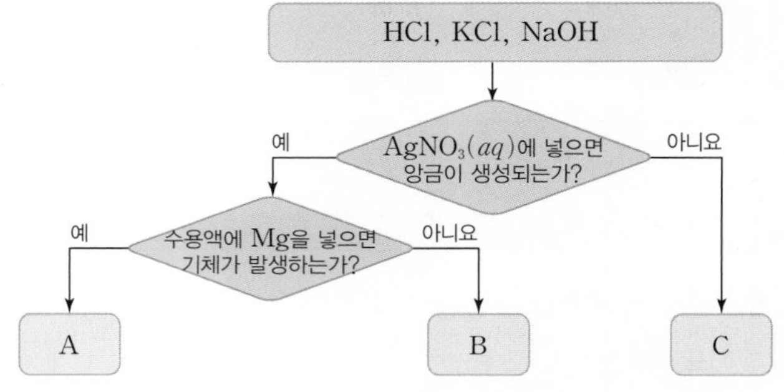

이에 대한 설명으로 옳은 것만을 〈보기〉에서 있는 대로 고른 것은?

보기
ㄱ. A는 아레니우스 산이다.
ㄴ. 온도가 같은 수용액의 pH는 C가 A보다 크다.
ㄷ. B의 수용액과 C의 수용액에 페놀프탈레인 용액을 각각 넣으면 모두 붉은색으로 변한다.

① ㄱ ② ㄷ ③ ㄱ, ㄴ
④ ㄴ, ㄷ ⑤ ㄱ, ㄴ, ㄷ

[8714-0336]
06 그림은 염화 수소(HCl)가 물(H_2O)과 반응하여 이온화되는 과정을 모형으로 나타낸 것이다.

H Cl + H O H ⇄ [H O H H]$^+$ + Cl^-

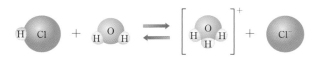

이에 대한 설명으로 옳은 것만을 〈보기〉에서 있는 대로 고른 것은?

보기
ㄱ. HCl는 아레니우스 산이다.
ㄴ. H_2O은 브뢴스테드 · 로리 염기이다.
ㄷ. HCl의 짝염기는 H_3O^+이다.

① ㄱ ② ㄷ ③ ㄱ, ㄴ
④ ㄴ, ㄷ ⑤ ㄱ, ㄴ, ㄷ

[8714-0337]
07 그림은 진한 염산이 들어 있는 집기병의 입구에 암모니아수를 묻힌 유리 막대를 가까이 대었을 때 흰색 연기가 발생하는 모습을 나타낸 것이다.
이에 대한 설명으로 옳은 것만을 〈보기〉에서 있는 대로 고른 것은?

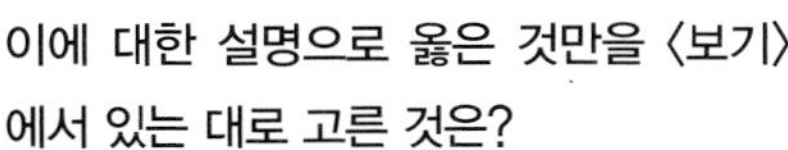

보기
ㄱ. 흰색 연기는 NH_4Cl이다.
ㄴ. NH_3는 브뢴스테드 · 로리 염기로 작용한다.
ㄷ. 진한 염산이 들어 있는 집기병 입구에 물에 적신 붉은색 리트머스 종이를 가까이 대면 푸른색으로 변한다.

① ㄱ ② ㄷ ③ ㄱ, ㄴ
④ ㄴ, ㄷ ⑤ ㄱ, ㄴ, ㄷ

[8714-0338]
08 다음은 3가지 화학 반응식이다.

(가) $HBr(aq)+H_2O(l) \rightleftharpoons Br^-(aq)+H_3O^+(aq)$
(나) $NH_3(aq)+HCl(aq) \rightleftharpoons NH_4^+(aq)+Cl^-(aq)$
(다) $CH_3COOH(aq)+H_2O(l) \rightleftharpoons CH_3COO^-(aq)+H_3O^+(aq)$

(가)~(다)의 정반응에서 브뢴스테드 · 로리 염기로 작용하는 물질을 옳게 짝지은 것은?

	(가)	(나)	(다)
①	HBr	HCl	CH_3COOH
②	HBr	NH_3	CH_3COOH
③	H_2O	NH_3	CH_3COOH
④	H_2O	NH_3	H_2O
⑤	H_2O	HCl	H_2O

[8714-0339]
09 다음은 산과 염기를 이용한 실험이다.

[실험 과정]
(가) HCl(aq)과 NaOH(aq)을 준비한다.
(나) (가)의 수용액에 각각 페놀프탈레인 용액을 1~2방울 떨어뜨린다.
(다) (나)의 수용액에 각각 같은 질량의 마그네슘(Mg) 조각을 넣어 반응시킨다.
[실험 결과]
• (나)에서 [㉠]의 색깔이 붉은색으로 변한다.
• (다)에서는 HCl(aq)에서만 [㉡] 기체가 발생한다.

이에 대한 설명으로 옳은 것만을 〈보기〉에서 있는 대로 고른 것은?

보기
ㄱ. ㉠은 'NaOH(aq)'이다.
ㄴ. ㉡은 '염소'이다.
ㄷ. (가)의 HCl(aq)에서 H_2O은 브뢴스테드 · 로리 염기로 작용한다.

① ㄱ ② ㄴ ③ ㄱ, ㄴ
④ ㄱ, ㄷ ⑤ ㄴ, ㄷ

[8714-0340]
10 다음은 산 염기와 관련된 반응 (가)~(다)에 대한 설명이다.

(가) 염화 수소(HCl)를 물에 녹이면 염화 이온(Cl^-)과 하이드로늄 이온(H_3O^+)이 생성된다.
(나) 수산화 나트륨(NaOH)을 물에 녹이면 나트륨 이온(Na^+)과 수산화 이온(OH^-)이 생성된다.
(다) 암모니아(NH_3) 기체를 염화 수소(HCl) 기체와 반응시키면 염화 암모늄(NH_4Cl) 고체가 생성된다.

이에 대한 설명으로 옳은 것만을 〈보기〉에서 있는 대로 고른 것은?

보기
ㄱ. (나)에서 NaOH은 아레니우스 염기이다.
ㄴ. (다)에서 NH_3의 짝산은 NH_4^+이다.
ㄷ. (가)와 (다)에서 HCl는 브뢴스테드 · 로리 산이다.

① ㄱ ② ㄷ ③ ㄱ, ㄴ
④ ㄴ, ㄷ ⑤ ㄱ, ㄴ, ㄷ

[8714-0341]

11 다음은 **$HCl(aq)$**과 **$NaOH(aq)$**의 반응의 화학 반응식이다.

$$HCl(aq)+NaOH(aq) \longrightarrow \boxed{㉠}(l)+NaCl(aq)$$

이에 대한 설명으로 옳은 것만을 <보기>에서 있는 대로 고른 것은?

보기

ㄱ. ㉠은 H_2O이다.
ㄴ. H^+과 OH^-은 1 : 1의 몰비로 반응한다.
ㄷ. 반응한 H^+ 수는 생성된 ㉠ 분자의 수와 같다.

① ㄱ ② ㄷ ③ ㄱ, ㄴ
④ ㄴ, ㄷ ⑤ ㄱ, ㄴ, ㄷ

[8714-0342]

12 그림은 2가지 수용액에 들어 있는 이온을 모형으로 나타낸 것이다.

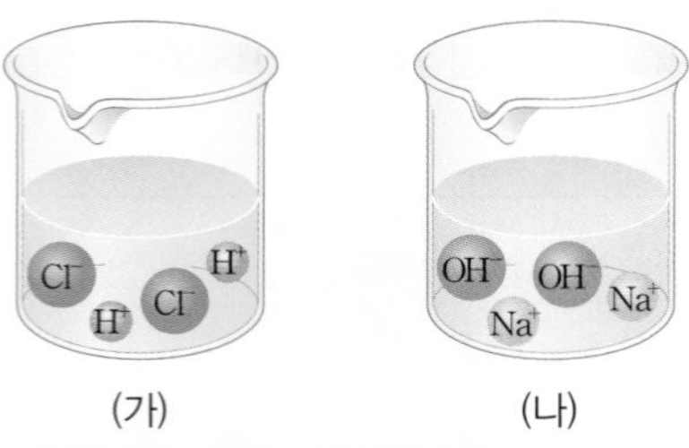

(가) (나)

(가)와 (나)를 혼합한 용액에 대한 설명으로 옳은 것만을 <보기>에서 있는 대로 고른 것은?

보기

ㄱ. $[H_3O^+]=[OH^-]$이다.
ㄴ. 전류가 흐르지 않는다.
ㄷ. 생성된 물의 양(몰)은 Cl^-의 양(몰)과 같다.

① ㄱ ② ㄴ ③ ㄱ, ㄷ
④ ㄴ, ㄷ ⑤ ㄱ, ㄴ, ㄷ

[8714-0343]

13 그림은 **0.01 M $NaOH(aq)$ 20 mL**에 **x M $HCl(aq)$**을 조금씩 넣을 때, 가해 준 **$HCl(aq)$**의 부피에 따른 혼합 용액 속 총 이온 수를 나타낸 것이다.

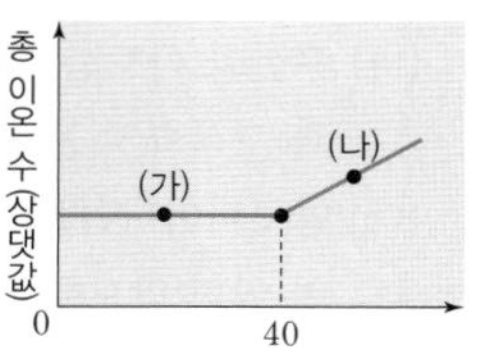

이에 대한 설명으로 옳은 것만을 <보기>에서 있는 대로 고른 것은?

보기

ㄱ. $x=0.005$이다.
ㄴ. 혼합 용액의 pH는 (나)>(가)이다.
ㄷ. $[Na^+]$는 (가)>(나)이다.

① ㄱ ② ㄴ ③ ㄱ, ㄴ
④ ㄱ, ㄷ ⑤ ㄴ, ㄷ

[8714-0344]

14 실생활에서 산 염기 중화 반응을 이용하는 예가 아닌 것은?

① 속이 쓰릴 때 제산제를 복용한다.
② 꿀벌에 쏘였을 때 암모니아수를 바른다.
③ 물을 소독하는 데 염소 기체를 사용한다.
④ 생선 비린내를 제거하기 위해 레몬즙을 뿌린다.
⑤ 산성화된 호수에 생석회나 탄산 칼슘을 뿌린다.

[8714-0345]

15 그림은 수용액 (가)와 (나)가 반응하여 수용액 (다)가 되는 반응을 이온 모형으로 나타낸 것이다.

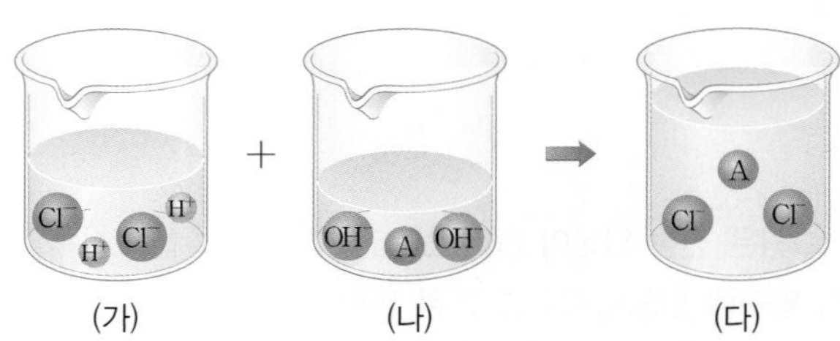

(가) (나) (다)

이에 대한 설명으로 옳은 것만을 <보기>에서 있는 대로 고른 것은? (단, 온도는 일정하다.)

보기

ㄱ. A의 전하는 +2이다.
ㄴ. $[Cl^-]$는 (가)가 (다)보다 크다.
ㄷ. 수용액의 pH는 (다)>(나)이다.

① ㄱ ② ㄴ ③ ㄱ, ㄴ
④ ㄱ, ㄷ ⑤ ㄴ, ㄷ

[8714-0346]

16 표는 일정한 온도에서 묽은 염산(**HCl**)과 수산화 나트륨(**$NaOH$**) 수용액을 서로 다른 부피로 혼합한 수용액에 **BTB** 용액을 1~2방울씩 떨어뜨렸을 때 혼합 용액의 색 변화를 나타낸 것이다.

혼합 용액	(가)	(나)	(다)	(라)
$HCl(aq)$의 부피(mL)	5	10	15	20
$NaOH(aq)$의 부피(mL)	20	15	10	5
색		초록색		

이에 대한 설명으로 옳은 것만을 <보기>에서 있는 대로 고른 것은?

보기

ㄱ. (다)와 (라)는 모두 $[H_3O^+]>[OH^-]$이다.
ㄴ. 이온의 총 수는 (가)가 (다)보다 많다.
ㄷ. 혼합 전 수용액의 몰 농도의 비는 $HCl(aq)$: $NaOH(aq)$ $=2:3$이다.

① ㄱ ② ㄴ ③ ㄱ, ㄷ
④ ㄴ, ㄷ ⑤ ㄱ, ㄴ, ㄷ

[8714-0347]
17 그림은 같은 온도, 같은 부피의 수산화 나트륨(NaOH) 수용액과 수산화 칼륨(KOH) 수용액에 묽은 염산(HCl) 10 mL를 각각 넣었을 때, 혼합 용액 속 입자 모형을 나타낸 것이다. (가)와 (나)의 총 부피는 같다.

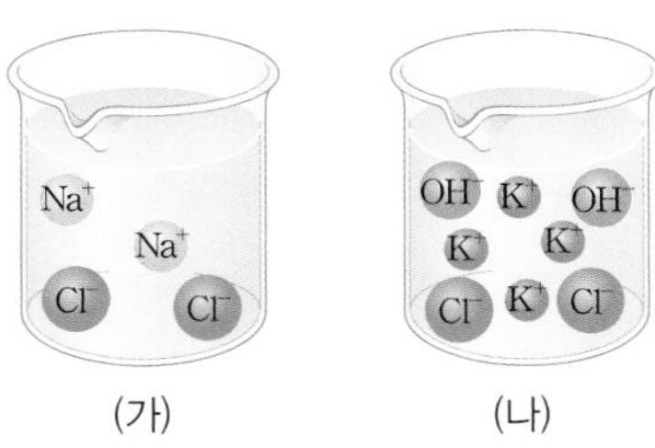

(가) (나)

이에 대한 설명으로 옳은 것만을 <보기>에서 있는 대로 고른 것은?

보기
ㄱ. $[H_3O^+]$는 (가)>(나)이다.
ㄴ. 생성된 물의 양(몰)은 (가)>(나)이다.
ㄷ. 혼합 전 염기 수용액의 몰 농도는 수산화 칼륨 수용액이 수산화 나트륨 수용액의 2배이다.

① ㄱ ② ㄴ ③ ㄱ, ㄷ
④ ㄴ, ㄷ ⑤ ㄱ, ㄴ, ㄷ

[8714-0348]
18 그림은 25 ℃에서 0.1 M 수산화 나트륨(NaOH) 수용액 50 mL에 x M 염산(HCl)을 차례대로 넣어 반응시키는 모습을 이온 모형으로 나타낸 것이다.

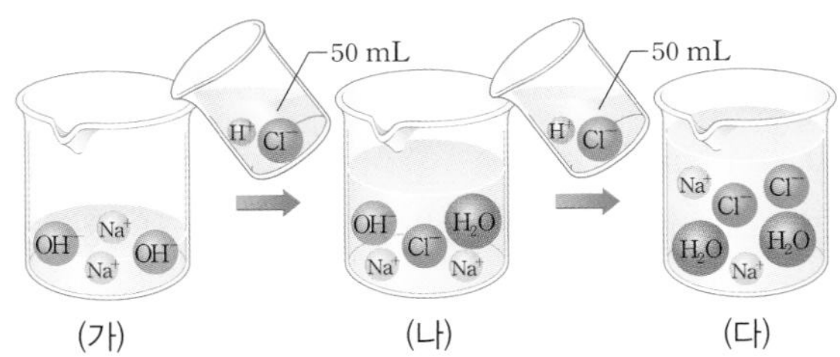

(가) (나) (다)

이에 대한 설명으로 옳은 것만을 <보기>에서 있는 대로 고른 것은? (단, 물의 이온화 상수(K_w)는 1.0×10^{-14}이고, (나)와 (다)에서 혼합 용액의 부피는 혼합 전 각 용액의 부피의 합과 같다.)

보기
ㄱ. $x=0.2$이다.
ㄴ. (가)에서 $[H_3O^+]=1.0\times10^{-13}$ M이다.
ㄷ. Cl^-의 몰 농도의 비는 (나) : (다)=3 : 4이다.

① ㄱ ② ㄷ ③ ㄱ, ㄴ
④ ㄴ, ㄷ ⑤ ㄱ, ㄴ, ㄷ

[8714-0349]
19 그림은 25 ℃에서 HCl(aq) 15 mL의 농도를 알아보기 위해 수행한 중화 적정 실험 장치를 나타낸 것이다. HCl(aq)에 BTB 용액을 넣고 적정하였을 때, 초록색으로 변할 때까지 넣어 준 0.1 M NaOH(aq)의 부피는 20 mL이다.

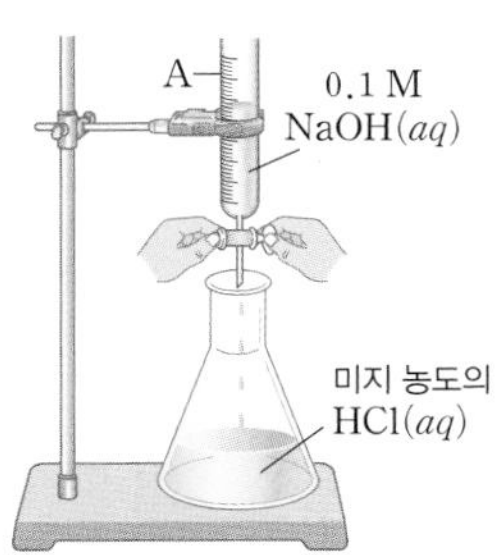

이에 대한 설명으로 옳은 것만을 <보기>에서 있는 대로 고른 것은?

보기
ㄱ. A는 피펫이다.
ㄴ. HCl(aq)의 몰 농도는 0.1 M이다.
ㄷ. NaOH(aq) 20 mL를 넣을 때까지 생성된 물의 양(몰)은 0.002몰이다.

① ㄱ ② ㄷ ③ ㄱ, ㄴ
④ ㄴ, ㄷ ⑤ ㄱ, ㄴ, ㄷ

[8714-0350]
20 다음은 25 ℃에서 산 수용액 HA(aq)의 몰 농도를 알아내는 실험 과정이다.

[실험 과정]
(가) ㉠ 을/를 이용하여 HA(aq) 10 mL를 취한 후 삼각 플라스크에 넣고 페놀프탈레인 용액 2~3방울을 떨어뜨린다.
(나) ㉡ 을/를 이용하여 삼각 플라스크에 0.1 M NaOH(aq)을 넣으면서 삼각 플라스크를 흔들어 준다.
(다) 용액 전체가 ㉢ 으로 변한 순간 ㉡ 의 꼭지를 잠근다.
(라) 넣어 준 NaOH(aq)의 부피를 측정한다.

이에 대한 설명으로 옳은 것만을 <보기>에서 있는 대로 고른 것은?

보기
ㄱ. ㉠과 ㉡은 모두 피펫이다.
ㄴ. ㉢은 붉은색이다.
ㄷ. 넣어 준 NaOH(aq)의 부피가 5 mL일 때, HA(aq)의 몰 농도는 0.2 M이다.

① ㄱ ② ㄴ ③ ㄱ, ㄷ
④ ㄴ, ㄷ ⑤ ㄱ, ㄴ, ㄷ

정답과 해설 42쪽

[8714-0351]

01 그림은 4가지 산과 염기의 수용액을 분류 기준 (가)로 분류한 것을 나타낸 것이다.

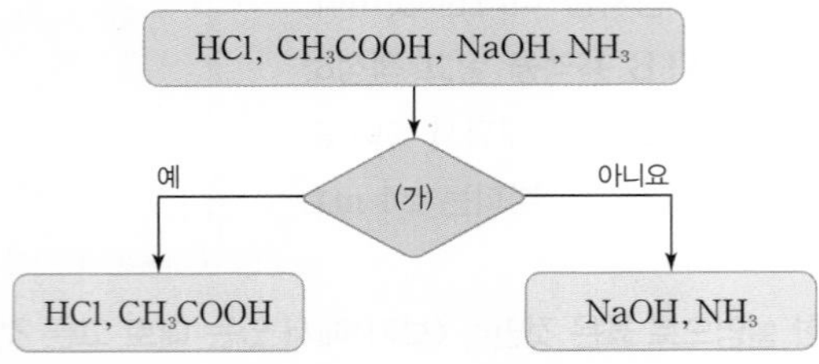

분류 기준 (가)로 적용할 수 있는 실험 방법을 2가지 제시하시오.

[8714-0352]

02 그림은 0.1 M의 산 HA 수용액과 HB 수용액 100 mL를 각각 비커에 넣고 전원 장치에 연결한 후 꼬마전구의 밝기를 비교하는 모습을 나타낸 것이다.

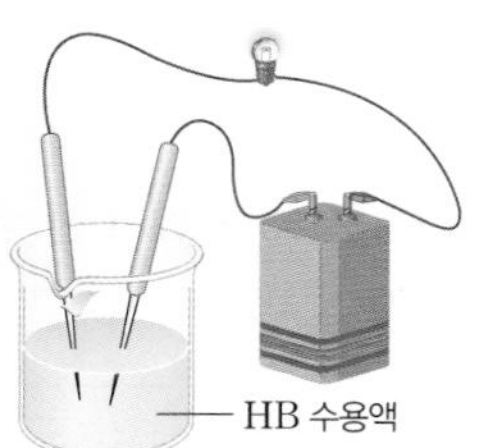

HA 수용액과 HB 수용액 속의 $[H_3O^+]$를 비교하고, 그 까닭을 서술하시오.

[8714-0353]

03 그림은 x M HCl(aq) 10 mL와 y M NaOH(aq) 5 mL를 혼합한 용액의 이온 모형을 나타낸 것이다. (단, 혼합 용액의 부피는 혼합 전 각 용액의 부피의 합과 같다.)

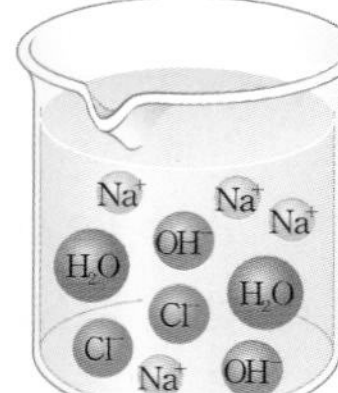

(1) $x : y$를 구하시오.

(2) 중화 반응에 의해 생성된 물의 양(몰)을 구하고, 그 계산 과정을 서술하시오.

[8714-0354]

04 그림 (가)와 (나)는 같은 부피의 수산화 칼륨(KOH) 수용액과 수산화 나트륨(NaOH) 수용액이 각각 들어 있는 2개의 비커에 묽은 염산을 각각 10 mL씩 넣은 혼합 용액 속의 이온을 모형으로 나타낸 것이다. 혼합 용액의 부피는 혼합 전 각 용액의 부피의 합과 같다.

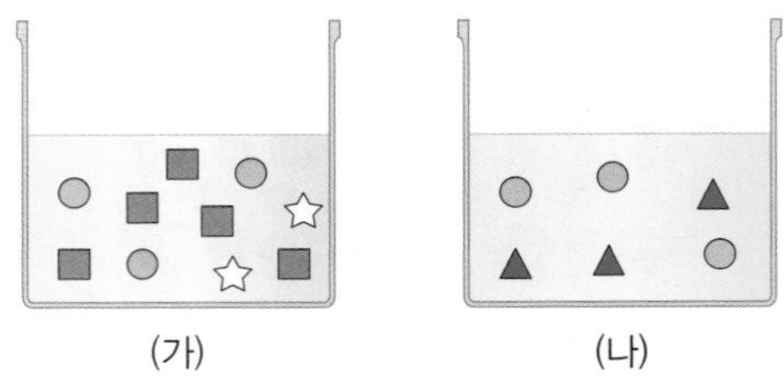

(1) 혼합 전 두 염기 수용액의 몰 농도의 비를 구하고, 그 계산 과정을 서술하시오.

(2) (가)와 (나)에서 중화 반응에 의해 생성된 물의 몰비를 구하고, 계산 과정을 서술하시오.

[8714-0355]

05 다음은 아세트산(CH_3COOH) 수용액의 농도를 알아보기 위한 실험이다.

[실험 과정]

(가) 농도를 모르는 CH_3COOH(aq) 20 mL를 삼각 플라스크에 넣는다.

(나) 0.1 M NaOH(aq)을 ㉠ 에 넣고 눈금을 읽는다.

(다) 페놀프탈레인 용액 2~3방울을 삼각 플라스크의 용액에 넣는다.

(라) NaOH(aq)을 조금씩 떨어뜨리면서 삼각 플라스크를 흔들어 섞는다.

(마) 용액의 색깔이 변한 후 색이 사라지지 않으면 ㉠ 의 꼭지를 잠그고, 눈금을 읽는다.

[실험 결과]

• (나)와 (마)의 눈금 차는 40 mL였다.

(1) ㉠에 해당하는 실험 기구를 쓰시오.

(2) 아세트산(CH_3COOH) 수용액의 몰 농도를 구하고, 그 계산 과정을 서술하시오.

14 산화 환원 반응과 화학 반응에서 출입하는 열

1 산화 환원

(1) 산소의 이동에 의한 산화 환원 반응

산화	환원
물질이 산소를 얻는 반응	물질이 산소를 잃는 반응

$$2CuO(s) + C(s) \longrightarrow 2Cu(s) + CO_2(g)$$

산화 구리(Ⅱ) 탄소 구리 이산화 탄소 (C → CO_2: 산화, CuO → Cu: 환원)

(2) 전자의 이동에 의한 산화 환원 반응

산화	환원
원자나 이온이 전자를 잃는 반응	원자나 이온이 전자를 얻는 반응

$$Fe(s) + Cu^{2+}(aq) \longrightarrow Fe^{2+}(aq) + Cu(s)$$

(Fe → Fe^{2+}: 산화(전자 2개 잃음), Cu^{2+} → Cu: 환원(전자 2개 얻음))

(3) 산화 환원의 동시성: 한 반응에서 산소를 얻거나 전자를 잃는 물질이 있으면 반드시 산소를 잃거나 전자를 얻는 물질이 있다. ➡ 산화 환원은 항상 동시에 일어난다.

(4) 여러 가지 산화 환원 반응

① 연소: 물질이 산소와 빠르게 반응하여 빛과 열을 내는 현상

예 메테인(CH_4)의 연소: $CH_4 + 2O_2 \longrightarrow CO_2 + 2H_2O$ (CH_4 → CO_2: 산화)

② 금속과 산의 반응: 산 수용액에 수소보다 반응성이 큰 금속을 넣으면 금속은 산화되어 양이온이 되고, 수소 이온이 환원되어 수소 기체가 발생한다.

③ 금속과 금속 이온 수용액의 반응: 금속 이온이 들어 있는 수용액에 반응성이 큰 금속을 넣으면, 반응성이 큰 금속이 전자를 잃고 산화되고, 수용액 속 금속 이온은 전자를 얻어 환원되어 금속으로 석출된다.

2 산화수

(1) 산화수: 어떤 물질에서 성분 원소의 원자가 산화되거나 환원된 정도를 나타낸 수

① 이온 결합 물질에서 산화수: 이온 결합 물질은 양이온과 음이온이 결합된 물질이므로 각 이온의 전하가 그 이온의 산화수이다. 예 NaCl: Na^+의 산화수는 +1, Cl^-의 산화수는 −1

② 공유 결합 물질에서 산화수: 전기 음성도가 큰 원자가 공유 전자쌍을 모두 가진다고 가정할 때, 각 원자가 가지는 전하이다.

- 전기 음성도가 작은 원자: (+)값을 갖는다.
- 전기 음성도가 큰 원자: (−)값을 갖는다.

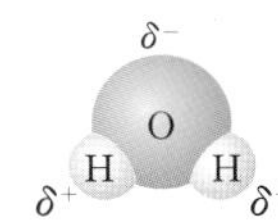

H:Ö:H — 공유 전자쌍을 O가 모두 가진다고 가정한다.

- 전기 음성도: O>H
- H의 산화수: +1
- O의 산화수: −2

(2) 산화수 결정 규칙

① 원소를 이루는 원자의 산화수는 0이다.
예 Cu, H_2, O_2에서 Cu, H, O의 산화수는 모두 0

② 화합물을 이루는 각 원자의 산화수 총합은 0이다.
예 H_2O에서 (H의 산화수)×2+(O의 산화수)×1=0

③ 단원자 이온의 산화수는 그 이온의 전하와 같다.
예 Cu^{2+}에서 Cu의 산화수는 +2, Cl^-에서 Cl의 산화수는 −1

④ 다원자 이온에서 원자의 산화수 총합은 그 이온의 전하와 같다.
예 SO_4^{2-}에서 (S의 산화수)×1+(O의 산화수)×4=−2

⑤ 화합물에서 수소의 산화수는 +1이다. 단, 금속의 수소 화합물에서는 −1이다.
예 H_2O, HCl, CH_4에서 H의 산화수는 +1
NaH, MgH_2에서 H의 산화수는 −1

⑥ 화합물에서 산소의 산화수는 −2이다. 단, 과산화물에서는 −1이며, 플루오린 화합물에서는 +1 또는 +2이다.
예 H_2O, CO_2에서 O의 산화수는 −2, H_2O_2에서 O의 산화수는 −1, OF_2에서 O의 산화수는 +2

(3) 산화수 변화에 의한 산화 환원 반응

산화	환원
산화수가 증가하는 반응	산화수가 감소하는 반응

$$\overset{0}{N_2}(g) + 3\overset{0}{H_2}(g) \longrightarrow 2\overset{-3+1}{NH_3}(g)$$

(N: 0 → −3 환원, H: 0 → +1 산화)

(4) 산화 환원의 동시성: 한 원자의 산화수가 증가하면 다른 원자의 산화수가 감소한다. ➡ 산화 환원은 항상 동시에 일어난다.

핵심 개념 체크

정답과 해설 43쪽

1. 다음 설명 중 옳은 것은 ○표, 옳지 않은 것은 ×표 하시오.
(1) 산화는 물질이 산소나 전자를 잃는 반응이다. ( )
(2) 모든 산화 환원 반응은 산소의 이동으로 설명할 수 있다. ( )
(3) 한 물질이 전자를 잃고 산화될 때 다른 물질은 전자를 얻어 환원되므로 산화 환원은 항상 동시에 일어난다. ( )

2. $Cu^{2+} + Zn \longrightarrow Cu + Zn^{2+}$ 반응에서 Cu^{2+}은 전자를 얻어 ( )되고, Zn은 전자를 잃어 ( )된다.

3. H_2O에서 H의 산화수는 ( ), O의 산화수는 ( )이다.

4. 산화 환원 반응에서 어떤 원자의 산화수가 증가하면 ( ), 산화수가 감소하면 ( )된 것이다.

(5) 산화제와 환원제

산화제	환원제
다른 물질을 산화시키고 자신은 환원되는 물질	다른 물질을 환원시키고 자신은 산화되는 물질

산화: Cu(0) → Cu^{2+}(+2)
$$\underset{\text{환원제}}{\overset{0}{Cu}} + 4H^+ + \underset{\text{산화제}}{2\overset{+5}{N}O_3^-} \longrightarrow \overset{+2}{Cu^{2+}} + 2\overset{+4}{N}O_2 + 2H_2O$$
환원: N(+5) → N(+4)

• 산화제와 환원제의 상대성: 같은 물질이라도 반응에 따라 산화제로 작용할 수도 있고 환원제로 작용할 수도 있다.

3 산화 환원 반응식

(1) 산화수법: 증가한 총 산화수와 감소한 총 산화수가 같다는 것을 이용하여 산화 환원 반응식을 완성한다.

예 $Sn^{2+} + MnO_4^- + H^+ \longrightarrow Sn^{4+} + Mn^{2+} + H_2O$

[1단계] 각 원자의 산화수를 구한다.

$$\underset{+2}{Sn^{2+}} + \underset{+7}{Mn}O_4^- + H^+ \longrightarrow \underset{+4}{Sn^{4+}} + \underset{+2}{Mn^{2+}} + H_2O$$

[2단계] 각 원자의 산화수 변화를 조사한다.

산화수 2 증가: 산화 / 산화수 5 감소: 환원

$$\underset{+2}{Sn^{2+}} + \underset{+7}{Mn}O_4^- + H^+ \longrightarrow \underset{+4}{Sn^{4+}} + \underset{+2}{Mn^{2+}} + H_2O$$

[3단계] 증가한 산화수와 감소한 산화수가 같도록 계수를 맞춘다.

2×5 / 5×2

$$5Sn^{2+} + 2MnO_4^- + H^+ \longrightarrow 5Sn^{4+} + 2Mn^{2+} + H_2O$$

[4단계] 산화수가 변하지 않은 원자들의 수와 반응 전후 전하량이 같도록 계수를 맞춘다.

$$5Sn^{2+} + 2MnO_4^- + 16H^+ \longrightarrow 5Sn^{4+} + 2Mn^{2+} + 8H_2O$$

(2) 산화 환원 반응의 양적 관계: 산화 환원 반응식의 계수를 통해 산화된 물질과 환원된 물질의 양적 관계를 알 수 있다.

4 화학 반응에서의 열 출입

(1) 발열 반응과 흡열 반응: 화학 반응이 일어나면 반응물과 생성물의 에너지 차이만큼 열을 방출하거나 흡수한다.

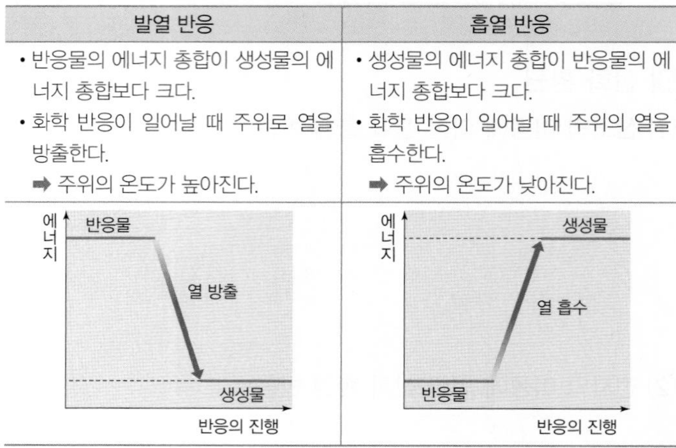

발열 반응	흡열 반응
• 반응물의 에너지 총합이 생성물의 에너지 총합보다 크다. • 화학 반응이 일어날 때 주위로 열을 방출한다. ➡ 주위의 온도가 높아진다.	• 생성물의 에너지 총합이 반응물의 에너지 총합보다 크다. • 화학 반응이 일어날 때 주위의 열을 흡수한다. ➡ 주위의 온도가 낮아진다.

(2) 발열 반응과 흡열 반응의 예

발열 반응	• 수증기가 액화되거나 물이 응고될 때 열을 방출한다. • 산과 염기가 중화 반응할 때 중화열이 발생한다. • 메테인 가스나 휘발유가 연소될 때 열이 발생한다.
흡열 반응	• 물이 기화되거나 얼음이 융해될 때 열을 흡수한다. • 냉각 팩 속의 질산 암모늄이 물에 용해될 때 열을 흡수한다. • 식물이 빛에너지를 흡수하여 포도당을 생성한다(광합성).

(3) 화학 반응에서 출입하는 열의 측정

① 비열: 물질 1 g의 온도를 1 ℃ 높이는 데 필요한 열량으로, 단위는 J/g·℃이다.

② 물질이 방출하거나 흡수하는 총 열량(Q): 물질의 비열에 질량과 온도 변화를 곱하여 구한다.

열량(Q)=비열(c)×질량(m)×온도 변화(Δt) (단위: J 또는 kJ)

③ 간이 열량계를 이용한 열량 측정

• 발생한 열량은 열량계 속의 용액이 모두 흡수한다고 가정하고, 열량계 속 용액의 온도 변화를 측정한다.
• 화학 반응에서 발생한 열량(Q)=열량계 속의 용액이 흡수한 열량$=c_{용액}\times m_{용액}\times \Delta t$
• 간이 열량계는 발생한 열의 일부가 열량계 등 실험 기구의 온도를 변화시키는 데 쓰이거나 열량계 밖으로 빠져나가는 등 열 손실이 많으므로 정확한 열량을 측정하기는 어렵다.

핵심 개념 체크 정답과 해설 43쪽

5. 산화 환원 반응에서 다른 물질을 환원시키는 물질을 (　　), 다른 물질을 산화시키는 물질을 (　　)(이)라고 한다.

6. $Mg + 2HCl \longrightarrow MgCl_2 + H_2$ 반응에서 산화제는 (　　)이다.

7. $aFe^{2+} + bMnO_4^- + 8H^+ \longrightarrow cFe^{3+} + dMn^{2+} + eH_2O$ 반응에서 a~e의 값을 각각 구하시오.

8. 다음 설명 중 옳은 것은 ○표, 옳지 않은 것은 ×표 하시오.

(1) 화학 반응이 일어날 때 열을 방출하는 반응을 발열 반응이라고 한다. (　　)

(2) 흡열 반응에서 생성물의 에너지 총합은 반응물의 에너지 총합보다 크다. (　　)

(3) 흡열 반응이 일어나면 주위의 온도는 높아진다. (　　)

출제 예상 문제

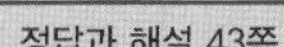
정답과 해설 43쪽

[8714-0356]
01 다음은 2가지 화학 반응식이다.

(가) $2Mg + O_2 \longrightarrow 2MgO$
(나) $2CuO \longrightarrow 2Cu + O_2$

이에 대한 설명으로 옳은 것만을 〈보기〉에서 있는 대로 고른 것은?

보기
ㄱ. (가)에서 Mg은 산화된다.
ㄴ. (가)에서 O_2는 환원제이다.
ㄷ. (나)에서 Cu의 산화수는 감소한다.

① ㄱ ② ㄴ ③ ㄱ, ㄴ
④ ㄱ, ㄷ ⑤ ㄴ, ㄷ

[8714-0357]
02 다음은 3가지 산화 환원 반응식이다.

(가) $Mg(s) + 2HCl(aq) \longrightarrow MgCl_2(aq) + H_2(g)$
(나) $2CuO(s) + C(s) \longrightarrow 2Cu(s) + CO_2(g)$
(다) $2CO(g) + O_2(g) \longrightarrow 2CO_2(g)$

(가)~(다)에서 산화되는 물질만을 옳게 짝지은 것은?

	(가)	(나)	(다)
①	Mg	CuO	CO
②	Mg	C	CO
③	HCl	CuO	O_2
④	HCl	C	CO
⑤	HCl	CuO	CO

[8714-0358]
03 다음은 2가지 화학 반응식이다.

(가) $CH_4 + 2$[㉠] $\longrightarrow CO_2 + 2H_2O$
(나) $4NH_3 + 3$[㉠] $\longrightarrow 2N_2 + 6H_2O$

이에 대한 설명으로 옳은 것만을 〈보기〉에서 있는 대로 고른 것은?

보기
ㄱ. ㉠은 O_2이다.
ㄴ. (가)에서 CH_4은 환원제이다.
ㄷ. (가)와 (나)에서 H의 산화수는 모두 증가한다.

① ㄴ ② ㄷ ③ ㄱ, ㄴ
④ ㄱ, ㄷ ⑤ ㄱ, ㄴ, ㄷ

[8714-0359]
04 다음은 2가지 반응에 대한 설명과 화학 반응식이다.

(가) 불에 달구어진 마그네슘을 드라이아이스로 만든 용기에 넣으면 격렬하게 반응한다.
$2Mg + CO_2 \longrightarrow 2$[㉠]$+C$
(나) 검은색 산화 구리(Ⅱ)를 속불꽃에 넣어 가열하면 다시 붉은색 구리가 된다.
$2CuO +$[㉡] $\longrightarrow 2Cu + CO_2$

이에 대한 설명으로 옳은 것만을 〈보기〉에서 있는 대로 고른 것은?

보기
ㄱ. ㉠과 ㉡은 모두 화합물이다.
ㄴ. (가)에서 CO_2는 산화제이다.
ㄷ. (나)에서 Cu의 산화수는 감소한다.

① ㄱ ② ㄴ ③ ㄱ, ㄴ
④ ㄱ, ㄷ ⑤ ㄴ, ㄷ

[8714-0360]
05 그림은 철의 부식과 제련 과정의 일부를 나타낸 것이다.

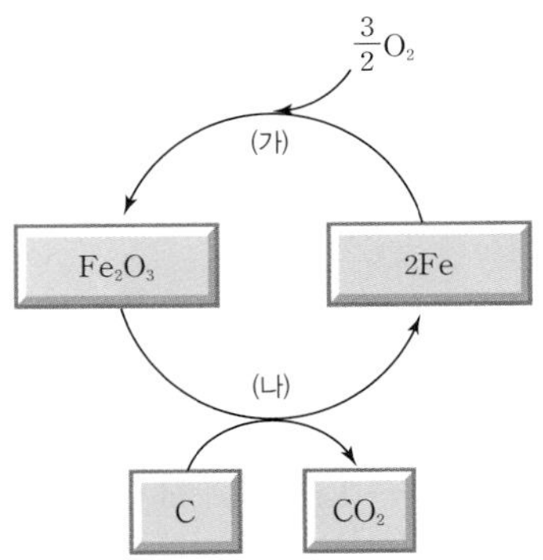

이에 대한 설명으로 옳은 것만을 〈보기〉에서 있는 대로 고른 것은?

보기
ㄱ. (가)에서 O_2는 산화제이다.
ㄴ. (가)와 (나)에서 O의 산화수는 모두 감소한다.
ㄷ. (나)에서 원자 1개의 산화수 변화량은 C가 Fe보다 크다.

① ㄱ ② ㄴ ③ ㄱ, ㄷ
④ ㄴ, ㄷ ⑤ ㄱ, ㄴ, ㄷ

[8714-0361]
06 표는 2주기 원소 X, Y가 중심 원자인 3가지 화합물에서 중심 원자의 산화수를 나타낸 것이다. 화합물에서 X, Y는 옥텟 규칙을 만족한다.

화합물	XH_4	YH_3	YF_3
산화수	-4	x	y

이에 대한 설명으로 옳은 것만을 〈보기〉에서 있는 대로 고른 것은? (단, X, Y는 임의의 원소 기호이다.)

보기
ㄱ. $x+y=0$이다.
ㄴ. XF_4에서 X의 산화수는 $+4$이다.
ㄷ. HXY에서 Y의 산화수는 -3이다.

① ㄱ ② ㄴ ③ ㄱ, ㄷ
④ ㄴ, ㄷ ⑤ ㄱ, ㄴ, ㄷ

[8714-0362]
07 다음은 2가지 반응에 대한 설명과 화학 반응식이다.

(가) 불을 붙인 마그네슘 리본을 구멍을 뚫은 드라이아이스에 넣으면 격렬하게 반응한다.
$2Mg+CO_2 \longrightarrow 2MgO+X$
(나) 우주선에서 호흡으로 발생하는 이산화 탄소를 수산화 리튬으로 제거한다.
$CO_2+2LiOH \longrightarrow Li_2CO_3+H_2O$

이에 대한 설명으로 옳은 것만을 〈보기〉에서 있는 대로 고른 것은?

보기
ㄱ. X는 CO이다.
ㄴ. (가)에서 Mg은 환원제이다.
ㄷ. (가)와 (나)에서 C의 산화수는 모두 감소한다.

① ㄱ ② ㄴ ③ ㄱ, ㄷ
④ ㄴ, ㄷ ⑤ ㄱ, ㄴ, ㄷ

[8714-0363]
08 그림은 질산 은($AgNO_3$) 수용액에 철(Fe) 못을 담갔을 때 일어나는 반응을 모형으로 나타낸 것이다.

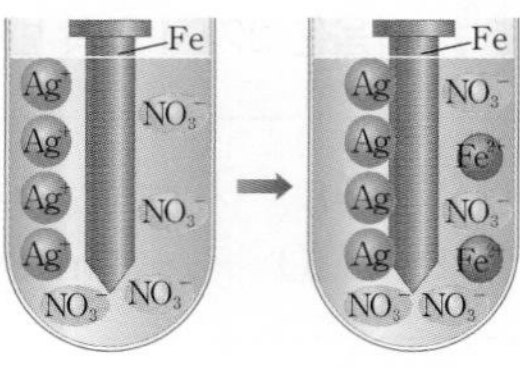

이에 대한 설명으로 옳은 것만을 〈보기〉에서 있는 대로 고른 것은?

보기
ㄱ. Fe의 산화수는 증가한다.
ㄴ. NO_3^-은 산화된다.
ㄷ. 수용액 속 이온의 총 전하량은 증가한다.

① ㄱ ② ㄷ ③ ㄱ, ㄴ
④ ㄱ, ㄷ ⑤ ㄴ, ㄷ

[8714-0364]
09 다음은 1, 2주기 원소로 구성된 3가지 분자 (가)~(다)의 루이스 전자점식이다.

A : B ⋮⋮ C :	A : C̈ : A (아래 A)	:Ë : D̈ : Ë:
(가)	(나)	(다)

(가)~(다)에 대한 설명으로 옳은 것만을 〈보기〉에서 있는 대로 고른 것은? (단, A~E는 임의의 원소 기호이다.)

보기
ㄱ. (가)와 (나)에서 C의 산화수는 모두 -3이다.
ㄴ. (가)와 (다)에서 B와 D의 산화수는 같다.
ㄷ. BD_2에서 B의 산화수는 $+4$이다.

① ㄱ ② ㄷ ③ ㄱ, ㄴ
④ ㄴ, ㄷ ⑤ ㄱ, ㄴ, ㄷ

[8714-0365]
10 그림은 금속 X 이온이 들어 있는 수용액에 금속 Y와 Z를 순서대로 넣었을 때, 수용액 속에 존재하는 금속 양이온만을 모형으로 나타낸 것이다.

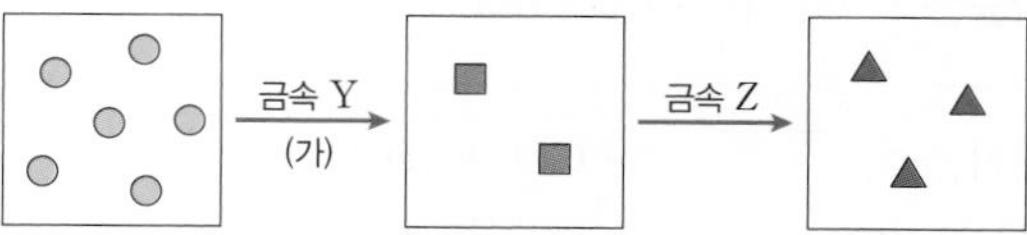

이에 대한 설명으로 옳은 것만을 〈보기〉에서 있는 대로 고른 것은? (단, 음이온은 반응에 참여하지 않는다.)

보기
ㄱ. 이온의 산화수의 비는 ■ : ▲=2 : 3이다.
ㄴ. 과정 (가)에서 ●은 산화제이다.
ㄷ. 금속 Z를 ●이 들어 있는 수용액에 넣으면 ●은 환원된다.

① ㄱ ② ㄴ ③ ㄱ, ㄴ
④ ㄱ, ㄷ ⑤ ㄴ, ㄷ

[8714-0366]
11 그림은 메탄올(CH_3OH)과 산화 구리(Ⅱ)(CuO)의 반응을 구조식으로 나타낸 것이다.

$$H-\overset{\displaystyle H}{\underset{\displaystyle H}{C}}-O-H + CuO \xrightarrow{H_2O+Cu} O=\overset{\displaystyle H}{C}-H$$

이 반응에 대한 설명으로 옳은 것만을 〈보기〉에서 있는 대로 고른 것은? (단, 전기 음성도는 $O>C>H$이다.)

보기
ㄱ. CuO는 산화제이다.
ㄴ. 반응 전후 C의 산화수 차이는 2이다.
ㄷ. O의 산화수는 감소한다.

① ㄱ ② ㄷ ③ ㄱ, ㄴ
④ ㄴ, ㄷ ⑤ ㄱ, ㄴ, ㄷ

[8714-0367]
12 표는 0.1 M $HCl(aq)$ 100 mL에 금속 X를 넣어 반응시킨 용액 (가)와 (가)의 용액에 Y를 넣고 반응시킨 용액 (나)에 들어 있는 이온 수의 비를 나타낸 자료이다.

혼합 용액	이온 수의 비
(가)	$H^+ : X^{a+} : Cl^- = 1 : 1 : 3$
(나)	$Y^{b+} : Cl^- = 1 : 2$

이에 대한 설명으로 옳은 것만을 〈보기〉에서 있는 대로 고른 것은?

보기
ㄱ. Y는 X보다 산화되기 쉽다.
ㄴ. (가)와 (나) 속에 들어 있는 금속 이온 수의 비는 (가) : (나) = 2 : 3이다.
ㄷ. (가)에서 생성된 H_2의 양은 $\frac{1}{300}$ 몰이다.

① ㄱ ② ㄷ ③ ㄱ, ㄴ
④ ㄴ, ㄷ ⑤ ㄱ, ㄴ, ㄷ

[8714-0368]
13 다음은 구리(Cu)와 묽은 질산(HNO_3)이 반응하는 산화 환원 반응의 화학 반응식이다.

$$aCu + bH^+ + cNO_3^- \longrightarrow aCu^{2+} + cNO + dH_2O$$
(a~d는 반응 계수)

이에 대한 설명으로 옳은 것만을 〈보기〉에서 있는 대로 고른 것은?

보기
ㄱ. $b>a+c$이다.
ㄴ. Cu는 산화제이다.
ㄷ. NO 1몰이 생성될 때 반응한 환원제의 양은 3몰이다.

① ㄱ ② ㄴ ③ ㄱ, ㄴ
④ ㄱ, ㄷ ⑤ ㄴ, ㄷ

[8714-0369]
14 그림은 염산($HCl(aq)$)에 마그네슘(Mg) 판을 넣었을 때, 반응이 일어나는 과정을 모형으로 나타낸 것이다.

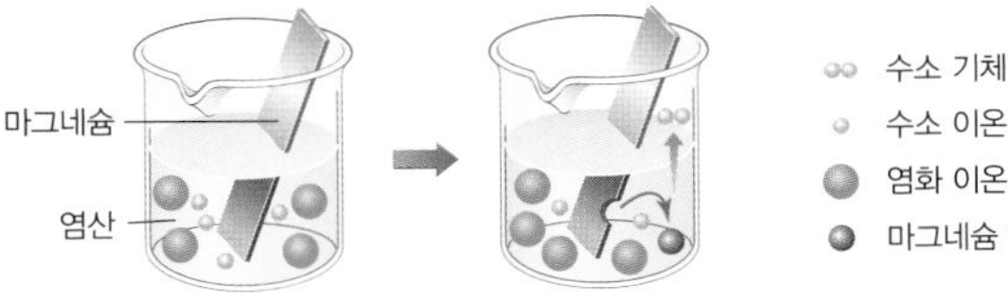

이에 대한 설명으로 옳은 것만을 〈보기〉에서 있는 대로 고른 것은?

보기
ㄱ. Cl^-은 산화제이다.
ㄴ. Mg 1몰이 반응할 때 이동한 전자의 양은 2몰이다.
ㄷ. 수용액 속 총 이온 수는 반응 전이 반응 후보다 크다.

① ㄱ ② ㄴ ③ ㄱ, ㄷ
④ ㄴ, ㄷ ⑤ ㄱ, ㄴ, ㄷ

[8714-0370]
15 그림은 2가지 화학 반응을 나타낸 것이다.

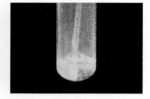

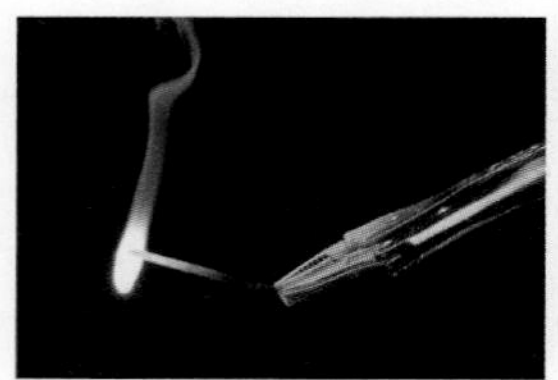
마그네슘의 연소 반응

마그네슘과 산의 반응

2가지 반응의 공통점으로 옳은 것만을 〈보기〉에서 있는 대로 고른 것은?

보기
ㄱ. 발열 반응이다.
ㄴ. 산화 환원 반응이다.
ㄷ. 주위의 온도가 높아진다.

① ㄱ ② ㄷ ③ ㄱ, ㄴ
④ ㄴ, ㄷ ⑤ ㄱ, ㄴ, ㄷ

[8714-0371]
16 다음은 화학 반응이 일어날 때 발생하는 열의 출입과 관련된 실험을 나타낸 것이다.

[실험 과정]
(가) 수산화 바륨 수화물 40 g과 염화 암모늄 20 g을 삼각 플라스크에 함께 넣는다.
(나) 얇은 나무판의 중앙에 약간의 물을 떨어뜨린다.
(다) 물을 떨어뜨린 부분에 (가)의 삼각 플라스크를 올려놓은 후 잘 저어 준다.

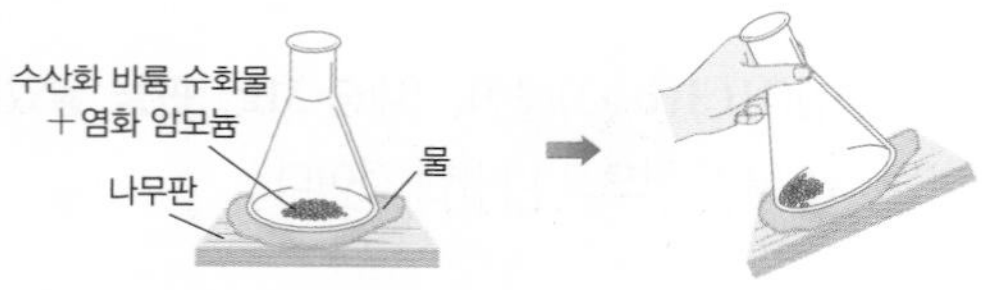

[실험 결과]
• 삼각 플라스크 밑바닥의 물이 얼어 삼각 플라스크와 나무판이 달라붙는다.

이에 대한 설명으로 옳은 것만을 〈보기〉에서 있는 대로 고른 것은?

보기
ㄱ. 삼각 플라스크 내부에서 일어나는 반응은 흡열 반응이다.
ㄴ. (다)에서 삼각 플라스크 주위의 온도는 낮아진다.
ㄷ. 나무판 위의 물이 얼음으로 변할 때 물은 에너지를 흡수한다.

① ㄱ ② ㄷ ③ ㄱ, ㄴ
④ ㄴ, ㄷ ⑤ ㄱ, ㄴ, ㄷ

[8714-0372]
17 다음은 우리 주변에서 일어나는 2가지 현상이다.

	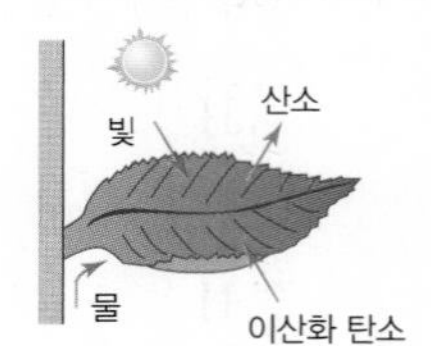 빛, 산소, 물, 이산화 탄소
가스레인지에서 ㉠ 연료가 연소하여 물을 끓인다.	식물은 ㉡ 광합성을 통해 포도당을 합성한다.

㉠과 ㉡에 대한 설명으로 옳은 것만을 〈보기〉에서 있는 대로 고른 것은?

보기
ㄱ. ㉠은 발열 반응이다.
ㄴ. ㉡이 일어날 때 빛에너지를 흡수한다.
ㄷ. ㉠과 ㉡은 모두 산화 환원 반응이다.

① ㄱ ② ㄷ ③ ㄱ, ㄴ
④ ㄴ, ㄷ ⑤ ㄱ, ㄴ, ㄷ

[8714-0373]
18 그림과 같이 에탄올이 들어 있는 알코올램프로 물 100 g이 들어 있는 삼각 플라스크를 가열한 후 물의 온도 변화와 알코올램프의 질량 변화를 측정하였더니, 표와 같았다.

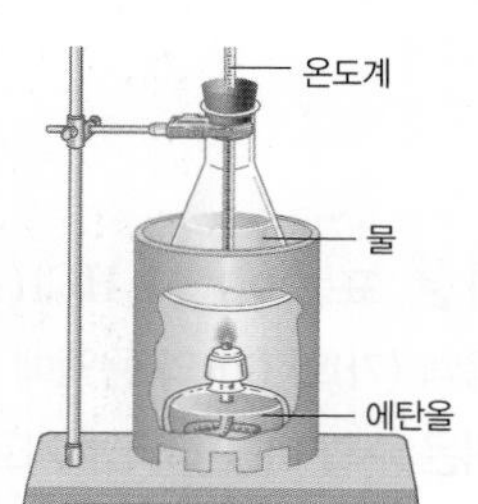

구분	연소 전	연소 후
물의 온도(℃)	25.2	60.2
알코올램프의 질량(g)	112.6	112.0

이에 대한 설명으로 옳은 것만을 〈보기〉에서 있는 대로 고른 것은?

보기
ㄱ. 물은 에너지를 흡수한다.
ㄴ. 에탄올이 연소될 때 주위의 온도는 높아진다.
ㄷ. 에탄올의 연소 반응에서 발생한 열량을 구하기 위해서는 에탄올의 비열을 알아야 한다.

① ㄱ ② ㄷ ③ ㄱ, ㄴ
④ ㄴ, ㄷ ⑤ ㄱ, ㄴ, ㄷ

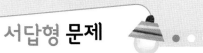

[8714-0374]

01 그림은 철의 제련 과정과 부식 과정을 나타낸 것이다.

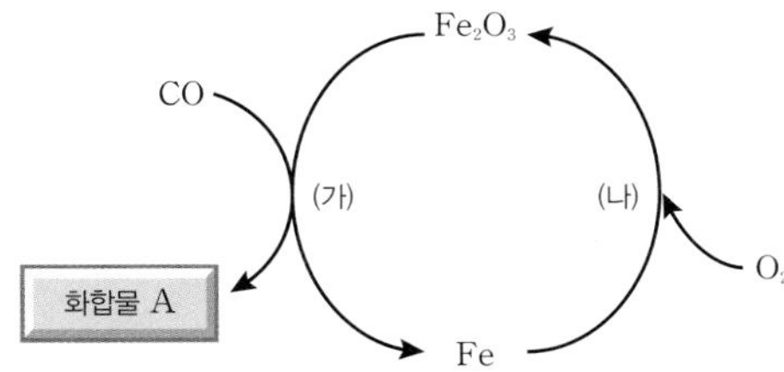

(1) 화합물 A의 분자식을 쓰시오.

(2) (가)와 (나)에서 환원제의 화학식을 각각 쓰시오.

[8714-0375]

02 다음은 금속과 금속 이온의 반응에 대한 실험이다.

[실험]

(가) 금속 C를 금속 이온 A^{+}, B^{3+}이 들어 있는 수용액에 넣었더니, 용액의 전체 이온 수가 감소하였다.

(나) 금속 A와 B를 금속 이온 C^{2+}이 들어 있는 수용액에 넣었더니, 한쪽 금속에만 금속이 석출되었다.

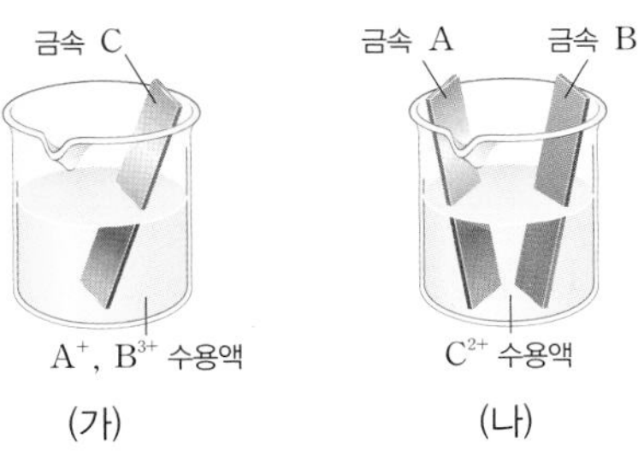

(나)에서 산화되는 금속은 무엇인지 그 까닭과 함께 서술하시오.

[8714-0376]

03 표는 1, 2주기 원소로 구성된 3가지 분자의 구조식과 중심 원자의 산화수를 나타낸 것이다. (가)~(다)에서 2주기 원소는 모두 옥텟 규칙을 만족한다. (단, A~E는 임의의 원소 기호이다.)

분자	(가)	(나)	(다)
구조식	A−B≡C	A | D−B−D | A	A−E−A
중심 원자의 산화수	+2	0	−2

A~E의 전기 음성도를 비교하시오.

[8714-0377]

04 다음은 Sn과 NO_3^-이 반응하는 산화 환원 반응의 화학 반응식이다.

$$a\text{Sn}+b\text{NO}_3^-+c\text{H}^++d\text{Cl}^- \longrightarrow a\text{SnCl}_6^{2-}+b\text{NO}_2+e\text{H}_2\text{O}$$

(a~e는 반응 계수)

(1) N의 산화수 변화를 쓰시오.

(2) $a : b : c : d : e$를 구하시오.

(3) 산화제 1몰이 반응할 때 이동한 전자 수를 구하시오.

[8714-0378]

05 그림은 20 ℃의 물 96 g이 들어 있는 간이 열량계를 나타낸 것이다. 표는 열량계에 20 ℃의 용질 A(s)와 B(s)를 각각 녹인 수용액 (가)와 (나)에 대한 자료이다.

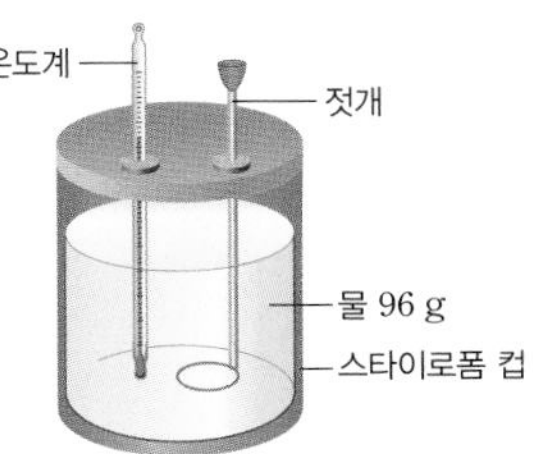

수용액	용질의 질량(g)		최종 온도(℃)	비열(J/g·℃)
	A(s)	B(s)		
(가)	4	0	24	4
(나)	0	4	18	3

(1) (가)와 (나)의 용해 과정 중 열을 흡수하는 반응은 어느 것인지 쓰시오.

(2) (가)와 (나)의 용해 과정에서 발생하거나 흡수한 열량의 비를 구하고, 그 과정을 서술하시오. (단, 용해 과정에서 발생하거나 흡수한 열량은 열량계의 용액이 모두 흡수하거나 방출한다.)

대단원 종합 문제

[8714-0379]

01 다음은 무수 염화 코발트 종이를 이용한 실험이다.

[실험]

(가) 무수 염화 코발트($CoCl_2$) 종이에 물을 떨어뜨렸더니, 붉은색으로 변하였다.

(나) (가)의 붉은색 염화 코발트($CoCl_2 \cdot 6H_2O$) 종이에 열을 가했더니, 다시 푸른색으로 변하였다.

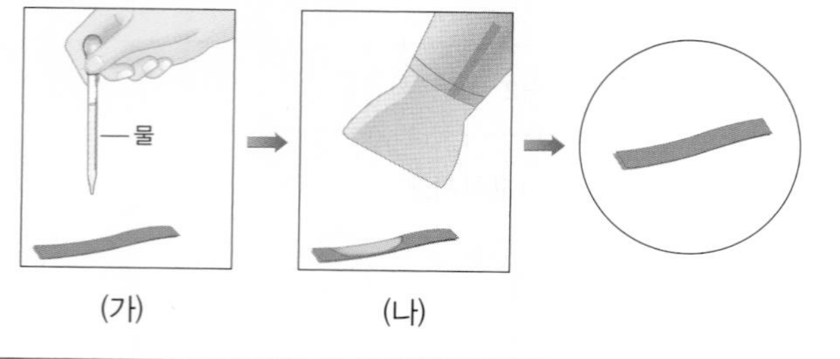

이에 대한 설명으로 옳은 것만을 〈보기〉에서 있는 대로 고른 것은?

보기

ㄱ. 염화 코발트 종이의 색 변화는 가역 반응이다.

ㄴ. 무수 염화 코발트를 녹인 수용액은 붉은색을 띤다.

ㄷ. 물을 검출할 때 무수 염화 코발트 종이를 이용할 수 있다.

① ㄱ ② ㄴ ③ ㄱ, ㄷ ④ ㄴ, ㄷ ⑤ ㄱ, ㄴ, ㄷ

[8714-0380]

02 그림 (가)는 일정한 온도에서 밀폐 용기에 브로민을 넣은 것을, (나)는 충분한 시간이 흐른 후 액체의 높이가 더 이상 변하지 않을 때를 나타낸 것이다.

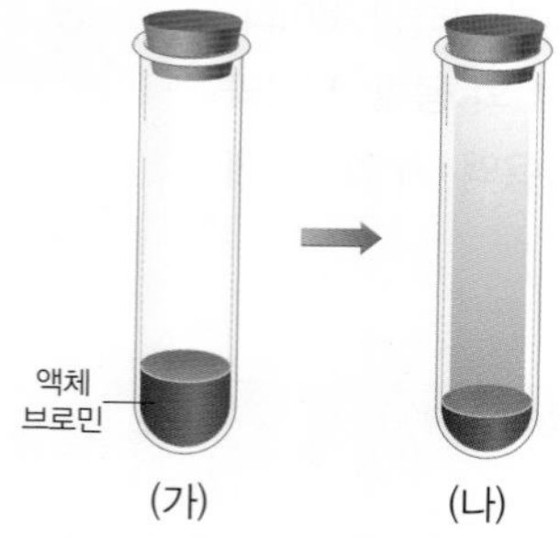

이에 대한 설명으로 옳은 것만을 〈보기〉에서 있는 대로 고른 것은?

보기

ㄱ. 기체 브로민의 양은 (가)가 (나)보다 많다.

ㄴ. 기체의 응축 속도는 (나)가 (가)보다 빠르다.

ㄷ. (나)에서는 증발하는 분자 수와 응축되는 분자 수가 같다.

① ㄱ ② ㄴ ③ ㄱ, ㄷ ④ ㄴ, ㄷ ⑤ ㄱ, ㄴ, ㄷ

[8714-0381]

03 그림은 t ℃에서 용질 X 40 g을 물에 넣어 용해시킨 후 충분한 시간이 지났을 때, (가)와 같이 X의 일부가 남아 있는 모습을 나타낸 것이다.

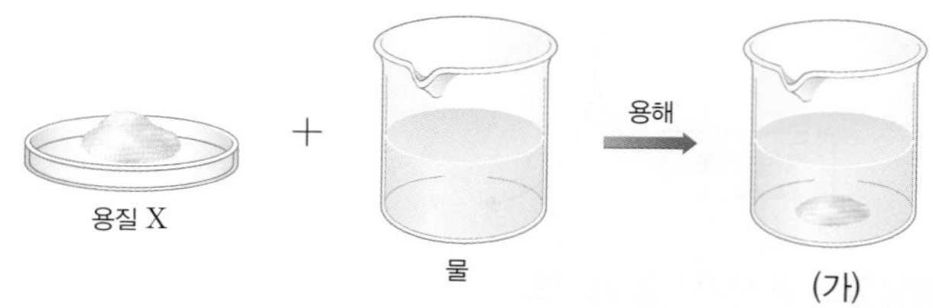

이에 대한 설명으로 옳은 것만을 〈보기〉에서 있는 대로 고른 것은?

보기

ㄱ. (가)는 용해 평형 상태이다.

ㄴ. (가)에서 용해와 석출은 일어나지 않는다.

ㄷ. (가)에서 석출 속도는 X를 물에 넣은 직후보다 빠르다.

① ㄱ ② ㄴ ③ ㄱ, ㄷ ④ ㄴ, ㄷ ⑤ ㄱ, ㄴ, ㄷ

[8714-0382]

04 그림은 일정한 온도에서 부피가 같은 수용액 (가)~(다)에 들어 있는 음이온을 모형으로 나타낸 것이다. (가)~(다)는 각각 $HCl(aq)$, $NaCl(aq)$, $NaOH(aq)$ 중 하나이고, (다)에 BTB 용액을 넣으면 노란색으로 변한다.

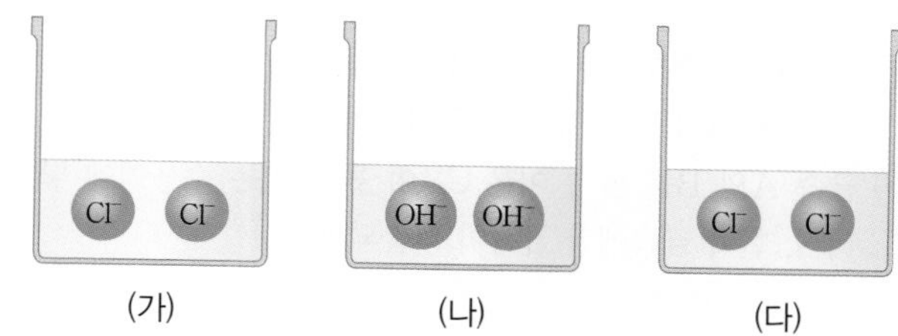

이에 대한 설명으로 옳은 것만을 〈보기〉에서 있는 대로 고른 것은?

보기

ㄱ. 수용액의 pH는 (나) > (다)이다.

ㄴ. $[OH^-]$는 (다)가 (가)보다 크다.

ㄷ. (가)와 (나)에 들어 있는 양이온의 양(몰)은 같다.

① ㄱ ② ㄴ ③ ㄱ, ㄷ ④ ㄴ, ㄷ ⑤ ㄱ, ㄴ, ㄷ

[8714-0383]
05 그림과 같이 진한 황산과 염화 나트륨을 시험관에 넣고 가열하였을 때 발생하는 기체 X를 포집하여 암모니아수를 묻힌 유리 막대를 가까이 하였더니, 흰 연기가 발생하였다.

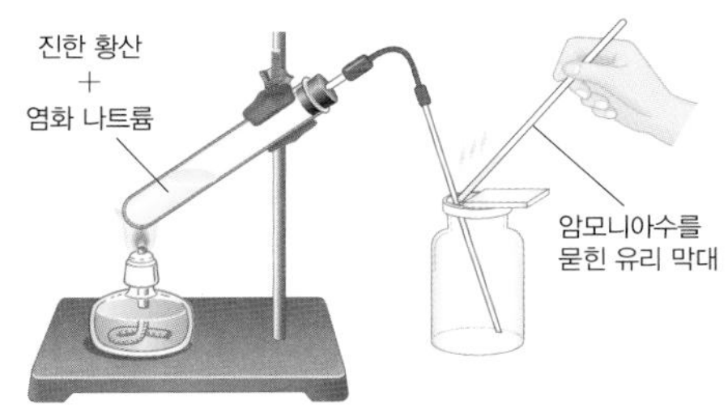

이에 대한 설명으로 옳은 것만을 〈보기〉에서 있는 대로 고른 것은?

> 보기
> ㄱ. X는 공기보다 밀도가 크다.
> ㄴ. X 수용액에 BTB 용액을 넣으면 노란색으로 변한다.
> ㄷ. 흰 연기가 생성되는 반응은 중화 반응이다.

① ㄱ ② ㄷ ③ ㄱ, ㄴ
④ ㄴ, ㄷ ⑤ ㄱ, ㄴ, ㄷ

[8714-0384]
06 표는 0.1몰의 산 HA와 염기 B를 각각 물에 녹여 만든 1 L의 수용액에서 이온화되기 전과 후의 입자 수를 상대적으로 나타낸 것이다.

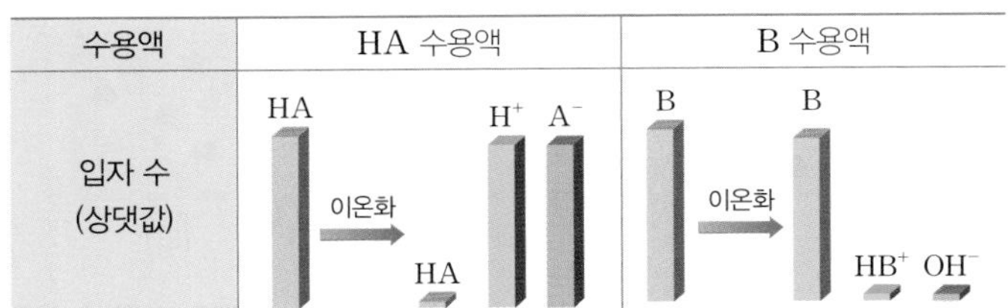

이에 대한 설명으로 옳은 것만을 〈보기〉에서 있는 대로 고른 것은?

> 보기
> ㄱ. $HA(aq)$의 몰 농도는 0.1 M이다.
> ㄴ. $B(aq)$에서 $[H_3O^+]>[OH^-]$이다.
> ㄷ. HA와 B가 반응할 때 B는 브뢴스테드·로리 염기로 작용한다.

① ㄱ ② ㄴ ③ ㄱ, ㄷ
④ ㄴ, ㄷ ⑤ ㄱ, ㄴ, ㄷ

[8714-0385]
07 그림은 25 ℃에서 3가지 수용액 (가)~(다)에 들어 있는 $[H_3O^+]$와 $[OH^-]$를 나타낸 것이다.

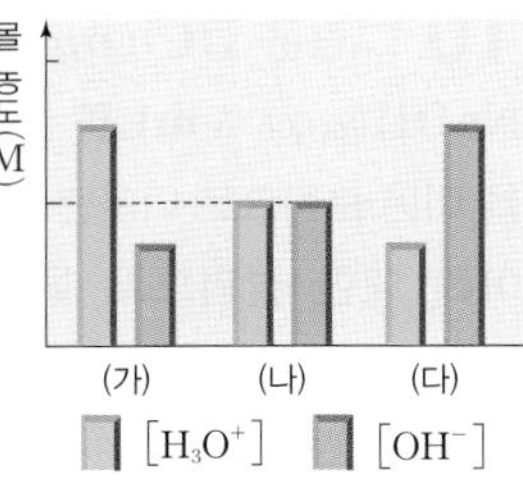

이에 대한 설명으로 옳은 것만을 〈보기〉에서 있는 대로 고른 것은? (단, 25 ℃에서 물의 이온화 상수(K_w)는 1.0×10^{-14}이다.)

> 보기
> ㄱ. 수용액의 pH는 (가)>(나)이다.
> ㄴ. (나)에서 $[H_3O^+]=1.0\times10^{-7}$ M이다.
> ㄷ. (가)~(다)에서 $[H_3O^+]$와 $[OH^-]$의 곱은 모두 같다.

① ㄱ ② ㄴ ③ ㄱ, ㄷ
④ ㄴ, ㄷ ⑤ ㄱ, ㄴ, ㄷ

[8714-0386]
08 다음은 2가지 물질 ㉠과 ㉡이 생성되는 반응의 화학 반응식이다.

> (가) $H_2 + Cl_2 \longrightarrow 2$ ㉠
> (나) $N_2 + 3H_2 \longrightarrow 2$ ㉡

이에 대한 설명으로 옳은 것만을 〈보기〉에서 있는 대로 고른 것은?

> 보기
> ㄱ. 분자당 H 원자 수는 ㉡이 ㉠보다 많다.
> ㄴ. ㉠을 물과 반응시키면 양성자는 ㉠에서 물로 이동한다.
> ㄷ. ㉡을 물과 반응시키면 ㉡은 브뢴스테드·로리 염기로 작용한다.

① ㄱ ② ㄷ ③ ㄱ, ㄴ
④ ㄴ, ㄷ ⑤ ㄱ, ㄴ, ㄷ

[8714-0387]
09 다음은 3가지 산 염기와 관련된 화학 반응식이다.

> (가) $H_2SO_4+H_2O \rightleftharpoons HSO_4^-+H_3O^+$
> (나) $HCO_3^-+H_2O \rightleftharpoons H_2CO_3+OH^-$
> (다) $(CH_3)_3N+H_3O^+ \rightleftharpoons (CH_3)_3NH^++H_2O$

이에 대한 설명으로 옳은 것만을 〈보기〉에서 있는 대로 고른 것은?

> 보기
> ㄱ. H_2O은 양쪽성 물질이다.
> ㄴ. (나)에서 HCO_3^-의 짝산은 H_2CO_3이다.
> ㄷ. (다)에서 $(CH_3)_3N$은 브뢴스테드·로리 염기이다.

① ㄱ ② ㄷ ③ ㄱ, ㄴ
④ ㄴ, ㄷ ⑤ ㄱ, ㄴ, ㄷ

[8714-0388]

10 그림은 HCl(aq) 5 mL와 NaOH(aq) 5 mL를 혼합한 용액을 이온 모형으로 나타낸 것이다.

이에 대한 설명으로 옳은 것만을 <보기>에서 있는 대로 고른 것은?

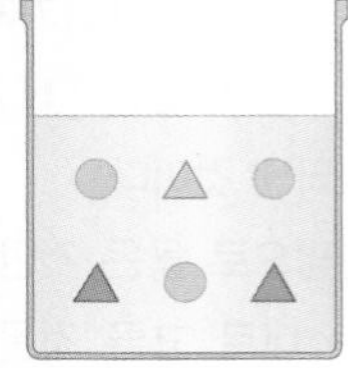

보기

ㄱ. 반응 전 용액의 몰 농도는 HCl(aq)이 NaOH(aq)의 3배이다.

ㄴ. 중화 반응에 의해 생성된 물 분자 수는 혼합 용액 속 Cl^- 수와 같다.

ㄷ. 혼합 용액에 HCl(aq) 10 mL를 추가로 넣으면 중성이 된다.

① ㄱ ② ㄴ ③ ㄱ, ㄷ ④ ㄴ, ㄷ ⑤ ㄱ, ㄴ, ㄷ

[8714-0389]

11 표는 25 ℃에서 0.1 M H_2SO_4(aq)과 0.1 M NaOH(aq)을 부피를 다르게 하여 혼합한 용액에 대한 자료이다.

혼합 용액		(가)	(나)	(다)
혼합 전 용액의 부피(mL)	H_2SO_4(aq)	20	30	40
	NaOH(aq)	40	30	20

이에 대한 설명으로 옳은 것만을 <보기>에서 있는 대로 고른 것은?

보기

ㄱ. (가)는 $[OH^-] > [H_3O^+]$이다.

ㄴ. 혼합 용액의 pH는 (나) > (다)이다.

ㄷ. (다)에 0.1 M NaOH(aq) 60 mL를 추가로 넣은 용액은 중성이다.

① ㄱ ② ㄴ ③ ㄱ, ㄷ ④ ㄴ, ㄷ ⑤ ㄱ, ㄴ, ㄷ

[8714-0390]

12 그림은 미지 농도의 산 수용액 20 mL를 0.1 M NaOH(aq)으로 적정하는 모습을 나타낸 것이다.

미지의 산 수용액이 다음과 같을 때 0.1 M NaOH(aq)을 40 mL 가한 혼합 용액의 pH가 가장 큰 것은?

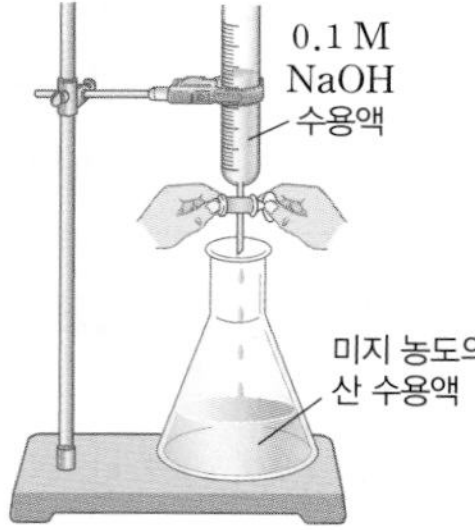

① 0.05 M HCl(aq)

② 0.1 M H_2SO_4(aq)

③ 0.1 M H_3PO_4(aq)

④ 0.2 M HNO_3(aq)

⑤ 0.4 M CH_3COOH(aq)

[8714-0391]

13 표는 25 ℃의 HA(aq), HB(aq)과 NaOH(aq)의 부피와 혼합 용액의 이온 모형을 나타낸 것이다.

혼합 용액	혼합 전 용액의 부피(mL)			이온 모형
	HA(aq)	HB(aq)	NaOH(aq)	
(가)	100	0	200	○ □ ▲ / ▲ ○ / ○ □ ○
(나)	0	200	100	○ ■ ★ / ★ ○ / ★ ■ ★

이에 대한 설명으로 옳은 것만을 <보기>에서 있는 대로 고른 것은? (단, 25 ℃에서 물의 이온화 상수(K_w)=1.0×10^{-14}이다.)

보기

ㄱ. ■은 H^+이다.

ㄴ. 혼합 전 몰 농도는 HB(aq)이 HA(aq)보다 크다.

ㄷ. (가)와 (나)를 혼합한 용액의 $[H_3O^+] < 10^{-7}$ M이다.

① ㄱ ② ㄴ ③ ㄱ, ㄴ ④ ㄱ, ㄷ ⑤ ㄴ, ㄷ

[8714-0392]

14 그림은 산 HA(aq) 20 mL에 염기 BOH(aq)을 차례대로 10 mL씩 넣었을 때, 혼합 용액 (가)와 (다)의 이온 모형을 나타낸 것이다.

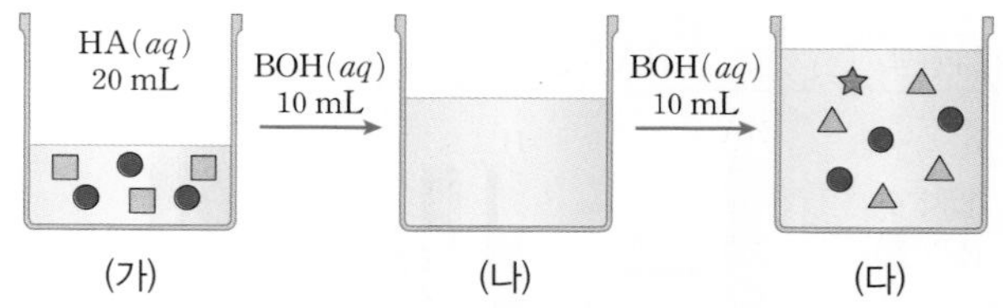

이에 대한 설명으로 옳은 것만을 <보기>에서 있는 대로 고른 것은? (단, 혼합 용액의 부피는 혼합 전 각 용액의 부피의 합과 같다.)

보기

ㄱ. 혼합 전 용액의 몰 농도의 비는 HA(aq) : BOH(aq)=3 : 2이다.

ㄴ. (나)에 Mg을 넣으면 수소 기체가 발생한다.

ㄷ. 단위 부피당 ▲ 수의 비는 (나) : (다)=2 : 1이다.

① ㄱ ② ㄴ ③ ㄱ, ㄷ ④ ㄴ, ㄷ ⑤ ㄱ, ㄴ, ㄷ

[8714-0393]
15 그림과 같이 질산 은($AgNO_3$) 수용액이 들어 있는 시험관에 구리줄을 넣었더니 구리줄 표면에 금속이 석출되었다.
반응이 일어날 때에 대한 설명으로 옳은 것만을 〈보기〉에서 있는 대로 고른 것은?

보기
ㄱ. 구리의 산화수는 증가한다.
ㄴ. 질산 이온(NO_3^-)의 N의 산화수는 감소한다.
ㄷ. 수용액에 들어 있는 이온의 양(몰)은 증가한다.

① ㄱ ② ㄷ ③ ㄱ, ㄴ
④ ㄱ, ㄷ ⑤ ㄴ, ㄷ

[8714-0394]
16 다음은 구리와 관련된 실험이다.

(가) 붉은색 구리 가루를 공기 중에서 가열하면 검게 변한다.
$2Cu + $ ㉠ $\longrightarrow 2CuO$
(나) (가)의 검게 변한 구리를 숯(C) 가루와 섞어서 가열하면 다시 붉은색 구리가 된다.
$2CuO + C \longrightarrow 2Cu + $ ㉡

이에 대한 설명으로 옳은 것만을 〈보기〉에서 있는 대로 고른 것은?

보기
ㄱ. 일정한 온도와 압력에서 기체의 밀도는 ㉡>㉠이다.
ㄴ. (가)에서 Cu는 산화제이다.
ㄷ. (나)에서 C의 산화수 증가량은 4이다.

① ㄱ ② ㄴ ③ ㄱ, ㄷ
④ ㄴ, ㄷ ⑤ ㄱ, ㄴ, ㄷ

[8714-0395]
17 그림은 마그네슘(Mg)과 관련된 화학 반응을 나타낸 것이다.
이에 대한 설명으로 옳은 것만을 〈보기〉에서 있는 대로 고른 것은?

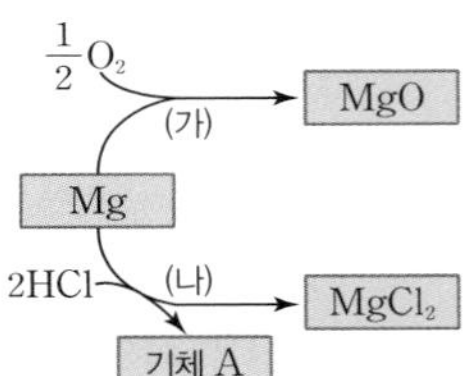

보기
ㄱ. A는 H_2이다.
ㄴ. (가)에서 O의 산화수는 감소한다.
ㄷ. (가)와 (나)에서 Mg 1몰이 산화될 때 이동한 전자의 양(몰)은 모두 2몰이다.

① ㄱ ② ㄷ ③ ㄱ, ㄴ
④ ㄴ, ㄷ ⑤ ㄱ, ㄴ, ㄷ

[8714-0396]
18 그림은 시험관에 산화 구리(Ⅱ)(CuO)와 탄소(C) 가루를 섞어 넣은 후 가열하는 모습을 나타낸 것이다. 반응 후 석회수가 뿌옇게 흐려졌다.

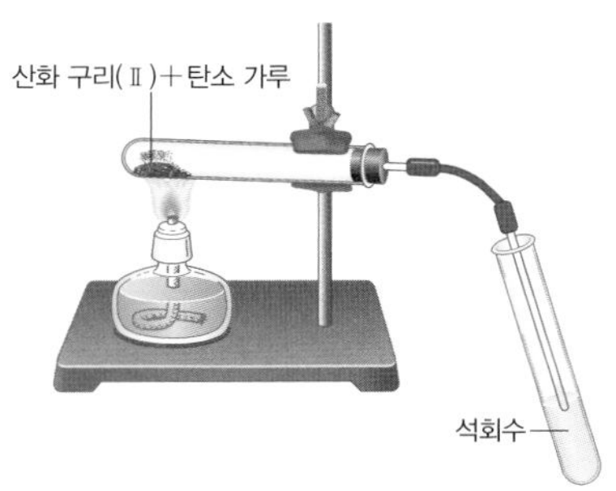

이에 대한 설명으로 옳은 것만을 〈보기〉에서 있는 대로 고른 것은?

보기
ㄱ. 탄소 가루는 산화제이다.
ㄴ. CuO는 산소를 잃는다.
ㄷ. 석회수가 뿌옇게 흐려지는 반응은 산화 환원 반응이다.

① ㄱ ② ㄴ ③ ㄱ, ㄷ
④ ㄴ, ㄷ ⑤ ㄱ, ㄴ, ㄷ

[8714-0397]
19 다음은 금속 M을 이용한 실험이다.

[실험 과정]
(가) 깨끗한 금속 M 판을 준비한다.
(나) (가)의 M 판 위에 염화 구리($CuCl_2$) 수용액과 염화 아연($ZnCl_2$) 수용액을 2~3방울씩 떨어뜨린다.

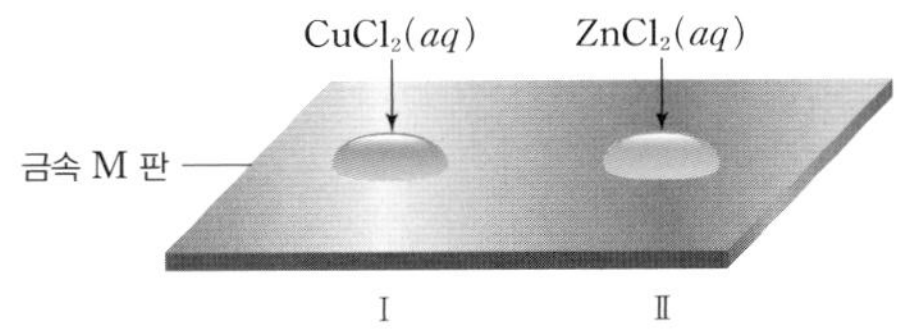

[실험 결과]
- Ⅰ: $CuCl_2(aq)$을 떨어뜨린 곳에는 금속이 석출되었다.
- Ⅱ: $ZnCl_2(aq)$을 떨어뜨린 곳에는 아무런 변화가 없었다.

이에 대한 설명으로 옳은 것만을 〈보기〉에서 있는 대로 고른 것은?

보기
ㄱ. Ⅰ에서 Cu^{2+}은 환원되었다.
ㄴ. Ⅱ에서 Cl^-은 산화된다.
ㄷ. 금속 M은 Zn보다 산화되기 쉽다.

① ㄱ ② ㄴ ③ ㄷ
④ ㄱ, ㄷ ⑤ ㄴ, ㄷ

[8714-0398]
20 그림은 농도와 부피가 같은 묽은 염산에 금속 A와 B를 각각 넣어 반응시킬 때, 반응하는 금속의 질량에 따른 $\frac{\text{양이온 수}}{\text{음이온 수}}$를 나타낸 것이다.

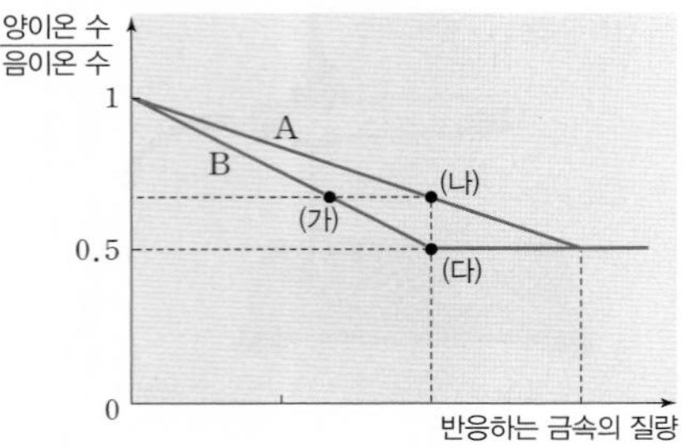

이에 대한 설명으로 옳은 것만을 〈보기〉에서 있는 대로 고른 것은? (단, 음이온은 반응하지 않는다.)

보기
ㄱ. 금속의 원자량은 A가 B보다 크다.
ㄴ. 생성된 기체의 분자 수는 (나)에서가 (가)에서보다 많다.
ㄷ. 수용액의 pH는 (나)에서가 (다)에서보다 크다.

① ㄱ ② ㄷ ③ ㄱ, ㄴ
④ ㄱ, ㄷ ⑤ ㄴ, ㄷ

[8714-0399]
21 그림은 이산화 질소(NO_2)와 관련된 반응을 나타낸 것이다.

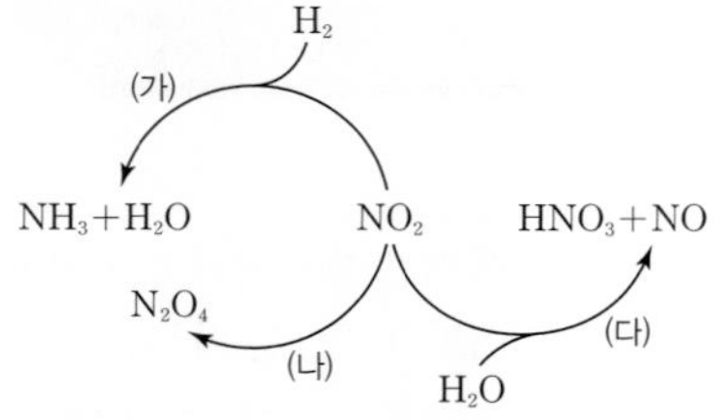

이에 대한 설명으로 옳은 것만을 〈보기〉에서 있는 대로 고른 것은?

보기
ㄱ. (가)에서 N의 산화수는 감소한다.
ㄴ. (나)는 산화 환원 반응이다.
ㄷ. (다)에서 H_2O은 산화제이다.

① ㄱ ② ㄴ ③ ㄱ, ㄷ
④ ㄴ, ㄷ ⑤ ㄱ, ㄴ, ㄷ

[8714-0400]
22 그림은 2개의 비커에 들어 있는 물 100 g에 $NaOH(s)$과 $NaCl(s)$을 각각 넣은 후 수용액의 온도를 측정하는 모습을 나타낸 것이다. (가)에서는 온도가 높아졌고 (나)에서는 온도가 낮아졌으며, 온도 변화는 (가)에서가 (나)에서보다 크다.

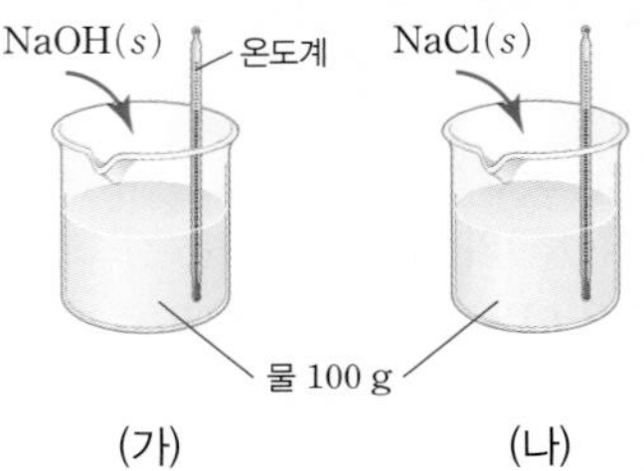

이에 대한 설명으로 옳은 것만을 〈보기〉에서 있는 대로 고른 것은? (단, (가)와 (나)에서 수용액의 열용량은 같다.)

보기
ㄱ. (가)에서는 발열 반응이 일어난다.
ㄴ. (나)에서 NaCl이 용해될 때 물은 열을 흡수한다.
ㄷ. 용해될 때 방출하거나 흡수하는 열량은 (가)에서가 (나)에서보다 크다.

① ㄱ ② ㄴ ③ ㄱ, ㄷ
④ ㄴ, ㄷ ⑤ ㄱ, ㄴ, ㄷ

[8714-0401]
23 그림과 같은 장치에 들어 있는 1 M $HCl(aq)$ 200 mL에 같은 온도의 1 M $NaOH(aq)$ 100 mL를 넣은 후 온도를 측정하였다.

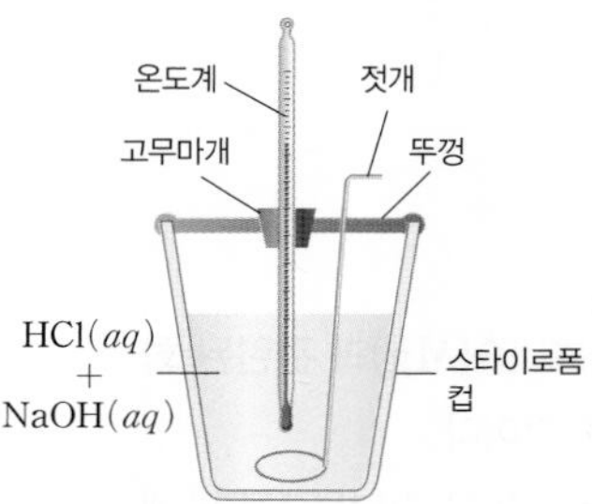

이에 대한 설명으로 옳은 것만을 〈보기〉에서 있는 대로 고른 것은? (단, NaOH의 화학식량은 40이고, 혼합 용액의 부피는 혼합 전 각 용액의 부피의 합과 같으며, 발생한 열은 모두 수용액이 흡수한다.)

보기
ㄱ. 수용액의 온도는 높아진다.
ㄴ. 생성된 물의 양은 0.1몰이다.
ㄷ. 발생한 열량을 구하려면 수용액의 밀도와 비열을 알아야 한다.

① ㄱ ② ㄷ ③ ㄱ, ㄴ
④ ㄴ, ㄷ ⑤ ㄱ, ㄴ, ㄷ

[8714-0402]

24 다음은 일정한 온도에서 에탄올을 이용한 실험이다.

[실험]

(가) 2개의 에탄올을 같은 질량만큼 각각 넣는다.

(나) (가)의 비커를 밀폐 용기 속의 저울과 공기 중 저울에 각각 올려놓고 질량을 측정한다.

(다) 충분한 시간이 흐른 후, 비커의 질량을 측정한다.

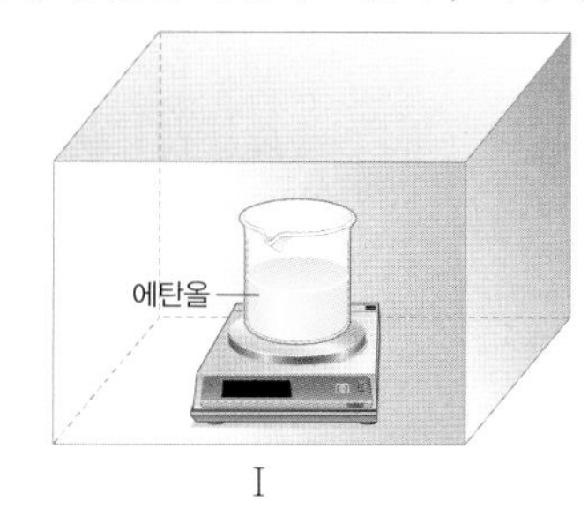

Ⅰ　　　Ⅱ

(다) 과정 후에 대한 설명으로 옳은 것만을 〈보기〉에서 있는 대로 고른 것은?

보기

ㄱ. Ⅰ은 동적 평형 상태에 도달한다.

ㄴ. 에탄올의 질량은 Ⅰ에서가 Ⅱ에서보다 크다.

ㄷ. 에탄올의 증발 속도는 Ⅰ에서와 Ⅱ에서가 같다.

① ㄱ　② ㄷ　③ ㄱ, ㄴ　④ ㄴ, ㄷ　⑤ ㄱ, ㄴ, ㄷ

[8714-0403]

25 그림은 25 ℃의 수용액 1 L에서 산 HA 수용액과 HB 수용액에 들어 있는 입자를 모형으로 나타낸 것이다. 입자 모형 • 1개는 0.02몰에 해당한다.

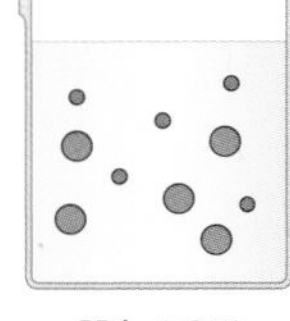

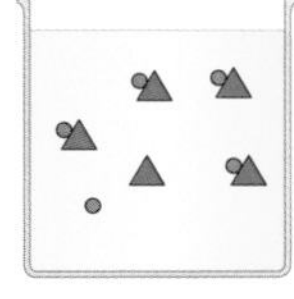

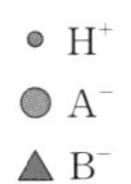

HA 수용액　　HB 수용액

이에 대한 설명으로 옳은 것만을 〈보기〉에서 있는 대로 고른 것은? (단, 25 ℃에서 물의 이온화 상수(K_w)는 1.0×10^{-14}이다.)

보기

ㄱ. HA(aq)의 pH는 1이다.

ㄴ. $[OH^-]$는 HB(aq)이 HA(aq)의 5배이다.

ㄷ. $[H_3O^+][OH^-]$의 값은 HA(aq) > HB(aq)이다.

① ㄱ　② ㄴ　③ ㄱ, ㄴ　④ ㄱ, ㄷ　⑤ ㄴ, ㄷ

[8714-0404]

26 다음은 산과 염기를 이용한 실험이다.

[실험 과정]

(가) 물이 들어 있는 비커에 X(g)와 Y(g)를 각각 넣어 용해시킨다.

(나) (가)의 X(aq)과 Y(aq)에 각각 BTB 용액을 1~2방울 떨어뜨린다.

(다) (나)의 X(aq)과 Y(aq)에 각각 같은 질량의 마그네슘(Mg) 조각을 넣어 반응시킨다.

[실험 결과]

과정	X(aq)	Y(aq)
(나)	푸른색	㉠
(다)	기체가 발생하지 않음	기체가 발생함

이에 대한 설명으로 옳은 것만을 〈보기〉에서 있는 대로 고른 것은?

보기

ㄱ. ㉠은 '노란색'이다.

ㄴ. (가)의 X(aq)에서 H_2O은 브뢴스테드 · 로리 산으로 작용한다.

ㄷ. X와 Y를 반응시키면 H^+는 Y에서 X로 이동한다.

① ㄱ　② ㄷ　③ ㄱ, ㄴ　④ ㄴ, ㄷ　⑤ ㄱ, ㄴ, ㄷ

[8714-0405]

27 그림은 25 ℃에서 NaOH 20 g이 들어 있는 용액 (가)와 (가) 20 g을 취하여 물을 넣어 만든 용액 (나)를 나타낸 것이다.

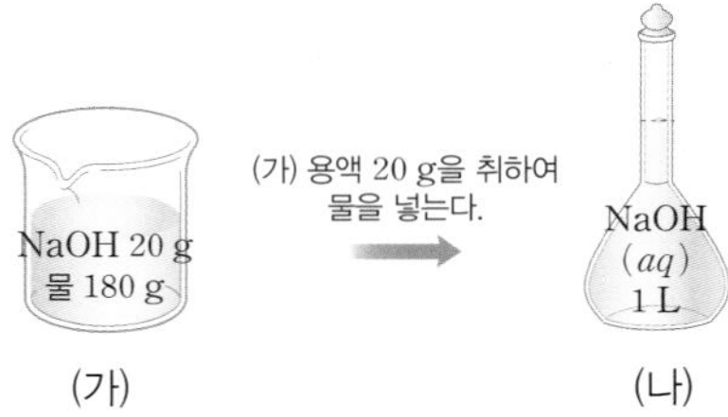

이에 대한 설명으로 옳은 것만을 〈보기〉에서 있는 대로 고른 것은? (단, NaOH의 화학식량은 40이고 온도는 일정하며, 25 ℃에서 물의 이온화 상수(K_w)는 1.0×10^{-14}이다.)

보기

ㄱ. (가)의 퍼센트 농도는 10 %이다.

ㄴ. (나)의 pH는 13보다 크다.

ㄷ. (나) 100 mL를 0.1 M HCl(aq) 500 mL와 반응시킨 혼합 용액은 중성이다.

① ㄱ　② ㄴ　③ ㄱ, ㄷ　④ ㄴ, ㄷ　⑤ ㄱ, ㄴ, ㄷ

[8714-0406]
28 그림은 25 ℃에서 0.2 M HCl(aq) 30 mL에 NaOH(aq)을 조금씩 넣었을 때, 넣어 준 NaOH(aq)의 부피에 따른 혼합 용액 속 2가지 이온 ㉠, ㉡의 수를 나타낸 것이다.

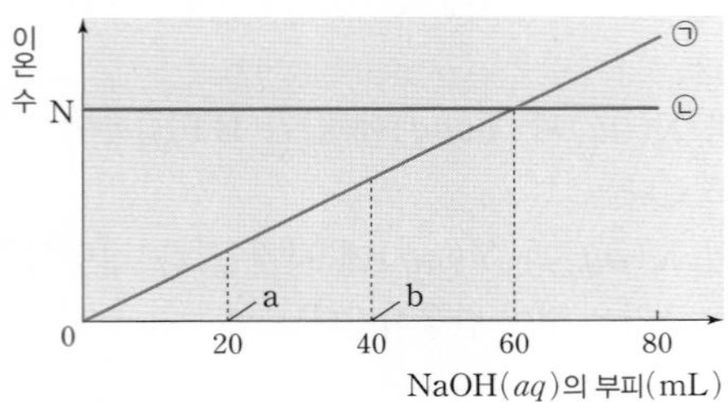

이에 대한 설명으로 옳은 것만을 〈보기〉에서 있는 대로 고른 것은? (단, 혼합 용액의 부피는 혼합 전 용액의 부피의 합과 같고, 25 ℃에서 물의 이온화 상수(K_w)는 1.0×10^{-14}이다.)

> 보기
> ㄱ. NaOH(aq)의 pH는 13이다.
> ㄴ. [Cl^-]는 a에서가 b에서의 2배이다.
> ㄷ. b까지 생성된 물의 양은 0.004몰이다.

① ㄱ ② ㄴ ③ ㄱ, ㄷ
④ ㄴ, ㄷ ⑤ ㄱ, ㄴ, ㄷ

[8714-0407]
29 그림은 $XNO_3(aq)$에 충분한 양의 금속 Y와 Z를 차례대로 넣은 것을 나타낸 것이고, 표는 각 수용액에 들어 있는 금속 양이온 수에 대한 자료이다.

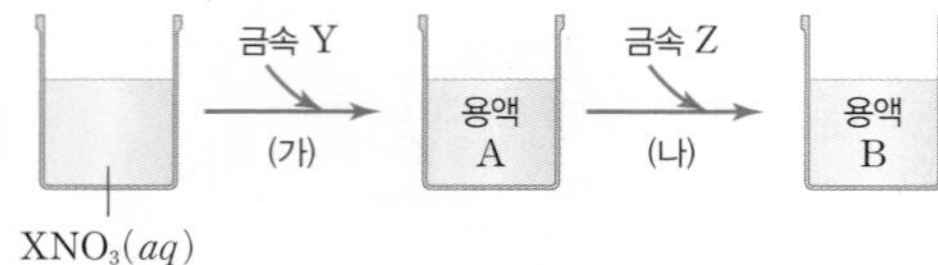

수용액	$XNO_3(aq)$	A	B
양이온 수	6N	2N	3N

이에 대한 설명으로 옳은 것만을 〈보기〉에서 있는 대로 고른 것은? (단, X는 금속 원소이고, Y, Z는 물과 반응하지 않는다.)

> 보기
> ㄱ. 금속 이온의 산화수의 비는 Y : Z=3 : 2이다.
> ㄴ. 산화수의 총 증가량은 (가)에서의 Y가 (나)에서의 Z보다 크다.
> ㄷ. Z 이온이 들어 있는 수용액에 금속 X를 넣으면 X는 환원제로 작용한다.

① ㄱ ② ㄷ ③ ㄱ, ㄴ
④ ㄴ, ㄷ ⑤ ㄱ, ㄴ, ㄷ

[8714-0408]
30 다음은 묽은 염산(HCl)과 이산화 망가니즈(MnO_2)의 반응의 화학 반응식이다.

$$MnO_2 + aHCl \longrightarrow MnCl_2 + bH_2O + cCl_2$$

(a~c는 반응 계수)

그림은 MnO_2와 HCl이 반응할 때, 반응한 HCl의 양에 따른 생성된 $MnCl_2$의 양을 나타낸 것이다.

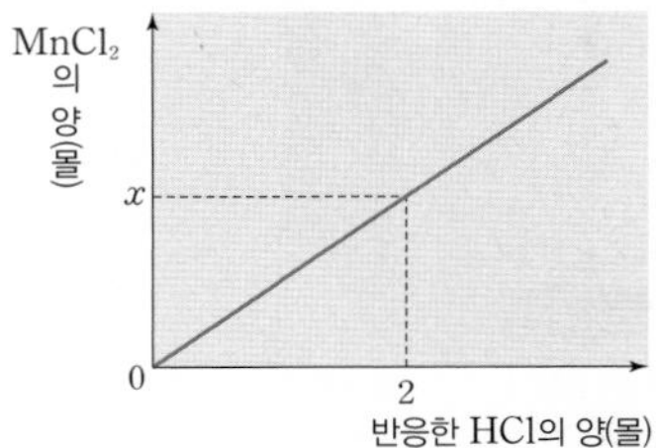

이에 대한 설명으로 옳은 것만을 〈보기〉에서 있는 대로 고른 것은?

> 보기
> ㄱ. x=0.5이다.
> ㄴ. Mn의 산화수 변화량은 2이다.
> ㄷ. 0.1 M HCl(aq) 200 mL에 충분한 양의 MnO_2를 넣어 반응시키면 0.2몰의 $Cl_2(g)$가 생성된다.

① ㄱ ② ㄴ ③ ㄱ, ㄴ
④ ㄱ, ㄷ ⑤ ㄴ, ㄷ

[8714-0409]
31 다음은 에탄올이 연소할 때 발생하는 열을 구하는 실험이다.

> [실험 과정]
> (가) 삼각 플라스크에 100 g의 물을 넣은 후 물의 온도(t_1)를 측정한다.
> (나) 에탄올이 들어 있는 알코올램프로 가열한 후 물의 온도(t_2)를 측정한다.
> [실험 결과]
> • t_1=23.8 ℃, t_2=35.2 ℃

이에 대한 설명으로 옳은 것만을 〈보기〉에서 있는 대로 고른 것은? (단, 물의 비열은 4 J/g·℃이다.)

> 보기
> ㄱ. 에탄올의 연소 반응은 발열 반응이다.
> ㄴ. 에탄올의 연소 반응은 생성물이 반응물보다 에너지가 높다.
> ㄷ. 위 반응에서 물이 흡수한 열량은 4560 J이다.

① ㄱ ② ㄴ ③ ㄱ, ㄴ
④ ㄱ, ㄷ ⑤ ㄴ, ㄷ

정답과 해설

기본 개념부터 실전 연습, 수능 + 내신까지
한 번에 다 끝낼 수 있는 **탐구영역 문항집**

화학 I

"우리 학교 시험대비를 더 쉽게"

- 출판사별 조견표 전체 수록
- 새 교과서 반영

EBS 개념완성 문항편

정답과 해설

화학 I

정답과 해설

Ⅰ. 화학의 첫걸음

01 화학과 인류

핵심 개념 체크 본문 006~007쪽

1 (1) ○ (2) × (3) ○	**2** 암모니아	**3** 나일론
4 콘크리트	**5** (1) × (2) ○ (3) ○	
6 이산화 탄소, 물	**7** (1)-㉣ (2)-㉠ (3)-㉢ (4)-㉡	

출제 예상 문제 본문 008~010쪽

01 ⑤	**02** ③	**03** ④	**04** ⑤	**05** ②
06 ④	**07** ⑤	**08** ③	**09** ⑤	**10** ②
11 ①	**12** ⑤	**13** ②	**14** ②	**15** ①

01

㉠: 질소는 식물의 생장에 필요한 원소이다. 하버는 질소(N_2) 기체를 수소(H_2) 기체와 반응시켜 암모니아(NH_3)를 합성했으며, 대량 생산된 암모니아를 이용하여 질소 비료를 대량 생산하게 되어 농업 생산량이 증대됨으로써 인류의 식량 문제 해결에 기여하게 되었다.

㉡: 캐러더스는 최초의 합성 섬유인 나일론을 합성하는 데 성공하였다. 나일론은 매우 질기고 신축성이 좋아 스타킹, 밧줄 등의 재료로 이용되고 있다.

㉢: 철은 철광석(Fe_2O_3)을 코크스(C)와 함께 용광로에서 높은 온도로 가열하여 얻으며, 단단하고 내구성이 뛰어나 건축물의 골조나 배관 등 건축 자재로 이용된다. 콘크리트 속에 철근을 넣은 철근 콘크리트는 콘크리트의 강도를 높인 건축 재료로서 대규모 건축물에 이용되고 있다.

02

㉠~㉣에 해당하는 물질은 다음과 같다.

㉠	㉡	㉢	㉣
염화 나트륨, 탄산 칼슘	탄수화물, 폴리에스터	탄산 칼슘, 탄수화물, 폴리에스터	염화 나트륨

㉠: ㉡에 해당하는 물질 중 탄수화물은 C, H, O로 이루어진 천연 고분자 물질이고, 폴리에스터는 C, H, O로 이루어진 합성 고분자 물질이다. 따라서 ㉡에 해당하는 물질은 모두 분자이다.

~~ㄴ~~: ㉠과 ㉣에 공통으로 해당하는 물질은 염화 나트륨 1가지이다.

㉢: ㉡과 ㉢에 공통으로 해당하는 물질은 탄수화물과 폴리에스터이며, 모두 탄소(C)를 기본 골격으로 하여 이루어진 탄소 화합물이다.

03

~~ㄱ~~: 탄소 화합물은 탄소(C) 원자가 수소(H), 산소(O), 질소(N), 황(S), 할로젠 등의 원자와 결합한 화합물이다. (가)~(다)는 모두 탄소 원자에 수소(H)와 산소(O) 또는 질소(N)가 결합되어 있는 탄소 화합물이다.

㉡: 나일론과 폴리에스터는 화석 연료를 원료로 합성된 고분자 물질이며, 대량 생산이 쉬워서 의류 문제를 해결하는 데 기여하였다.

㉢: 아스피린과 폴리에스터는 성분 원소가 C, H, O로 같으므로 완전 연소 생성물이 CO_2와 H_2O로 같다.

04

㉠: (가)는 합성 섬유이고, (나)는 동물에서 얻는 천연 섬유이다. 합성 섬유는 화석 연료에서 얻는 간단한 분자를 원료로 대량 생산을 할 수 있다.

㉡: (가)는 합성 고분자 화합물이고, (나)는 천연 고분자 화합물이다.

㉢: (가)의 나일론과 (나)의 견 섬유는 모두 탄소 화합물로서 탄소(C)를 포함한 물질이다.

05

천연 섬유는 흡습성과 촉감이 좋지만 질기지 않아서 쉽게 닳고 대량 생산이 어려운 단점이 있다. 합성 섬유는 화석 연료를 원료로 하여 제조하며 질기고 값이 싸다.

~~ㄱ~~: 천연 섬유는 식물에서 얻는 면이나 마와 동물에서 얻는 비단과 같은 것이 포함된다.

㉡: 화석 연료를 이용한 여러 가지 합성 섬유가 개발되었고, 이들은 대량 생산이 가능하여 의류 문제 해결에 기여하였다.

~~ㄷ~~: 강하고 탄성과 신축성이 좋아서 구겨지지 않으며 양모와 비슷한 성질을 갖고 있는 의류용 섬유는 폴리에스터로, 현재 가장 널리 사용된다.

06

~~ㄱ~~: 석회석을 가열하여 생석회를 만든 다음 점토를 섞어 만든 건축 재료인 (가)는 시멘트이다.

㉡: 모래와 자갈에 시멘트를 섞어 반죽한 건축 재료인 (나)는 콘크리트이다. 콘크리트에 철근을 넣는 공법이 개발되면서 콘크리트의 강도를 높일 수 있었으며, 오늘날 대규모 건축물에 이용되고 있다.

㉢: 건축 재료의 성능은 화학의 발달과 함께 점차 개량되고 있으며, 단열재, 바닥재, 창틀, 외장재 등의 새로운 소재가 개발되어 주거 문화의 발달에 기여하고 있다.

07

㉠: 원유의 성분 물질은 모두 탄소 화합물이며, 끓는점 차이를 이용하여 분별 증류할 수 있는 혼합물이다.

㉡: (가)는 석유 가스로서 증류탑의 가장 높은 부분에서 분리되며, 탄소 수가 작다. 액화 석유 가스(LPG)는 연료로 이용된다.

㉢: (나)는 나프타이며, 플라스틱과 합성 섬유 등의 화학 제품을 합성하는 원료로 사용된다.

08

㉠: 탄소 화합물은 탄소를 기본 골격으로 하고 다른 원소의 원자들이 공유 결합을 하여 이루어진 공유 결합 물질이다.

㉡: 탄소 화합물에는 공통적으로 탄소(C) 원자가 포함되어 있다.

~~ㄷ~~: 탄소 화합물 중 녹말, 단백질, 지방 등은 생명체 내에서 만들어지지만, 플라스틱과 합성 섬유, 합성 고무 등은 원유를 원료로 하여 인공적으로 합성한 것이다.

09

㉠: 단백질의 주요 성분 원소는 C, H, O, N이고, 면과 플라스틱(PET)의 주요 성분 원소는 C, H, O이다. 비금속 원소 사이에는 공유 결합을 형성하므로 (가)~(다)는 모두 공유 결합 물질이다.
㉡: 단백질과 천연 섬유인 면은 천연 고분자 물질이다.
㉢: (나)의 면과 (다)의 플라스틱(PET)은 탄소 화합물로, 탄소(C)와 수소(H)가 포함된 물질이므로 완전 연소 시 이산화 탄소와 물이 생성된다.

10

~~㉠~~: 탄소 원자 2개, 수소 원자 4개, 산소 원자 2개가 공유 결합을 하여 이루어진 분자이므로 분자식은 $C_2H_4O_2$이다.
~~㉡~~: X는 아세트산으로, 실온에서 액체 상태로 존재하며 빙초산이라고 한다. 강한 자극성 냄새가 나고 휘발성이 크지 않으며, 연료로 사용하기에 적합하지 않다.
㉢: 아세트산은 물에 잘 녹고, 물에 녹으면 수소 이온(H^+)을 내놓으므로 산성을 나타내고 신맛이 난다.

11

(가)와 (나)는 분자식이 C_4H_{10}으로 같다.
㉠: (가)와 (나)는 모두 탄소(C)와 수소(H)로만 이루어진 탄소 화합물인 탄화수소이다.
~~㉡~~: (가)와 (나)는 분자식이 같지만 구조식이 서로 다르므로 같은 물질이 아니다.
~~㉢~~: (가)와 (나)는 분자식이 같으므로 $\frac{\text{수소 수}}{\text{탄소 수}}=\frac{5}{2}$로 같다.

12

㉠: (가)는 에틸렌 글리콜, (나)는 에탄올이며 하이드록시기($-OH$)를 갖는 알코올이다.
㉡: (가)와 (나)는 하이드록시기($-OH$)를 갖는 알코올로서 물에 잘 녹는다.
㉢: (가)는 분자식이 $C_2H_6O_2$이고, (나)는 분자식이 C_2H_6O이므로 $\frac{\text{수소 수}}{\text{탄소 수}}=3$으로 같다.

13

(가)는 메테인, (나)는 에탄올, (다)는 아세트산의 분자 모형이다.
~~㉠~~: 탄화수소는 탄소(C) 원자와 수소(H) 원자로만 이루어진 탄소 화합물이다. (가)의 메테인은 탄화수소이지만, (나)의 에탄올과 (다)의 아세트산은 탄화수소가 아니다.
~~㉡~~: 에탄올과 아세트산은 물에 잘 녹지만, 탄화수소인 메테인은 물에 잘 녹지 않는다.
㉢: (가)~(다)의 탄소 화합물에는 탄소(C)와 수소(H)가 공통적으로 포함되어 있으므로 완전 연소시키면 CO_2와 H_2O이 생성된다.

14

~~①~~: 탄소(C) 원자 2개가 각각 수소(H) 원자 3개와 결합한 탄화수소는 에테인(C_2H_6)이다. $\frac{\text{수소 수}}{\text{탄소 수}}=3$이고, C 원자에 원자 4개가 결합되어 있지만 하이드록시기($-OH$)가 포함되어 있지 않으므로 X가 아니다.
②: 탄화수소 C_2H_6에서 H 원자 위치에 하이드록시기($-OH$)가 결합되어 있는 구조인 탄소 화합물로서 에탄올이다. 분자식은 C_2H_6O이며 $\frac{\text{수소 수}}{\text{탄소 수}}=3$이고, C 원자에 원자 4개가 결합되어 있으므로 X이다.
~~③~~: 분자식은 C_2H_6O로 에탄올과 같지만 산소 원자에 두 개의 C 원자가 결합된 구조로 하이드록시기가 포함되어 있지 않으므로 X가 아니다.
~~④~~: 분자식이 C_3H_6O이므로 $\frac{\text{수소 수}}{\text{탄소 수}}=2$이고, 하이드록시기가 포함되어 있지 않으며 중심의 탄소 원자에 원자 3개가 결합되어 있으므로 X가 아니다.
~~⑤~~: 분자식이 $C_2H_4O_2$이므로 $\frac{\text{수소 수}}{\text{탄소 수}}=2$이고, 하이드록시기가 포함되어 있지 않으며 탄소 원자 1개는 원자 3개와 결합하고 있으므로 X가 아니다.

15

합성 의약품인 아스피린은 호프만이 버드나무 껍질에서 분리한 살리실산으로 합성한 아세틸 살리실산의 상품명이다.
㉠: 아스피린의 성분 원소는 C, H, O이며, 탄소 원자가 포함된 탄소 화합물이다.
~~㉡~~: 고분자 화합물은 분자량이 1만 이상인 거대한 분자로 이루어진 물질이다. 아스피린은 분자식이 $C_9H_8O_4$로서 고분자가 아니다.
~~㉢~~: 아스피린 1분자에는 탄소 원자 9개, 수소 원자 8개, 산소 원자 4개가 포함되어 있으므로 $\frac{\text{C 원자 수}}{\text{전체 원자 수}}=\frac{9}{21}$로 $\frac{1}{2}$보다 작다.

서답형 문제

본문 011쪽

01 (가) 철 (나) 아스피린
02 ㉠ 질소 ㉡ 수소
03 해설 참조
04 해설 참조
05 해설 참조
06 (1) (가) C_2H_2 (나) C_2H_4 (다) C_2H_6 (라) C_3H_6 (2) (다) (3) 해설 참조

01

(가) 현재 인류가 가장 많이 사용하는 금속은 철이며, 자연에서 주로 산화물(Fe_2O_3) 상태로 존재한다. 철광석과 코크스, 석회석을 함께 용광로에 넣고 가열하면 코크스가 산화되어 생성되는 일산화 탄소에 의해 산화철(Fe_2O_3)이 환원되어 철(Fe)이 얻어진다.
(나) 호프만이 버드나무 껍질에서 추출한 살리실산으로부터 합성한 최초의 합성 의약품은 아세틸 살리실산이며, 상품명은 아스피린이다.

02

암모니아는 공기 중의 질소와 수소로부터 합성하며, 화학 반응식은 $N_2+3H_2 \longrightarrow 2NH_3$이다. 공기 중의 78 %를 차지하는 질소($N_2$)는 2개의 질소(N) 원자가 3중 결합을 이루고 있어서 반응성이 작고 매우 안정한 물질이며, 수소(H_2)는 가장 가벼운 기체이다.

03

예시답안 ㉠ 가스 버너: 뷰테인 ㉡ 고기: 단백질 ㉢ 밥: 탄수화물 ㉣ 기름: 지방 ㉤ 식초: 아세트산 ㉥ 페트병: 플라스틱(PET)

㉦ 나무 의자: 셀룰로스 ㉧ 등산복: 폴리에스터
㉨ 가죽 등산화: 단백질, 인조 가죽(폴리우레탄) 등

04

모범답안 하버가 공기 중의 질소와 수소로부터 암모니아를 대량으로 합성하는 공정을 개발하면서 화학 비료가 대량 생산되고 농산물의 생산량이 증대되었다. 살충제와 제초제가 개발되어 잡초와 해충으로부터 농작물을 보호할 수 있게 되면서 농산물의 질이 향상되고 생산량도 크게 증대되어 인류의 식량 문제를 해결할 수 있게 되었다.

채점 기준	배점
화학 비료 및 살충제와 제초제를 모두 포함시켜 옳게 서술한 경우	100 %
화학 비료만 포함시켜 서술한 경우	70 %
살충제와 제초제만 포함시켜 서술한 경우	30 %

05

아세트산과 폼알데하이드는 성분 원소가 C, H, O이며 메테인은 성분 원소가 C, H이다.

모범답안 • 산소 원자가 포함되어 있는가? • $\frac{\text{수소 수}}{\text{탄소 수}}=2$인가?
• 2중 결합이 포함되어 있는가? • 냄새가 나는 물질인가? 등

채점 기준	배점
분류 기준 2가지를 모두 옳게 서술한 경우	100 %
분류 기준 1가지만 옳게 서술한 경우	50 %

06

탄소 원자 사이의 결합이 모두 단일 결합인 탄화수소를 포화 탄화수소, 2중 결합이나 3중 결합을 포함한 탄화수소를 불포화 탄화수소라고 한다.

(1) (가) $\frac{\text{수소 수}}{\text{탄소 수}}=1$이고 1분자당 원자 수가 4이므로 분자식은 C_2H_2이다.

(나) $\frac{\text{수소 수}}{\text{탄소 수}}=2$이고 1분자당 원자 수가 6이므로 분자식은 C_2H_4이다.

(다) $\frac{\text{수소 수}}{\text{탄소 수}}=3$이고 1분자당 원자 수가 8이므로 분자식은 C_2H_6이다.

(라) $\frac{\text{수소 수}}{\text{탄소 수}}=2$이고 1분자당 원자 수가 9이므로 분자식은 C_3H_6이다.

(2) (가)는 C_2H_2로 탄소 원자 사이에 3중 결합을 이루고 있고, (나)는 C_2H_4, (라)는 C_3H_6로 탄소 원자 사이에 2중 결합이 있다. (다)는 C_2H_6로 탄소 원자 사이에 단일 결합을 이루고 있다. 따라서 포화 탄화수소는 (다)의 C_2H_6이다.

(3) (나)와 (라)는 $\frac{\text{수소 수}}{\text{탄소 수}}=2$인 사슬 모양 탄화수소이므로 2중 결합을 포함하고 있다.

모범답안

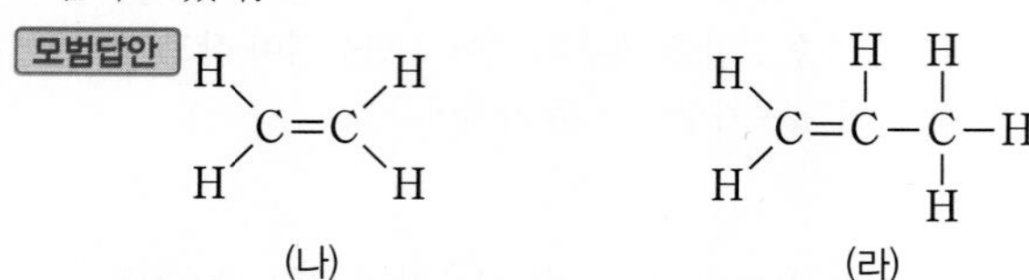

(나) (라)

공유 결합 수는 (나)가 6, (라)가 9이므로 (나) : (라)=2 : 3이다.

채점 기준	배점
(나)와 (라)의 구조식을 옳게 그리고, 공유 결합 수의 비를 옳게 구한 경우	100 %
(나)와 (라)의 구조식만 옳게 그린 경우	70 %
(나)와 (라)의 구조식 중 한 가지만 옳게 그린 경우	35 %
공유 결합 수의 비만 옳게 구한 경우	30 %

02 몰

핵심 개념 체크 본문 012~013쪽

1 (1) × (2) ○ (3) × **2** (1) 32 (2) 16 (3) 100
3 (1) 6.02×10^{23} (2) 2 (3) 1 (4) 1.5
4 ㉡>㉣>㉠>㉢ **5** (1) × (2) ○ (3) ○
6 ㉠ 0.5 ㉡ 34 ㉢ 58 ㉣ 12

출제 예상 문제 본문 014~016쪽

01 ③ **02** ⑤ **03** ⑤ **04** ⑤ **05** ②
06 ⑤ **07** ④ **08** ① **09** ② **10** ⑤
11 ② **12** ③ **13** ③ **14** ④ **15** ⑤
16 ③

01

㉠: X 원자 4개와 Y 원자 3개가 평형을 이루고 있으므로 원자량의 비는 X : Y=3 : 4이고, Y 원자 5개와 Z 원자 2개가 평형을 이루고 있으므로 원자량의 비는 Y : Z=2 : 5이다. 따라서 원자량의 비는 X : Y : Z=3 : 4 : 10이며, X의 원자량이 12이므로 Z의 원자량은 40이다.
㉡: 1몰의 질량은 화학식량에 g을 붙인 값과 같다. Y의 원자량이 16이므로 Y 원자 1몰의 질량은 16 g이다.
㉢: 원자량의 비는 X : Z=3 : 10이므로 1 g에 포함된 원자 수비는 X : Z=$\frac{1}{3}$: $\frac{1}{10}$=10 : 3이다.

02

㉠: H의 원자량은 C의 원자량의 $\frac{1}{12}$이므로 원자 1개의 질량은 H 원자가 C 원자의 $\frac{1}{12}$이다.
㉡: CO_2의 분자량은 12+2×16=44이므로 1몰의 질량은 44 g이다. 1몰에 포함된 분자 수는 아보가드로수와 같으므로 CO_2 분자 1개의 질량은 $\frac{44}{6.02\times10^{23}}$ g이다.
㉢: MgO에서 원자 수비는 Mg : O=1 : 1이고 원자량의 비가 Mg : O=24 : 16이므로 성분 원소의 질량비는 Mg : O=3 : 2이다.

03

㉠ : 1 g에 들어 있는 원자 수는 원자 1몰의 질량이 가장 작은 ^{1}H가 가장 크다.
㉡ : ^{12}C 원자 1몰의 질량이 12.000 g이고, 원자 1몰에 포함된 원자 수가 아보가드로수(N_A)와 같으므로 ^{12}C 원자 1개의 질량은 $\frac{12.000}{N_A}$ g이다.
㉢ : ^{1}H 원자 1.008 g의 원자 수는 1몰이고, ^{16}O 원자 1몰의 질량이 15.995 g이므로 $^{16}O_2$ 15.995 g의 분자 수는 0.5몰이다. 따라서 ^{1}H 1.008 g의 원자 수는 $^{16}O_2$ 15.995 g의 분자 수의 2배이다.

04

㉠ : 포도당의 양(mol)은 포도당의 질량을 포도당 1몰의 질량으로 나누어서 구한다. 포도당의 분자량이 180이므로 포도당의 양(mol)$=\frac{60\text{ g}}{180\text{ g/mol}}=\frac{1}{3}$ mol이다. 주어진 식에서 x는 포도당 1몰의 질량이다.
㉡ : 포도당 1몰에 포함된 분자 수는 아보가드로수와 같다. 따라서 포도당의 분자 수는 포도당의 양(mol)에 아보가드로수를 곱한 값과 같으며, 주어진 식에서 y는 아보가드로수이다.
㉢ : ㉠은 $\frac{1}{3}$이고, [단계 3]에서 원자의 총 수는 포도당 60 g에 포함된 분자 수와 포도당 1분자에 들어 있는 원자 수를 곱해서 구할 수 있다. 포도당 1분자는 24개의 원자로 이루어져 있으므로 주어진 식에서 ㉡은 24이다. 따라서 ㉠×㉡$=\frac{1}{3}\times 24=8$이다.

05

(가)의 분자식은 $C_6H_{12}O_6$, (나)의 분자식은 $C_9H_8O_4$이므로 분자량은 180으로 같다.
㉠ : (가)와 (나)의 분자량이 180으로 같으므로 분자 1개의 질량은 (가)와 (나)가 서로 같다.
㉡ : (가)에서 1분자에 포함된 H 원자 수는 12이고, (나)에서 1분자에 포함된 H 원자 수는 8이며, (가)와 (나)의 분자량은 같다. 따라서 수소의 질량 비율은 (가)>(나)이다 .
㉢ : (가)는 1분자에 포함된 C 원자 수가 6이고, (나)는 1분자에 포함된 C 원자 수가 9이다. 따라서 분자 1몰에 포함된 탄소 원자는 (가)가 6몰, (나)가 9몰로, 탄소 원자의 질량은 (나)>(가)이다.

06

㉠ : 이산화 탄소는 탄소(C) 원자 1개와 산소(O) 원자 2개로 이루어진 분자이며, 분자식이 CO_2이다.
㉡ : CO_2의 분자량이 44이고 C의 원자량이 12이므로 O의 원자량은 16이며, H_2O의 분자량이 18이므로 H의 원자량은 1이다. 따라서 C_2H_2의 분자량은 26이다.
㉢ : CH_4은 분자량이 16이고 1분자에는 H 원자 4개가 포함되어 있으며, H_2O은 분자량이 18이고 1분자에는 H 원자 2개가 포함되어 있다. 따라서 1 g에 포함된 H 원자 수비는 $CH_4 : H_2O=\frac{4}{16} : \frac{2}{18}=9 : 4$이다.

07

A와 B로 이루어진 3원자 분자의 분자식은 A_2B 또는 AB_2이다.
㉠ : (가)는 2원자 분자이므로 분자식이 AB이고, (나)는 분자식이 A_2B 또는 AB_2이다. (나)의 분자식이 A_2B라면 A의 원자량이 16, B의 원자량이 14이며, (나)의 분자식이 AB_2라면 B의 원자량이 16, A의 원자량이 14이다. 그런데 원자량은 B>A이므로 (나)의 분자식은 AB_2이다.
㉡ : A의 원자량이 14, B의 원자량이 16이므로 원자량의 비는 A : B=7 : 8이다.
㉢ : A_2B_5의 분자량은 $2\times 14+5\times 16=108$이므로 1몰의 질량은 108 g이다.

08

(가)는 분자식이 CH_2O이고, (나)는 분자식이 $C_2H_4O_2$이다.
㉠ : (나)에 포함된 원자 수는 C, H, O가 각각 (가)의 2배이므로 1몰의 질량은 (나)가 (가)의 2배이다.
㉡ : 분자량의 비가 (가) : (나)=1 : 2이므로 1 g에 포함된 분자 수비는 (가) : (나)$=\frac{1}{1} : \frac{1}{2}=2 : 1$이다.
㉢ : (가)에서 탄소(C) 원자는 2개의 수소(H) 원자와 단일 결합을, 1개의 산소(O) 원자와 2중 결합을 이루고 있다. 따라서 공유 결합 수는 4이다. (나)는 CH_4의 H 원자 대신에 카복실기(−COOH)가 결합되어 있으며, −COOH에서 탄소 원자는 산소 원자 1개와 2중 결합을 이루고, 수소 원자와 단일 결합을 이루고 있는 다른 산소 원자와는 단일 결합을 이루고 있으므로 공유 결합 수는 8이다. 따라서 공유 결합 수의 비는 (가) : (나) =4 : 8=1 : 2이다.

09

(가)는 1분자당 원자 수가 2이므로 분자식이 XY이다. (나)는 1분자당 원자 수가 4이므로 (나)의 분자식은 X_3Y, X_2Y_2, XY_3 중 하나이다. 그런데 분자량의 상댓값이 (가) : (나)=10 : 17이므로 (나)의 분자식은 X_2Y_2가 될 수 없다.
X의 원자량을 x, Y의 원자량을 y라고 할 때,
(Ⅰ) (나)의 분자식이 X_3Y라면 다음 관계식이 성립한다.

$x+y=10k$ …… ⅰ)　　　$3x+y=17k$ …… ⅱ)

ⅰ)과 ⅱ)에서 $x=3.5k$, $y=6.5k$이므로 X의 원자량이 Y의 원자량보다 크다는 조건에 어긋난다.
(Ⅱ) (나)의 분자식이 XY_3라면 다음 관계식이 성립한다.

$x+y=10k$ …… ⅰ)　　　$x+3y=17k$ …… ⅱ)

ⅰ)과 ⅱ)에서 $x=6.5k$, $y=3.5k$이므로 X의 원자량이 Y의 원자량보다 크다는 조건을 만족한다.
㉠ : (가)는 분자식이 XY이고, (나)는 분자식이 XY_3이므로 $\frac{\text{Y 원자 수}}{\text{X 원자 수}}$는 (가)가 1, (나)가 3으로 (나)>(가)이다.
㉡ : 원자량의 비는 X : Y=13 : 7이므로 $\frac{\text{Y 원자량}}{\text{X 원자량}}=\frac{7}{13}$로 $\frac{1}{2}$보다 크다.
㉢ : 분자량의 비는 (가) : (나)=10 : 17이고 1분자에 포함된 Y 원자 수는 (가)가 1, (나)가 3이므로, 1 g에 포함된 Y 원자 수비는 (가) : (나)$=\frac{1}{10} : \frac{3}{17}=17 : 30$이다.

10

AB_4에서 원자 수비는 A : B=1 : 4이고 질량비는 A : B=3 : 1이므로 원자량의 비는 A : B$=3 : \frac{1}{4}=12 : 1$이다. B_2C에서 원자 수비는 B : C =2 : 1이고 질량비는 B : C=1 : 8이므로 원자량의 비는 B : C$=\frac{1}{2} : 8$

$=1:16$이다. 따라서 원자량의 비는 A : B : C$=12:1:16$이다.

㉠ : 원자량의 비는 A : C$=12:16=3:4$이다.

㉡ : 분자량의 비는 AC : $A_2B_4=28:28=1:1$이므로 1몰의 질량이 서로 같다.

㉢ : (가)의 AB_4는 5원자 분자, (나)의 B_2C는 3원자 분자이며, 분자량의 비는 $AB_4:B_2C=16:18$이다. 따라서 1 g에 포함된 전체 원자 수비는 $AB_4:B_2C=\frac{5}{16}:\frac{3}{18}=15:8$로 (나)가 (가)의 $\frac{8}{15}$이므로 (나)가 (가)의 $\frac{1}{2}$보다 크다.

11

① H_2의 분자량이 2이므로 1 g에 들어 있는 분자 수는 0.5몰이고, H_2 1분자에 H 원자 2개가 포함되어 있으므로 H_2 0.5몰에 들어 있는 H 원자 수는 1몰이다.

② H_2O 1분자에 H 원자 2개가 포함되어 있으므로 H_2O 분자 1몰에 들어 있는 H 원자 수는 2몰이다.

③ CH_4의 분자량이 16이므로 16 g에 들어 있는 CH_4 분자 수는 1몰이다.

④ 0 ℃, 1기압에서 기체 1몰의 부피는 22.4 L이므로 NH_3 11.2 L에 들어 있는 NH_3 분자 수는 0.5몰이다. NH_3 분자 1개에 H 원자 3개가 포함되어 있으므로 NH_3 0.5몰에 들어 있는 H 원자 수는 1.5몰이다.

⑤ 0 ℃, 1기압에서 NO_2 5.6 L에 들어 있는 분자 수는 0.25몰이고, NO_2 분자 1개에 들어 있는 원자 수는 3이므로 NO_2 5.6 L에 들어 있는 전체 원자 수는 0.75몰이다.

따라서 입자 수가 가장 큰 것은 ②이다.

12

㉠ : 기체의 밀도$=\frac{질량}{부피}$이다. 따라서 X의 밀도는 $\frac{16}{5.6}$, Y의 밀도는 $\frac{32}{11.2}$로 X와 Y의 밀도가 서로 같다.

~~㉡~~ : 0 ℃, 1기압에서 기체 1몰의 부피가 22.4 L이므로 기체 X는 0.25몰, 기체 Y는 0.5몰 존재한다.

㉢ : 기체 X 0.25몰의 질량이 16 g이므로 1몰의 질량은 64 g이고, 기체 Y 0.5몰의 질량이 32 g이므로 1몰의 질량은 64 g이다. 따라서 X와 Y는 분자량이 서로 같다.

~~㉣~~ : 기체 X와 Y가 모두 3원자 분자이며, 기체 X의 양은 0.25몰, 기체 Y의 양은 0.5몰이므로 원자 수는 기체 X가 0.75몰, 기체 Y가 1.5몰이다.

13

(다)는 분자량이 16이고 질량이 4 g이므로 기체 분자의 양은 0.25몰이다. (다)의 부피가 6 L이므로 t ℃, 1기압에서 기체 1몰의 부피는 24 L이다. (가)는 분자량이 4이고 부피가 24 L이므로 기체 분자의 양은 1몰이며 질량은 4 g이다. (나)는 부피가 12 L이므로 기체 분자의 양은 0.5몰이며 질량은 16 g이다. 따라서 (나)의 분자량은 32이다.

㉠ : (가)의 분자량은 4, (나)의 분자량은 32, (다)의 분자량은 16이므로 (나)의 분자량이 가장 크다.

㉡ : (가)는 분자량이 4이고, 24 L에 들어 있는 기체의 양이 1몰이므로 질량이 4 g이다. 따라서 (가)와 (다)는 질량이 같다.

~~㉢~~ : 온도와 압력이 일정할 때 기체의 밀도비는 분자량의 비와 같다. (나)의 분자량은 32, (다)의 분자량은 16이므로 기체의 밀도는 (나)가 (다)의 2배이다.

14

1 g에 포함된 분자 수비는 $A_2:B_2=8:7$이므로 분자량의 비는 $A_2:B_2=7:8$이고, 원자량의 비도 A : B$=7:8$이다.

㉠ : t ℃, 1기압에서 기체 1몰의 부피는 23 L이고, AB_2의 밀도는 2 g/L이므로 AB_2 1몰의 질량은 46 g이다.

~~㉡~~ : 원자량의 비가 A : B$=7:8$이므로 A의 원자량을 $7x$, B의 원자량을 $8x$라고 하면 AB_2의 분자량은 $7x+16x=23x=46$이다. 따라서 $x=2$이므로 B의 원자량은 16이다.

㉢ : 일정한 온도와 압력에서 기체의 밀도는 기체의 분자량에 비례한다. A의 원자량이 14이므로 A_2의 분자량은 28이며, AB_2의 분자량은 46이다. 따라서 t ℃, 1기압에서 기체의 밀도는 A_2가 AB_2의 $\frac{28}{46}=\frac{14}{23}$로 A_2가 AB_2의 $\frac{1}{2}$보다 크다.

15

㉠ : 산소(O_2)의 분자량이 32이므로 16 g에 포함된 산소 기체의 양(mol)은 $\frac{16\ g}{32\ g/mol}=0.5$ mol이다. 기체의 종류에 관계없이 기체의 부피는 기체의 양(mol)에 비례하며, (가)와 (나)의 기체의 양(mol)이 같으므로 (가)와 (나)의 부피는 같다.

㉡ : (가)와 (나)의 부피가 같으므로 기체의 밀도비는 질량비와 같다. (가)에서 산소(O_2)는 16 g이고, (나)에서 이산화 탄소(CO_2)의 분자량이 44이므로 0.5몰의 질량은 22 g이다. 따라서 밀도비는 (가) : (나)$=16:22=8:11$로 밀도는 (나)>(가)이다.

㉢ : 산소(O_2)는 2원자 분자, 이산화 탄소(CO_2)는 3원자 분자이며, (가)와 (나)에서 기체의 분자 수가 같으므로 원자 수비는 (가) : (나)$=2:3$이다.

16

각 기체의 전체 질량 중 B만의 질량은 4 g으로 같으므로 AB_2에서 A의 질량은 7 g이고 C_2B에서 C의 질량은 18 g이다. 기체의 부피비가 $AB_2:C_2B=1:2$이므로 기체의 몰비는 $AB_2:C_2B=1:2$이다. 따라서 AB_2에서 A 원자가 1몰이라면 C_2B에서 C 원자는 4몰이다.

㉠ : 질량비는 $AB_2:C_2B=1:2$이고, 몰비는 $AB_2:C_2B=1:2$이므로 분자량의 비는 $AB_2:C_2B=1:1$이다. 따라서 1몰의 질량은 서로 같다.

~~㉡~~ : AB_2에서 A 원자 1몰의 질량이 7 g이라면 C_2B에서 C 원자 4몰의 질량은 18 g이다. 따라서 원자량의 비는 A : C$=7:\frac{18}{4}=14:9$이다.

㉢ : AB_2 1분자에 B 원자 2개가 포함되어 있고, C_2B 1분자에 B 원자 1개가 포함되어 있으며, AB_2와 C_2B의 분자량이 같으므로 같은 질량에 들어 있는 B 원자 수비는 $AB_2:C_2B=2:1$이다.

서답형 문제

본문 017쪽

01 (1) 0.5몰 (2) 3.01×10^{23} (3) 29 g (4) 2몰 (5) 3.01×10^{24}

02 (1) (가) X_2Y (나) XY_2 (2) X의 원자량: 14, Y의 원자량: 16 (3) 76 g

03 (1) 해설 참조 (2) 해설 참조 (3) 해설 참조

04 $32d$

05 (1) 해설 참조 (2) 해설 참조

06 (1) 해설 참조 (2) 해설 참조

01

(1) 0 ℃, 1기압에서 기체 1몰의 부피가 22.4 L이므로 뷰테인(C_4H_{10}) 기체 11.2 L는 0.5몰이다.

(2) 1몰의 분자 수가 6.02×10^{23}이므로 뷰테인 0.5몰의 분자 수는 $0.5\times6.02\times10^{23}=3.01\times10^{23}$이다.

(3) 뷰테인(C_4H_{10})의 분자량이 58이므로 뷰테인 0.5몰의 질량은 29 g이다.

(4) 뷰테인(C_4H_{10}) 1분자에 포함된 C 원자 수가 4이므로 뷰테인(C_4H_{10}) 0.5몰에 포함된 탄소(C) 원자의 양은 2몰이다.

(5) 뷰테인(C_4H_{10}) 1분자에 포함된 H 원자 수가 10이므로 뷰테인(C_4H_{10}) 0.5몰에 포함된 수소(H) 원자는 5몰이며, 수소(H) 원자의 수는 $5\times6.02\times10^{23}=3.01\times10^{24}$이다.

02

(1) (가)와 (나)는 모두 3원자 분자이고 분자량은 (나)>(가)인데, Y의 원자량이 X의 원자량보다 크므로 (가)의 분자식은 X_2Y이고 (나)의 분자식은 XY_2이다.

(2) X, Y의 원자량을 각각 x, y라고 할 때, $2x+y=44$, $x+2y=46$에서 $x=14$, $y=16$이다.

(3) X_2Y_3의 분자량은 $2\times14+3\times16=76$이므로, X_2Y_3 1몰의 질량은 76 g이다.

03

성분 원소가 X와 Y 2가지인 경우 3원자 분자의 가능한 분자식은 X_2Y 또는 XY_2이다.

(1) **모범답안** X의 질량 : Y의 질량은 (가)에서 7 : 16, (나)에서 7 : 4, (다)에서 7 : 8이다. 따라서 일정량의 X와 결합한 Y의 질량비는 (가) : (나) : (다)=16 : 4 : 8=4 : 1 : 2이다.

채점 기준	배점
일정량의 X와 결합한 Y의 질량비를 구하는 과정과 값을 모두 옳게 서술한 경우	100 %
일정량의 X와 결합한 Y의 질량비를 구하는 과정 중 일부만 옳게 서술한 경우	50 %

(2) **모범답안** (다)를 구성하는 X 원자 수와 Y 원자 수가 같고 질량비는 X : Y=7 : 8이므로 원자량의 비는 X : Y=7 : 8이다. 따라서 Y 1몰과 결합한 X의 몰비는 (가) : (나) : (다)=0.5 : 2 : 1=1 : 4 : 2이다.

채점 기준	배점
1몰의 Y와 결합한 X의 몰비를 구하는 과정과 값을 모두 옳게 서술한 경우	100 %
1몰의 Y와 결합한 X의 몰비를 구하는 과정 중 일부만 옳게 서술한 경우	50 %

(3) **모범답안** (다)에서 원자 수비는 X : Y=1 : 1이므로, (가)는 X : Y=0.5 : 1=1 : 2이고 (나)는 X : Y=2 : 1이다. 따라서 분자식은 (가)는 XY_2, (나)는 X_2Y, (다)는 XY이다.

채점 기준	배점
(가)~(다)의 분자식을 구하는 과정을 모두 옳게 서술한 경우	100 %
(가)~(다)의 분자식을 구하는 과정 중 2가지만 옳게 서술한 경우	70 %
(가)~(다)의 분자식을 구하는 과정 중 1가지만 옳게 서술한 경우	30 %

04

w g에 포함된 분자 수비는 $A_2 : B_2=16 : 1$이므로 분자량의 비는 $A_2 : B_2=1 : 16$이고, 원자량의 비는 A : B=1 : 16이다. t ℃, 1기압에서 기체 1몰의 부피는 36 L이고, A_2B의 밀도는 d g/L이므로 A_2B 1몰의 질량은 $36d$ g이다. 따라서 B의 원자량을 $16x$라고 하면 $2x+16x=18x=36d$에서 $x=2d$이고, B의 원자량은 $32d$이다.

05

(1) **모범답안** X_2와 Y에서 $\frac{1}{18} : \frac{1}{b}=1 : 2$이므로 Y의 단위 질량당 부피인 $b=9$이다. 단위 질량당 부피는 단위 질량당 분자의 양(mol)에 비례한다. 1분자당 원자 수는 X_2가 2, Y가 1이며 단위 질량당 원자 수비는 $X_2 : Y=a : 3$이므로 다음 관계식이 성립한다.

$$18\times2 : 9\times1=a : 3,\quad \therefore a=12$$

1분자당 원자 수는 X_2가 2, X_2Z가 3이고, 단위 질량당 원자 수비는 $X_2 : X_2Z=12 : 2$이므로 다음 관계식이 성립한다.

$$18\times2 : c\times3=12 : 2,\quad \therefore c=2$$

채점 기준	배점
a, b, c의 값을 구하는 과정과 값을 모두 옳게 서술한 경우	100 %
a를 구하는 과정과 값만 옳게 서술한 경우	40 %
b를 구하는 과정과 값만 옳게 서술한 경우	30 %
c를 구하는 과정과 값만 옳게 서술한 경우	30 %

(2) **모범답안** X_2와 X_2Z에서 분자량은 단위 부피당 질량에 비례하므로 $\frac{1}{18} : \frac{1}{2}=2 :$ ㉠에서 X_2Z의 분자량 ㉠=18이다.

채점 기준	배점
분자량을 구하는 과정과 분자량을 모두 옳게 서술한 경우	100 %
분자량을 구하는 과정만 옳게 서술한 경우	70 %
분자량만 옳게 제시한 경우	30 %

06

(1) 같은 온도와 압력에서 기체의 밀도는 분자량에 비례하므로 같은 질량의 부피는 분자량에 반비례한다.

모범답안 C_2H_4의 분자량은 28이고, C_3H_6의 분자량은 42이므로 같은 질량의 부피는 분자량이 작은 C_2H_4가 크다. 따라서 (가)는 C_3H_6, (나)는 C_2H_4이며, a g의 부피비는 $C_3H_6 : C_2H_4=2 : 3$이다. 따라서 $x=6$이다.

채점 기준	배점
x를 구하는 과정과 결과를 모두 옳게 서술한 경우	100 %
x를 옳게 구하고, 그 과정 중 일부만 옳게 서술한 경우	50 %

(2) **모범답안** 1분자당 원자 수는 (가)가 9, (나)가 6이므로 a g에 포함된 전체 원자 수비는 (가) : (나)$=\frac{9}{42} : \frac{6}{28}=1 : 1$이다.

채점 기준	배점
(가)와 (나)의 전체 원자 수비를 옳게 구하고, 그 과정을 옳게 서술한 경우	100 %
(가)와 (나)의 전체 원자 수비를 옳게 구하고, 그 과정 중 일부만 옳게 서술한 경우	50 %

03 화학 반응식과 용액의 농도

핵심 개념 체크 본문 018~019쪽

1 (1) ○ (2) ○ (3) × **2** (1) $3H_2(g)$ (2) 4, 3, 2 (3) $C_6H_{12}O_6(s)$
3 ㉠, ㉡, ㉣ **4** (1) ○ (2) ○ (3) ×
5 (1) 10 % (2) 30 g (3) 0.02 mol (4) 0.4 M

출제 예상 문제 본문 020~022쪽

01 ③	02 ①	03 ②	04 ②	05 ⑤
06 ③	07 ⑤	08 ④	09 ⑤	10 ⑤
11 ②	12 ②			

01

㉠: 화학 반응식의 계수비는 몰비와 같다. 일산화 탄소와 산소를 각각 1몰씩 넣어 반응시키면 일산화 탄소는 1몰이 모두 반응하고, 산소는 0.5몰이 반응하고 0.5몰이 남으며, 이산화 탄소 1몰이 생성된다.
㉡: 온도와 압력이 일정할 때 기체의 부피는 양(mol)에 비례한다. 산소와 이산화 탄소의 몰비가 1 : 2이므로 산소 1 L가 완전히 반응하면 이산화 탄소 2 L가 생성된다.
~~㉢~~: 일산화 탄소와 산소의 반응 몰비가 2 : 1이지만 질량비는 7 : 4이다. 따라서 일산화 탄소 10 g과 완전히 반응하는 산소의 질량은 5 g이 아니다.

02

화학 반응의 전과 후에 질량의 총합이 같으므로 반응 전 탄산 칼슘의 질량과 묽은 염산이 담긴 삼각 플라스크의 질량을 합한 값에서 반응 후 삼각 플라스크의 전체 질량을 빼면 발생한 이산화 탄소의 질량을 알 수 있다.
㉠: 탄산 칼슘과 묽은 염산의 반응에 대한 화학 반응식은 다음과 같다.

$$CaCO_3(s)+2HCl(aq) \longrightarrow CaCl_2(aq)+H_2O(l)+CO_2(g)$$

따라서 화학 반응식의 계수는 $a=2$, $b=1$, $c=1$이고, $\frac{b+c}{a}=1$이다.
~~㉡~~: 탄산 칼슘 x g이 모두 반응할 때 생성되는 이산화 탄소의 질량을 측정해야 하므로 탄산 칼슘이 모두 반응하기에 충분한 양의 묽은 염산을 사용해야 한다.
~~㉢~~: 생성된 이산화 탄소의 질량은 $(x+250)$ g-250.56 g$=(x-0.56)$ g이다. 반응한 탄산 칼슘과 이산화 탄소의 반응 몰비가 1 : 1이고, 탄산 칼슘의 화학식량이 100이므로 이산화 탄소의 분자량을 M이라고 하면 $\frac{x}{100}=\frac{x-0.56}{M}$이므로 $M=100-\frac{56}{x}$이다.

03

반응 전후 원자의 종류와 수가 같아야 하므로 화학 반응식은 다음과 같다.

$$2AB(g)+B_2(g) \longrightarrow 2AB_2(g)$$

~~㉠~~: 반응 계수는 $x=2$, $y=1$, $z=2$이므로 $\frac{x+y}{z}=\frac{3}{2}$이다.
~~㉡~~: 반응 몰비는 계수비와 같으므로 $AB(g) : B_2(g)=2 : 1$이며, AB의 분자량이 28, B_2의 분자량이 32이므로 반응 질량비는 $AB(g) : B_2(g)=2\times28 : 32=7 : 4$이다.
㉢: 강철 용기에 $AB(g)$ 1몰과 $B_2(g)$ 1몰을 넣어 반응시키면 반응 전과 후의 양적 관계는 다음과 같다.

$$2AB(g)+B_2(g) \longrightarrow 2AB_2(g)$$

	$2AB(g)$	$B_2(g)$	$2AB_2(g)$
반응 전(몰)	1	1	
반응(몰)	−1	−0.5	+1
반응 후(몰)		0.5	1

따라서 $\frac{AB_2(g)\text{의 양(mol)}}{\text{전체 기체의 양(mol)}}=\frac{1}{1.5}=\frac{2}{3}$이다.

04

화학 반응식에서 반응 전과 후의 원자의 종류와 수가 같아야 하므로 $2X(g)+B_2(g) \longrightarrow 2AB_3(g)$에서 X의 분자식은 AB_2이다. 온도와 압력이 같을 때 기체의 부피는 기체의 양(mol)에 비례하므로 기체의 몰비는 (가) : (나)=1 : 2이며, 같은 질량의 몰비가 1 : 2이므로 분자량의 비는 X : B_2=2 : 1이다.
~~㉠~~: 꼭지를 열기 전 기체의 몰비는 (가) : (나)=1 : 2이다. X는 AB_2로 3원자 분자이고 B_2는 2원자 분자이므로 원자 수비는 (가) : (나)$=1\times3 : 2\times2=3 : 4$이다.
㉡: X의 분자식이 AB_2이고 분자량의 비는 $AB_2 : B_2=2 : 1$이므로 원자량의 비는 A : B=2 : 1이다.
~~㉢~~: $2X(g)+B_2(g) \longrightarrow 2AB_3(g)$에서 X의 분자량이 B_2의 2배이므로 반응 질량비는 X : B_2=4 : 1이며, X 10 g은 B_2 $\frac{5}{2}$ g과 반응하여 AB_3 $\frac{25}{2}$ g=12.5 g을 생성한다.

05

(가)와 (나)의 부피가 같으므로 반응 전과 후에 기체의 양(mol)은 변화가 없다. 반응 전 X_2가 a몰이고, 모형 3개 중 2개가 반응하고 반응 후 모형 1개가 남게 되므로 반응 후 남은 X_2는 $\frac{1}{3}a$몰이다. 반응 전 Y_2 w g은 모형 2개이므로 $\frac{2}{3}a$몰이다.
㉠: 화학 반응의 전과 후에 기체의 양(mol)이 같으므로 반응물의 반응 계수 합은 생성물의 반응 계수 합과 같다. 따라서 화학 반응식은 $X_2(g)+Y_2(g) \longrightarrow 2XY(g)$이다.
㉡: Y_2 w g이 $\frac{2}{3}a$몰이므로 Y_2 1몰의 질량은 $\frac{w}{\frac{2}{3}a}=\frac{3w}{2a}$(g)이고 Y_2의 분자량은 $\frac{3w}{2a}$이다.
㉢: 반응 몰비는 $X_2 : Y_2 : XY=1 : 1 : 2$이므로 X_2 $\frac{2}{3}a$몰과 Y_2 $\frac{2}{3}a$몰이 반응하여 생성물 XY $\frac{4}{3}a$몰이 생성된다.

06

같은 온도와 압력에서 기체의 밀도는 분자량에 비례하므로 분자량의 비는 X : B_2=7 : 8이다. 반응 질량비가 X : B_2=7 : 4이므로 반응 몰비는 X : B_2=2 : 1이다.
㉠: 반응 몰비가 X : B_2=2 : 1이므로 화학 반응식은 $2X(g)+B_2(g) \longrightarrow 2AB_2(g)$이다. 반응 전과 후에 원자의 종류와 수가 같으므로 X의 분자식은 AB이다.

✗ㄱ: 분자량의 비는 AB : B_2=7 : 8이므로 원자량의 비는 A : B=3 : 4이고 A가 B의 $\frac{3}{4}$이다.

㉢: 밀도비가 X : B_2=7 : 8이므로 같은 질량의 부피비는 X : B_2=8 : 7이고, 반응물과 생성물의 부피 사이에 다음 관계가 성립한다.

$$2X(g)+B_2(g) \longrightarrow 2AB_2(g)$$

	$2X(g)$	$B_2(g)$	$2AB_2(g)$
처음 부피(상댓값)	8	7	0
반응 부피(상댓값)	−8	−4	+8
나중 부피(상댓값)	0	3	8

25 ℃, 1기압에서 반응 후 기체의 부피는 반응 전 기체 부피의 $\frac{11}{15}$배이다.

07

㉠: 0.5 M $KHCO_3$ 수용액 200 mL에 녹아 있는 $KHCO_3$은 0.5 M × 0.2 L=0.1몰이며, $KHCO_3$의 화학식량이 100이므로 $KHCO_3$의 질량은 10 g이다.

㉡: 0.5 M $KHCO_3$ 수용액 100 mL에는 0.5 M × 0.1 L=$\frac{1}{20}$몰의 $KHCO_3$이 녹아 있다.

㉢: 비커의 수용액에 녹아 있는 $KHCO_3$이 0.1몰이므로 증류수를 더 부어 용액 전체의 부피를 4 L로 만들면 몰 농도는 $\frac{0.1\text{ mol}}{4\text{ L}}=\frac{1}{40}$ M이다.

08

✗ㄱ: (가) 수용액의 밀도가 1 g/mL이므로 (가) 수용액 300 mL의 질량은 300 g이다. (가)는 퍼센트 농도가 10 %이므로 (가) 300 g에 녹아 있는 요소의 질량은 300 g × $\frac{10}{100}$=30 g이다. (나)는 몰 농도가 1 M이고 용액의 부피가 500 mL이므로 녹아 있는 요소의 양은 1 M × 0.5 L=0.5몰이며, 요소의 분자량이 60이므로 질량은 30 g이다. 따라서 수용액에 녹아 있는 요소의 질량은 (가)와 (나)가 같다.

㉡: (가)에서 녹아 있는 요소의 양은 0.5몰이고 용액의 부피가 300 mL이므로 몰 농도는 $\frac{0.5\text{ mol}}{0.3\text{ L}}=\frac{5}{3}$ M이다. 따라서 용액의 몰 농도는 (가)>(나)이다.

㉢: (가)에 녹아 있는 요소가 0.5몰, (나)에 녹아 있는 요소가 0.5몰이다. 따라서 (가)와 (나)의 용액을 혼합한 후 증류수를 넣어 전체 부피를 2 L로 하면, 혼합 용액의 몰 농도는 $\frac{0.5\text{ mol}+0.5\text{ mol}}{2\text{ L}}$=0.5 M이다.

09

㉠: 0.1 M 탄산수소 나트륨($NaHCO_3$) 수용액 1000 mL에 녹아 있는 $NaHCO_3$의 양은 0.1 M × 1 L=0.1몰이며, $NaHCO_3$의 화학식량이 84이므로 필요한 질량은 8.4 g이다.

㉡: 과정 (나)에서 비커에 묻어 있는 $NaHCO_3$을 씻어 넣지 않으면 용액에 녹아 있는 $NaHCO_3$의 양이 감소하므로 수용액의 몰 농도가 0.1 M보다 작아진다.

㉢: 0.1 M $NaHCO_3$ 수용액 200 mL에 녹아 있는 $NaHCO_3$의 양은 0.1 M × 0.2 L=0.02몰이다.

10

t ℃, 1기압에서 X $4w$ g의 부피가 12 L이므로 X w g의 부피는 3 L이다. B_2 w g을 넣어 B_2가 모두 반응하는 동안 전체 기체의 부피 변화가 없으므로 화학 반응식에서 계수 a와 b는 같다. B_2 w g이 반응한 후에 더 가해 준 B_2에 의해 전체 기체의 부피가 증가하므로 B_2 w g의 부피는 6 L이다. 즉, X 12 L와 B_2 6 L가 반응하여 AB_3 12 L가 생성된 것이다. 따라서 반응 몰비는 X : B_2 : AB_3=2 : 1 : 2이다.

㉠: 화학 반응식은 $2X(g)+B_2(g) \longrightarrow 2AB_3(g)$이며, 화학 반응 전과 후에 원자의 종류와 개수가 같으므로 X의 분자식은 AB_2이다.

㉡: 생성물의 전체 양(mol)은 반응물의 전체 양(mol)보다 작으므로 온도와 압력이 일정할 때 반응 후 기체의 부피가 감소한다. 이때 질량은 일정하므로 $\frac{\text{반응 후 기체의 밀도}}{\text{반응 전 기체의 밀도}}>1$이다.

㉢: X $4w$ g의 부피는 12 L이고, B_2 w g의 부피는 6 L이므로 분자량의 비는 X : B_2=2 : 1이다. X의 분자식은 AB_2이므로 원자량의 비는 A : B =2 : 1이다.

11

(가)에서 0.1 M NaOH 수용액 100 mL에는 NaOH 0.1 M × 0.1 L=0.01몰이 녹아 있고, 추가로 넣은 0.5 M NaOH 수용액 10 mL에는 NaOH 0.5 M × 0.01 L=0.005몰이 녹아 있다.

✗ㄱ: (가)에 녹아 있는 NaOH의 양은 0.01몰이고 NaOH의 화학식량이 40이므로 녹아 있는 NaOH의 질량은 0.4 g이다.

✗ㄴ: 혼합 용액의 전체 부피는 110 mL이고 녹아 있는 NaOH의 양은 0.015몰이므로, 몰 농도는 $\frac{0.015\text{ mol}}{\frac{110}{1000}\text{ L}}=\frac{3}{22}$ M로 0.15 M보다 작다.

㉢: (가)에 녹아 있는 NaOH의 양은 0.01몰이고, (나)에 녹아 있는 NaOH의 양은 0.015몰이다. 따라서 녹아 있는 NaOH의 양은 (나)가 (가)의 $\frac{0.015}{0.01}=\frac{15}{10}=\frac{3}{2}$(배)이다.

12

✗ㄱ: (가)에는 NaCl $0.1x$몰이 녹아 있으며, 물을 증발시켜 수용액의 부피가 50 mL가 된 용액 (나)의 몰 농도는 (가)의 2배가 된다.

✗ㄴ: (가)에는 $0.1x$몰의 염화 나트륨이 녹아 있고, 여기에 염화 나트륨 $\frac{x}{5}$몰을 더 녹이면, 녹아 있는 염화 나트륨의 전체 양은 $0.3x$몰이 되며 용액의 부피가 변함이 없다면 몰 농도는 $\frac{0.3x\text{몰}}{0.1\text{ L}}=3x$ M이다. 따라서 (나)의 몰 농도 $2x$ M과 같지 않다.

㉢: (나)에서 NaCl 수용액의 몰 농도는 $2x$ M이며, 증류수를 가해 전체 부피를 200 mL로 하면 수용액의 몰 농도는 $\frac{x}{2}$ M이 되어 (나)의 $\frac{1}{4}$이 된다.

서답형 문제 본문 023쪽

01 (1) 23 g (2) 33.6 L (3) 9.03×10^{23}

02 (1) 해설 참조 (2) 해설 참조 **03** (1) (나), (다) (2) $\frac{1000w}{W\cdot V_2}$

04 (1) 해설 참조 (2) 해설 참조 (3) 해설 참조

05 (1) 부피 플라스크 (2) 2 g **06** (1) 해설 참조 (2) 해설 참조

01

0 ℃, 1기압에서 기체 1몰의 부피가 22.4 L이므로 생성된 이산화 탄소의 양은 1몰이다.

(1) 생성된 이산화 탄소가 1몰이므로 반응한 에탄올은 0.5몰이다. 에탄올의 분자량이 46이므로 반응한 에탄올의 질량은 23 g이다.

(2) 반응한 산소의 양은 1.5몰이므로 0 ℃, 1기압에서 반응한 산소의 부피는 1.5몰×22.4 L/몰=33.6 L이다.

(3) 생성된 물의 양은 1.5몰이므로 생성된 물 분자 수는 $1.5\times6.02\times10^{23}=9.03\times10^{23}$이다.

02

(가)에서 반응 전과 후의 질량 차이는 133.7 g−133.26 g=0.44 g이다.
(나)에서 반응 전과 후의 질량 차이는 135.7 g−134.38 g=1.32 g이다.
(다)에서 반응 전과 후의 질량 차이는 137.7 g−136.38 g=1.32 g이다.
탄산 칼슘과 묽은 염산의 반응으로 생성되는 X는 CO_2이며 (가)에서 0.44 g, (나)와 (다)에서 1.32 g이 생성된다.

(1) 모범답안 (가)에서 탄산 칼슘 1.0 g이 반응하여 X 0.44 g이 생성되며, 반응 몰비는 $CaCO_3$: X=1 : 1이다. X의 분자량을 x라고 하면 $\frac{1}{100}=\frac{0.44}{x}$에서 $x=44$이다.

채점 기준	배점
실험 결과를 이용하여 X의 분자량을 구하는 과정과 그 값을 모두 옳게 서술한 경우	100 %
실험 결과를 이용하여 X의 분자량을 구하는 과정 중 일부만 옳게 서술한 경우	30 %

(2) 모범답안 (다)에서 생성된 X의 양은 0.03몰이며 반응 전 $CaCO_3$의 양이 0.05몰이므로, 반응한 $CaCO_3$의 양(mol)은 반응 전 $CaCO_3$의 양(mol)의 $\frac{3}{5}$이다.

채점 기준	배점
탄산 칼슘의 반응 전과 반응한 양(mol)을 구하는 과정과 결과를 모두 옳게 서술한 경우	100 %
탄산 칼슘의 반응 전과 반응한 양을 구하는 과정 중 일부만 옳게 서술한 경우	30 %

03

(1) X 수용액의 몰 농도를 구하기 위해서는 용액의 부피와 용질의 양(mol)을 알아야 하며, 질량이 w g인 용질 X의 양(mol)은 질량을 분자량으로 나누어서 구할 수 있다. 따라서 X 수용액의 몰 농도를 구하기 위해서는 X의 질량 이외에 용액의 부피와 X의 분자량을 알아야 한다.

(2) 몰 농도는 용액 1 L에 녹아 있는 용질의 양(mol)이므로 X w g이 녹아 있는 수용액의 몰 농도는 다음과 같다.

$$\frac{\text{X의 양(mol)}}{\text{수용액의 부피(L)}}=\frac{\frac{w}{W}}{\frac{V_2}{1000}}=\frac{1000w}{W\cdot V_2}$$

04

반응이 진행됨에 따라 반응물인 A의 양(mol)은 감소하고 생성물인 C의 양(mol)은 증가한다. A 2몰이 완전히 분해되면 B 2몰과 C 1몰이 생성된다.

(1) 모범답안 반응 몰비는 A : B : C=2 : 2 : 1이므로 화학 반응식은 2A ⟶ 2B+C이며, x=2이고, y=1이다.

채점 기준	배점
반응 몰비를 구하여 반응 계수를 구하는 과정과 그 값을 옳게 서술한 경우	100 %
반응 계수만 옳게 구하고, 그 과정을 서술하지 않은 경우	50 %

(2) 모범답안 B의 양(mol)이 b인 지점에서 A와 C의 양(mol)이 각각 a이므로 양적 관계는 다음과 같다.

	2A	⟶	2B	+	C
반응 전(몰)	2				
반응(몰)	$-(2-a)$		$+b$		$+a$
반응 후(몰)	a		b		a

반응 몰비는 A : B : C=2 : 2 : 1이므로 A와 C에서 $(2-a) : a=2 : 1$이므로 $a=\frac{2}{3}$이다. A와 B에서 $2-a=b$이므로 $b=\frac{4}{3}$이다.

채점 기준	배점
b의 값을 구하는 과정과 그 결과를 모두 옳게 서술한 경우	100 %
b의 값을 구하는 과정 중 일부만 옳게 서술한 경우	30 %

(3) 모범답안 반응 몰비는 A : B : C=2 : 2 : 1, 질량비는 A : B : C=5 : 4 : 1이다. 따라서 분자량의 비는 A : B : C=$\frac{5}{2}$: $\frac{4}{2}$: $\frac{1}{1}$=5 : 4 : 2이다.

채점 기준	배점
분자량의 비를 구하는 과정과 그 결과를 모두 옳게 서술한 경우	100 %
분자량의 비를 구하는 과정 중 일부만 옳게 서술한 경우	30 %

05

(1) 0.1 M 수산화 나트륨(NaOH) 수용액 500 mL를 만들 때 500 mL 부피 플라스크를 이용한다.

(2) 0.1 M 수산화 나트륨(NaOH) 수용액 500 mL에 포함된 NaOH의 양(mol)은 0.1 M×0.5 L=0.05몰이다. NaOH의 화학식량이 40이므로 NaOH의 질량(x)=0.05 mol×40 g/mol=2 g이다.

06

(1) 모범답안 수산화 나트륨의 화학식량이 40이므로 8.0 g은 $\frac{8.0\text{ g}}{40\text{ g/mol}}=\frac{1}{5}$ mol이며, (가)와 (나)의 과정에서 만든 수산화 나트륨 수용액의 몰 농도는 $\frac{\frac{1}{5}\text{ mol}}{1\text{ L}}$=0.2 M이다.

채점 기준	배점
수산화 나트륨 수용액의 몰 농도를 구하는 과정과 결과를 모두 옳게 서술한 경우	100 %
수산화 나트륨 수용액의 몰 농도를 구하는 과정 중 일부만 옳게 서술한 경우	30 %

(2) 모범답안 0.2 M 수산화 나트륨 수용액 100 mL에 녹아 있는 수산화 나트륨의 양(mol)은 0.2 M×0.1 L=0.02몰이다. 증류수를 더 넣어 용액의 전체 부피가 200 mL가 되었으므로 묽힌 수산화 나트륨 수용액

의 몰 농도는 $\frac{0.02\ mol}{0.2\ L}=0.1\ M$이다.

채점 기준	배점
묽힌 수산화 나트륨 수용액의 몰 농도를 구하는 과정과 결과를 모두 옳게 서술한 경우	100 %
묽힌 수산화 나트륨 수용액의 몰 농도를 구하는 과정 중 일부만 옳게 서술한 경우	30 %

본문 024~029쪽

대단원 종합 문제 Ⅰ. 화학의 첫걸음

01 ④	02 ⑤	03 ③	04 ④	05 ⑤
06 ③	07 ⑤	08 ②	09 ⑤	10 ②
11 ④	12 ③	13 ⑤	14 ②	15 ⑤
16 ②	17 ③	18 ⑤		

고난도 문제

19 ⑤	20 ②	21 ③	22 ⑤	23 ③
24 ④	25 ③	26 ②		

01

~~갑~~이 : 아스피린은 최초의 합성 의약품으로, 버드나무 껍질에서 추출한 살리실산으로부터 합성한 아세틸 살리실산의 상품명이다. 진통과 해열 작용이 뛰어나다.

을래 : 인구의 급격한 증가로 인해 천연 비료에 의존하던 농업이 한계에 이르면서 식량 문제가 발생하였다. 암모니아를 대량 합성하여 화학 비료를 대량 생산하게 되고, 살충제와 제초제가 개발되어 사용되면서 잡초와 해충의 피해를 줄일 수 있게 되어 농업 생산량이 증대되었다.

병엽 : 나일론, 폴리에스터, 폴리아크릴 등의 합성 섬유는 석탄과 석유 등의 화석 연료를 원료로 하여 생산되며, 질기고 값이 싸며 대량 생산이 쉬워 의류 문제 해결에 기여하게 되었다.

02

X는 프로페인($CH_3CH_2CH_3$)으로, 탄소와 수소로만 이루어진 화합물이므로 탄화수소이며, 탄소 원자 사이의 결합이 모두 단일 결합이다.

㉠: X의 분자식은 C_3H_8이므로 $\frac{수소\ 수}{탄소\ 수}=\frac{8}{3}$이다.

㉡: X에서 수소 원자 3개와 결합한 탄소 원자는 양쪽 끝에 결합되어 있는 2개의 탄소이다.

㉢: X의 분자식이 C_3H_8이므로 완전 연소 반응식은 다음과 같다.

$$C_3H_8+5O_2 \longrightarrow 3CO_2+4H_2O$$

따라서 X 1몰이 완전 연소될 때 O_2 5몰이 반응한다.

03

㉠: X는 탄소(C) 원자 3개, 수소(H) 원자 6개, 산소(O) 원자 1개로 이루어져 있으므로 분자식이 C_3H_6O이다.

㉡: X는 C, H, O로 이루어진 화합물이므로 완전 연소되면 이산화 탄소(CO_2)와 물(H_2O)이 생성된다.

~~㉢~~: X의 분자식이 C_3H_6O이므로 X 0.5몰에 포함된 탄소(C)는 1.5몰이고 18 g이다.

04

~~①~~ : 메테인이며, 정사면체 중심의 C 원자에 4개의 H 원자가 결합하고 있어 화학식은 CH_4이다. 액화 천연 가스의 주성분이다.

~~②~~ : 에탄올이며, 화학식은 CH_3CH_2OH이다. 술의 주성분이고 소독용 알코올, 용매, 연료로 사용된다.

~~③~~ : 아세트산이며, 화학식은 CH_3COOH이다. 식초의 성분이고 물에 녹으면 산성을 나타내며, 의약품, 염료의 원료이다.

④ : 폼알데하이드이며, 탄소 화합물 중 C 원자 1개에 H 원자 2개와 O 원자 1개가 결합된 구조로 화학식은 HCHO이다. 접착제의 원료로 이용되고 새집 증후군의 원인 물질이다.

~~⑤~~ : 아세톤이며, C 원자 3개로 이루어져 있고, 가운데 C 원자에 O 원자 1개가 2중 결합을 이루고 있어 화학식은 CH_3COCH_3이다. 특유의 냄새가 나며 매니큐어 제거제 등의 용매로 사용된다.

05

0 ℃, 1기압에서 기체 1몰의 부피가 22.4 L이므로 NH_3 5.6 L는 0.25몰이다. H_2O의 분자량이 18이므로 H_2O 9 g은 0.5몰이다. H_2 분자 6.02×10^{23}개는 H_2 분자 1몰이다.

(가)~(라)의 1분자당 원자 수는 각각 4, 3, 2, 5이므로 (가) $0.25\times4=1$, (나) $0.5\times3=1.5$, (다) $1\times2=2$, (라) $0.5\times5=2.5$로 전체 원자 수는 (라)>(다)>(나)>(가)이다.

06

㉠: 온도와 압력이 같을 때 같은 부피의 용기에 같은 수의 기체 분자가 들어 있으므로 기체 분자 수는 (가)와 (나)가 같다.

~~㉡~~: (가)에는 O_2 0.5몰이 들어 있으므로 O 원자는 1몰이 들어 있다. (나)에는 CO_2 0.5몰이 들어 있으므로 O 원자는 1몰이 들어 있다. 따라서 O 원자 수는 (가)와 (나)가 같다.

㉢: 두 기체의 양(mol)이 같으므로 기체의 질량은 분자량이 큰 CO_2가 O_2보다 크다. 즉, (나)가 (가)보다 크다.

07

탄화수소 $X(g)$ 7 g의 부피가 4 L이며, 기체 1몰의 부피는 24 L이므로 $X(g)$ 7 g은 $\frac{1}{6}$몰이다. 따라서 $X(g)$의 분자량은 42이다. $X(g)$ 1분자를 구성하는 C 원자 수를 m, H 원자 수를 n이라고 하면 $12m+n=42$이며, X의 가능한 분자식은 C_3H_6이다.

탄화수소 $Y(g)$에서 성분 원소의 질량비가 C : H=3 : 1이므로 $Y(g)$에서 원자 수비는 $C : H=\frac{3}{12} : \frac{1}{1}=1 : 4$이며 $Y(g)$의 분자식은 CH_4이다.

㉠ : $Y(g)$ w g에 의해 증가한 부피가 36 L이므로 $Y(g)$ w g은 $\frac{36\ L}{24\ L/mol}=1.5$몰이며, CH_4의 분자량이 16이므로 $w=24$이다.

㉡ : $Z(g)$ w g에 의해 증가한 부피는 19.2 L이므로 $Z(g)$ w g은 $\frac{19.2\ L}{24\ L/mol}=0.8$몰이다. w는 24이므로 Z의 분자량은 $\frac{24\ g}{0.8\ mol}=30(g/mol)$이며, Z의 분자식은 C_2H_6이다.

㉢: X의 분자식은 C_3H_6이고, Z의 분자식은 C_2H_6이다. 탄소(C)의 질량 백분율의 비는 $X : Z=\frac{36}{42} : \frac{24}{30}=15 : 14$이므로 X가 Z보다 크다.

08

일정량의 A와 결합한 B의 원자 수비는 (가) : (나) : (다)=4 : 2 : 1이다. (가)~(다)에서 1분자당 원자 수가 3 이하이므로 분자식은 (가)가 AB_2, (나)가 AB, (다)가 A_2B이다.

~~ㄱ~~ : 1분자당 원자 수는 (가)가 3, (나)가 2로 서로 다르다.

~~ㄴ~~ : 1분자에 들어 있는 A 원자 수는 (가)가 1, (다)가 2이므로 (가) : (다)=1 : 2이다.

㉢ : 원자량의 비가 A : B=7 : 8이므로 분자량의 비는 (나) : (다)=15 : 22이며, 1분자당 원자 수는 (나)가 2, (다)가 3이다. 따라서 1 g에 들어 있는 원자 수비는 (나) : (다)=$\frac{2}{15}$: $\frac{3}{22}$=44 : 45이다.

09

탄화수소의 분자식이 C_mH_n이면 1몰이 완전 연소되어 CO_2 m몰과 H_2O $\frac{n}{2}$몰이 생성된다. $\frac{H_2O의\ 양(mol)}{CO_2의\ 양(mol)}=2$인 (가)에서 원자 수비는 C : H=1 : 4이고 1분자당 탄소 수가 1이므로 (가)의 분자식은 CH_4이다. $\frac{H_2O의\ 양(mol)}{CO_2의\ 양(mol)}=\frac{1}{2}$인 (나)에서 원자 수비는 C : H=1 : 1이고 1분자당 탄소 수가 2이므로 (나)의 분자식은 C_2H_2이다. $\frac{H_2O의\ 양(mol)}{CO_2의\ 양(mol)}=\frac{5}{4}$인 (다)에서 원자 수비는 C : H=2 : 5이고 1분자당 탄소 수가 4이므로 (다)의 분자식은 C_4H_{10}이다.

㉠ : (가)는 탄소 원자 1개에 4개의 수소 원자가 결합한 구조를 가지며 분자식이 CH_4이다.

㉡ : (나)는 분자식이 C_2H_2이고 탄소 원자 사이의 결합은 3중 결합이다.

$$H-C\equiv C-H$$

㉢ : (다)는 분자식이 C_4H_{10}이므로 다음과 같이 2가지 서로 다른 구조를 갖는 분자가 존재한다.

```
                              H
                           H\ | /H
    H  H  H  H                C
    |  |  |  |                |
  H-C--C--C--C-H        H\    C    /H
    |  |  |  |            C/  |  \C
    H  H  H  H          H/ |  H  | \H
                           H     H
```

10

(가), (나), (다)에서 전체 부피가 가장 작은 (다)와 비교하여 (가)는 B_2의 부피가 (다)보다 20 mL 많은데 전체 부피도 20 mL 많으며, (나)는 B_2의 부피가 (다)보다 10 mL 많은데 전체 부피도 10 mL 많다. 따라서 (가), (나), (다)에서 생성된 X의 부피는 20 mL로 같으며, 반응 부피비는 A_2 : B_2 : X=1 : 3 : 2임을 알 수 있다.

~~ㄱ~~ : 화학 반응식이 $A_2(g)+3B_2(g) \longrightarrow 2X(g)$이며, 반응 전과 후의 원자의 종류와 수가 같으므로 X의 분자식은 AB_3이고 4원자 분자이다.

㉡ : (라)에서 A_2 10 mL가 B_2 30 mL와 반응하여 기체 X 20 mL를 생성하므로 생성된 X의 질량은 (가)와 (라)가 같다.

~~ㄷ~~ : (나)에는 반응하지 않은 B_2 10 mL가 남아 있고, (마)에는 반응하지 않은 A_2 20 mL가 남아 있다. 이 두 기체를 반응시키면 B_2는 모두 반응하며, A_2는 $\frac{10}{3}$ mL가 반응하고 $\frac{50}{3}$ mL는 남는다.

11

X는 2원자 분자이므로 분자식이 AB이고 Z는 3원자 분자이므로 분자식이 AB_2 또는 A_2B이다.

기체의 분자량은 밀도(단위 부피당 질량)에 비례하므로 분자량의 비는 X : Y : Z=$\frac{1}{0.88}$: $\frac{1}{0.77}$: $\frac{1}{0.56}$=7 : 8 : 11이다.

A의 원자량을 x, B의 원자량을 y라고 할 때 X의 분자량을 $7k$, Z의 분자량을 $11k$라고 하면

ⅰ) Z의 분자식이 AB_2인 경우 X와 Z에서 다음 관계식이 성립한다.

$x+y=7k$ …… ㉠　　　$x+2y=11k$ …… ㉡

㉠과 ㉡에서 $x=3k$, $y=4k$이며 B의 원자량이 A의 원자량보다 크므로 주어진 조건을 만족한다.

ⅱ) Z의 분자식이 A_2B인 경우 X와 Z에서 다음 관계식이 성립한다.

$x+y=7k$ …… ㉢　　　$2x+y=11k$ …… ㉣

㉢과 ㉣에서 $x=4k$, $y=3k$이며 A의 원자량이 B의 원자량보다 크므로 주어진 조건을 만족하지 않는다. 따라서 Z의 분자식은 AB_2이다.

~~ㄱ~~ : $aX(g)+bY(g) \longrightarrow cZ(g)$에서 X의 분자식이 AB, Z의 분자식이 AB_2이므로 Y의 분자식은 B_2이다.

㉡ : Y의 분자식은 B_2이므로 화학 반응식은 $2AB(g)+B_2(g) \longrightarrow 2AB_2(g)$이다. 온도와 압력이 같을 때 기체의 부피는 기체의 양(mol)에 비례하고 반응 전과 후 질량의 총합은 같다. 반응 후 물질의 양(mol)이 반응 전보다 감소하므로 기체의 밀도는 반응 후가 반응 전보다 크며, $\frac{반응\ 후\ 기체의\ 밀도}{반응\ 전\ 기체의\ 밀도}>1$이다.

㉢ : X의 분자식은 AB, 분자량은 $7k$이고, Z의 분자식은 AB_2, 분자량은 $11k$이므로 1 g 속의 B 원자 수비는 X : Z=$\frac{1}{7k}$: $\frac{2}{11k}$=11 : 14이다.

12

(가) → (나)에서 반응 전 기체의 양이 0.2몰 증가할 때 반응 후 기체의 양이 0.2몰 감소하고, (라) → (마)에서 반응 전 기체의 양이 0.2몰 증가할 때 반응 후 기체의 양이 0.2몰 증가했으므로 (가)와 (나)에서는 $A(g)$가 모두 반응하고, (라)와 (마)에서는 w g의 $B(g)$가 모두 반응했음을 알 수 있다. 화학 반응식의 계수 a와 c는 서로 같으므로 (마)에서 반응 후 전체 기체의 양(mol)은 반응 전 $A(g)$의 양(mol)과 같다. w g의 $B(g)$의 양이 x몰이라면, (마)에서 반응 전 $A(g)$의 양은 1.2몰이므로 $2.4-x=1.2$에서 $x=1.2$(몰)이다.

㉠ : (가)에서 반응 전 전체 기체의 양이 1.6몰이고, $A(g)$가 모두 반응하므로 화학 반응의 양적 관계는 다음과 같다.

	$aA(g)$	$+bB(g)$	$\longrightarrow cC(g)$
반응 전(몰)	0.4	1.2	
반응(몰)	-0.4	$-0.4\times\frac{b}{a}$	$+0.4$
반응 후(몰)	0	$1.2-0.4\times\frac{b}{a}$	0.4

반응 후 전체 기체의 양이 0.8몰이므로 $1.2-0.4\times\frac{b}{a}+0.4=0.8$에서 $0.4\times\frac{b}{a}=0.8$이므로 $\frac{b}{a}=2$이다. 따라서 화학 반응식의 계수는 $a=1$, $b=2$, $c=1$이며, $\frac{a+c}{b}=1$이다.

ㄱ: (가)~(라)에서 반응시킨 $B(g)$의 양(mol)을 x라고 하면 (라)에서 $B(g)$는 모두 반응하고, 반응한 $A(g)$와 생성된 $C(g)$의 양(mol)이 같으므로 반응 후 전체 기체의 양(mol)은 처음 $A(g)$의 양(mol)과 같다. 따라서 $2.2-x=1.0$에서 반응시킨 $B(g)$의 양(mol)은 $x=1.2$(몰)이다. w g의 $B(g)$가 1.2몰이므로 B 1몰의 질량은 $\frac{w}{1.2}=\frac{5w}{6}$이고, B의 분자량은 $\frac{5w}{6}$이다.

ㄷ: (다)에서 반응 전 전체 기체의 양(mol)은 2.0몰이고, 화학 반응의 양적 관계는 다음과 같다.

$$A(g)+2B(g) \longrightarrow C(g)$$

	A	B	C
반응 전(몰)	0.8	1.2	
반응(몰)	−0.6	−1.2	+0.6
반응 후(몰)	0.2	0	0.6

따라서 반응 후 $\frac{C(g)\text{의 양(mol)}}{\text{전체 기체의 양(mol)}}=\frac{0.6}{0.8}=\frac{3}{4}$이다.

13

ㄱ: (가)의 수용액은 100 mL의 용액에 NaOH 2 g이 녹아 있으므로 몰 농도는 $\frac{\frac{2}{40}\text{ mol}}{0.1\text{ L}}=0.5$ M이다.

ㄴ: (나)에서 온도를 80 ℃에서 25 ℃로 낮추어 용액의 부피가 감소했으며, (나)의 수용액에 증류수를 더 가해 (다)의 수용액을 만들었으므로 (나)의 농도는 (다)의 농도보다 크다. 수용액의 농도가 진할수록 용액의 밀도가 증가하므로 수용액의 밀도는 (나)가 (다)보다 크다.

ㄷ: (다)에서 용액의 부피를 (가)와 같이 맞췄으므로 (다)에서의 25 ℃ 수용액의 몰 농도는 (가)에서의 80 ℃ 수용액과 같다. 따라서 수용액 1 mL에 녹아 있는 NaOH의 질량은 (가)와 (다)가 같다.

14

(나)에서 $A(g)$ 7 g이 모두 반응하여 $C(g)$ 11 g이 생성되므로 반응한 $B(g)$의 질량은 4 g이다.

$$2A(g)+bB(g) \longrightarrow 2C(g)$$

	A	B	C
처음 질량(g)	7	12	0
반응 질량(g)	−7	−4	+11
나중 질량(g)	0	8	11

(나)에서 $\frac{C(g)\text{의 양(mol)}}{\text{전체 기체의 양(mol)}}=\frac{1}{2}$이며, 반응 후 남은 기체는 $B(g)$이므로 반응 후 기체의 몰비는 $B(g):C(g)=1:1$이다. 따라서 반응 몰비는 $B(g):C(g)=1:2$이고, $b=1$이다.

ㄱ: (다)에서 $B(g)$ 8 g이 모두 반응하므로 $C(g)$ 22 g이 생성된다.

$$2A(g)+bB(g) \longrightarrow 2C(g)$$

	A	B	C
처음 질량(g)	w	8	11
반응 질량(g)	−14	−8	+22
나중 질량(g)	$w-14$	0	33

(다)에서 $\frac{C(g)\text{의 양(mol)}}{\text{전체 기체의 양(mol)}}=\frac{3}{4}$이며, 반응 후 남은 기체는 $A(g)$이므로 반응 후 기체의 몰비는 $A(g):C(g)=1:3$이다. 따라서 $\frac{w-14}{7}:\frac{33}{11}=1:3$에서 $w=21$이다.

ㄴ: 반응 질량비가 $A(g):B(g):C(g)=7:4:11$일 때 반응 몰비는 $A(g):B(g):C(g)=2:1:2$이므로 분자량의 비는 $A:B:C=\frac{7}{2}:\frac{4}{1}:\frac{11}{2}=7:8:11$이다.

ㄷ: (가)에서 반응 전 $A(g)$ 28 g과 $B(g)$ 12 g이 존재하며, 반응 후 $A(g)$ 7 g이 남고 $C(g)$ 33 g이 생성된다. 분자량의 비가 $A:B:C=7:8:11$이므로 기체 분자의 몰비는 (가)에서 반응 전 : (다)에서 반응 후$=\left(\frac{28}{7}+\frac{12}{8}\right):\left(\frac{7}{7}+\frac{33}{11}\right)=\frac{11}{2}:4=11:8$이다.

따라서 $\frac{\text{(다)에서 반응 후 기체 분자 수}}{\text{(가)에서 반응 전 기체 분자 수}}=\frac{8}{11}$이다.

15

실험 Ⅱ에서 $X(g)$ 20 L가 모두 반응하여 $Z(g)$ 20 L가 생성되므로 기체의 반응 몰비는 $X:Z=1:1$이다. 실험 Ⅰ에서 $Z(g)$ 10 L가 생성되므로 반응한 기체는 $X(g)$ 10 L와 $Y(g)$ 5 L이다. 따라서 기체의 반응 몰비는 $X:Y:Z=2:1:2$이다.

실험 Ⅰ에서 반응 후 남은 기체는 $X(g)$ 10 L이고 질량이 12.0 g이며, 실험 Ⅱ에서 반응 후 남은 기체는 $Y(g)$ 10 L이고 질량이 12.8 g이다. 따라서 분자량의 비는 $X:Y=12.0:12.8=15:16$이다.

2원자 분자인 X의 분자식은 AB이고, 3원자 분자인 Z의 분자식은 A_2B 또는 AB_2이며, Y의 분자식은 A_2 또는 B_2이다. X와 Y의 분자량의 비가 15 : 16이고 원자량이 B>A이므로 Y는 B_2이며, Z는 AB_2이다.

ㄱ: 반응 몰비는 $X(g):Y(g):Z(g)=2:1:2$이므로 화학 반응식은 $2X(g)+Y(g) \longrightarrow 2Z(g)$이다.

ㄴ: 실험 Ⅰ에서 반응하지 않고 남은 기체 (가)는 $X(g)$이므로 분자식은 AB이다.

ㄷ: X와 Y의 반응 질량비는 $X(g):Y(g)=30:16$이므로 화학 반응의 양적 관계는 다음과 같다.

$$2X(g)+Y(g) \longrightarrow 2Z(g)$$

	X	Y	Z
반응 전 질량(g)	w	w	
반응 질량(g)	$-w$	$-\frac{16}{30}w$	$+\frac{46}{30}w$
반응 후 질량(g)	0	$\frac{14}{30}w$	$\frac{46}{30}w$

같은 질량의 $X(g)$와 $Y(g)$를 반응시켰을 때, 반응 후 $Y(g)$가 남으며 $\frac{\text{반응하지 않고 남은 기체의 질량}}{\text{전체 기체의 질량}}=\frac{\frac{14}{30}w}{2w}=\frac{7}{30}$이다.

16

금속 M과 HCl의 반응으로 MCl_3와 H_2가 생성되며, 반응 전과 후에 원자의 종류와 개수가 같으므로 다음 관계식이 성립한다.

M 원자 수: $a=c$ …… ㉠
H 원자 수: $b=2d$ …… ㉡
Cl 원자 수: $b=3c$ …… ㉢

㉠~㉢에서 $a=1$이라면 $c=1$이고, $b=3$, $d=\frac{3}{2}$이다. 따라서 화학 반응식은 다음과 같다.

$$2M(s)+6HCl(aq) \longrightarrow 2MCl_3(aq)+3H_2(g)$$

ㄱ: $M(s)$ 2몰과 $HCl(aq)$ 6몰이 반응하여 $MCl_3(aq)$ 2몰과 $H_2(g)$

3몰이 생성되므로 물질의 양(mol)은 반응 전보다 반응 후가 더 작다.

ㄴ: 기체 1몰의 부피가 24 L이므로 발생한 H_2의 양(mol)은 $\frac{48\times10^{-3}\ L}{24\ L/mol}=0.002$몰이다.

ㄷ: 반응 몰비는 M : H_2=2 : 3이며, M의 원자량을 x라고 하면, $\frac{w}{x}$: $\frac{2}{1000}$=2 : 3에서 $\frac{3w}{x}=\frac{1}{250}$이므로 M($s$)의 원자량 $x=750w$이다.

17

ㄱ: (가)에서 용질 X의 질량은 x g이고, X의 분자량이 100이므로 녹아 있는 용질 X의 양(mol)은 $\frac{x}{100}$(몰)이다. (나)에서 녹아 있는 용질 X의 양(mol)은 $\frac{x}{10}$ M×0.1 L=$\frac{x}{100}$(몰)이다. 따라서 녹아 있는 X의 양(mol)은 (가)와 (나)가 같다.

ㄴ: (가)에서 용매의 질량은 $(100-x)$ g이다. (나)는 용액의 밀도가 1.1 g/mL이므로 용액의 질량은 110 g이고, 녹아 있는 X가 $\frac{x}{100}$몰=x g이므로 용매의 질량은 $(110-x)$ g이다. 따라서 용매의 질량은 (나)>(가)이다.

ㄷ: (가)와 (나)의 수용액을 혼합하면 용질 X의 양(mol)은 $\frac{x}{100}\times2=\frac{x}{50}$(mol)이며, 증류수를 가해 전체 부피를 2 L로 하면 몰 농도는 $\frac{\frac{x}{50}\ mol}{2\ L}=\frac{x}{100}$ M이다.

18

진한 염산을 필요한 양만큼 피펫으로 취하여 250 mL 부피 플라스크에 넣고 증류수를 가해 표시선을 맞춰 주면 1.0 M 묽은 염산(HCl) 250 mL를 만들 수 있다.

⑤ 필요한 진한 염산의 부피 x mL의 질량은 부피에 밀도를 곱하여 구할 수 있고, 진한 염산의 질량 퍼센트 농도가 36.5 %이므로 진한 염산 x mL에 포함된 HCl의 질량은 $1.25x\times\frac{36.5}{100}$이다. 1.0 M 묽은 염산 250 mL에 포함된 HCl는 0.25몰이고 HCl의 분자량이 36.5이므로 묽은 염산에서 HCl의 질량은 $\left(36.5\times\frac{25}{100}\right)$ g이다.

진한 염산과 묽은 염산에서 포함된 HCl의 질량이 같으므로

$1.25x\times\frac{36.5}{100}=36.5\times\frac{25}{100}$에서 $x=\frac{25}{1.25}=20$(mL)이다.

19

H 원자 2개와 결합한 탄소 수는 구조식 순서대로 3, 1, 1이다. (나)는 H 원자 2개와 결합한 탄소 수가 (가)와 같고 탄소 원자 사이의 결합이 모두 단일 결합인 포화 탄화수소이므로 (나)는 분자식이 C_3H_8이고, (다)는 고리 모양 포화 탄화수소인 C_3H_6이며, (가)는 사슬 모양이고 탄소 원자 사이에 2중 결합이 포함된 탄화수소인 C_3H_6이다.

ㄱ: (가)와 (다)는 분자식이 C_3H_6으로 같다.

ㄴ: $\frac{수소\ 수}{탄소\ 수}$는 (나)가 $\frac{8}{3}$이고 (다)가 2이므로 (나)>(다)이다.

ㄷ: (다)는 고리 모양 포화 탄화수소인 C_3H_6이다.

20

(가)는 단일 결합만 있는 고리 모양 포화 탄화수소이므로 분자식이 C_5H_{10}이다.

(나)는 3중 결합이 포함되어 있으므로 분자식이 C_5H_8이다.

(다)는 2중 결합이 포함되어 있고 고리 모양 탄화수소이므로 분자식이 C_5H_8이다.

(라)는 탄소 원자 사이의 결합이 모두 단일 결합인 사슬 모양 포화 탄화수소이므로 분자식이 C_5H_{12}이다.

ㄱ: (가)는 고리 모양 포화 탄화수소이므로 분자식이 C_5H_{10}이다.

ㄴ: (나)와 (다)는 분자식이 C_5H_8로 같으며 $\frac{수소\ 수}{탄소\ 수}=\frac{8}{5}$로 2보다 작다.

ㄷ: 1분자에 들어 있는 수소 원자 수가 가장 큰 것은 사슬 모양 포화 탄화수소인 (라)의 C_5H_{12}이다.

21

주어진 조건에서 ㉠과 X_2는 $\frac{1}{20}$몰이고, ㉡은 $\frac{1}{10}$몰이다. 같은 부피의 질량은 ㉠이 X_2의 $\frac{3}{2}$이고, X_2의 분자량은 ㉡의 2배이다. ㉡은 1몰의 질량이 16 g이므로 분자량이 16이며, X_2의 분자량은 32, ㉠의 분자량은 48이다.

ㄱ: ㉠과 ㉡은 각각 X_l과 C_mH_n이며, $l=3$이고, $m=1$, $n=4$이다. 따라서 $l+m+n=3+1+4=8$이다.

ㄴ: ㉠과 ㉡의 몰비는 1 : 2이고, ㉠은 3원자 분자, ㉡은 5원자 분자이므로 전체 원자 수비는 ㉠ : ㉡=3 : 10이다.

ㄷ: 분자량비가 $X_2 : X_l : C_mH_n$=32 : 48 : 16이므로 같은 질량에 들어 있는 분자 수비는 $X_2 : X_l : C_mH_n=\frac{1}{32}:\frac{1}{48}:\frac{1}{16}$=3 : 2 : 6이다.

22

탄화수소 C_mH_n 1몰이 완전 연소될 때 CO_2 m몰과 H_2O $\frac{n}{2}$몰이 생성되므로 완전 연소 반응식은 다음과 같다.

$$C_mH_n(g)+\left(m+\frac{n}{4}\right)O_2(g) \longrightarrow mCO_2(g)+\frac{n}{2}H_2O(l)$$

ㄱ: C_mH_n x g이 완전 연소되어 CO_2 $3.3x$ g이 생성되므로 C_mH_n x g에 포함된 탄소(C)의 질량은 $3.3x\times\frac{12}{44}=0.9x$ g이고 수소(H)의 질량은 $(x-0.9x)=0.1x$ g이다. 따라서 원자 수비는 C : H=$\frac{0.9x}{12}$: $\frac{0.1x}{1}$=3 : 4이다. 따라서 $m=3$, $n=4$이므로 $m+n=7$이고, 탄화수소의 분자식은 C_3H_4이다.

ㄴ: C_3H_4의 완전 연소 반응식은 다음과 같다.

$$C_3H_4(g)+4O_2(g) \longrightarrow 3CO_2(g)+2H_2O(l)$$

따라서 1몰의 C_3H_4과 반응하는 산소(O_2)는 4몰이다.

ㄷ: C_3H_4의 분자량은 40, O_2의 분자량은 32이므로 반응 질량비는 40 : 4×32=5 : 16이다. C_mH_n x g이 완전 연소될 때 반응하는 O_2의 질량은 $\frac{16}{5}x$ g이고, 반응 후 남아 있는 O_2의 질량은 $\left(4x-\frac{16}{5}x\right)$ g=$\frac{4x}{5}$ g=$0.8x$ g이다.

23

1 g당 원자 수비가 A : B : C=24 : 28 : 21이므로 원자량의 비는 A :

B : C$=\frac{1}{24}$: $\frac{1}{28}$: $\frac{1}{21}$$=7:6:8$이다.

ㄱ : B의 원자량이 12이므로 A의 원자량은 14, C의 원자량은 16이다. 만약 (가)의 분자식이 A_2C이면 분자량은 44, 분자식이 AC_2이면 분자량은 46이고, (나)의 분자식이 B_2C이면 분자량은 40, 분자식이 BC_2이면 분자량은 44이다. 그런데 (가)와 (나)의 분자량이 같으므로 (가)는 A_2C, (나)는 BC_2이다. 따라서 1분자당 C 원자 수비는 (가) : (나)$=1:2$이다.

ㄴ : A의 원자량이 14이므로 A 원자 1개의 질량은 $\frac{14}{N_A}$이다. 그런데 (가) 분자 1개의 질량이 w g이므로 $w=\frac{44}{N_A}$이고 $N_A=\frac{44}{w}$이다. 따라서 A 원자 1개의 질량은 $\frac{14}{N_A}=\frac{7}{22}w$(g)이다.

ㄷ : (나)의 분자식이 BC_2이고 분자량은 44이다. (나) 1몰에 들어 있는 분자 수는 아보가드로수(N_A)와 같으며, $N_A=\frac{44}{w}$이다.

24

반응 전 B_2의 양(mol)과 반응 후 전체 기체의 양(mol)이 같은 것으로 보아 B_2와 X의 반응 계수가 같으며, (가)에서 A_2가 모두 반응하고, (나)에서 B_2가 모두 반응한다. (나)에서 화학 반응의 양적 관계는 다음과 같다.

	$aA_2(g)$	$+2B_2(g)$	$\longrightarrow 2X(g)$
반응 전(몰)	2	3	0
반응(몰)	$-\frac{3}{2}a$	-3	$+3$
반응 후(몰)	$2-\frac{3}{2}a$	0	3

$2-\frac{3}{2}a+3=\frac{7}{2}$이므로 $\frac{3}{2}a=\frac{3}{2}$이다. 따라서 반응 계수 $a=1$이다.

ㄱ : 화학 반응식이 $A_2(g)+2B_2(g) \longrightarrow 2X(g)$이므로 X의 분자식은 AB_2이며, X는 3원자 분자이다.

ㄴ : (나)에서 반응 후 A_2 0.5몰이 남고, X 3몰이 생성된다.

(다)에서 반응 전 B_2의 양(mol)을 x라고 하면 반응 전과 후의 양적 관계가 다음과 같다.

i) A_2가 모두 반응한다면

	$A_2(g)$	$+2B_2(g)$	$\longrightarrow 2X(g)$
반응 전(몰)	3	x	0
반응(몰)	-3	-6	$+6$
반응 후(몰)	0	$x-6$	6

이 경우 반응 후 전체 기체의 양(mol)이 4몰이므로 $x=4$가 되어야 하며, 이는 타당하지 않다.

ii) B_2가 모두 반응한다면

	$A_2(g)$	$+2B_2(g)$	$\longrightarrow 2X(g)$
반응 전(몰)	3	x	0
반응(몰)	$-\frac{x}{2}$	$-x$	$+x$
반응 후(몰)	$3-\frac{x}{2}$	0	x

따라서 $3-\frac{x}{2}+x=4$에서 $x=2$이다. 이 경우 반응 후 A_2 2몰이 남고, X 2몰이 생성되어 반응 후 전체 기체의 양(mol)이 4몰이므로 타당하다.

따라서 $\frac{X(g)의\ 양(mol)}{전체\ 기체의\ 양(mol)}$은 (나)가 $\frac{6}{7}$이고 (다)가 $\frac{1}{2}$이므로 (나)가 (다)의 $\frac{12}{7}$배이다.

ㄷ : 반응 전 몰비가 $A_2:B_2=1:1$일 때 A_2와 B_2의 양(mol)을 각각 y라고 하면 반응 전과 후의 양적 관계는 다음과 같다.

	$A_2(g)$	$+2B_2(g)$	$\longrightarrow 2X(g)$
반응 전(몰)	y	y	0
반응(몰)	$-\frac{y}{2}$	$-y$	$+y$
반응 후(몰)	$\frac{y}{2}$	0	y

온도가 일정할 때 일정한 부피의 용기의 기체의 압력은 기체의 양(mol)에 비례한다. 반응 전 기체의 양(mol)은 $2y$, 반응 후 기체의 양(mol)은 $\frac{3y}{2}$이므로 전체 기체의 양(mol)은 반응 후가 반응 전의 $\frac{3}{4}$배이다.

25

(나)에서 1 M NaOH 수용액 500 mL에 포함된 NaOH은 0.5몰이고 NaOH의 화학식량이 40이므로 필요한 NaOH의 질량은 0.5몰×40 g/몰$=20$ g이다.

ㄱ : (가)에서 NaOH $0.1x$ g을 녹였으므로 $0.1x=20$이고 $x=200$이다.

ㄴ : (가)에서 NaOH의 질량은 20 g이고 물의 질량은 $200-20=180$ g이다. NaOH의 화학식량은 40, H_2O의 분자량은 18이므로 NaOH의 양(mol)은 0.5몰이고 H_2O의 양(mol)은 10몰이다.

따라서 $\frac{NaOH의\ 양(mol)}{용액\ 전체의\ 양(mol)}=\frac{\frac{1}{2}}{\frac{1}{2}+10}=\frac{1}{21}$이다.

ㄷ : (나)에서 수용액의 밀도는 d g/mL이므로 수용액 500 mL의 질량은 $500d$ g이다. 희석시키기 전 NaOH 수용액이 200 g이므로 (가) → (나)에서 더 넣어 준 증류수의 질량은 $(500d-200)$ g이다.

26

ㄱ : 진한 황산을 필요한 부피만큼 취한 후 증류수를 가하여 1 M의 황산 용액을 만들 때 일정한 부피의 부피 플라스크를 이용한다.

ㄴ : 진한 황산 1 L가 있다면 용액의 전체 질량은 용액의 밀도와 부피를 곱하여 구할 수 있으므로 d g/mL × 1000 mL$=1000d$ g이다. 진한 황산의 퍼센트 농도가 a %이므로 진한 황산 1 L에 포함된 H_2SO_4의 질량은 $1000d\times\frac{a}{100}=10ad$ g이고, H_2SO_4의 분자량이 C이므로 진한 황산 1 L에 포함된 H_2SO_4의 양(mol)은 $\frac{10ad}{C}$이다. 따라서 진한 황산의 몰 농도는 $\frac{10ad}{C}$(M)이다.

ㄷ : 1 M 황산(H_2SO_4) 용액 1 L에 포함된 H_2SO_4의 양(mol)은 1몰이다. H_2SO_4의 분자량이 C이므로 부피 플라스크에 C g의 H_2SO_4을 넣어 녹여야 한다. 진한 황산의 농도가 a %이고 밀도가 d g/mL이므로 필요한 진한 황산의 부피를 x mL라고 하면 여기에 들어 있는 H_2SO_4의 질량은 $xd\times\frac{a}{100}=\frac{axd}{100}$(g)이다. 따라서 $C=\frac{axd}{100}$이며, 필요한 진한 황산의 부피 $x=\frac{100C}{ad}$(mL)이다.

Ⅱ. 원자의 세계

04 원자의 구조

핵심 개념 체크 본문 030~031쪽

1 (1)-㉡ (2)-㉢ (3)-㉠ **2** (1) ○ (2) ○
3 원자핵 **4** 음극선관 **5** 중성자
6 (1)-㉡ (2)-㉢ (3)-㉠ **7** (1) ○ (2) × (3) ×
8 6, 6, 12 **9** 동위 원소
10 평균 원자량 **11** 양성자수, 중성 원자의 전자 수

출제 예상 문제 본문 032~034쪽

01 ①	**02** ⑤	**03** ③	**04** ⑤	**05** ②
06 ⑤	**07** ③	**08** ③	**09** ④	**10** ④
11 ③	**12** ①	**13** ②	**14** ②	

01

㉠ : 음극선의 진로에 전기장을 걸어 줄 때 음극선의 경로가 (+)극 쪽으로 휘어지는 것을 통해, 음극선이 (−)전하를 띠는 입자의 흐름이라는 것을 알 수 있다.

~~ㄴ~~ : 음극선의 진행 경로에 가벼운 질량을 갖는 물체를 놓으면 그 물체의 움직임을 통해 음극선이 일정한 질량을 가진 입자라는 것을 알 수 있다. 주어진 실험으로는 음극선이 질량을 가진 입자의 흐름이라는 것을 알 수 없다.

~~ㄷ~~ : 실험으로부터 전자의 원운동은 확인할 수 없다.

02

㉠ : (가)와 (나)는 양성자수가 1로 같고 중성자수가 다르므로 수소의 동위 원소이고, (다)와 (라)는 양성자수가 2로 같고 중성자수가 다르므로 헬륨의 동위 원소이다.

㉡ : 질량수=양성자수+중성자수이므로 질량수는 (나)와 (다)가 3으로 같다.

㉢ : 중성 원자는 양성자수와 전자 수가 같으므로 중성 원자를 형성하기 위해 필요한 전자 수는 (다)와 (라)가 2로 같다.

03

㉠ : 러더퍼드의 알파(α) 입자 산란 실험을 통해 원자 중심에 부피가 매우 작고 원자 질량의 대부분을 차지하는 부분이 있음을 알 수 있는데, 이를 원자핵이라고 한다.

㉡ : 실험에서 (+)전하를 띠는 알파(α) 입자가 휘어져 통과하거나 튕겨 나오는 것으로 보아 원자핵은 (+)전하를 띤다는 것을 알 수 있다.

~~ㄷ~~ : 알파(α) 입자가 금박 속 금 원자핵과 충돌 후 산란되므로 알파(α) 입자는 질량이 작음을 알 수 있다.

04

$\frac{질량수}{전자\ 수}=\frac{양성자수+중성자수}{전자\ 수}=\frac{전자\ 수+중성자수}{전자\ 수}$이므로 X는 $^{16}_{8}O$, Y는 $^{14}_{7}N$, Z는 $^{18}_{8}O$이다.

㉠ : 전자 수는 X가 8, Y가 7로 X>Y이다.

㉡ : 양성자수는 Z가 8, Y가 7로 Z>Y이다.

㉢ : X와 Z는 양성자수가 8로 같고 중성자수가 다르므로 동위 원소이다.

05

(가) 1897년 톰슨이 음극선관 실험을 통해 (−)전하를 띠는 입자인 전자의 존재를 발견하였다.

(다) 1911년 러더퍼드가 알파(α) 입자를 금박에 충돌시켜 원자의 대부분이 빈 공간이고 원자 중심에 부피가 매우 작고 원자 질량의 대부분을 차지하는 원자핵이 존재함을 확인하였다.

(나) 1932년 채드윅은 베릴륨(Be)에 알파(α) 입자를 충돌시킨 실험을 통해 원자핵의 구성 입자 중 전하를 띠지 않는 입자인 중성자를 발견하였다.

06

a는 전자, b는 양성자, c는 중성자이다.

㉠ : 전자는 (−)전하를 띤다.

㉡ : b(양성자)와 c(중성자)는 원자핵을 구성하는 입자로 질량이 서로 비슷한 반면, a(전자)는 이들에 비해 질량이 무시할 정도로 작다.

㉢ : 전자는 1897년 톰슨이, 중성자는 1932년 채드윅이 발견했으므로 a가 c보다 먼저 발견되었다.

07

㉠ : 상대적 전하가 0인 ㉡은 전하를 띠지 않는 중성자이고, 중성자와 질량이 비슷한 ㉠은 양성자이며, 상대적 질량이 매우 작은 ㉢은 전자이다.

~~ㄴ~~ : 원자핵을 구성하는 입자는 양성자(㉠)와 중성자(㉡)이다.

㉢ : 양성자는 (+)전하를 띠고, 전자는 (−)전하를 띠며, 양성자와 전자는 전하량의 크기는 서로 같고 부호는 반대이다. 따라서 a는 +1, b는 −1로 $a>b$이다.

08

동위 원소는 양성자수(원자 번호)는 같지만 중성자수가 달라 질량수가 다른 원소로, 수소에는 중수소, 3중 수소 등의 동위 원소가 있다. 수소는 양성자수가 1, 중성자수가 0이고, 중수소는 양성자수가 1, 중성자수가 1이며, 3중 수소는 양성자수가 1, 중성자수가 2이다.

㉠ : 중수소에는 중성자가 1개 존재하고, 수소에는 중성자가 없다. 따라서 원자의 질량은 중성자가 존재하는 중수소가 중성자가 없는 수소보다 크다.

㉡ : 동위 원소는 양성자수와 전자 수가 같으므로 화학적 성질은 같지만, 질량수가 다르므로 물리적 성질은 다르다.

~~ㄷ~~ : 질량수는 양성자수와 중성자수를 더한 값이므로 질량수는 3중 수소가 수소보다 크다.

09

동위 원소는 양성자수가 같고 중성자수가 다른 원소이므로 b는 17이다. 질량수=양성자수+중성자수이므로 $a=17+18=35$, $c=37-17=20$이다. 따라서 $a+b+c=35+17+20=72$이다.

10

$a+b=100$이고 평균 원자량$=\frac{35\times a+37\times b}{100}=35.5$이다. 이 두 식을 연립하여 풀면 $a=75$, $b=25$이다. 따라서 $\frac{a}{b}=3$이다.

11

수소와 산소의 동위 원소의 원자량은 다음과 같다.

동위 원소	$^{1}_{1}H$	$^{2}_{1}H$	$^{3}_{1}H$	$^{16}_{8}O$	$^{18}_{8}O$
원자량	1	2	3	16	18

위의 동위 원소가 결합하여 만들 수 있는 H_2O 분자 중 분자량이 가장 작은 것은 18, 분자량이 가장 큰 것은 24이며, 총 7가지(18, 19, 20, 21, 22, 23, 24)의 분자량이 서로 다른 가짓수가 존재한다.

12

질량수는 양성자수와 중성자수를 더한 값이므로 질량수−중성자수의 값으로 양성자수를 구할 수 있다.

㉠: 동위 원소는 양성자수는 같지만 질량수가 다른 원소이다. A의 양성자수=79−44=35, D의 양성자수=81−46=35이므로 A와 D는 양성자수가 같고 질량수가 다른 동위 원소이다.

㉡: B의 양성자수=35−18=17이고, C의 양성자수=11−6=5이므로 B와 C는 양성자수가 다르다.

㉢: E의 양성자수=10−5=5이고, F의 양성자수=37−20=17이므로 E와 F는 양성자수가 다르다. 즉, E와 F는 서로 다른 종류의 원소이므로 화학적 성질도 다르다.

13

㉠: X의 양성자수는 1, Y의 양성자수는 2로 서로 다르므로 X와 Y는 동위 원소가 아니다.

㉡: Y와 Z는 양성자수와 중성자수의 합이 각각 3으로 질량수가 같다.

㉢: X와 Z는 양성자수가 같으므로 원자 번호가 같다.

14

원자 번호는 양성자수와 같고, 질량수는 양성자수와 중성자수를 더한 값이다.

㉠: 양성자수는 ^{17}O가 8, ^{37}Cl가 17로, ^{37}Cl가 ^{17}O보다 크다.

㉡: 질량수는 ^{18}O가 18, ^{13}C가 13으로, ^{18}O가 ^{13}C보다 크다.

㉢: 중성자수는 ^{12}C가 6, ^{16}O가 8로, ^{16}O가 ^{12}C보다 크다.

서답형 문제

본문 035쪽

01 해설 참조　**02** 해설 참조
03 해설 참조　**04** 해설 참조
05 147.5

01

모범답안 (가)에서 음극선은 (−)전하를 띠는 입자의 흐름이라는 것을 알 수 있다. (나)에서 음극선은 직진하는 입자의 흐름이라는 것을 알 수 있다. (다)에서 음극선은 질량을 가진 입자의 흐름이라는 것을 알 수 있다.

채점 기준	배점
(가)~(다) 중 3가지를 모두 옳게 서술한 경우	100 %
(가)~(다) 중 2가지만 옳게 서술한 경우	70 %
(가)~(다) 중 1가지만 옳게 서술한 경우	30 %

02

원자의 대부분은 빈 공간이므로 알파(α) 입자가 대부분 금박을 그대로 통과한다. 중심 부분에서 알파(α) 입자가 크게 튕겨 나가는 것으로부터 중심에 질량이 대부분 모여 있는 (+)전하를 띠는 부분이 있음을 유추할 수 있다.

모범답안 원자의 대부분은 빈 공간이고, 원자의 중심에 (+)전하를 띠는 매우 작고 원자 질량의 대부분을 차지하는 원자핵이 있다.

채점 기준	배점
원자의 대부분은 빈 공간이며, 원자 중심에 (+)전하를 띠는 원자핵이 있고 그 원자핵은 원자 질량의 대부분을 차지한다고 서술한 경우	100 %
원자는 속이 비어 있는 구조로 중심에 (+)전하를 띠는 원자핵이 있다고만 서술한 경우	50 %

03

모범답안 원자 번호는 양성자수와 같으며, 중성 원자의 경우 양성자수와 전자 수가 같기 때문에 전자 수는 원자 번호(Z)와 같다. 또한 질량수는 양성자수와 중성자수를 더한 값이므로 중성자수는 질량수(A)에서 양성자수, 즉 원자 번호(Z)를 뺀 값과 같다.

채점 기준	배점
중성 원자의 경우 원자 번호가 전자 수이고, 질량수−원자 번호가 중성자수라고 옳게 서술한 경우	100 %
전자 수와 중성자수 중 1가지만 옳게 서술한 경우	50 %

04

모범답안

동위 원소	(가)	(나)	(다)
양성자수	1	1	1
중성자수	0	1	2

05

동위 원소	양성자수	중성자수	질량수	존재 비율(%)
^{35}X	17	㉠ 18	35	㉡ 75.5
^{37}X	㉢ 17	20	㉣ 37	(100−㉡) 24.5

X의 평균 원자량$=35\times\frac{㉡}{100}+37\times\frac{(100-㉡)}{100}=35.49$에서 ㉡=75.5이며, ㉠+㉡+㉢+㉣=147.5이다.

05 현대 원자 모형

핵심 개념 체크

본문 036~037쪽

1 (1)−㉡ (2)−㉠　**2** (1) ○ (2) ○　**3** 전자 껍질
4 오비탈　**5** 바닥상태
6 주 양자수, 부 양자수(방위 양자수), 자기 양자수, 스핀 양자수
7 (1)−㉠ (2)−㉢ (3)−㉡　**8** (1) ○ (2) ×
9 자기 양자수(m_l)　**10** 2　**11** 홀전자

출제 예상 문제

본문 038~040쪽

01 ③	02 ②	03 ⑤	04 ⑤	05 ①
06 ③	07 ⑤	08 ②	09 ⑤	10 ②
11 ③	12 ①	13 ②	14 ③	15 ①

01

㉠: 검출기에서 나타난 선은 모두 불연속적인 선이다. 이 결과를 바탕으로 보어는 전자가 특정한 에너지 준위를 갖는 궤도에만 머무른다는 원자 모형을 제안하게 되었다.

㉡: 수소 방전관에서 방출한 4개의 파장에 해당하는 빛은 모두 가시광선 영역이다. 일반적으로 가시광선 영역의 빛의 파장은 400~700 nm 정도에 해당한다.

㉢: 파장과 에너지는 반비례하므로 4개의 빛 중 에너지가 가장 큰 것은 파장 410 nm의 빛이다.

02

전자 껍질은 원자핵 주위의 전자가 특정한 에너지를 가지면서 원운동하는 궤도로서 핵에서 가까운 것부터 K, L, M, N 등의 기호로 표시한다. 전자가 낮은 에너지 준위에서 더 높은 에너지 준위로 이동할 때에는 에너지를 흡수하고, 높은 에너지 준위에서 낮은 에너지 준위로 이동할 때에는 에너지를 방출한다. 전자 껍질의 에너지 준위는 K<L<M<N이므로 ②는 에너지를 방출하고, 나머지는 모두 에너지를 흡수한다.

03

㉠: 전자는 원자핵 주위를 돌 때 특정한 에너지 준위를 갖는 궤도를 따라 원운동한다.

㉡: 전자가 원자핵 주위에 무질서하게 존재하는 것이 아니라, 특정한 에너지를 가진 몇 개의 궤도에만 존재하므로 전자는 전자 껍질과 전자 껍질 사이에 존재할 수 없다.

㉢: 전자 껍질의 에너지 준위는 K<L<M<N이므로 M 전자 껍질에서 L 전자 껍질로의 전자 전이에서는 에너지를 방출한다.

04

Ⓐ: 바닥상태는 원자가 가장 낮은 에너지를 갖는 상태로, 에너지를 흡수하여 더 높은 에너지를 갖는 전자 껍질로 이동이 가능하다.

Ⓑ: 전자가 바닥상태보다 더 높은 에너지를 갖는 전자 껍질에 존재하는 상태를 들뜬상태라고 한다.

Ⓒ: 수소 원자의 경우 전자가 1개 존재하므로 K 전자 껍질에 전자가 존재할 때 바닥상태가 된다.

05

㉠: s 오비탈과 p 오비탈은 그림과 같은 모형으로 나타낼 수 있다.

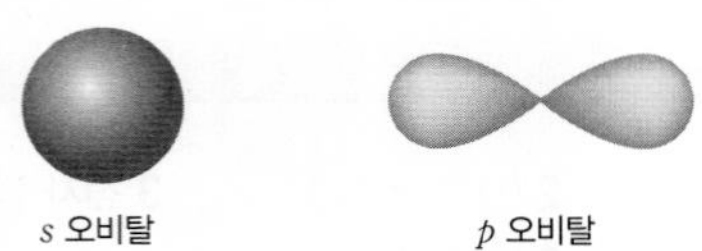

따라서 (가)는 2s 오비탈, (나)~(라)는 2p 오비탈이다.

㉡: 수소 원자에서 오비탈의 에너지 준위는 다음과 같다.

$1s<2s=2p<3s=3p=3d<4s=4p=4d=4f<\cdots$

따라서 수소 원자에서 에너지 준위는 (가)와 (나)가 같다.

㉢: 다전자 원자에서 오비탈의 에너지 준위는 다음과 같다.

$1s<2s<2p_x=2p_y=2p_z<3s<3p_x=3p_y=3p_z<4s<\cdots$

따라서 다전자 원자에서 에너지 준위는 (다)와 (라)가 같다.

06

㉠: 에너지 준위는 주 양자수가 클수록 높다. 따라서 에너지 준위는 2s 오비탈이 1s 오비탈보다 높다.

㉡: 주 양자수는 오비탈의 종류 앞에 표시한 자연수이므로 3s 오비탈이 2s 오비탈보다 크다.

㉢: 1s 오비탈에 들어 있는 전자는 K 전자 껍질에, 3s 오비탈에 들어 있는 전자는 M 전자 껍질에 존재한다.

07

㉠: 부 양자수(l)에 따른 오비탈의 종류는 다음과 같다.

l	0	1	2	3
오비탈의 종류	s	p	d	f

따라서 p 오비탈을 나타내는 부 양자수는 1이다.

㉡: 부 양자수 2에 해당하는 오비탈은 d 오비탈이다.

㉢: 주 양자수가 4일 때 부 양자수는 0, 1, 2, 3 총 4가지이다.

08

오비탈의 종류는 알파벳 기호로, 알파벳 기호 앞에는 주 양자수를, 알파벳 기호 오른쪽 위에는 오비탈에 들어 있는 전자 수를 표시한다.

㉠: (가)는 주 양자수를 의미한다.

㉡: (나)의 p는 오비탈의 종류를 나타낸다.

㉢: (다)는 오비탈에 들어 있는 전자 수를 의미한다.

09

㉠: (가)~(다) 모두 한 오비탈에 1개 또는 2개의 전자가 들어 있으며, 한 오비탈의 두 전자는 스핀 방향이 다르므로 파울리 배타 원리를 만족한다.

㉡: (가)~(다) 모두 2p 오비탈에 전자가 들어갈 때 홀전자가 되도록 배치되었으므로 훈트 규칙을 만족한다.

㉢: 바닥상태 전자 배치는 파울리 배타 원리, 훈트 규칙, 쌓음 원리를 모두 만족하는 전자 배치이다. (가)~(다)는 모두 세 가지 전자 배치 규칙을 만족하므로 바닥상태 전자 배치이다.

10

바닥상태의 다전자 원자에서 오비탈의 에너지 준위와 각 오비탈에 채워지는 전자 수는 다음과 같다.

$1s^2<2s^2<2p^6<3s^2<3p^6<4s^2<\cdots$

또한 바닥상태의 다전자 원자에서 전자가 들어갈 때에는 에너지 준위가 낮은 오비탈부터 순서대로 들어간다.

㉠: 바닥상태 전자 배치를 갖는 원자는 A, C, D 3가지이다.

㉡: A의 전자 배치에서 홀전자 수는 1, D의 전자 배치에서 홀전자 수는 3으로 D가 A보다 크다.

㉢: B에서 전자가 들어 있는 오비탈은 1s, 2s, 3s 오비탈 1개씩과 2p 오비탈 3개로 총 6개이고, C에서 전자가 들어 있는 오비탈은 1s, 2s, 3s 오비탈 1개씩과 2p 오비탈 3개로 총 6개이다. 따라서 전자가 들어 있는 오비탈 수는 B와 C가 같다.

11
주 양자수가 n이면 오비탈 수는 n^2이고, 최대로 들어갈 수 있는 전자 수는 $2n^2$이다. 따라서 ㉠은 4, ㉡은 2, ㉢은 18이며, ㉠+㉡+㉢=24이다.

12
주어진 5가지 원자의 바닥상태 전자 배치는 다음과 같다.
① $_8$O: $1s^2 2s^2 2p_x^2 2p_y^1 2p_z^1$ ② $_9$F: $1s^2 2s^2 2p_x^2 2p_y^2 2p_z^1$
③ $_{10}$Ne: $1s^2 2s^2 2p^6$ ④ $_{12}$Mg: $1s^2 2s^2 2p^6 3s^2$
⑤ $_{13}$Al: $1s^2 2s^2 2p^6 3s^2 3p_x^1$

13
Na 원자와 Na^+의 바닥상태 전자 배치는 다음과 같다.
• Na: $1s^2 2s^2 2p^6 3s^1$ • Na^+: $1s^2 2s^2 2p^6$
ㄱ: Na^+의 바닥상태 전자 배치는 $1s^2 2s^2 2p^6$이다.
ㄴ: 홀전자 수는 Na이 1, Na^+이 0으로 Na이 Na^+보다 더 크다.
ㄷ: 전자가 들어 있는 오비탈 수는 Na이 6, Na^+이 5로 Na이 Na^+보다 크다.

14
(가)와 (다)는 전자 수가 8이므로 산소(O) 원자의 전자 배치이고, (라)는 전자 수가 7이므로 산소 양이온(O^+)의 전자 배치이며, (나)는 파울리 배타 원리에 위배된 불가능한 전자 배치이다.
ㄱ: (라)는 산소 원자(O)에서 전자 1개를 잃은 산소 양이온(O^+)의 전자 배치와 같다. 따라서 전자 수는 7이다.
ㄴ: (다)는 파울리 배타 원리와 훈트 규칙을 모두 만족하므로 산소(O) 원자의 바닥상태 전자 배치이다.
ㄷ: 홀전자 수는 (가)가 0, (다)가 2, (라)가 1이다. 따라서 (가)와 (다)의 홀전자 수의 합은 (라)의 홀전자 수보다 크다.

15
X^{2+}은 X 원자가 전자 2개를 잃어 형성된 이온이며, Y^-은 Y 원자가 전자 1개를 얻어 형성된 이온이다. 따라서 바닥상태의 원자 X와 Y의 전자 배치는 다음과 같다.
• X: $1s^2 2s^2 2p^6 3s^2$ • Y: $1s^2 2s^2 2p^5$
ㄱ: X의 전자 수는 12, Y의 전자 수는 9이다. 따라서 원자 번호는 X가 12, Y가 9로 X가 Y보다 크다.
ㄷ: 홀전자 수는 X가 0, Y가 1로 Y가 X보다 크다.
ㄷ: 전자가 들어 있는 오비탈 수는 X가 6, Y가 5로 X가 Y보다 크다.

서답형 문제

본문 041쪽

01 해설 참조
02 (가) 부 양자수 (나) 자기 양자수 (다) 주 양자수
03 해설 참조 **04** ㉠ 파울리 배타 ㉡ 훈트 ㉢ 쌓음
05 (1) (나), (다) (2) (가) **06** 해설 참조

01
모범답안 낮은 에너지 준위의 전자 껍질에 있던 전자가 더 높은 에너지 준위의 전자 껍질로 이동할 때에는 두 전자 껍질의 에너지 차이만큼 에너지를 흡수하고, 높은 에너지 준위의 전자 껍질에 있던 전자가 더 낮은 에너지 준위의 전자 껍질로 이동할 때에는 그 차이만큼 에너지를 방출한다.

채점 기준	배점
전자가 다른 전자 껍질로 이동하면 두 전자 껍질의 에너지 차이만큼 에너지를 흡수하거나 방출한다고 서술한 경우	100 %
전자가 다른 전자 껍질로 이동하면 에너지를 흡수하거나 방출한다고만 서술한 경우	50 %

02

주 양자수(n)	1	2	3	4
전자 껍질	K	L	M	N

부 양자수(l)	0	1	2	3
오비탈의 종류	s	p	d	f

부 양자수가 l인 오비탈은 자기 양자수(m_l)가 $-l$, $(-l+1)$, ⋯, 0, ⋯, $(+l-1)$, $+l$까지 $(2l+1)$개 존재한다.

03
모범답안 수소 원자에서는 오비탈의 에너지 준위가 원자핵과 전자 사이의 인력에만 영향을 받지만, 다전자 원자에서는 오비탈의 에너지 준위가 원자핵과 전자 사이의 인력뿐만 아니라 전자 사이의 반발력에도 영향을 받기 때문이다.

채점 기준	배점
수소 원자에서는 원자핵과 전자 사이의 인력이 존재하고, 다전자 원자에서는 원자핵과 전자 사이의 인력뿐만 아니라 전자 사이의 반발력도 있다고 서술한 경우	100 %
수소 원자와 다전자 원자 모두 원자핵과 전자 사이의 인력이 있다고만 서술한 경우	50 %

04
원자의 전자 배치는 파울리 배타 원리, 훈트 규칙, 쌓음 원리에 따라 전자가 배치된다.

05
(1) 바닥상태 전자 배치는 파울리 배타 원리, 훈트 규칙, 쌓음 원리를 모두 만족하는 전자 배치이다.
(2) 파울리 배타 원리는 한 오비탈에 전자가 최대 2개까지 들어갈 수 있으며, 한 오비탈에 들어간 두 전자의 스핀 방향은 서로 반대라는 것이다.

06
원자의 바닥상태 전자 배치는 파울리 배타 원리와 훈트 규칙, 쌓음 원리를 모두 만족한다.
모범답안 W와 X는 바닥상태 원자가 아니다. W는 $3p$ 오비탈의 전자 배치가 훈트 규칙을 만족하지 않으며, X는 $3s$ 오비탈에 전자가 모두 채워지지 않은 채 $3p$ 오비탈에 전자가 들어 있으므로 쌓음 원리를 만족하지 않는다.

채점 기준	배점
W와 X를 고르고, 그 까닭을 각각 옳게 서술한 경우	100 %
W와 X를 골랐지만, 그 까닭을 옳게 서술하지 못한 경우	50 %

06 주기율표

핵심 개념 체크 본문 042~043쪽

1 (1)-㉢ (2)-㉠ (3)-㉡ **2** (1) × (2) × (3) ○
3 멘델레예프 **4** 멘델레예프
5 (1)-㉢ (2)-㉠ (3)-㉡ **6** (1) ○ (2) ○ (3) ×
7 족, 주기 **8** 2 **9** He

출제 예상 문제 본문 044~046쪽

01 ③	**02** ⑤	**03** ②	**04** ①	**05** ③
06 ①	**07** ①	**08** ③	**09** ⑤	**10** ⑤
11 ②	**12** ⑤	**13** ②		

01

A는 산소(O), B는 나트륨(Na), C는 마그네슘(Mg), D는 황(S), E는 염소(Cl)이다.
㉠: A와 D는 원자가 전자 수가 6이므로 모두 16족 원소이다.
㉡: B와 C는 가장 바깥 전자 껍질의 주 양자수가 3이므로 3주기 원소이다.
㉢: B는 금속 원소, E는 비금속 원소이므로 화학적 성질은 다르다.

02

㉠: 주기율표에서 1족 원소 중 수소를 제외한 금속 원소를 알칼리 금속이라고 한다. B와 E는 알칼리 금속이다.
㉡: 비활성 기체는 18족 원소로, 화학적으로 안정하여 다른 원소와 거의 반응하지 않는다. A는 비활성 기체이지만, C는 비활성 기체가 아니다.
㉢: 할로젠은 17족 원소로 금속과 반응하여 −1가 음이온이 된다. D와 F는 할로젠이다.

03

바닥상태 원자 A~D의 전자 배치를 나타내면 다음과 같다.
- A: $1s^2 2s^1$
- B: $1s^2 2s^2 2p^1$
- C: $1s^2 2s^2 2p^5$
- D: $1s^2 2s^2 2p^6 3s^1$

㉠: A는 1족 원소, B는 13족 원소이다.
㉡: A는 1족 원소인 리튬, D는 1족 원소인 나트륨으로 모두 알칼리 금속이며, 전기 전도성이 있다.
㉢: B는 2주기 원소, D는 3주기 원소이다.

04

바닥상태 원자 A~E의 전자 배치는 다음과 같다.
- A: $1s^2 2s^2 2p^1$
- B: $1s^2 2s^2 2p^3$
- C: $1s^2 2s^2 2p^4$
- D: $1s^2 2s^2 2p^6 3s^1$
- E: $1s^2 2s^2 2p^6 3s^2 3p^4$

㉠: 2주기 원소는 A, B, C 3가지이다.
㉡: A는 13족 원소, D는 1족 원소이다.
㉢: 할로젠은 17족 원소이므로 A~E에는 할로젠이 없다.

05

A는 3주기 1족 원소인 나트륨(Na), B는 2주기 16족 원소인 산소(O), C는 2주기 17족 원소인 플루오린(F)이다.
㉠: 나트륨은 원자 번호 11번으로 1족 알칼리 금속이다.
㉡: 산소는 원자 번호 8번으로 16족 원소이므로 주기율표 오른쪽에 위치하는 비금속 원소이다.
㉢: 플루오린은 원자 번호 9번으로 17족 할로젠이다.

06

$_3$Li, $_8$O, $_9$F, $_{10}$Ne은 2주기 원소이고, $_{11}$Na은 3주기 원소이다. 2주기 원소 중 (가)는 금속 원소이므로 $_3$Li이고, (나)는 비금속 원소이므로 $_8$O, $_9$F, $_{10}$Ne이며, (다)는 3주기 원소인 $_{11}$Na이다.
㉠: (가)에는 $_3$Li 1가지 원소가 해당된다.
㉡: (나)에 해당하는 $_8$O는 16족, $_9$F은 17족, $_{10}$Ne은 18족 원소이다.
㉢: (다)에 해당하는 $_{11}$Na의 원자가 전자 수는 1이다.

07

A는 전자가 7개이므로 원자 번호 7번인 질소(N), B는 전자가 8개이므로 원자 번호 8번인 산소(O)이다.
㉠: 원자가 전자 수는 A가 5, B가 6으로 서로 같지 않다.
㉡: A와 B는 모두 2주기 원소이다.
㉢: A와 B는 원자가 전자 수가 다르므로 화학적 성질이 다르다.

08

A는 2주기 1족 원소이므로 리튬(Li), B는 2주기 16족 원소이므로 산소(O), C는 2주기 17족 원소이므로 플루오린(F)이다. D는 C와 서로 다른 원소이며, 원자가 전자 수가 7이므로 3주기 17족 원소인 염소이다.
㉠: D(염소)는 할로젠이므로 비금속 원소이다.
㉡: D는 C와 서로 다른 원소이며, 같은 족 원소이므로 3주기 원소이다.
㉢: C와 D는 원자가 전자 수가 7로 같으므로 같은 17족 원소이다.

09

A는 2주기 1족 원소인 리튬(Li), B는 2주기 16족 원소인 산소(O), C는 2주기 17족 원소인 플루오린(F), D는 3주기 1족 원소인 나트륨(Na), E는 3주기 16족 원소인 황(S)이다.
㉠: 같은 족 원소는 화학적 성질이 비슷하다. A와 B는 같은 족 원소가 아니라 같은 주기 원소이므로 화학적 성질이 다르다.
㉡: B와 E는 같은 족 원소이므로 원자가 전자 수가 같다.
㉢: C와 D는 각각 2, 3주기 원소로 바닥상태에서 전자가 들어 있는 p 오비탈 수는 3으로 같다.

10

A는 2주기 1족 원소인 리튬(Li), B는 2주기 16족 원소인 산소(O), C는 2주기 18족 원소인 네온(Ne), D는 3주기 2족 원소인 마그네슘(Mg), E는 3주기 17족 원소인 염소(Cl)이다.
㉠: A는 알칼리 금속인 리튬, D는 알칼리 토금속인 마그네슘이다. 알칼리 금속과 알칼리 토금속은 모두 금속으로 전기 전도성이 있다.
㉡: B는 산소이고 C는 네온이며, 원자 번호는 각각 8번과 10번이다. B^{2-}은 산소 원자가 전자 2개를 얻어 전자가 10개인 음이온이므로 B^{2-}의 바닥상태 전자 배치는 C와 같은 $1s^2 2s^2 2p^6$이다.
㉢: E는 17족 원소이므로 할로젠이다.

11

A는 수소(H), B는 탄소(C), C는 산소(O), D는 플루오린(F), E는 나트륨(Na), F는 마그네슘(Mg), G는 염소(Cl)이다.

ㄱ: E(나트륨)는 1족 알칼리 금속이지만, A(수소)는 1족 원소 중 유일하게 비금속 원소이다.

ㄴ: D(플루오린)와 G(염소)는 원자가 전자 수가 같은 원소, 즉 같은 족 원소이므로 화학적 성질이 비슷하다.

ㄷ: A~E의 바닥상태 전자 배치와 홀전자 수를 나타내면 다음과 같다.

- A: $1s^1$ ➡ 홀전자 수 1
- B: $1s^2 2s^2 2p_x^1 2p_y^1$ ➡ 홀전자 수 2
- C: $1s^2 2s^2 2p_x^2 2p_y^1 2p_z^1$ ➡ 홀전자 수 2
- D: $1s^2 2s^2 2p_x^2 2p_y^2 2p_z^1$ ➡ 홀전자 수 1
- E: $1s^2 2s^2 2p^6 3s^1$ ➡ 홀전자 수 1
- F: $1s^2 2s^2 2p^6 3s^2$ ➡ 홀전자 수 0
- G: $1s^2 2s^2 2p^6 3s^2 3p_x^2 3p_y^2 3p_z^1$ ➡ 홀전자 수 1

따라서 홀전자 수가 2인 원소는 B, C 2가지이다.

12

B와 C는 원자가 전자 수가 같으므로 같은 족 원소이고, A가 B보다 원자가 전자 수가 크므로 A는 16족, B와 C는 15족 원소이다. A와 B는 전자 껍질 수가 같으므로 같은 주기 원소이고, B가 C보다 전자 껍질 수가 크므로 B는 3주기, C는 2주기 원소이다. 따라서 이에 적절한 위치는 ⑤이다.

13

A는 2주기 1족 원소이므로 리튬(Li), B는 3주기 17족 원소이므로 염소(Cl), C는 2주기 17족 원소이므로 플루오린(F)이다.

ㄱ: 리튬은 알칼리 금속이다.

ㄴ: 같은 족 원소는 원자가 전자 수가 같으므로 화학적 성질이 비슷하다. A와 C는 족이 다르므로 화학적 성질도 다르다.

ㄷ: 같은 족 원소는 원자가 전자 수가 같다. B와 C는 모두 17족 원소이므로 원자가 전자 수가 7로 같다.

서답형 문제

본문 047쪽

01 Li(리튬), Na(나트륨), K(칼륨) **02** 해설 참조
03 해설 참조 **04** 해설 참조
05 해설 참조
06 (1) (다)-(가)-(나) (2) (가) 멘델레예프 (나) 모즐리 (다) 뉴랜즈

01

자료는 알칼리 금속 원소를 설명하고 있다. 알칼리 금속은 수소를 제외한 1족 원소이다.

02

모범답안 (1) 2주기 원소: Li, Be, B, C, N, O, F, Ne
3주기 원소: Na, Mg, Al, Si, P, S, Cl, Ar
(2) 17족 원소: F, Cl

03

모범답안 Na은 원자가 전자 1개를 잃고 +1가 양이온이 되면서 Ne의 전자 배치를 따르고, Mg은 원자가 전자 2개를 잃고 +2가 양이온이 되면서 Ne의 전자 배치를 따른다. Ne은 비활성 기체로 반응성이 거의 없어 안정하기 때문에 Na은 +1가 양이온, Mg은 +2가 양이온이 된다.

채점 기준	배점
Na이 +1가 양이온, Mg이 +2가 양이온이 되는 까닭을 Ne의 전자 배치를 이용하여 모두 옳게 서술한 경우	100 %
Na이 +1가 양이온, 또는 Mg이 +2가 양이온이 되는 까닭 중 1가지만 Ne의 전자 배치를 이용하여 옳게 서술한 경우	50 %

04

모범답안 A와 C는 1족 원소이지만 A는 비금속 원소인 수소이고 C는 금속 원소인 나트륨이다. 따라서 A는 비금속의 성질을, C는 금속의 성질을 나타낸다. 반면에 B와 D는 할로젠으로 화학적 성질이 비슷하다.

채점 기준	배점
B와 D는 할로젠으로 화학적 성질이 비슷하다는 것과 A는 비금속, C는 금속이므로 화학적 성질이 다르다는 것을 비교하여 서술한 경우	100 %
A는 비금속, C는 금속이므로 화학적 성질이 다르다는 것만 서술한 경우	50 %

05

A는 2주기 13족 원소인 B(붕소), B는 2주기 15족 원소인 N(질소), C는 2주기 16족 원소인 O(산소), D는 3주기 1족 원소인 Na(나트륨), E는 3주기 16족 원소인 S(황)이다.

모범답안 원자가 전자 수가 6으로 같은 C, E는 같은 족인 16족 원소이다. 전자가 들어 있는 전자 껍질 수가 2로 같은 A, B, C는 모두 2주기 원소이고, 3으로 같은 D, E는 3주기 원소이다.

채점 기준	배점
16족 원소, 2주기 원소, 3주기 원소 3가지를 모두 옳게 분류하여 서술한 경우	100 %
16족 원소, 2주기 원소, 3주기 원소 중 2가지만 옳게 분류하여 서술한 경우	70 %
16족 원소, 2주기 원소, 3주기 원소 중 1가지만 옳게 분류하여 서술한 경우	30 %

07 원소의 주기적 성질

핵심 개념 체크

본문 048~049쪽

1 (1)-㉠ (2)-㉡ **2** (1) × (2) ○ (3) ○ (4) ×
3 유효 핵전하 **4** 반발력 **5** 원자 반지름
6 (1) ○ (2) × **7** 등전자 **8** 이온화 에너지
9 (1)-㉠ (2)-㉡

출제 예상 문제

본문 050~053쪽

01 ②	02 ③	03 ⑤	04 ⑤	05 ⑤
06 ③	07 ⑤	08 ①	09 ⑤	10 ③
11 ①	12 ①	13 ②	14 ③	15 ④
16 ①	17 ②	18 ⑤		

01

A는 1주기 1족 원소인 수소(H), B는 2주기 16족 원소인 산소(O), C는 3주기 1족 원소인 나트륨(Na), D는 3주기 17족 원소인 염소(Cl)이다.

ㄱ : 원자가 전자 수는 B가 6, A가 1로 B가 A의 6배이다.

㉡ : 같은 주기에서 원자 번호가 커질수록 양성자수가 증가하므로 유효 핵전하는 D가 C보다 크다.

ㄷ : 금속은 C 1가지이다. A는 1족 원소이지만 예외로 비금속이다.

02

㉠ : 같은 족에서 원자 번호가 커질수록 양성자수가 증가하므로 원자가 전자의 유효 핵전하는 커진다.

㉡ : 같은 주기에서 원자 번호가 커질수록 양성자수가 증가하므로 원자가 전자의 유효 핵전하는 커진다.

ㄷ : 같은 주기에서 원자 번호가 커질수록 유효 핵전하가 증가하므로 원자 반지름은 작아진다.

03

㉠ : 같은 족에서는 원자 번호가 커질수록 전자 껍질 수가 커지므로 원자 반지름이 커진다.

㉡ : 같은 주기에서는 원자 번호가 커질수록 원자가 전자가 받는 유효 핵전하가 커져 원자 반지름이 작아진다.

㉢ : 같은 주기에서는 원자 번호가 커질수록 핵전하가 증가하면서 원자가 전자가 받는 유효 핵전하가 커진다.

04

다른 원소지만 전자 껍질 수와 전자 수가 같아서 전자 배치가 같은 이온을 등전자 이온이라고 하며, O^{2-}, F^{-}, Na^{+}, Mg^{2+}과 S^{2-}, Cl^{-}, K^{+}, Ca^{2+}은 각각 등전자 이온이다. 핵전하가 클수록 유효 핵전하가 증가하므로 등전자 이온은 원자 번호가 커질수록 이온 반지름이 작아진다.

05

㉠ : 같은 족에서 원자 번호가 커질수록 원자가 전자가 들어 있는 전자 껍질 수가 커져 원자 반지름이 커진다. 따라서 원자 반지름이 큰 (가)는 3주기, 원자 반지름이 작은 (나)는 2주기 원소의 원자 반지름이다.

ㄴ : 같은 주기에서 원자 반지름이 커질수록 원자가 전자 수가 작아진다.

㉢ : 같은 족에서 2주기 원소보다 3주기 원소의 원자 반지름이 큰 까닭은 전자가 들어 있는 전자 껍질 수가 더 크기 때문이다.

06

O, F, Na, Mg은 안정한 이온이 될 때 Ne과 같은 전자 배치를 갖는 등전자 이온이다. 등전자 이온은 양성자수가 클수록 반지름이 작아진다. 따라서 A는 나트륨(Na), B는 마그네슘(Mg), C는 산소(O), D는 플루오린(F)이다.

㉠ : 이온 반지름 크기는 $O^{2-} > F^{-} > Na^{+} > Mg^{2+}$이므로 A는 Na이다.

㉡ : C는 O, D는 F으로 비금속 원소이다.

ㄷ : 원자 반지름은 Na이 Mg보다 크므로 원자가 전자가 받는 유효 핵전하는 Na이 Mg보다 작다.

07

원자 반지름은 A(C) > B(N) > C(O)이고, 바닥상태 전자 배치에서 홀전자 수는 B(N)가 3, A(C)와 C(O)가 각각 2이며, 제1 이온화 에너지는 B(N) > C(O) > A(C)이다. 따라서 A는 탄소(C), B는 질소(N), C는 산소(O)로 원자 번호가 큰 것부터 나열하면 C−B−A이다.

08

X의 E_3와 E_4 사이에서 이온화 에너지가 크게 증가했으므로 X의 원자가 전자 수는 3이다. 따라서 X는 3주기 13족 원소인 알루미늄(Al)이다.

㉠ : 알루미늄(Al)은 3주기 13족 원소이다.

ㄴ : 바닥상태의 X^{2+}과 X^{3+}의 전자 배치는 다음과 같다.

• X^{2+} : $1s^2 2s^2 2p^6 3s^1$ • X^{3+} : $1s^2 2s^2 2p^6$

바닥상태의 X^{2+}과 X^{3+}에서 전자가 들어 있는 오비탈 수는 각각 6, 5이다.

ㄷ : 기체 상태의 원자 X를 X^{3+}으로 만드는 데 필요한 에너지는 $E_1 + E_2 + E_3$이다.

09

같은 주기에서 원자 번호가 커질수록 이온화 에너지는 대체로 증가하는데, 예외적으로 15족인 질소가 16족인 산소보다 크다. 따라서 A는 산소(O), B는 질소(N), C는 탄소(C), D는 붕소(B)이다.

ㄱ : 원자 번호는 A가 8, B가 7로 A가 B보다 크다.

㉡ : 같은 주기에서 원자 번호가 커질수록 원자가 전자가 받는 유효 핵전하가 커진다. 따라서 원자가 전자가 받는 유효 핵전하는 C가 D보다 크다.

㉢ : 원자 A~D의 바닥상태 전자 배치는 다음과 같다.

• A(O) : $1s^2 2s^2 2p^4$ • B(N) : $1s^2 2s^2 2p^3$

• C(C) : $1s^2 2s^2 2p^2$ • D(B) : $1s^2 2s^2 2p^1$

따라서 홀전자 수는 B가 3, C가 2, D가 1로 B=C+D이다.

10

Ⓐ : 이온화 에너지는 기체 상태의 원자 1몰에서 전자 1몰을 떼어 내는 데 필요한 에너지이며, 단위는 kJ/몰을 사용한다.

Ⓑ : 같은 족에서는 원자 번호가 커질수록 이온화 에너지가 감소하고, 같은 주기에서는 원자 번호가 커질수록 이온화 에너지가 대체로 증가한다.

C : 다전자 원자에서 전자를 2개 이상 떼어 낼 경우 첫 번째 전자를 떼어 내는 데 필요한 에너지를 제1 이온화 에너지(E_1), 두 번째 전자를 떼어 내는 데 필요한 에너지를 제2 이온화 에너지(E_2)라고 하며, 이와 같은 E_1, E_2, …를 순차 이온화 에너지라고 한다. 순차 이온화 에너지의 크기는 항상 $E_1 < E_2 < E_3 < \cdots$이다.

11

원자 X~Z의 바닥상태 전자 배치는 다음과 같다.

• X : $1s^2 2s^2 2p^6 3s^1$ • Y : $1s^2 2s^2 2p^3$ • Z : $1s^2 2s^1$

따라서 X는 나트륨(Na), Y는 질소(N), Z는 리튬(Li)이다.

㉠ : a는 5, b는 3, c는 0, d는 1이므로 $a+b+c+d=9$이다.

ㄴ : Y와 Z는 같은 주기 원소이므로 원자 반지름은 원자 번호가 큰 Y가 원자 번호가 작은 Z보다 작다.

ㄷ : X와 Z는 같은 족 원소이므로 제1 이온화 에너지는 원자 번호가 큰 X가 원자 번호가 작은 Z보다 작다.

12

W와 Y는 3주기 원소이고, X와 Z는 2주기 원소이므로 원자 번호가 연속인 2, 3주기 원소는 F, Ne, Na, Mg이다. 이때 홀전자 수는 각각 1, 0, 1, 0이므로 W는 마그네슘(Mg), X는 플루오린(F), Y는 나트륨(Na), Z는 네온(Ne)이다.

㉠ : W~Z 중 2주기 원소인 X(F)와 Z(Ne) 모두 산소(O)보다 제1 이온화 에너지가 크다. 따라서 ㉠에는 X, Z 2가지 원소가 해당된다.

~~㉡~~ : 원자가 전자가 받는 유효 핵전하는 W(Mg)가 Y(Na)보다 크다.

~~㉢~~ : X(F)는 산소(O)보다 원자 반지름이 작다.

13

2주기 원소 중 홀전자 수가 1인 원소는 리튬(Li), 붕소(B), 플루오린(F)이고, 홀전자 수가 2인 원소는 탄소(C), 산소(O)이며, 홀전자 수가 3인 원소는 질소(N)이다. 따라서 A, B, C의 원자 반지름과 이온화 에너지를 비교하면 A는 플루오린(F), B는 산소(O), C는 질소(N)임을 알 수 있다.

~~㉠~~ : A는 플루오린(F)이다.

~~㉡~~ : 같은 주기에서 원자 번호가 커질수록 양성자수가 증가하여 원자가 전자가 받는 유효 핵전하가 커진다. 따라서 원자가 전자가 받는 유효 핵전하는 B(O) > C(N)이다.

㉢ : 등전자 이온의 경우 원자 번호가 커질수록 이온 반지름이 작아진다. $A^-(F^-)$과 $B^{2-}(O^{2-})$은 등전자 이온이므로 이온 반지름은 $A^-(F^-) < B^{2-}(O^{2-})$이다.

14

N, O, F, Na의 바닥상태 전자 배치는 다음과 같다.

- N: $1s^2 2s^2 2p^3$
- O: $1s^2 2s^2 2p^4$
- F: $1s^2 2s^2 2p^5$
- Na: $1s^2 2s^2 2p^6 3s^1$

주어진 자료로 유추해 보면 W는 Na, X는 N, Y는 F, Z는 O이다.

㉠ : 홀전자 수가 같은 원소는 Na과 F이고, 원자가 전자 수가 O보다 큰 원소는 F이다. 따라서 W는 Na이다.

㉡ : 같은 주기에서 원자 번호가 커질수록 원자 반지름은 작아지므로 원자 반지름은 X(N) > Z(O)이다.

~~㉢~~ : W(Na)와 Y(F)가 Ne의 전자 배치를 갖는 이온이 되면 각각 Na^+, F^-이고, 반지름은 $F^- > Na^+$이므로 이온의 반지름은 Y > W이다.

15

같은 주기에서 이온화 에너지의 변화로 보아 A는 붕소(B), B는 탄소(C), C는 질소(N), D는 산소(O), E는 플루오린(F)이다.

㉠ : A와 B의 원자 번호는 각각 5, 6이므로 원자 번호의 합은 11이다.

㉡ : 바닥상태 전자 배치는 C가 $1s^2 2s^2 2p^3$, D가 $1s^2 2s^2 2p^4$이므로 홀전자 수는 C가 3, D가 2로 C가 D보다 크다.

~~㉢~~ : 같은 주기에서 원자 번호가 커질수록 원자가 전자가 받는 유효 핵전하는 커진다. 따라서 유효 핵전하는 D가 E보다 작다.

16

E_3와 E_4 사이에서 이온화 에너지가 크게 증가했으므로 원자가 전자 수는 3이다. 따라서 X는 3주기 13족 원소인 알루미늄(Al)이고, 전자 배치는 ① $1s^2 2s^2 2p^6 3s^2 3p^1$이다.

17

같은 주기에서 원자 번호가 커질수록 원자가 전자의 유효 핵전하는 커지고, 원자 반지름은 작아지며 이온화 에너지는 대체로 증가한다.

~~㉠~~ : 원자 반지름은 B가 A보다 작다.

㉡ : 제1 이온화 에너지는 비활성 기체인 C가 16족 원소인 B보다 크다.

~~㉢~~ : 원자가 전자가 받는 유효 핵전하는 D가 E보다 작다.

18

A는 $E_3 \ll E_4$이므로 원자가 전자 수가 3이고, B는 $E_2 \ll E_3$이므로 원자가 전자 수가 2이다. 따라서 A는 13족 원소인 알루미늄(Al)이고, B는 2족 원소인 마그네슘(Mg)이다.

~~㉠~~ : B 원자의 전자 수는 12이므로 바닥상태 전자 배치는 $1s^2 2s^2 2p^6 3s^2$이다.

㉡ : 원자 번호는 A가 13, B가 12이므로 A가 B보다 크다.

㉢ : 같은 주기에서 원자 번호가 커질수록 이온화 에너지가 대체로 증가하는데, 3주기 원소의 경우 예외적으로 2족인 마그네슘이 13족인 알루미늄보다 크다. 따라서 이온화 에너지 x는 578보다 크다.

서답형 문제

본문 054쪽

01 유효 핵전하
02 해설 참조
03 (가) 작아 (나) 커
04 (가) 크다 (나) 작다
05 해설 참조
06 해설 참조

01

유효 핵전하는 전자가 실제로 받는 핵전하로, 원자핵의 (+)전하량보다 작은 값을 가진다.

02

모범답안 같은 주기에서 원자 번호가 커질수록 원자가 전자가 받는 유효 핵전하가 커져 원자 반지름이 작아진다.

채점 기준	배점
같은 주기에서 원자 번호가 커질수록 원자가 전자가 받는 유효 핵전하가 커져 원자 반지름이 작아진다고 서술한 경우	100 %
같은 주기에서 원자 번호가 커질수록 원자핵의 인력이 커져 원자 반지름이 작아진다고만 서술한 경우	50 %

03

나트륨 원자와 나트륨 이온, 염소 원자와 염화 이온의 반지름을 비교하면 다음과 같다.

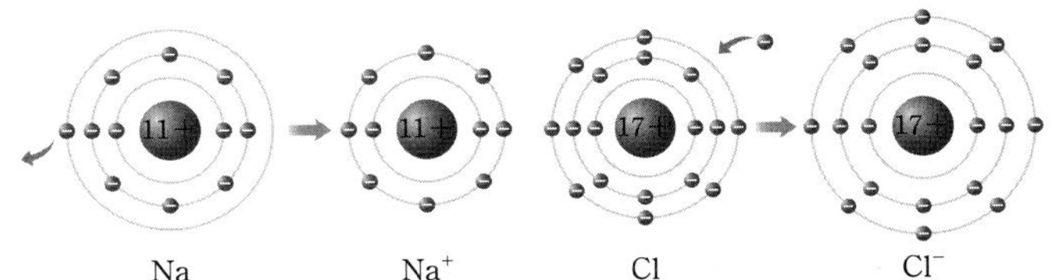

원자가 안정한 양이온이 되면 전자 껍질 수가 감소하므로 양이온 반지름은 원자 반지름보다 작아진다. 또 원자가 안정한 음이온이 되면 전자 껍질 수는 같고 가장 바깥 전자 껍질의 전자 수가 많아져 전자 사이의 반발력이 커지므로 음이온 반지름은 원자 반지름보다 커진다.

04
원자가 안정한 양이온이 되면 전자 껍질 수가 감소하므로 양이온 반지름은 원자 반지름보다 작아지고, 원자가 안정한 음이온이 되면 가장 바깥 전자 껍질의 전자 수가 많아져 전자 사이의 반발력이 커지므로 음이온 반지름은 원자 반지름보다 커진다.

05
양이온은 원자보다 전자 껍질 수가 작으므로 양이온 반지름은 원자 반지름보다 작고, 음이온은 원자보다 가장 바깥 전자 껍질의 전자 수가 많아져 전자 사이의 반발력이 커지므로 음이온 반지름은 원자 반지름보다 크다.

모범답안 핵전하가 클수록 원자가 전자의 유효 핵전하가 증가하므로 등전자 이온은 원자 번호가 커질수록 이온 반지름이 작아진다.

채점 기준	배점
핵전하가 클수록 원자가 전자의 유효 핵전하가 증가하기 때문이라고 옳게 서술한 경우	100 %
핵전하가 클수록 원자핵의 인력이 증가하기 때문이라고만 서술한 경우	50 %

06
모범답안 같은 족에서는 원자 번호가 커질수록 원자가 전자의 유효 핵전하가 커지지만, 전자 껍질 수가 커짐에 따라 원자핵과 전자 사이의 인력이 작아져 이온화 에너지가 감소한다.

채점 기준	배점
같은 족에서는 원자 번호가 커질수록 원자가 전자의 유효 핵전하가 커지지만, 전자 껍질 수가 커짐에 따라 원자핵과 전자 사이의 인력이 작아져 이온화 에너지는 감소한다고 서술한 경우	100 %
같은 족에서는 원자 번호가 커질수록 전자 껍질 수가 커져 이온화 에너지는 감소한다고만 서술한 경우	50 %

본문 055~061쪽

대단원 종합 문제 Ⅱ. 원자의 세계

01 ③	02 ⑤	03 ⑤	04 ①	05 ④
06 ③	07 ②	08 ①	09 ③	10 ②
11 ①	12 ①	13 ③	14 ①	15 ⑤
16 ③	17 ①	18 ③	19 ②	20 ①
21 ①	22 ⑤			

고난도 문제

23 ⑤	24 ②	25 ①	26 ③	27 ④
28 ③	29 ①	30 ⑤		

01
원자 번호는 양성자수와 같고, 질량수는 양성자수+중성자수이다.

㉠: ㉠=10−5=5, ㉡=35−18=17, ㉢=23−11=12이므로 ㉠+㉡+㉢=34이다.

㉡: B와 D는 양성자수가 같고 중성자수가 다르므로 원자 번호가 같은 동위 원소이다.

㉢: C는 1족 원소이고, E는 2족 원소이다.

02
같은 주기에서 원자 번호가 커질수록 원자가 전자가 받는 유효 핵전하는 커지고, 원자 반지름은 작아지며, 이온화 에너지는 대체로 커진다.

㉠: 이온화 에너지는 X가 Y보다 작다.

㉡: 같은 주기에서 원자 번호가 클수록 원자가 전자가 받는 유효 핵전하가 커져서 원자 반지름은 작아지므로 원자 반지름은 Y가 Z보다 크다.

㉢: 원자가 전자가 받는 유효 핵전하 크기는 X<Y<Z이다.

03
3주기 원자의 홀전자 수는 4종류로, P은 3, Si와 S은 2, Na과 Al과 Cl는 1, Mg과 Ar은 0이다. 따라서 C는 인(P)이다. 원자 반지름과 유효 핵전하 자료로부터 원자 번호는 A<B, C<D이므로 D는 황(S)이며, 제1 이온화 에너지 자료로부터 B는 알루미늄(Al)이다. 따라서 A는 마그네슘(Mg)이다. 이를 종합하면 원자 번호는 D>C>B>A이다.

04
2주기 원소 Be, B, C, N, O의 제1 이온화 에너지 크기는 N>O>C>Be>B이다. 따라서 V는 붕소(B), W는 베릴륨(Be), X는 탄소(C), Y는 산소(O), Z는 질소(N)이다.

㉠: 제1 이온화 에너지가 가장 작은 것은 붕소(B)이다.

㉡: 원자가 전자의 유효 핵전하는 W가 X보다 작다.

㉢: 이온 반지름은 $Z^{3-}({}_{7}N^{3-})$이 $Y^{2-}({}_{8}O^{2-})$보다 크다.

05
㉠: 평균 원자량이 원자량 12에 가까우므로 자연에 존재하는 비율은 (가)가 (나)보다 크다.

㉡: 중성자수는 (라)가 37−17=20, (다)가 35−17=18로 (라)가 (다)보다 크다.

㉢: 원자량이 16인 산소(O)로 만들 수 있는 분자량이 다른 CO_2는 12+16×2=44, 13+16×2=45의 2가지이다.

06
X는 ${}_{1}^{2}H$, Y는 ${}_{1}^{3}H$, Z는 ${}_{2}^{3}He$이다.

㉠: X와 Y는 양성자수는 같고 중성자수가 다르므로 동위 원소이다.

㉡: 질량수는 Y와 Z가 모두 3으로 같다.

㉢: 바닥상태에서 전자가 들어 있는 오비탈 수는 X와 Z 모두 1로 같다.

07
바닥상태 원자 W~Z의 전자 배치를 나타내면 다음과 같다.

- W: $1s^2 2s^2 2p^3$
- X: $1s^2 2s^2 2p^4$
- Y: $1s^2 2s^2 2p^6 3s^1$
- Z: $1s^2 2s^2 2p^6 3s^2 3p^5$

따라서 W는 질소(N), X는 산소(O), Y는 나트륨(Na), Z는 염소(Cl)이다.

㉠: W는 2주기 원소이다.

㉡: $a=3$, $b=4$, $c=6$, $d=1$이므로 $a+b+c+d=14$이다.

㉢: Y(Na)는 금속 원소, Z(Cl)는 비금속 원소이다.

08
원자 A~D의 바닥상태 전자 배치를 나타내면 다음과 같다.

- A: $1s^2 2s^2 2p^5$
- B: $1s^2 2s^2 2p^6 3s^1$
- C: $1s^2 2s^2 2p^6 3s^2$
- D: $1s^2 2s^2 2p^6 3s^2 3p^5$

따라서 A는 플루오린(F), B는 나트륨(Na), C는 마그네슘(Mg), D

는 염소(Cl)이다.

㉠ : A와 D는 원자가 전자 수가 7인 17족 원소이다.

~~㉡~~ : 원자 번호는 B가 11, C가 12로 C>B이다.

~~㉢~~ : 질량수는 A가 9+9=18, B가 12+11=23, C가 12+12=24, D가 18+17=35로, D>C>B>A이다.

09

금속 원소는 원자 반지름이 양이온 반지름보다 크고, 비금속 원소는 원자 반지름이 음이온 반지름보다 작다. 따라서 A~C는 비금속, D~F는 금속이며, A는 질소(N), B는 산소(O), C는 플루오린(F)이고, D는 나트륨(Na), E는 마그네슘(Mg), F는 알루미늄(Al)이다.

㉠ : 이온 반지름은 등전자 이온의 반지름이므로 원자 번호가 클수록 등전자 이온의 반지름은 작아진다. 따라서 •는 이온 반지름이다.

㉡ : A~C는 2주기 원소이고, D~F는 3주기 원소이다.

~~㉢~~ : D와 E의 바닥상태 전자 배치는 다음과 같다.

• D: $1s^2 2s^2 2p^6 3s^1$ • E: $1s^2 2s^2 2p^6 3s^2$

홀전자 수는 D가 1, E가 0으로 D>E이다.

10

~~㉠~~ : 같은 족에서는 원자 번호가 커질수록 이온화 에너지가 작아진다. 따라서 (가)는 2주기, (나)는 3주기 원소의 제1 이온화 에너지이다.

㉡ : A는 베릴륨(Be), B는 산소(O), C는 규소(Si), D는 황(S), E는 염소(Cl)이며, 이들의 바닥상태 전자 배치는 다음과 같다.

• A: $1s^2 2s^2$ • B: $1s^2 2s^2 2p^4$

• C: $1s^2 2s^2 2p^6 3s^2 3p^2$ • D: $1s^2 2s^2 2p^6 3s^2 3p^4$

• E: $1s^2 2s^2 2p^6 3s^2 3p^5$

따라서 바닥상태 전자 배치에서 p 오비탈에 들어 있는 전자 수는 A가 0, B가 4, C가 8, E가 11로 B+C>A+E이다.

~~㉢~~ : 바닥상태 전자 배치에서 홀전자 수는 B=C=D=2, E=1이므로 D+E<B+C이다.

11

금속 원소는 $\frac{\text{이온 반지름}}{\text{원자 반지름}}<1$이고, 비금속 원소는 $\frac{\text{이온 반지름}}{\text{원자 반지름}}>1$이다. 따라서 C는 원자 번호가 9인 F이다. 3주기 1족과 2족에서 원자 번호가 커질수록 이온 반지름이 작고, 원자가 전자의 유효 핵전하(Z^*)가 크므로 원자 번호가 커질수록 $\frac{\text{이온 반지름}}{Z^*}$이 작아진다. 따라서 A는 원자 번호가 12인 Mg, B는 원자 번호가 11인 Na이다.

㉠ : A와 B는 $\frac{\text{이온 반지름}}{\text{원자 반지름}}<1$이므로 모두 금속 원소이다.

~~㉡~~ : 같은 주기에서 원자 번호가 커질수록 이온화 에너지는 대체로 커진다. 따라서 제1 이온화 에너지는 A>B이다.

~~㉢~~ : 바닥상태 전자 배치에서 홀전자 수는 A(Mg)가 0, B(Na)가 1, C(F)가 1로 A+B=C이다.

12

2주기 바닥상태 원자의 홀전자 수는 다음과 같다.

Li: 1, Be: 0, B: 1, C: 2, N: 3, O: 2, F: 1, Ne: 0

이온화 에너지의 경향성을 만족하면서 홀전자 수 합이 8인 연속적인 원자는 C, N, O, F이다. 따라서 A는 탄소(C), B는 질소(N), C는 산소(O), D는 플루오린(F)이다.

㉠ : s 오비탈에 채워진 전자 수는 모두 4로 같다.

~~㉡~~ : 금속 원소는 1족과 2족 원소인데, A~D는 모두 14족~17족 원소이므로 비금속 원소이다.

~~㉢~~ : 같은 주기에서 원자가 전자의 유효 핵전하 크기는 원자 번호가 클수록 증가한다. 따라서 원자가 전자가 받는 유효 핵전하는 D>C>B>A이다.

13

W~Z는 모두 3주기 원소이며, 같은 주기에서 이온화 에너지는 원자 번호가 클수록 대체로 증가하지만, 15족과 16족은 그 반대이다. 따라서 W는 규소(Si), X는 황(S), Y는 인(P), Z는 염소(Cl)이다.

㉠ : 원자 반지름은 같은 주기에서 원자 번호가 클수록 감소한다. 따라서 원자 반지름은 W>Y>X>Z이다.

㉡ : 원자가 전자의 유효 핵전하 크기는 같은 주기에서 원자 번호가 클수록 증가한다. 따라서 원자가 전자가 받는 유효 핵전하는 Z>X>Y>W이다.

~~㉢~~ : 바닥상태 전자 배치에서 p 오비탈에 들어 있는 전자 수는 W(Si)가 8, X(S)가 10, Y(P)가 9, Z(Cl)가 11이다. 따라서 Z(Cl)>X(S)>Y(P)>W(Si)이다.

14

주 양자수(n)는 오비탈의 크기와 관련이 있고, 부 양자수(l)(=방위 양자수)는 오비탈의 종류와 관련이 있다.

l	0	1	2	3
오비탈의 종류	s	p	d	f

㉠ : (가)에 해당하는 오비탈은 $2s$, $3s$이고, (나)에 해당하는 오비탈은 $1s$이며, (다)에 해당하는 오비탈은 $2p$, $3p$이다. 따라서 (가)에는 2가지 오비탈이 해당된다.

~~㉡~~ : (나)에 해당하는 오비탈인 $1s$ 오비탈은 방향성이 없다.

~~㉢~~ : s 오비탈은 구형, p 오비탈은 아령형이다.

15

A는 Li, B는 N, C는 O, D는 Na, E는 Cl이다.

㉠ : 같은 족 원소는 화학적 성질이 비슷하다. 단, 1족 원소 중 수소(H)는 비금속 원소이다. A와 D는 1족 알칼리 금속이므로 화학적 성질이 비슷하다.

~~㉡~~ : 같은 주기에서 원자가 전자의 유효 핵전하는 원자 번호가 클수록 크므로 C가 B보다 크다.

㉢ : 원자가 양이온이 될 때 이온 반지름은 작아지고, 원자가 음이온이 될 때 이온 반지름은 커진다. E는 비금속으로 −1가 음이온이 될 때 반지름이 커진다.

16

파울리 배타 원리는 전자는 한 오비탈에 최대 2개까지 들어갈 수 있으며, 한 오비탈에 들어간 두 전자의 스핀 방향은 서로 반대라는 것을 말한다. 훈트 규칙은 에너지 준위가 같은 오비탈에 전자가 들어갈 때 가능한 한 쌍을 이루지 않고 홀전자 수가 많도록 배치하는 것을 말한다.

㉠ : 바닥상태 전자 배치는 파울리 배타 원리와 훈트 규칙, 쌓음 원리를 모두 만족시키는 것이다. 따라서 바닥상태 전자 배치는 (나)와 (다) 2가지이다.

㉡ : (가)는 홀전자 수가 최대가 되도록 배치되지 않았다. 따라서 훈트

규칙에 어긋난 전자 배치는 (가) 1가지이다.

~~ㄷ~~ : 파울리 배타 원리에 어긋난 전자 배치는 없다.

17

㉠ : 훈트 규칙은 에너지 준위가 같은 오비탈에 전자가 들어갈 때 가능한 한 쌍을 이루지 않고 홀전자 수가 많도록 배치되는 것을 말한다. A는 홀전자 수가 많도록 배치했으므로 훈트 규칙을 만족한다.

~~ㄴ~~ : B는 전자가 $2p_z$ 오비탈을 모두 채우지 않고 $3s$ 오비탈에 들어 있으므로 쌓음 원리를 만족하지 않는 들뜬상태 전자 배치이다.

~~ㄷ~~ : C는 1족, D는 15족 원소이므로 화학적 성질이 다르다.

18

㉠ : 에너지를 흡수하기 전 바닥상태 전자 배치를 갖는 수소 원자는 (가)와 (나) 2가지이다.

㉡ : (나)에서 K 전자 껍질에서 M 전자 껍질로 전자가 전이할 때 필요한 에너지는 (E_3-E_1)이다.

~~ㄷ~~ : 가장 많은 에너지를 흡수한 수소 원자는 (나)이다.

19

바닥상태 원자 X의 전자 배치에서 p 오비탈에 들어 있는 전자 수가 8이므로 X의 전자 배치는 $1s^2 2s^2 2p^6 3s^2 3p^2$이며, X는 원자 번호가 14인 규소(Si)이다. ^{a}X의 양성자수−중성자수=0이므로 질량수 a는 14+14=28이다.

~~ㄱ~~ : $a=m=28$이므로 $a+m=56$이다.

㉡ : X의 평균 원자량$=\dfrac{90\times28+5\times30+5\times32}{100}=28.3$이다.

~~ㄷ~~ : 바닥상태 원자 X의 s 오비탈에 들어 있는 전자 수는 6이다.

20

㉠ : (가)는 구형이므로 $2s$ 오비탈, (나)는 아령형이므로 $2p$ 오비탈이다.

~~ㄴ~~ : (나)는 방향에 따라 $2p_x$, $2p_y$, $2p_z$의 3가지 오비탈이 존재한다.

~~ㄷ~~ : 수소 원자에서는 주 양자수(n)가 같은 오비탈은 종류에 관계없이 에너지 준위가 같다.

21

A는 양성자수가 14−7=7이므로 ${}^{14}_{7}N$, B는 양성자수가 13−7=6이므로 ${}^{13}_{6}C$, C는 양성자수가 35−18=17이므로 ${}^{35}_{17}Cl$이다.

㉠ : A는 원자 번호 7번인 질소(N)이므로 2주기 원소이다.

~~ㄴ~~ : A와 B는 양성자수가 다르므로 서로 다른 종류의 원소이다.

~~ㄷ~~ : 중성 원자의 전자 수는 양성자수와 같고, 음이온의 전자 수는 원자의 전자 수와 얻은 전자 수의 합이다. 따라서 전자 수는 $A+B+C^-=7+6+18=31$이다.

22

이온 반지름이 원자 반지름보다 크면 비금속 원소이고, 이온 반지름이 원자 반지름보다 작으면 금속 원소이다. 따라서 A와 B는 비금속 원소이고, C와 D는 금속 원소이다.

㉠ : A와 B는 이온 반지름이 원자 반지름보다 크므로 비금속 원소이다.

㉡ : 등전자 이온은 양성자수, 즉 원자 번호가 클수록 이온 반지름이 작다.

㉢ : 같은 주기에서 비금속 원소가 금속 원소보다 제1 이온화 에너지가 크고, 같은 족에서는 원자 번호가 커질수록 제1 이온화 에너지가 작아진다. 따라서 2주기 비금속 원소인 B가 3주기 금속 원소인 D보다 제1 이온화 에너지가 크다.

23

같은 주기에서는 원자 번호가 커질수록 원자 반지름이 작아지고, 같은 족에서는 원자 번호가 커질수록 원자 반지름이 커지므로 (가)는 원자 반지름이다. 같은 주기에서 원자 번호가 커질수록 원자가 전자가 받는 유효 핵전하는 커지다가 주기가 바뀌면서 급격히 작아지므로 (나)는 원자가 전자가 받는 유효 핵전하이다. 등전자 이온의 경우 양성자수가 증가할수록 반지름이 감소하므로 (다)는 이온 반지름이다. U는 질소(N), V는 산소(O), W는 플루오린(F), X는 나트륨(Na), Y는 마그네슘(Mg), Z는 알루미늄(Al)이다.

㉠ : 같은 주기에서 원자 번호가 커질수록 원자가 전자가 받는 유효 핵전하가 커져 원자 반지름이 작아지고, 같은 족에서 원자 번호가 커질수록 전자 껍질 수가 커져 원자 반지름은 커진다. 따라서 (가)는 원자 반지름이다.

㉡ : 원자 번호(양성자수)는 U가 7, V가 8, W가 9, X가 11, Y가 12, Z가 13이다.

㉢ : 바닥상태 전자 배치에서 홀전자 수는 U(N)가 3, V(O)가 2, W(F)가 1, X(Na)가 1, Y(Mg)가 0, Z(Al)가 1로 U(N)가 가장 크다.

24

A는 헬륨(He), B는 리튬(Li), C는 플루오린(F), D는 마그네슘(Mg), E는 인(P), F는 염소(Cl)이다.

~~①~~ : 원자 번호는 A가 2, B가 3으로 B>A이다.

② : B는 알칼리 금속, D는 알칼리 토금속이다.

~~③~~ : 제1 이온화 에너지는 D(Mg)<E(P)이다.

~~④~~ : 같은 족 원소는 화학적 성질이 비슷하다. B(Li)와 C(F)는 같은 주기 원소이다.

~~⑤~~ : 바닥상태 전자 배치에서 홀전자 수는 E(P)가 3, F(Cl)가 1로 E>F이다.

25

A는 $E_1 \ll E_2$이므로 1족 원소인 나트륨(Na), B는 $E_2 \ll E_3$이므로 2족 원소인 마그네슘(Mg), C는 $E_3 \ll E_4$이므로 13족 원소인 알루미늄(Al)이다.

㉠ : A(Na)는 $E_1 \ll E_2$이므로 1족 원소인 나트륨(Na)이다.

~~ㄴ~~ : 같은 주기에서는 원자 번호가 커질수록 원자가 전자가 받는 유효 핵전하는 커지므로 B(Mg)<C(Al)이다.

~~ㄷ~~ : 바닥상태 전자 배치에서 홀전자 수는 A(Na)와 C(Al)가 1로 같다.

26

A^{2-}은 O^{2-}, B^-은 F^-, C^+은 Na^+, D^{2+}은 Mg^{2+}이다.

㉠ : 등전자 이온의 경우 핵전하가 클수록 원자가 전자의 유효 핵전하가 증가하므로 원자 번호가 커질수록 이온 반지름이 작아진다. 따라서 이온 반지름은 $A^{2-}({}_8O^{2-}) > C^+({}_{11}Na^+)$이다.

㉡ : 원자 반지름은 C(Na)>D(Mg)이다.

~~ㄷ~~ : 바닥상태 전자 배치에서 홀전자 수는 A(O)가 2, B(F)가 1, C(Na)가 1, D(Mg)가 0으로 A+B>C+D이다.

27

같은 주기에서는 원자 번호가 커질수록 원자가 전자가 받는 유효 핵전하가 커지고, 이온화 에너지는 대체로 커지며, 원자 반지름은 감소한다. 따라서 A는 플루오린(F), B는 산소(O), C는 질소(N), D는 탄소(C), E는 붕소(B), F는 베릴륨(Be), G는 리튬(Li)이다.

ㄱ: 원자 번호는 A>B>C>D>E>F>G이다.
ㄴ: 바닥상태 전자 배치에서 홀전자 수는 A가 1, B가 2, C가 3, D가 2, E가 1, F가 0, G가 1로 C가 가장 크다.
ㄷ: F와 G는 금속 원소이다.

28

A는 $^{12}_{6}C$, B는 $^{13}_{6}C$, C는 $^{14}_{7}N$, D는 $^{16}_{8}O$, E는 $^{18}_{8}O$이다.
ㄱ: A와 B, D와 E는 각각 양성자수는 같지만 중성자수가 달라 질량수가 다르므로 동위 원소이다.
ㄴ: 질량수는 B가 13, C가 14로 서로 같지 않다.
ㄷ: 바닥상태 전자 배치에서 홀전자 수는 C가 3으로 가장 크다.

29

같은 주기에서 원자 번호가 커질수록 이온화 에너지가 대체로 커지며 예외적으로 13족 원소는 2족 원소보다, 16족 원소는 15족 원소보다 이온화 에너지가 작다. 따라서 A는 규소(Si), B는 인(P), C는 산소(O), D는 플루오린(F)이다.
ㄱ: A와 B는 3주기 원소, C와 D는 2주기 원소이다.
ㄴ: 같은 주기에서 원자 번호가 클수록 원자 반지름이 작으므로 원자 반지름은 C(O)>D(F)이다.
ㄷ: 바닥상태 전자 배치에서 홀전자 수는 B(P)가 3, D(F)가 1로 B>D이다.

30

A는 질소(N), B는 산소(O), C는 플루오린(F), D는 나트륨(Na), E는 마그네슘(Mg)이다.
ㄱ: A는 질소(N)이다.
ㄴ: D(Na)와 E(Mg)는 3주기 원소이고, 나머지는 2주기 원소이다.
ㄷ: 원자 반지름은 D(Na)>E(Mg)>A(N)>B(O)>C(F)이다.

Ⅲ. 화학 결합과 분자의 세계

08 이온 결합

핵심 개념 체크 본문 062~063쪽

1 (1) × (2) ○ (3) × **2** 염소 기체, 나트륨 금속
3 전자 **4** 옥텟 **5** 이온 결합
6 인력, 반발력 **7** 0 **8** (1) > (2) > (3) <

출제 예상 문제 본문 064~066쪽

01 ④	**02** ①	**03** ④	**04** ⑤	**05** ⑤
06 ⑤	**07** ④	**08** ③	**09** ⑤	**10** ①
11 ①	**12** ①	**13** ①	**14** ②	

01

ㄱ: (가)는 이온 결합 물질의 고체 상태로 이온이 이동할 수 없기 때문에 전기 전도성이 없다.
ㄴ: 이온 결합 물질은 고체, 액체 상태 모두 양이온과 음이온이 존재한다.
ㄷ: 이온 결합 물질은 전기적으로 중성이므로 양이온과 음이온의 전하량의 총합은 0이다. 따라서 (나)에서 전하량의 총합은 0이다.

02

ㄱ: 용융액에 전류를 흘려 주면 양이온은 (−)극으로, 음이온은 (+)극으로 이동한다. ●는 (−)극으로 이동하므로 양이온인 Na^+이다.
ㄴ: ●는 Cl^-이므로 아르곤과 전자 수가 같다.
ㄷ: (다)에서 염화 나트륨 용융액을 전기 분해하면 (−)극에서는 Na이, (+)극에서는 Cl_2가 생성되며, 전체 반응식은 다음과 같다.

$$2NaCl \longrightarrow 2Na + Cl_2$$

따라서 각 전극에서 생성되는 물질의 몰비는 (+)극 : (−)극=1 : 2이다.

03

물에 전해질(Na_2SO_4 등)을 소량 넣고 전류를 흘려 주면 (+)극에서는 산소 기체가, (−)극에서는 수소 기체가 발생한다.
ㄱ: 전극 A에서는 수소 기체가 발생하므로 전극 A는 (−)극이다.
ㄴ: 전극 B에서는 산소 기체가 발생하므로 전극 B는 (+)극이며, 물의 전기 분해에서 (+)극에서는 물이 전자를 잃는 산화 반응이 일어난다.
ㄷ: 물은 수소 원자와 산소 원자가 공유 결합하여 생성된 화합물로 물의 성분 원소는 H와 O의 2가지이다.

04

이온 결합 물질은 고체 상태에서는 전기 전도성이 없고, 용융 상태에서는 전기 전도성이 있다. 금속과 흑연은 고체 상태에서 전기 전도성이 있다. 공유 결합 물질은 대부분 고체, 액체 상태에서 전기 전도성이 없다.
⑤: 염화 칼륨과 브로민화 나트륨은 이온 결합 물질이므로 고체 상태에서는 전기 전도성이 없고, 액체 상태에서는 전기 전도성이 있다.

05

ㄱ: (−)극에서는 수소 기체가 생성된다.
ㄴ: 전기 분해에서 (+)극에서는 산화 반응이, (−)극에서는 환원 반응이 일어난다.
ㄷ: 생성되는 물질의 몰비는 (+)극 : (−)극=O_2 : H_2=1 : 2이다.

06

A는 산소(O), B는 나트륨(Na), C는 염소(Cl), D는 칼슘(Ca)이다.
ㄱ: DA(CaO)는 BC(NaCl)보다 이온의 전하량이 크므로 녹는점이 높다.
ㄴ: B(Na)와 C(Cl)는 모두 3주기 원소이다.
ㄷ: BC(NaCl)는 이온 결합 물질이므로 액체 상태에서 전류가 흐른다.

07

실험은 물의 전기 분해 실험으로 전기 분해 과정에서 기체가 발생한다.
①: 용액과 고체를 반응시켜 발생하는 기체를 확인하는 실험 장치이다.
②: 수용액의 전기 전도성 여부를 확인하는 실험 장치이다.
③: 이온 결합 물질을 용융 상태에서 전기 분해하는 실험 장치이다.
④: 물을 전기 분해하여 각 전극에서 발생하는 기체를 포집하는 실험 장치이다.
⑤: 고체 화합물을 열분해하여 발생하는 기체를 확인하는 실험 장치이다.

08

A는 나트륨(Na), B는 산소(O)이며, $A_2B(Na_2O)$는 Na^+과 O^{2-}이 정전기적 인력에 의해 결합된 이온 결합 물질이다.

㉠: Na^+과 O^{2-}은 등전자 이온이므로 이온 반지름은 양성자수가 작은 B 이온(O^{2-})이 A 이온(Na^+)보다 크다.

㉡: 원자의 양성자수는 A(Na)가 11, B(O)가 8로 A가 B보다 크다.

~~ㄷ~~: A는 3주기 원소이고, B는 2주기 원소이다.

09

A는 나트륨(Na), B는 염소(Cl)이며, AB(NaCl)는 이온 결합 물질이다.

㉠: NaCl이 형성될 때 Na은 전자를 잃고 Na^+이 된다.

㉡: AB(NaCl)는 이온 결합 물질이므로 액체 상태에서 전기 전도성이 있다.

㉢: 원자 반지름은 3주기 1족 원소인 A가 3주기 17족 원소인 B보다 크다.

10

A는 나트륨(Na), B는 산소(O), C는 플루오린(F)이다.

~~ㄱ~~: $BC_2(OF_2)$는 비금속 O와 비금속 F이 공유 결합하여 형성된 공유 결합 물질이다.

㉡: AC(NaF)는 이온 결합 물질이므로 수용액 상태에서 전기 전도성이 있다.

~~ㄷ~~: B(O)는 비금속 원소이므로 Ne과 전자 배치가 같은 이온이 될 때 전자를 얻어 음이온이 된다.

11

이온 사이의 거리가 짧을수록, 이온의 전하량이 클수록 정전기적 인력이 크며, 양이온과 음이온 사이의 정전기적 인력이 클수록 이온 결합 물질의 녹는점은 높다.

㉠: LiF과 MgO은 이온 사이의 거리는 비슷하지만, 이온의 전하량이 MgO이 LiF보다 크므로 정전기적 인력은 MgO이 LiF보다 크다. 따라서 (나)>(가)이다.

~~ㄴ~~: 이온 반지름은 같은 족에서 원자 번호가 클수록 크다. 따라서 이온 사이의 거리가 MgO<CaO이므로 $x>210$이다.

~~ㄷ~~: LiF과 LiCl은 이온의 전하량이 같으므로 이온 사이의 거리에 따른 녹는점의 변화를 알아보기 위한 화합물로 적절하다.

12

MCl에 외부에서 힘을 가했을 때 쪼개지는 것은 이온의 층이 밀리면서 경계면에서 같은 전하를 띤 이온 사이에 반발력이 작용하기 때문이다.

㉠: MCl은 양이온과 음이온으로 이루어진 이온 결합 물질이다.

~~ㄴ~~: 이온 결합 물질은 고체 상태에서 전기 전도성이 없다.

~~ㄷ~~: 3주기 금속 원소가 안정한 이온이 될 때는 Ne과 같은 전자 배치가 되고, 3주기 비금속 원소가 안정한 이온이 될 때는 Ar과 같은 전자 배치가 된다. 따라서 이온 반지름은 Cl^-이 $M^+(Na^+)$보다 크다.

13

E는 이온 결합이 형성될 때 방출하는 에너지로 E가 클수록 이온 결합 물질의 녹는점이 높다. r_0에서 이온 결합이 형성되며 안정한 상태가 된다.

~~ㄱ~~: 이온 반지름은 K^+이 Na^+보다 크므로 r_0의 크기는 KCl이 NaCl보다 크다.

㉡: MgO은 NaCl보다 이온의 전하량이 커서 정전기적 인력이 크고 녹는점이 높다. 따라서 E의 크기는 MgO이 NaCl보다 크다.

~~ㄷ~~: 이온 간 거리가 r_0인 지점에서 에너지가 가장 낮으며, 이온 결합이 형성된다.

14

양이온과 음이온 간 거리가 적절할 때 인력과 반발력이 균형을 이루어 에너지가 가장 낮은 거리에서 이온 결합이 형성되며, 안정한 상태가 된다.

~~ㄱ~~: (가)는 인력에 의한 에너지의 변화로 양이온과 음이온이 서로 접근하면 정전기적 인력에 의해 에너지가 낮아지고 안정해진다.

~~ㄴ~~: a에서는 에너지가 최소인 r_0보다 이온 간 거리가 짧으므로 반발력이 인력보다 크게 작용한다.

㉢: 양이온과 음이온 간 거리가 r_0일 때 에너지가 가장 낮으며 안정한 상태이므로 이온 결합이 형성된다.

서답형 문제

본문 067쪽

01 해설 참조　　**02** A: (−)극, 수소, B: (+)극, 산소
03 해설 참조　　**04** 해설 참조
05 (가) NaBr (나) NaF (다) MgO
06 (1) 이온 결합 (2) A: 1, B: 6 (3) 해설 참조

01

DA(CaO)는 +2가 양이온과 −2가 음이온으로 이루어진 화합물이고, CB(NaF)는 +1가 양이온과 −1가 음이온으로 이루어진 화합물이다.

모범답안 이온 사이의 거리가 비슷한 경우 이온의 전하량이 클수록 녹는점이 높아진다. DA(CaO)가 CB(NaF)보다 이온의 전하량이 크므로 녹는점이 더 높다.

채점 기준	배점
녹는점을 옳게 비교하고, 그 까닭을 옳게 서술한 경우	100 %
녹는점 비교만 옳게 서술한 경우	50 %

02

물에 전해질(Na_2SO_4 등)을 소량 넣고 전류를 흘려 주면 (+)극에서는 산소 기체가, (−)극에서는 수소 기체가 발생하며, 이때 발생하는 기체의 부피비는 $O_2 : H_2 = 1 : 2$이다. 그림에서 전극 A에 연결된 시험관에서 더 많은 기체가 발생했으므로 A는 (−)극이고, B는 (+)극이다.

03

모범답안 이온 결합 물질인 염화 나트륨은 고체 상태에서는 양이온과 음이온이 단단히 결합하고 있어서 이동할 수 없기 때문에 전기 전도성이 없으며, 고체 상태의 염화 나트륨에 충격을 가하면 같은 전하를 띤 이온들 사이에 반발력이 작용하여 쉽게 부스러진다.

채점 기준	배점
전기 전도성의 여부와 충격을 가했을 때의 결과를 까닭과 함께 모두 옳게 서술한 경우	100 %
전기 전도성의 여부만 까닭과 함께 옳게 서술한 경우	50 %
충격을 가했을 때의 결과만 까닭과 함께 옳게 서술한 경우	50 %
전기 전도성의 여부와 충격을 가했을 때의 결과만 옳게 쓰고, 까닭은 서술하지 못한 경우	25 %

04

이온 간 거리가 NaY > NaX이므로 Y는 3주기 원소인 Cl, X는 2주기 원소인 F이다.

모범답안 1 NaX은 플루오린화 나트륨이고, NaY은 염화 나트륨이다. 그림에서 이온 결합이 형성되었을 때 에너지가 NaX이 NaY보다 낮으므로 녹는점은 NaX이 NaY보다 높다.

모범답안 2 NaX은 플루오린화 나트륨이고, NaY은 염화 나트륨이다. NaX과 NaY의 이온의 전하량 크기는 같고, 그림에서 이온 간 거리가 NaX이 NaY보다 짧으므로 녹는점은 NaX이 NaY보다 높다.

채점 기준	배점
화합물의 이름을 모두 옳게 쓰고, 녹는점을 까닭과 함께 옳게 비교하여 서술한 경우	100 %
화합물의 이름만 모두 옳게 쓴 경우	50 %
녹는점만을 까닭과 함께 옳게 비교하여 서술한 경우	50 %

05

MgO은 양이온과 음이온의 전하량이 NaF, NaBr보다 크므로 녹는점이 가장 높다. 따라서 (다)는 MgO이다. NaF과 NaBr은 이온의 전하량이 같으므로 이온 사이의 거리가 짧은 NaF이 NaBr보다 녹는점이 높다. 따라서 (가)는 NaBr, (나)는 NaF이다.

06

(1) A_2B는 Na_2S으로 양이온인 Na^+과 음이온인 S^{2-}이 이온 결합하여 형성된 화합물이다.

(2) A(Na)는 1족 원소이므로 원자가 전자 수가 1이고, B(S)는 16족 원소이므로 원자가 전자 수가 6이다.

(3) **모범답안** A_2B는 이온 결합 물질로 액체 상태에서 이온들이 자유롭게 이동할 수 있기 때문에 전기 전도성이 있다.

채점 기준	배점
전기 전도성의 여부를 까닭과 함께 옳게 서술한 경우	100 %
전기 전도성의 여부만을 옳게 서술한 경우	50 %

09 공유 결합과 결합의 극성

핵심 개념 체크 본문 068~069쪽

1 공유 2 네온, 헬륨 3 극성, 무극성
4 자유 전자 5 (1) ○ (2) × (3) ×
6 (1)-㉡ (2)-㉠ (3)-㉠ (4)-㉠

출제 예상 문제 본문 070~073쪽

01 ① 02 ④ 03 ⑤ 04 ⑤ 05 ④
06 ③ 07 ① 08 ③ 09 ② 10 ⑤
11 ④ 12 ③ 13 ⑤ 14 ⑤ 15 ①
16 ④

01

A는 수소(H), B는 플루오린(F)이다. 극성 공유 결합은 전기 음성도가 다른 두 원자 사이의 공유 결합이고, 무극성 공유 결합은 같은 원자 사이의 공유 결합이다.

~~㉠~~: (가)에는 무극성 공유 결합, (나)에는 극성 공유 결합이 존재한다.

㉡: (가)와 (나) 모두 두 원자 사이에 1개의 전자쌍을 공유하여 형성된 단일 결합이 존재한다.

~~㉢~~: A는 헬륨, B는 네온과 같은 전자 배치를 가진다.

02

~~㉠~~: 수소 원자의 결합 길이는 a pm, 공유 결합 반지름은 $\frac{a}{2}$ pm이다.

㉡: (가)에서는 원자핵 사이의 반발력과 전자 사이의 반발력 때문에 에너지가 급격히 높아져 불안정하며, 수소 원자 사이의 반발력이 인력보다 우세하게 작용한다.

㉢: (나)에서는 인력과 반발력이 균형을 이루고 에너지가 가장 낮아져 수소 원자 사이에 공유 결합이 형성된다.

03

(가)는 드라이 아이스(CO_2), (나)는 흑연(C)이다.

㉠: (가)와 (나)는 모두 공유 결합으로 형성된 공유 결합 물질이다.

㉡: 이산화 탄소 분자에는 C 원자와 O 원자 사이에 2개의 2중 결합이 존재한다.

㉢: 흑연(C)에는 공유 결합에 참여하지 않는 원자가 전자가 탄소 원자 층 사이를 자유롭게 이동하므로 고체 상태에서 전기 전도성이 있다.

04

(가)는 이산화 탄소(CO_2), (나)는 사이안화 수소(HCN)이다.

㉠: (가)에서 구성 원자 C와 O는 전자쌍을 공유하면서 모두 네온의 전자 배치를 가지며 옥텟 규칙을 만족한다.

㉡: (나)에서 C 원자와 N 원자 사이에는 3중 결합이 존재한다.

㉢: (가)와 (나)에는 각각 전기 음성도가 다른 원자들이 공유 결합하고 있으므로 모두 극성 공유 결합이 존재한다.

05

구성 원자 수와 총 전자 수로 보아 (가)는 H_2O, (나)는 HCl, (다)는 H_2이며, A는 O, B는 Cl, C는 H이다.

㉠: 원자에서 양성자수와 전자 수는 같다. H는 양성자수가 1이고, Cl는 양성자수가 17이므로 HCl에서 총 전자 수 $x=18$이다.

~~㉡~~: 전기 음성도는 O가 H보다 크므로 H_2O에서 공유 전자쌍이 O 원자 쪽으로 치우친다. 따라서 (가)에서 A는 부분적인 음전하를 띤다.

㉢: (가)는 2개의 전자쌍을 공유하고, (다)는 1개의 전자쌍을 공유한다.

06

A는 탄소(C), B는 산소(O), C는 나트륨(Na)이며, (가)는 이산화 탄소(CO_2), (나)는 산화 나트륨(Na_2O), (다)는 산소(O_2)이다.

㉠: (가)에는 C 원자와 O 원자 사이에, (다)에는 O 원자 사이에 2중 결합이 존재한다.

~~㉡~~: (나)는 이온 결합으로, (다)는 공유 결합으로 형성된 물질이다.

㉢: 녹는점은 이온 결합 물질인 (나)가 분자로 이루어진 공유 결합 물질인 (다)보다 높다. (나)는 실온에서 고체, (다)는 실온에서 기체 상태로 존재한다.

07

✕㉠ : AD(HF)는 공유 결합 물질이고, ED(NaF)는 이온 결합 물질이다.

㉡ : 공유된 전자쌍 수는 $BC_2(CO_2)$와 $BD_4(CF_4)$ 모두 4로 같다.

✕㉢ : 전기 음성도는 플루오린(F)이 산소(O)보다 크므로 $CD_2(OF_2)$에서 전자쌍은 F 원자 쪽으로 치우쳐 C(O)는 부분적인 양전하를 띤다.

08

M은 금속이며 자유 전자가 자유롭게 움직이므로 고체와 액체 상태에서 전기 전도성이 있다.

㉠ : A는 금속 양이온, B는 자유 전자이다.

㉡ : (나)에서 자유 전자인 B는 음전하를 띠므로 (+)극 쪽으로 이동한다.

✕㉢ : 금속에 전류를 흘려 주면 자유 전자는 (+)극 쪽으로 이동하지만 금속 양이온은 이동하지 않는다.

09

A는 수소(H), B는 산소(O), C는 마그네슘(Mg)이므로 (가)는 H_2O, (나)는 MgO이다.

✕㉠ : (가)는 공유 결합 물질이므로 액체 상태에서 전기 전도성이 없다.

✕㉡ : (나)가 생성될 때 전자는 C에서 B로 이동한다.

㉢ : (나)가 형성될 때 B는 전자를 얻어 Ne과 같은 전자 배치를, C는 전자를 잃어 Ne과 같은 전자 배치를 가지므로 모두 옥텟 규칙을 만족한다.

10

A와 B는 3주기 원소이고, AB에서 A는 +1가 양이온, B는 −1가 음이온이므로 A는 Na, B는 Cl이다. 따라서 AB는 NaCl, B_2는 Cl_2이다.

㉠ : 같은 주기에서 원자 번호가 증가하면 원자 반지름이 감소하므로 원자 반지름은 3주기 1족 원소인 A가 3주기 17족 원소인 B보다 크다.

㉡ : AB는 이온 결합 물질로 1기압, 실온에서 고체 상태이고, B_2는 공유 결합 물질로 1기압, 실온에서 기체 상태이므로 녹는점은 AB가 B_2보다 높다.

㉢ : 할로젠 원소로 이루어진 B_2에는 단일 결합 1개가 존재한다.

11

고체 상태에서 흑연(C)은 전기 전도성이 있고 NaCl은 없으므로 ㉠은 흑연(C), ㉡은 NaCl이다.

✕㉠ : 흑연(C)은 공유 결합 물질이므로 (가)에는 '이온 결합 물질인가?'가 적절하지 않으며, '1기압, 실온에서 고체 상태인가?' 등이 적절하다.

㉡ : 흑연(C)은 모든 원자가 공유 결합으로 이루어진 공유 결합 물질이다.

㉢ : 흑연, 다이아몬드 등의 공유 결정은 녹는점이 매우 높아 1기압, 실온에서 고체 상태이고, 염화 나트륨 등의 이온 결합 물질도 녹는점이 높아 1기압, 실온에서 고체 상태이다.

12

전기 음성도는 같은 주기에서 원자 번호가 증가할수록 커진다. 따라서 A는 플루오린(F), B는 염소(Cl), C는 질소(N), D는 나트륨(Na)이다.

㉠ : $CB_3(NCl_3)$는 비금속 원소로 이루어진 분자이므로 공유 결합 물질이다.

㉡ : 녹는점은 이온 결합 물질인 DA(NaF)가 분자로 이루어진 공유 결합 물질인 $CA_3(NF_3)$보다 높다.

✕㉢ : 원자가 전자 수는 B가 7, C가 5로 B가 C보다 크다.

13

㉠ : AC에서보다 BC에서 전자쌍이 C 원자 쪽으로 더 치우쳤으므로 전기 음성도는 A가 B보다 크다.

㉡ : (가)는 무극성 공유 결합, (나)는 극성 공유 결합, (다)는 이온 결합을 모형으로 나타낸 것이다.

㉢ : 쌍극자 모멘트가 (가)는 0이고, (나)는 0이 아니다.

14

(가)는 CO_2, (나)는 H_2O이다.

✕㉠ : (가)는 전기 음성도가 다른 원자 A와 B 사이의 공유 결합이므로 극성 공유 결합으로 이루어진 분자이다.

㉡ : 전기 음성도가 (가)에서는 A>B이고, (나)에서는 A>C이므로 A~C 중 전기 음성도는 A가 가장 크다.

㉢ : (가)와 (나)에서 부분적인 음전하를 띠는 원자는 A로 같다.

15

A는 산소(O), B는 플루오린(F)이며, AB_2는 OF_2이다.

✕㉠ : 전기 음성도는 B가 A보다 크므로 AB_2에서 A는 부분적인 양전하를 띤다.

㉡ : AB_2에서 A와 B는 전자쌍을 공유하면서 Ne과 같은 전자 배치를 가지므로 모두 옥텟 규칙을 만족한다.

✕㉢ : AB_2는 공유 결합 물질로 액체 상태에서 전기 전도성이 없다.

16

A는 탄소(C), B는 산소(O), C는 플루오린(F), D는 나트륨(Na)이다.

✕㉠ : 녹는점은 이온 결합 물질인 DC(NaF)가 공유 결합 물질인 $AC_4(CF_4)$보다 높다.

㉡ : DC는 이온 결합 물질이므로 액체 상태에서 전기 전도성이 있다.

㉢ : 전기 음성도는 C가 B보다 크므로 $BC_2(OF_2)$에서 B는 부분적인 양전하를, C는 부분적인 음전하를 띤다.

서답형 문제

본문 074쪽

01 (1) (나) (2) $\frac{r}{2}$ pm

02 (1) Z>Y>X (2) (가) Y (나) Z (3) (가) 4, (나) 2

03 (1) (가) 이온 결합 (나) 금속 결합 (2) (가) 음이온 (나) 자유 전자 (3) 해설 참조 (4) 해설 참조 **04** (1) X>Y (2) H

01

(1) (나) 지점에서 인력과 반발력이 균형을 이루며, 에너지가 가장 낮아져 안정한 공유 결합이 형성된다.

(2) r은 결합 길이이며, 결합 길이의 $\frac{1}{2}$이 공유 결합 반지름이다.

02

(1) (가)는 CO_2이고, (나)는 OF_2이므로 X는 C, Y는 O, Z는 F이다. 같은 주기에서 원자 번호가 증가할수록 전기 음성도는 증가하므로 전기 음성도는 Z(F)>Y(O)>X(C)이다.

(2) 분자에서 전기 음성도가 큰 원자는 부분적인 음전하를, 작은 원자는 부분적인 양전하를 띤다.

(3) (가)에서는 X 원자 1개가 Y 원자 2개와 각각 2개의 전자쌍을 공유하여 XY_2 분자를 형성하므로 (가)에서 공유된 전자쌍 수는 4이다. (나)에서는 Y 원자 1개가 Z 원자 2개와 각각 1개의 전자쌍을 공유하여 YZ_2 분자를 형성하므로 (나)에서 공유된 전자쌍 수는 2이다.

03

(1), (2) (가)는 양이온과 음이온의 정전기적 인력에 의해 형성된 이온 결합 물질이고, (나)는 금속 양이온과 자유 전자 사이의 정전기적 인력에 의해 형성된 금속 결합 물질이다.

(3) (가)는 이온 결합 물질이고, (나)는 금속 결합으로 이루어진 금속이므로 고체 상태에서 (가)는 전기 전도성이 없고, (나)는 전기 전도성이 있다.

모범답안 (가)는 고체 상태에서 이온들이 이동할 수 없기 때문에 전기 전도성이 없고, (나)는 고체 상태에서 자유 전자가 자유롭게 움직이므로 전기 전도성이 있다.

채점 기준	배점
(가)와 (나)의 전기 전도성을 까닭과 함께 옳게 서술한 경우	100 %
(가) 또는 (나) 한 가지의 전기 전도성만 까닭과 함께 옳게 서술한 경우	50 %

(4) 이온 결합 물질은 외부에서 충격을 가하면 쉽게 부스러지고, 금속은 외부에서 충격을 가해도 자유 전자의 이동에 의해 금속 결합을 유지할 수 있으므로 뽑힘성(연성)과 펴짐성(전성)이 좋다.

모범답안 이온 결합 물질인 (가)는 외부에서 충격을 가할 때 이온의 층이 밀리면서 같은 전하를 띤 이온들끼리 반발하여 쉽게 부스러진다.

채점 기준	배점
(가)를 쓰고, 쉽게 부스러지는 까닭을 옳게 서술한 경우	100 %
(가)를 쓰고, 쉽게 부스러지는 까닭을 옳게 서술하지 못한 경우	50 %

04

(가)~(다)에서 2주기 원소 X, Y가 각각 옥텟 규칙을 만족하므로 (가)~(다)는 각각 F_2, O_2, HF이다.

(1) 전기 음성도는 2주기 17족 원소인 X(F)가 2주기 16족 원소인 Y(O)보다 크다.

(2) 전기 음성도가 큰 원자는 부분적인 음전하를, 작은 원자는 부분적인 양전하를 띤다. 전기 음성도가 F>H이므로 부분적인 양전하를 띠는 원자는 H이다.

10 분자의 구조

핵심 개념 체크 본문 075~076쪽

1 원자가 전자 **2** 2, 4 **3** 비공유 전자쌍

4 (1) ○ (2) ○ (3) ×

5 (1) × (2) × (3) ○ (4) ×

6

분자식	BeF_2	BCl_3	CH_4	NH_3	H_2O
결합각	180°	120°	109.5°	107°	104.5°
분자 구조	선형	평면 삼각형	정사면체	삼각뿔	굽은 형

출제 예상 문제 본문 077~079쪽

01 ⑤	**02** ④	**03** ⑤	**04** ④	**05** ⑤
06 ③	**07** ③	**08** ③	**09** ①	**10** ③
11 ④	**12** ③	**13** ①	**14** ③	**15** ②

01

X는 탄소(C), Y는 산소(O), Z는 플루오린(F)이다.

㉠: $XZ_4(CF_4)$의 분자 구조는 정사면체이므로 입체 구조이다.

㉡: 공유 전자쌍 수는 $Y_2(O_2)$가 2, $Z_2(F_2)$가 1로 Y_2가 Z_2보다 크다.

㉢: $XY_2(CO_2)$에는 공유 전자쌍 4개와 비공유 전자쌍 4개가 있다.

02

(가)는 CO_2이고, (나)는 NF_3이다.

㉠: (가)는 분자 구조가 선형이므로 결합각은 180°이다.

~~㉡~~: (나)는 중심 원자 N가 공유 전자쌍 3개와 비공유 전자쌍 1개를 가지므로 (나)의 분자 구조는 삼각뿔이다.

㉢: 전기 음성도는 D(F)가 C(N)보다 크므로 (나)에서 D는 부분적인 음전하를 띤다.

03

A는 탄소(C), B는 산소(O), C는 질소(N), D는 플루오린(F)이다.

~~㉠~~: 원자가 전자 수는 B가 6, C가 5로 C가 B보다 작다.

㉡: 같은 주기에서 전기 음성도는 원자 번호가 증가할수록 증가하므로 전기 음성도는 D가 가장 크다.

㉢: 같은 주기에서 원자 반지름은 원자 번호가 증가할수록 감소하므로 원자 반지름은 A가 가장 크다.

04

㉠: (가)의 결합각은 104.5°, (다)의 결합각은 107°로 결합각은 (다)가 (가)보다 크다.

~~㉡~~: (나)와 (다)는 모두 분자 구조가 삼각뿔로 입체 구조이다.

㉢: 중심 원자는 모두 Ne과 같은 전자 배치를 가져 옥텟 규칙을 만족한다.

05

X는 공유 전자쌍만 4개를 가지므로 탄소(C)이고, Y는 공유 전자쌍 3개, 비공유 전자쌍 1개를 가지므로 질소(N)이며, Z는 공유 전자쌍 2개, 비공유 전자쌍 2개를 가지므로 산소(O)이다.

㉠: 결합각은 (가), (나), (다)가 각각 109.5°, 107°, 104.5°이므로 $\alpha>\beta>\gamma$이다.

㉡: X와 Z는 서로 다른 원소이므로 XZ_2에는 극성 공유 결합이 존재한다.

㉢: 원자가 전자 수는 Z가 6, Y가 5로 Z가 Y보다 크다.

06

중심 원자에 비공유 전자쌍이 있는 분자는 H_2O, NH_3이고, 입체 구조인 분자는 $CHCl_3$, NH_3이다. 따라서 ㉠은 NH_3, ㉡은 H_2O, ㉢은 BF_3이다.

㉠: 결합각은 ㉠이 107°, ㉡이 104.5°로 ㉠이 ㉡보다 크다.

~~㉡~~: 전기 음성도는 F이 B보다 크므로 ㉢에서 중심 원자 B는 부분적인 양전하를 띤다.

㉢: BF_3는 평면 삼각형 구조로 모든 원자가 동일 평면에 존재하며, $CHCl_3$은 사면체 구조로 입체 구조이므로 (가)에는 '모든 원자가 동일 평면에 존재하는가?'를 적용할 수 있다.

07

X는 탄소(C), Y는 질소(N), Z는 플루오린(F)이다.

㉠: 결합각은 정사면체 구조인 (가)가 삼각뿔 구조인 (나)보다 크므로 $\alpha > \beta$이다.

㉡: (가)에서 X는 공유 전자쌍만 4개를 가지므로 (가)의 분자 구조는 정사면체이다.

㉢̸: 비공유 전자쌍 수는 (가)가 12, (나)가 10으로 (나)가 (가)보다 작다.

08

㉠: CH_3ONH_2에서 C 원자는 공유 전자쌍만 4개를 가지고, N 원자는 공유 전자쌍 3개, 비공유 전자쌍 1개를 가지므로 C 원자를 중심으로 4개의 원자가 사면체 형태로 배열되어 있고, N 원자를 중심으로 3개의 원자가 삼각뿔 형태로 배열되어 있다. 따라서 $\alpha > \beta$이다.

㉡: 비공유 전자쌍이 O 원자에 2개, N 원자에 1개 있으므로 비공유 전자쌍 수는 3이다.

㉢̸: 다중 결합은 존재하지 않고 모든 원자들이 단일 결합을 하고 있다.

09

(가)는 H_2O, (나)는 NH_3, (다)는 CH_4이다.

㉠̸: (가)에서 중심 원자 O의 원자가 전자 수는 6, (나)에서 중심 원자 N의 원자가 전자 수는 5로 (나)가 (가)보다 작다.

㉡: 같은 주기에서 원자 번호가 증가할수록 전기 음성도가 증가하므로 중심 원자의 전기 음성도는 (나)가 (다)보다 크다.

㉢̸: (나)의 분자 구조는 삼각뿔 형태로 입체 구조이다.

10

X는 탄소(C), Y는 질소(N)이며, (가)와 (나)의 루이스 구조식은 다음과 같다.

```
H       H           ..  ..
 \     /        H - N - N - H
  C = C             |   |
 /     \            H   H
H       H
   (가)              (나)
```

㉠: (가)에서 X에는 비공유 전자쌍이 없고 3개의 원자가 평면 삼각형의 형태로 배열되어 있다. (나)에서 Y에는 비공유 전자쌍이 1개 있어 3개의 원자가 삼각뿔 형태로 배열되어 있다. 따라서 결합각은 $\alpha > \beta$이다.

㉡: 비공유 전자쌍이 (가)에는 없고, (나)에는 2개 있다.

㉢̸: X는 14족 원소이므로 원자가 전자 수가 4이다.

11

㉠은 CO_2, ㉡은 H_2O, ㉢은 CH_4, ㉣은 NH_3이다.

㉠̸: ㉢은 CH_4이므로 (가)는 '정사면체'이며, (나)가 '삼각뿔'이다.

㉡: ㉠은 비공유 전자쌍이 4, 공유 전자쌍이 4이고, ㉡은 비공유 전자쌍이 2, 공유 전자쌍이 2이므로 $\frac{\text{공유 전자쌍 수}}{\text{비공유 전자쌍 수}}$는 ㉠과 ㉡이 1로 같다.

㉢: 결합각은 ㉢이 109.5°, ㉣이 107°로 ㉢이 ㉣보다 크다.

12

분자 구조가 (가)는 평면 삼각형, (나)는 굽은 형, (다)는 평면 삼각형이다.

㉠: 비공유 전자쌍이 (가)와 (나) 모두 O 원자에 2개씩 존재하므로 비공유 전자쌍 수는 (가)와 (나) 모두 2로 같다.

㉡: 결합각은 평면 삼각형인 (다)가 굽은 형인 (나)보다 크다.

㉢̸: (가)~(다) 모두 모든 원자가 동일 평면에 존재한다.

13

(가)와 (나)의 루이스 구조식은 다음과 같다.

```
                               H
     ..   ..                   |
 H - N  = N - H        H - C = C - C - H
                           |       ||
                           H      :O:
      (가)                     (나)
```

㉠̸: 비공유 전자쌍 수는 (가)와 (나) 모두 2로 같다.

㉡: (나)에서 C는 비공유 전자쌍을 가지지 않으므로 ㉠과 ㉡이 모두 2중 결합이어야 C 원자가 옥텟 규칙을 만족하게 된다.

㉢̸: (가)에서 N 원자는 비공유 전자쌍을 1개 가지고 있으므로 N 원자를 중심으로 2개의 원자가 굽은 형 형태로 배열하고 있다. 따라서 구성 원자가 일직선상에 배치되지 않는다.

14

③ 3중 결합을 가진 분자는 HCN, C_2H_2으로 2가지이고, 분자 구조가 입체 구조인 분자는 CH_4, NH_3로 2가지이며, 비공유 전자쌍 수가 1인 분자는 HCN, NH_3로 2가지이다. 따라서 $x+y+z=6$이다.

15

(가)는 H_2O, (나)는 NH_3, (다)는 CH_4이다.

㉠̸: 공유 전자쌍이 0인 수소 화합물은 존재하지 않으므로 ㉠은 공유 전자쌍, ㉡은 비공유 전자쌍이다.

㉡̸: 결합각은 (가)가 104.5°, (다)가 109.5°로 (가)가 (다)보다 작다.

㉢: (나)의 중심 원자 N에는 공유 전자쌍 3개와 비공유 전자쌍 1개가 있으므로 (나)는 분자 구조가 삼각뿔 형태이며 입체 구조이다.

서답형 문제 본문 080쪽

01 (1) 해설 참조 (2) (가) 정사면체 (나) 삼각뿔
02 (가) CO_2 (나) H_2O (다) CH_2Cl_2 (라) NH_3 **03** CO_2, 180°
04 (1) XZ_3: 삼각뿔, YZ_2: 굽은 형 (2) 공유 전자쌍 수: 5, 비공유 전자쌍 수: 14
05 (1) HCN, CO_2, CH_4, CH_2Cl_2 (2) CH_4, NH_3, CH_2Cl_2 (3) HCN, CO_2 **06** 해설 참조

01

(1) 비공유 전자쌍 사이의 반발력이 공유 전자쌍 사이의 반발력보다 크다.

모범답안 (가)의 중심 원자에는 공유 전자쌍만 4개, (나)의 중심 원자에는 공유 전자쌍이 3개, 비공유 전자쌍이 1개 있다. 비공유 전자쌍과 공유 전자쌍 사이의 반발력이 공유 전자쌍 사이의 반발력보다 크므로 결합각은 β가 α보다 작다.

채점 기준	배점
결합각의 크기 비교를 까닭과 함께 옳게 서술한 경우	100 %
결합각의 크기만 옳게 비교한 경우	50 %

(2) (가)는 중심 원자 C에 비공유 전자쌍은 없고, 4개의 H 원자가 결합하므로 분자 구조는 정사면체이고, (나)는 중심 원자 N에 비공유 전자쌍 1개와 3개의 H 원자가 결합하므로 분자 구조는 삼각뿔이다.

02

중심 원자의 비공유 전자쌍 수는 H_2O이 2, CH_2Cl_2이 0, CO_2가 0, NH_3가 1이다. 또한 선형인 CO_2와 굽은 형인 H_2O은 구성 원자가 모두 동일 평면에 존재하는 평면 구조이고, 사면체 구조인 CH_2Cl_2과 삼각뿔 구조인 NH_3는 입체 구조이다.

03

결합각은 선형인 CO_2가 180°로 가장 크다.

04

(1) XZ_3는 NF_3이며, 중심 원자 N가 공유 전자쌍 3개와 비공유 전자쌍 1개를 가지고 있으므로 분자 구조는 삼각뿔이다. YZ_2는 OF_2이며, 중심 원자 O가 비공유 전자쌍 2개와 공유 전자쌍 2개를 가지고 있으므로 분자 구조는 굽은 형이다.

(2) X_2Z_4는 N_2F_4이며, 루이스 구조식은 다음과 같다.

```
 ..   ..   ..   ..
:F — N  —  N — F:
 ..   |    |    ..
     :F:  :F:
      ..   ..
```

05

(1) HCN에는 단일 결합 1개와 3중 결합 1개가 있고, CO_2에는 2중 결합 2개가 있고, CH_4과 CH_2Cl_2에는 단일 결합이 각각 4개씩 있으므로 이들 분자의 공유 전자쌍 수는 모두 4이다. NH_3에는 단일 결합이 3개 있으므로 공유 전자쌍 수가 3이다.

(2) CH_4은 정사면체, NH_3는 삼각뿔, CH_2Cl_2는 사면체 구조로 입체 구조이다.

(3) HCN와 CO_2는 선형으로 평면 구조이다.

06

(가)에서 C와 O 원자는 모두 옥텟 규칙을 만족하므로 C 원자는 공유 전자쌍 4개를, O 원자는 공유 전자쌍 2개와 비공유 전자쌍 2개를 가진다.

모범답안 (가)에 다중 결합과 비공유 전자쌍을 모두 표시하면 다음과 같다.

```
    H  :O:  H
    |   ||β |
H — C — C — C — H
  α |       |
    H       H
```

α를 이루는 C 원자에는 4개의 원자가 사면체 모양으로 배열되고, β를 이루는 C 원자에는 3개의 원자가 평면 삼각형 모양으로 배열되므로 결합각은 β가 α보다 크다.

채점 기준	배점
(가)에 다중 결합과 비공유 전자쌍을 모두 옳게 표시하고, 결합각의 크기 비교를 까닭과 함께 옳게 서술한 경우	100 %
(가)에 다중 결합과 비공유 전자쌍만 모두 옳게 표시한 경우	50 %
결합각의 크기 비교만 까닭과 함께 옳게 서술한 경우	50 %

11 분자의 구조와 성질

핵심 개념 체크 본문 081~082쪽

1 (1) × (2) × (3) ○ (4) ×
2 굽은 형, 극성
3 평면 삼각형, 무극성
4 (1)-㉠ (2)-㉢ (3)-㉡
5 극성, 무극성
6 HCl, NaCl, NH_3
7 무극성
8 I_2
9 (1) > (2) > (3) <

출제 예상 문제 본문 083~085쪽

01 ③	**02** ③	**03** ④	**04** ④	**05** ④
06 ⑤	**07** ②	**08** ③	**09** ①	**10** ③
11 ③	**12** ①	**13** ②		

01

3가지 분자 중 극성 분자는 HCN, H_2S이며, 분자 구조가 선형인 분자는 HCN, CO_2이고, 입체 구조인 분자는 없다.

③ (가)가 '분자 구조가 선형인가?'이면 '아니요'에 해당하는 분자는 H_2S가 되며, (나)가 '극성 분자인가?'이면 '예'에 해당하는 분자는 HCN, '아니요'에 해당하는 분자는 CO_2가 된다.

02

X는 탄소(C), Y는 산소(O)이므로 (가)는 CO_2이며, Z는 H이므로 (나)는 H_2O이다.

㉠: (가)는 대칭 구조로 결합의 쌍극자 모멘트 합이 0이므로 무극성 분자이다.

㉡: 결합각은 선형인 (가)가 굽은 형인 (나)보다 크다.

~~㉢~~: (나)는 극성 분자이므로 분자의 쌍극자 모멘트가 0이 아니다.

03

(가)는 무극성 분자, (나)는 극성 분자이다.

㉠: 물에 대한 용해도는 극성 분자인 (나)가 무극성 분자인 (가)보다 크다.

~~㉡~~: 분자의 쌍극자 모멘트는 (가)는 0이고, (나)는 0이 아니다.

㉢: (가)와 (나)의 분자 구조는 모두 선형이다.

04

(가)는 CO_2, (나)는 CF_4, (다)는 NF_3이다.

~~㉠~~: 극성 분자는 (다) 1가지이다.

㉡: (가)와 (나)는 무극성 분자이고, (다)는 극성 분자이므로 물에 대한 용해도는 (다)가 가장 크다.

㉢: (가)~(다) 모두 다른 원소의 원자들이 공유 결합하여 형성된 분자이므로 (가)~(다) 모두 극성 공유 결합을 갖는다.

05

~~㉠~~: (가)와 (나)의 분자량은 같지만, (가)는 무극성 분자이고 (나)는 극성 분자이므로 끓는점은 (나)가 (가)보다 높다. 따라서 ㉡>㉠이다.

㉡: (다)는 극성 분자, (가)는 무극성 분자이므로 물에 대한 용해도는

(다)가 (가)보다 크다.
㉢ : 분자의 쌍극자 모멘트는 무극성 분자인 (가)는 0이고, 극성 분자인 (나)는 0이 아니다.

06

(가)와 (나)의 루이스 구조식은 다음과 같다.

(가) $\ddot{\underset{..}{O}}=C=\ddot{\underset{..}{O}}$

(나) $:\ddot{\underset{..}{F}}-\ddot{N}-\ddot{\underset{..}{F}}:$, N 아래에 $:\underset{..}{F}:$

㉠ : 분자의 쌍극자 모멘트는 무극성 분자인 (가)는 0이고, 극성 분자인 (나)는 0이 아니다.
㉡ : 물은 극성 분자이므로 물에 대한 용해도는 극성 분자인 (나)가 무극성 분자인 (가)보다 크다.
㉢ : 결합각은 선형 구조인 (가)는 180°이고, 삼각뿔 구조인 (나)는 180° 보다 작다.

07

전기장 속에서 극성 분자는 일정한 방향으로 배열되고, 무극성 분자는 무질서하게 배열된다. 따라서 (가)는 극성 분자인 HCl이고, (나)는 무극성 분자인 CO_2이다.
~~ㄱ~~ : 비공유 전자쌍 수는 (가)가 3, (나)가 4로 (가)가 (나)보다 작다.
~~ㄴ~~ : 물에 대한 용해도는 극성 분자인 (가)가 무극성 분자인 (나)보다 크다.
㉢ : 분자의 쌍극자 모멘트는 (가)는 0이 아니고, (나)는 0이다.

08

(가)는 CH_4, (나)는 CH_3Cl, (다)는 HCl이다.
㉠ : 극성 분자는 (나)와 (다) 2가지이다.
㉡ : 물에 대한 용해도는 극성 분자인 (다)가 무극성 분자인 (가)보다 크다.
~~ㄷ~~ : (가)~(다)에는 모두 무극성 공유 결합이 존재하지 않는다.

09

㉠ : 물 분자에서 수소 원자가 부분적인 양전하를 띠므로 (−)전하를 띤 대전체 쪽으로 배열된다.
~~ㄴ~~ : 물은 극성 분자이므로 분자의 쌍극자 모멘트가 0이 아니다.
~~ㄷ~~ : 물줄기에 (−)대전체를 가까이 가져가면 부분적인 양전하를 띠는 수소 원자가 대전체 쪽으로 배열되고, (+)대전체를 가까이 가져가면 부분적인 음전하를 띤 산소 원자가 대전체 쪽으로 배열되므로 (+)전하를 띤 대전체를 물줄기에 가까이 가져가도 물줄기는 끌려온다.

10

㉠ : 극성 용매인 $A_2D(H_2O)$에 대한 용해도는 극성 분자인 $CA_3(NH_3)$가 무극성 분자인 $BA_4(CH_4)$보다 크다.
㉡ : 끓는점은 극성 분자인 A_2D가 무극성 분자인 BA_4보다 높다.
~~ㄷ~~ : 분자 구조가 굽은 형인 $A_2D(H_2O)$에서 전기 음성도는 D(O)가 A(H)보다 크므로 중심 원자 D(O)는 부분적인 음전하를 띤다.

11

㉠ : (가)는 무극성 분자이므로 X는 붕소(B)이고, (가)는 BCl_3이다. 따라서 ㉠은 '평면 삼각형'이다.
㉡ : (나)의 분자 구조가 삼각뿔 구조이므로 (나)는 NCl_3이다. 따라서 ㉡은 '극성'이다.
~~ㄷ~~ : (다)는 무극성 분자이므로 (다)는 CCl_4이고, Z는 탄소(C)이다. 전기 음성도는 같은 주기에서 원자 번호가 증가할수록 증가하므로 전기 음성도는 Y(N) > Z(C) > X(B)이다.

12

㉠ : HCl에서 Cl는 부분적인 음전하를 띤다. 전기장에서 HCl의 Cl 원자가 전극 A 쪽으로 향했으므로 전극 A는 (+)극이다.
~~ㄴ~~ : HCl는 극성 분자이므로 전기장에서 일정한 방향으로 배열한다. 따라서 HCl의 쌍극자 모멘트는 0이 아니다.
~~ㄷ~~ : HCl 대신 무극성 분자인 CO_2를 전기장에 놓으면 무질서하게 배열한다.

13

(가)는 CH_4, (나)는 NH_3, (다)는 H_2O이다.
~~ㄱ~~ : (가)는 무극성 분자이므로 ㉠은 '0'이 적절하다.
~~ㄴ~~ : 극성 용매인 (다)에 대한 용해도는 극성 분자인 (나)가 무극성 분자인 (가)보다 크다.
㉢ : 분자 구조는 (가)가 정사면체, (나)가 삼각뿔, (다)가 굽은 형으로 (가)~(다) 중 입체 구조는 (가)와 (나) 2가지이다.

서답형 문제

본문 086쪽

01 해설 참조 **02** 해설 참조
03 해설 참조
04 A: C, B: O, C: F, 전기 음성도: C(F) > B(O) > A(C)
05 (1) B > A > C (2) 해설 참조

01

이온 결합 물질인 $CuCl_2$는 물에는 잘 녹고 사염화 탄소에는 잘 녹지 않으며, 무극성 분자인 I_2은 물에는 잘 녹지 않고 사염화 탄소에는 잘 녹는다.

모범답안 물은 극성 용매이므로 시험관 Ⅰ에서 이온 결합 물질인 $CuCl_2$가 물에 잘 녹고, 사염화 탄소는 무극성 용매이므로 시험관 Ⅳ에서 무극성 분자인 I_2이 사염화 탄소에 잘 녹는다.

채점 기준	배점
넣어 준 물질이 잘 녹은 시험관 2개를 모두 옳게 찾고, 그 까닭을 옳게 서술한 경우	100 %
넣어 준 물질이 잘 녹은 시험관 1개만 옳게 찾고, 그 까닭을 옳게 서술한 경우	50 %

02

H, C, O 중 2가지 원소로 이루어진 3원자 분자 중 무극성 분자는 CO_2이므로 (가)는 CO_2이다. 또한 전기 음성도가 Y > X이므로 X는 C, Y는 O이다. 따라서 Z는 H이다.

모범답안 (나)는 분자식이 H_2O이며, 분자의 구조가 굽은 형이므로 극성 분자이다.

채점 기준	배점
분자의 극성을 분자식과 분자 구조를 사용하여 옳게 서술한 경우	100 %
분자의 극성만 옳게 쓴 경우	50 %

03

제시된 결합 모형의 분자식은 각각 CO_2와 HF이며, 전기장 속에서 (가)는 무질서하게 배열하므로 무극성 분자인 CO_2이며, (나)는 일정한 방향으로 배열하므로 극성 분자인 HF이다.

모범답안 (가)의 분자식은 CO_2이며, (나)의 분자식은 HF이다. 물에 대한 용해도는 극성 분자인 (나)가 무극성 분자인 (가)보다 크다.

채점 기준	배점
분자식을 옳게 쓰고, 물에 대한 용해도를 까닭과 함께 옳게 비교 서술한 경우	100 %
분자식만 옳게 쓰거나, 물에 대한 용해도만 옳게 서술한 경우	50 %

04

AB_2와 HC가 각각 CO_2와 HF이므로 A는 탄소(C), B는 산소(O), C는 플루오린(F)이다. 전기 음성도는 같은 주기에서 원자 번호가 증가할수록 증가하므로 C(F) > B(O) > A(C)이다.

05

(1) 분자에서 전기 음성도가 큰 원자가 부분적인 음전하를, 전기 음성도가 작은 원자가 부분적인 양전하를 띤다. (가)에서는 B가 A보다 전기 음성도가 크며, (나)에서는 A가 C보다 전기 음성도가 크다. 따라서 전기 음성도는 B > A > C이다.

(2) 전기 음성도가 F > O > H이므로 A는 산소(O), B는 플루오린(F), C는 수소(H)이다.

모범답안 (나)는 극성 분자인 H_2O이다. 따라서 (나)에 대한 용해도는 극성 분자인 CB(HF)가 무극성 분자인 $A_2(O_2)$보다 크다.

채점 기준	배점
두 물질의 (나)에 대한 용해도 비교를 까닭과 함께 옳게 서술한 경우	100 %
두 물질의 (나)에 대한 용해도 비교만 옳게 서술한 경우	50 %

본문 087~093쪽

대단원 종합 문제 Ⅲ. 화학 결합과 분자의 세계

01 ④	02 ①	03 ⑤	04 ④	05 ①
06 ⑤	07 ③	08 ④	09 ②	10 ⑤
11 ⑤	12 ③	13 ④	14 ③	15 ②
16 ⑤	17 ④	18 ③	19 ⑤	20 ①
21 ④	22 ④			

고난도 문제

23 ④	24 ②	25 ②	26 ⑤	27 ①
28 ④	29 ②	30 ③		

01

(가)의 (+)극에서는 염화 이온(Cl^-)이 전자를 잃어 염소(Cl_2) 기체가 생성되고, (−)극에서는 나트륨 이온(Na^+)이 전자를 얻어 금속 나트륨(Na)이 생성된다. (나)의 (+)극에서는 물이 전자를 잃어 산소(O_2) 기체가 생성되고, (−)극에서는 물이 전자를 얻어 수소(H_2) 기체가 생성된다.

④ (가)의 전극 A에서 금속이 석출되므로 A는 (−)극, B는 (+)극이다. 따라서 (나)의 전극 A에서는 H_2 기체, 전극 B에서는 O_2 기체가 생성된다.

02

ㄱ: 전극 A는 (−)극이며, 전기 분해가 일어날 때 (−)극에서는 환원 반응이 일어난다.

ㄴ: 전극 B는 (+)극이므로 (가)에서는 염소(Cl_2) 기체가, (나)에서는 산소(O_2) 기체가 생성된다.

ㄷ: (가)와 (나)의 각 전극에서 생성되는 물질의 몰비는 모두 전극 A : 전극 B=2 : 1이다.

03

(가)는 HCl이고, (나)는 LiCl이다.

ㄱ: C는 (가)와 (나)에서 모두 Ar과 같은 전자 배치를 가지므로 옥텟 규칙을 만족한다.

ㄴ: A는 H, B는 Li이며, 전기 음성도는 비금속 원소인 H가 금속 원소인 Li보다 크다.

ㄷ: (나)는 이온 결합 물질이므로 액체 상태에서 전기 전도성이 있다.

04

양이온과 음이온의 전하량 크기가 같은 경우 이온 간 거리가 짧을수록 녹는점이 높다. 이온 간 거리가 NaI > NaBr > NaCl이므로 녹는점은 NaCl > NaBr > NaI이다. 따라서 (가)는 NaI, (나)는 NaBr, (다)는 NaCl이다.

ㄱ: 이온 간 거리가 NaI > NaBr이므로 r_0는 (가)가 (나)보다 크다.

ㄴ: 이온 반지름이 $K^+ > Na^+$, $Br^- > Cl^-$이므로 이온 간 거리는 KBr > NaCl이다. 따라서 KBr은 NaCl인 (다)보다 녹는점이 낮다.

ㄷ: (가)~(다)는 이온 결합 물질이므로 모두 액체 상태에서 전기 전도성이 있다.

05

ㄱ: (가)에서는 전기 전도성이 없고, (나)와 (다)에서는 전기 전도성이 있다.

ㄴ: 이온 결합 물질은 고체 상태, 액체 상태, 수용액 상태에서 모두 양이온과 음이온이 존재한다.

ㄷ: (나)와 (다)에서는 전류를 흘려 주면 이온들이 자유롭게 이동할 수 있지만, (가)에서는 양이온과 음이온이 단단히 결합하고 있어서 이온들이 이동할 수 없다.

06

(나)는 금속 결합을 이루는 금속으로 고체 상태와 액체 상태에서 전기 전도성이 있으므로 A이다. 따라서 (가)는 B이고, 이온 결합 물질로 고체 상태에서는 전기 전도성이 없다.

ㄱ: (가)는 B이다.

ㄴ: B는 이온 결합 물질이므로 고체 상태에서 전기 전도성이 없다. 따라서 ㉠에는 '없음'이 적절하다.

ㄷ: 이온 결합 물질인 (가)에 힘을 가하면 같은 전하를 띤 이온끼리 반발하므로 쉽게 부스러진다.

07

ㄱ: X^+과 Y^-의 전자 수가 같으므로 X는 3주기 금속 원소이며, Y는 2주기 비금속 원소이다.

ㄴ: 액체 상태의 XY를 전기 분해하면 (−)극에서 금속 X가 석출되고, (+)극에서는 Y_2 기체가 생성된다.

㉢ : XY는 NaF이다. NaF은 KCl과 전하량의 크기는 같지만 이온 사이의 거리가 짧으므로 KCl보다 녹는점이 높다.

08

A는 산소(O), B는 마그네슘(Mg), C는 염소(Cl)이다.

㉠ : 공유 전자쌍 수는 A_2가 2, C_2가 1로 A_2가 C_2보다 크다.

~~㉡~~ : BC_2는 이온 결합 물질이므로 고체 상태에서 전기 전도성이 없다.

㉢ : 녹는점은 이온 결합 물질인 BA가 무극성 분자인 C_2보다 높다.

09

A_2B는 H_2O이고, C_2B는 Na_2O이며, A는 수소(H), B는 산소(O), C는 나트륨(Na)이다.

~~㉠~~ : 녹는점은 이온 결합 물질인 C_2B가 공유 결합 물질이면서 분자인 A_2B보다 높다.

~~㉡~~ : 전기 음성도는 B(O)가 A(H)보다 크므로 A_2B에서 B는 부분적인 음전하를 띤다.

㉢ : A_2B와 C_2B에서 B는 모두 Ne과 같은 전자 배치를 가지므로 옥텟 규칙을 만족한다.

10

분자 구조가 (가)는 삼각뿔, (나)는 평면 삼각형, (다)는 정사면체 구조이다.

㉠ : 결합각이 (나)는 120°, (다)는 109.5°이므로 $\alpha > \beta$이다.

㉡ : (가)는 극성 분자이고 (나)는 무극성 분자이므로 분자의 쌍극자 모멘트는 (가)가 (나)보다 크다.

㉢ : (가)~(다) 중 입체 구조는 (가)와 (다) 2가지이다.

11

화합물 ABC는 NaOH이며, 전기 음성도가 B>C>A이므로 A는 나트륨(Na), B는 산소(O), C는 수소(H)이다. 따라서 물질 (가)는 H_2O, (나)는 Na_2O, (다)는 O_2이다.

~~㉠~~ : 액체 상태에서 전기 전도성이 있는 물질은 (나) Na_2O 1가지이다.

㉡ : (가)와 (다)는 모두 공유 결합으로 형성된 물질이다.

㉢ : (가)와 (나)에서 B는 모두 Ne과 같은 전자 배치를 가지므로 옥텟 규칙을 만족한다.

12

A는 질소(N), B는 산소(O), C는 나트륨(Na)이다.

㉠ : 공유 전자쌍이 A_2에는 3개, B_2에는 2개 있으므로 공유 전자쌍 수는 A_2가 B_2보다 크다.

㉡ : $AH_3(NH_3)$는 삼각뿔 구조의 극성 분자이므로 굽은 형의 극성 분자인 $H_2B(H_2O)$에 잘 녹는다.

~~㉢~~ : B는 비금속, C는 금속이므로 C_2B는 이온 결합 물질이다.

13

A는 C(탄소), B는 O(산소), C는 F(플루오린)이다.

㉠ : (가)에서 전기 음성도는 B>A이고, (나)에서 전기 음성도는 C>B이다. 따라서 전기 음성도는 C>B>A이다.

~~㉡~~ : (나)에는 극성 공유 결합만 있다.

㉢ : (가)는 무극성 분자, (나)는 극성 분자이므로 분자의 쌍극자 모멘트는 (나)가 (가)보다 크다.

14

X~Z가 옥텟 규칙을 만족하며 (가)와 (나)는 결합각이 같으므로 두 분자는 모두 선형 구조이다. 따라서 (가)는 CO_2이고, (나)는 HCN이다.

㉠ : (가)는 무극성 분자이고, (나)는 극성 분자이므로 분자의 쌍극자 모멘트는 (나)가 (가)보다 크다.

㉡ : 물에 대한 용해도는 극성 분자인 (나)가 무극성 분자인 (가)보다 크다.

~~㉢~~ : 공유 전자쌍 수는 (가)와 (나)가 모두 4로 같다.

15

무극성 분자인 아이오딘이 물에는 녹지 않고 벤젠과 사염화 탄소에는 녹는 것은 물은 극성 분자, 벤젠과 사염화 탄소는 무극성 분자이기 때문이다.

~~㉠~~ : 벤젠과 사염화 탄소는 무극성 분자, 물은 극성 분자이므로 (가)의 시험관 속 물질 중 극성 분자는 1가지이다.

~~㉡~~ : 분자의 쌍극자 모멘트는 극성 분자인 물이 무극성 분자인 사염화 탄소보다 크다.

㉢ : 벤젠과 사염화 탄소는 모두 무극성 물질이므로 서로 잘 섞인다.

16

(가)는 H_2O, (나)는 NH_3, (다)는 CH_4이다.

㉠ : 분자 구조가 굽은 형인 (가)는 극성 분자이므로 ㉠은 '극성'이 적절하다.

㉡ : 극성 용매인 (가)에 대한 용해도는 극성 분자인 (나)가 무극성 분자인 (다)보다 크다.

㉢ : (가)~(다) 중 입체 구조는 삼각뿔 구조인 (나)와 정사면체 구조인 (다)의 2가지이다.

17

(가)는 NF_3, (나)는 CF_4이며, 분자 구조는 (가)는 삼각뿔, (나)는 정사면체 구조이다.

~~㉠~~ : ㉠은 3, ㉡은 4로 ㉠<㉡이다.

㉡ : 물에 대한 용해도는 극성 분자인 (가)가 무극성 분자인 (나)보다 크다.

㉢ : (가)는 극성 분자이므로 기체 상태의 (가)를 전기장에 놓아두면 HCl 기체와 같이 일정한 방향으로 배열된다.

18

(가)는 이온 결합 물질인 염화 나트륨, (나)와 (다)는 각각 공유 결합 물질인 다이아몬드와 흑연이다.

㉠ : 공유 결합 물질은 (나)와 (다) 2가지이다.

㉡ : 고체 상태에서 전기 전도성이 있는 물질은 (다) 1가지이다.

~~㉢~~ : (다)는 흑연으로, 모든 원자가 공유 결합하여 형성된 공유 결정으로 분자로 존재하지 않는다.

19

(가)에 해당하는 분자는 HCN, H_2O, BCl_3, CO_2이다.

(나)에 해당하는 분자는 HCN, CO_2이다.

(다)에 해당하는 분자는 BCl_3, CO_2, CH_4이다.

따라서 A는 H_2O, B는 HCN, C는 CO_2, D는 BCl_3, E는 CH_4이다.

㉠ : 결합각은 A가 104.5°, D가 120°로 D가 A보다 크다.

㉡ : 물에 대한 용해도는 극성 분자인 B가 무극성 분자인 C보다 크다.

㉢ : 공유 전자쌍 수는 A가 2, E가 4로 E가 A의 2배이다.

20

~~ㄱ~~ : NH_3에서 중심 원자 N에는 공유 전자쌍 3개와 비공유 전자쌍 1개가 배열되어 있으므로 분자 구조가 삼각뿔이다. 따라서 NH_3에서 N 주위의 전자쌍 배열은 평면 구조인 (나)와는 다르다.

㉡ : BeF_2에서 중심 원자 Be은 공유 전자쌍만 2개 가지므로 Be 주위의 전자쌍 배열은 (가)와 같다.

~~ㄷ~~ : 비공유 전자쌍 사이의 반발력은 공유 전자쌍 사이의 반발력보다 크므로 (다)에서 비공유 전자쌍이 2개일 때 결합각은 109.5°보다 작아진다. 따라서 (다)에서 비공유 전자쌍이 2개일 때 결합각은 BCl_3의 결합각인 120°보다 작다.

21

(가)는 CH_4, (나)는 NH_3, (다)는 H_2O이며, X는 탄소(C), Y는 질소(N), Z는 산소(O)이다.

~~ㄱ~~ : 전기 음성도는 Z(O)가 X(C)보다 크다.

㉡ : 분자의 쌍극자 모멘트는 극성 분자인 (나)가 무극성 분자인 (가)보다 크다.

㉢ : (가)~(다) 중 입체 구조는 정사면체인 (가)와 삼각뿔인 (나) 2가지이다.

22

$\frac{\text{비공유 전자쌍 수}}{\text{공유 전자쌍 수}}$는 NF_3가 $\frac{10}{3}$, CO_2가 1, HCN가 $\frac{1}{4}$이므로 (가)는 HCN, (나)는 CO_2, (다)는 NF_3이다.

~~ㄱ~~ : $\frac{\text{비공유 전자쌍 수}}{\text{공유 전자쌍 수}}$가 (가) : (나)=1 : 4이므로 $x=\frac{3}{4}$이다.

㉡ : 물에 대한 용해도는 극성 분자인 (가)가 무극성 분자인 (나)보다 크다.

㉢ : 분자의 쌍극자 모멘트는 극성 분자인 (다)가 무극성 분자인 (나)보다 크다.

23

XY는 NaF이므로 X는 나트륨(Na)이고, Y는 플루오린(F)이다. F은 전자가 9개인데, ZY_4에서 총 전자 수가 42개이므로 Z의 전자 수는 6개이다. 따라서 Z는 C이며, ZY_4는 CF_4이다.

㉠ : 양성자수는 X가 11, Z가 6으로 X가 Z보다 크다.

~~ㄴ~~ : 전기 음성도는 Y(F)가 Z(C)보다 크므로 ZY_4에서 중심 원자 Z는 부분적인 양전하를 띤다.

㉢ : 녹는점은 이온 결합 물질인 XY(NaF)가 공유 결합 물질인 $ZY_4(CF_4)$보다 높다.

24

이온 결합 물질은 고체 상태에서는 전기 전도성이 없지만, 액체와 수용액 상태에서는 전기 전도성이 있다.

~~ㄱ~~ : (가)~(라) 중 전기 전도성이 있는 것은 (가), (다), (라) 3가지이다.

㉡ : 염화 나트륨 용융액을 전기 분해하면 (−)극에서는 금속 나트륨이, (+)극에서는 염소 기체가 발생한다. 따라서 나트륨이 석출되는 전극 A는 (−)극이다.

~~ㄷ~~ : NaCl은 이온 결합 물질이므로 양이온과 음이온으로 구성되어 있으며, 고체 상태인 (나)에서도 양이온과 음이온이 존재한다.

25

X는 탄소(C), Y는 질소(N), Z는 산소(O)이므로 (가)는 HCN, (나)는 CH_2O, (다)는 NH_3이다.

~~ㄱ~~ : 선형인 (가)와 평면 삼각형인 (나)는 평면 구조이고, 삼각뿔 구조인 (다)는 입체 구조이다.

~~ㄴ~~ : 전기 음성도는 같은 주기에서 원자 번호가 증가하면 커지므로 Z(O)>Y(N)>X(C)이다.

㉢ : 비공유 전자쌍이 (나)에서는 Z(O)에 2개 있고, (다)에서는 Y에 1개 있으므로 비공유 전자쌍 수는 (나)가 (다)의 2배이다.

26

(가)는 HCN, (나)는 CH_2O이므로 A는 수소(H), B는 탄소(C), C는 질소(N), D는 산소(O)이다.

㉠ : 극성 용매인 $A_2D(H_2O)$에 대한 용해도는 극성 분자인 $CA_3(NH_3)$가 무극성 분자인 $BD_2(CO_2)$보다 크다.

㉡ : 공유 전자쌍 수는 $C_2(N_2)$가 3, $D_2(O_2)$가 2로 C_2가 D_2보다 크다.

㉢ : 선형 구조인 (가)는 결합각이 180°이므로 결합각은 (가)가 평면 삼각형 구조인 (나)보다 크다.

27

18족 원소를 제외한 2주기 원자의 바닥상태에서 홀전자 수는 다음과 같다.

원자	Li	Be	B	C	N	O	F
홀전자 수	1	0	1	2	3	2	1

(나)의 구성 원소는 X와 Y이며, 바닥상태 원자에서 X와 Y의 홀전자 수는 같은데, X와 Y의 홀전자 수가 1인 경우 분자식 YX_2를 만족하는 원자가 존재하지 않는다. 따라서 X와 Y는 각각 산소(O)와 탄소(C)이고, (나)는 CO_2이다. Z는 홀전자 수가 3이므로 질소(N)이고, 이온화 에너지가 W>Z이므로 W는 플루오린(F)이다. 따라서 (가)는 C_2F_2, (나)는 CO_2, (다)는 N_2F_2이며, 루이스 구조식은 다음과 같다.

$:\ddot{\underset{..}{F}} - C \equiv C - \ddot{\underset{..}{F}}:$　　$:\ddot{O} = C = \ddot{O}:$　　$:\ddot{\underset{..}{F}} - \ddot{N} = \ddot{N} - \ddot{\underset{..}{F}}:$

(가)　　(나)　　(다)

㉠ : (다)에는 공유 전자쌍이 4개 있으므로 $x=4$이다.

~~ㄴ~~ : 비공유 전자쌍 수는 (가)가 6, (다)가 8로 (다)가 (가)의 2배가 아니다.

~~ㄷ~~ : (가)~(다) 중 2중 결합을 가진 분자는 (나)와 (다) 2가지이다.

28

㉠은 CH_2O, ㉡은 CO_2, ㉢은 HCN, ㉣은 CCl_4이다.

~~ㄱ~~ : 물에 대한 용해도는 무극성 분자인 ㉡이 극성 분자인 ㉢보다 작다.

㉡ : 분자의 쌍극자 모멘트는 극성 분자인 ㉠이 무극성 분자인 ㉡보다 크다.

㉢ : ㉣의 분자 구조는 정사면체로 입체 구조이다.

29

(가)~(다)는 각각 OF_2, NF_3, CF_4이다.

~~ㄱ~~ : $a=2$, $b=3$으로 $a+b=5$이다.

~~ㄴ~~ : (나)는 분자 구조가 삼각뿔이므로 입체 구조이다.

㉢ : (가)는 굽은 형 구조로 극성 분자이고, (다)는 정사면체 구조로 무극성 분자이다. 따라서 분자의 쌍극자 모멘트는 극성 분자인 (가)가 무극성 분자인 (다)보다 크다.

30

(가)~(다)는 각각 CO_2, NH_3, H_2O 중 하나이며, 이들 중 입체 구조는 NH_3뿐이므로 (가)는 NH_3이다. 분자의 쌍극자 모멘트가 (나)>(다)이므로 (나)는 H_2O, (다)는 CO_2이다. 따라서 X는 탄소(C), W는 산소(O), Z는 질소(N), Y는 수소(H)이다.

㉠ : 극성 용매인 (나)에 대한 용해도는 극성 분자인 (가)가 무극성 분자인 (다)보다 크다.
㉡ : 결합각은 (나)가 104.5°, (다)가 180°로 (다)가 (나)보다 크다.
㉢ : 공유 전자쌍 수는 $Z_2Y_2(N_2H_2)$와 $YXZ(HCN)$가 4로 같다.

Ⅳ. 역동적인 화학 반응

12 동적 평형

핵심 개념 체크 본문 094~095쪽

1 (1) ○ (2) ○ (3) ×
2 포화
3 증발, 응축, 동적 평형(상평형)
4 (1) ○ (2) ○ (3) ○
5 (1) ○ (2) ○ (3) × (4) ×
6 자동 이온화
7 이온화 상수
8 pH=3, pOH=11
9 0.01 M, 0.0001 M

출제 예상 문제 본문 096~098쪽

01 ③	**02** ④	**03** ①	**04** ⑤	**05** ②
06 ③	**07** ③	**08** ②	**09** ④	**10** ④
11 ②	**12** ①	**13** ⑤	**14** ①	**15** ⑤
16 ②				

01
㉠ : 가역 반응은 반응 조건에 따라 정반응과 역반응이 모두 일어날 수 있는 반응이다.
㉡ : 가역 반응이 일어날 때 충분한 시간이 지나면 정반응의 속도와 역반응의 속도가 같아져 동적 평형에 도달한다.
㉢ : 동적 평형에서는 정반응과 역반응이 같은 속도로 진행되므로 겉으로 보기에는 반응이 멈춘 것처럼 보이지만, 실제로는 정반응과 역반응이 끊임없이 일어나고 있다.

02
비가역 반응은 한쪽 방향으로만 진행되는 반응으로, 역반응이 정반응에 비해 무시할 수 있을 만큼 거의 일어나지 않는다.
㉠ : 연소 반응은 생성물이 매우 안정하여 역반응이 진행되기 어렵다. 따라서 뷰테인의 연소 반응은 비가역 반응이다.
㉡ : 석회암 지대에서 이산화 탄소가 포함된 지하수가 흐르면 석회 동굴이 생성되고, 다시 이산화 탄소가 빠져나가면 종유석과 석순 등이 생성된다. 따라서 석회 동굴의 생성 반응은 가역 반응이다.
㉢ : 중화 반응이 일어날 때 큰 중화열이 발생하므로 생성물이 매우 안정하여 역반응이 일어나기 어렵다. 따라서 수산화 나트륨 수용액에 묽은 염산을 넣어 중화시키는 중화 반응은 비가역 반응이다.
㉣ : 묽은 염산에 마그네슘을 넣으면 수소 기체가 발생하는데, 이 반응은 역반응이 일어나기 어려우므로 비가역 반응이다.

03
t ℃, 1기압에서 밀폐 용기에 $Br_2(l)$을 넣은 후 동적 평형 상태에 도달하였으므로 이 상태에서는 정반응과 역반응이 같은 속도로 일어나고 있다.
㉠ : 동적 평형 상태이므로 브로민의 증발 속도와 응축 속도는 같다.
㉡ : 동적 평형 상태이므로 반응물과 생성물의 질량이 일정하게 유지된다.
㉢ : 동적 평형 상태에서는 Br_2의 증발과 응축이 같은 속도로 계속 일어난다.

04
① : 동적 평형 상태에서는 정반응과 역반응이 모두 일어나므로 반응물과 생성물이 모두 존재한다.
② : 정반응과 역반응이 같은 속도로 일어나므로 정반응의 속도는 0이 아니다.
③ : 정반응과 역반응이 같은 속도로 일어나 겉으로 보기에는 반응이 멈춘 것처럼 보이지만, 정반응과 역반응은 계속 일어나고 있다.
④ : 반응물과 생성물의 농도가 일정하게 유지되지만 항상 농도가 서로 같은 것은 아니다.
⑤ : 동적 평형 상태에서는 정반응과 역반응이 같은 속도로 일어난다.

05
수면이 일정하게 유지되므로 동적 평형 상태에 도달한 것이다.
㉠ : 동적 평형 상태에서는 겉으로 보기에는 반응이 멈춘 것처럼 보이지만 물의 증발과 수증기의 응축이 같은 속도로 계속 일어나고 있다.
㉡ : 동적 평형 상태에서는 정반응과 역반응의 속도가 같다. 즉, 물의 증발 속도와 수증기의 응축 속도가 같다.
㉢ : 동적 평형 상태에서는 증발과 응축이 같은 속도로 일어나므로 물의 질량은 변하지 않는다.

06
㉠ : 용액이 포화 용액이므로 용해 평형 상태이다.
㉡ : 용해 평형을 이루고 있으므로 설탕의 용해 속도와 석출 속도가 같다.
㉢ : 용해 평형 상태 이후 설탕의 용해 속도는 일정하게 유지된다.

07
(가)는 에탄올이 담긴 비커를 열린 용기에서 공기 중에 놓아두었으므로 증발이 응축보다 빨리 일어나 비커 속 에탄올의 질량이 계속 감소한다. 반면, (나)는 에탄올이 담긴 비커를 밀폐 용기 속에 놓아두었으므로 충분한 시간이 지나면 동적 평형을 이루어 비커 속 에탄올의 질량이 일정하게 유지된다.
㉠ : (가)에서는 증발 속도가 응축 속도보다 빠르므로 계속 증발이 일어난다.
㉡ : (나)에서는 증발 속도와 응축 속도가 같으므로 증발되는 분자 수와 응축되는 분자 수가 같다.
㉢ : (가)에서는 증발이 계속 일어나고 응축은 거의 일어나지 않는다. (나)에서는 증발과 응축이 같은 속도로 일어나 동적 평형에 도달하므로 충분한 시간이 지난 후 비커 속 에탄올의 양은 (나)가 (가)보다 많다.

08
㉠ : 온도가 일정하므로 (가)~(다)에서 증발 속도는 모두 같다.
㉡ : (가)에서 (다)로 갈수록 수증기의 분자 수가 점점 증가하므로 응축 속도가 점점 빨라진다. 따라서 물의 응축 속도는 (다)에서가 (나)에서보다 빠르다.

✗ㄷ : (다)는 증발 속도와 응축 속도가 같은 동적 평형 상태이다. 따라서 (다) 이후에는 수증기의 분자 수가 일정하게 유지된다.

09

① : 물의 자동 이온화는 물이 스스로 이온화하여 하이드로늄 이온(H_3O^+)과 수산화 이온(OH^-)을 생성하는 반응으로 가역 반응이다.
② : 물이 자동 이온화될 때 물 분자끼리 H^+을 주고받아 이온화한다. 즉, H_2O 분자가 H^+을 다른 분자에게 주면서 OH^-이 되고, H^+을 받은 분자는 H_3O^+이 된다.
③ : 순수한 물에서도 아주 적은 양의 물이 자동 이온화하므로 H_3O^+과 OH^-이 존재한다.
✗④ : 순수한 물에서 물이 자동 이온화될 때 같은 수의 H_3O^+과 OH^-이 생성되므로 $[H_3O^+]$와 $[OH^-]$는 같다.
⑤ : $[H_3O^+]$와 $[OH^-]$의 곱인 물의 이온화 상수는 온도에 따라 달라지므로 일정한 온도의 수용액에서 $[H_3O^+]$와 $[OH^-]$의 곱은 일정하다.

10

㉠ : 25 ℃에서 $K_w=[H_3O^+][OH^-]=1.0\times10^{-14}$이고 순수한 물에서는 $[H_3O^+]=[OH^-]$이므로 $[OH^-]=1.0\times10^{-7}$ M이다.
✗ㄴ : 물이 이온화될 때 같은 수의 H_3O^+과 OH^-이 생성되므로 온도와 관계없이 순수한 물에서 $[H_3O^+]=[OH^-]$이다.
㉢ : 50 ℃일 때는 물의 이온화 상수가 1.0×10^{-14}보다 크므로 $[H_3O^+]$가 1.0×10^{-7} M보다 크다. 따라서 pH는 7보다 작다.

11

✗ㄱ : (나)에서 $[OH^-]=0.01$ M이므로 $pOH=-\log[OH^-]=-\log0.01=2$이다. 25 ℃에서 pH+pOH=14이므로 (나)의 pH는 14−2=12이다.
㉡ : (가)에서 $pH=-\log[H_3O^+]=3$이므로 $[H_3O^+]=0.001$ M이다. (다)에서 $[OH^-]=1.0\times10^{-12}$ M이며 $K_w=[H_3O^+][OH^-]=[H_3O^+]\times(1.0\times10^{-12})=1.0\times10^{-14}$이므로 $[H_3O^+]=0.01$ M이다. 따라서 $[H_3O^+]$는 (다)가 (가)의 10배이다.
✗ㄷ : (나)에서 $[OH^-]=0.01$ M이며 $K_w=[H_3O^+][OH^-]=[H_3O^+]\times0.01=1.0\times10^{-14}$이므로 $[H_3O^+]=1.0\times10^{-12}$ M이다. 따라서 (나)의 $[H_3O^+]$는 (다)의 $[OH^-]$와 같다.

12

(가)는 중성 용액, (나)는 염기성 용액, (다)는 산성 용액이다.
㉠ : (가)는 중성, (나)는 염기성 용액이므로 pH는 (나)가 (가)보다 크다.
✗ㄴ : (가)는 중성, (다)는 산성 용액이므로 $[H_3O^+]$는 (다)가 (가)보다 크다.
✗ㄷ : $[H_3O^+]$와 $[OH^-]$의 곱인 물의 이온화 상수는 온도에 따라 달라지며, 온도가 같으면 물의 이온화 상수도 같다. (가)~(다)의 온도가 같으므로 $[H_3O^+]$와 $[OH^-]$의 곱은 (가)~(다)에서 모두 같다.

13

㉠ : $HCl(aq)$의 농도가 0.01 M이므로 $[H_3O^+]=0.01$ M이다. 따라서 $pH=-\log[H_3O^+]=-\log0.01=2$이다.
㉡ : $K_w=[H_3O^+][OH^-]=0.01\times[OH^-]=1.0\times10^{-14}$이므로 $[OH^-]=1.0\times10^{-12}$ M이다.
㉢ : 물을 더 넣으면 $HCl(aq)$의 몰 농도가 작아져 $[H_3O^+]$도 작아진다.

14

㉠ : (가)와 (나)는 모두 산 수용액이므로 공통적으로 수소 이온이 들어 있다. 따라서 (가)와 (나)에 공통으로 들어 있는 A는 수소 이온이다.
✗ㄴ : (나)에서는 산의 일부만 이온화되지만 H^+이 존재하므로 산성 용액이다. 산성 용액에서는 $[H_3O^+]>1.0\times10^{-7}$ M이다.
✗ㄷ : 부피가 같은 수용액에 들어 있는 H_3O^+ 수가 (가)가 (나)보다 많으므로 pH는 (가)가 (나)보다 작다. 25 ℃에서 pH+pOH=14이므로 pH가 작을수록 pOH가 크다. 따라서 수용액의 pOH는 (가)가 (나)보다 크다.

15

㉠ : pH가 7보다 큰 수용액은 염기성이므로 제산제와 비누는 모두 염기성 물질이다.
㉡ : $[H_3O^+]$는 pH가 작을수록 크다. pH는 레몬 수용액이 제산제 수용액보다 작으므로 $[H_3O^+]$는 레몬 수용액이 제산제 수용액보다 크다.
㉢ : pH가 1 커질 때 $[OH^-]$는 10배 증가한다. 비누 수용액은 제산제 수용액보다 pH가 1.9 크므로 $[OH^-]$는 10배 이상 크다.

16

✗ㄱ : (가)에서 $HCl(aq)$의 $[H_3O^+]=0.1$ M이므로 $pH=-\log[H_3O^+]=1$이다.
㉡ : (가)의 용액을 묽혀도 (나)는 산성이므로 $[H_3O^+]>[OH^-]$이다.
✗ㄷ : 용액에 물을 가해 묽혀도 용질의 양은 변하지 않는다.

서답형 문제

본문 099쪽

01 (나)>(다)>(가) (2) (가)>(다)>(나)
02 해설 참조 **03** 해설 참조
04 레몬>우유>증류수>비누 **05** 해설 참조

01

밀폐 용기 속에 물을 넣으면 처음에는 증발이 응축보다 활발히 일어나다가 점점 응축 속도가 빨라지면서 증발 속도와 응축 속도가 같아지는 동적 평형 상태에 도달하게 되므로 시간 순서대로 나열하면 응축 속도가 커지는 순서인 (가) → (다) → (나)가 된다. 따라서 응축 속도는 (나)>(다)>(가)이고, $H_2O(l)$의 분자 수는 (가)>(다)>(나)이다.

02

액체 A를 밀폐 용기 속에 넣으면 처음에는 기체의 분자 수가 적어 증발이 응축보다 더 활발히 일어나지만, 시간이 지날수록 응축 속도가 빨라지다가 t_2 이후 증발 속도와 응축 속도가 같아져 동적 평형에 도달하게 된다.
(1) 모범답안 t_2 이후 증발 속도와 응축 속도가 같아져 동적 평형에 도달했기 때문이다.

채점 기준	배점
증발 속도와 응축 속도가 같아진 동적 평형 상태이기 때문이라고 서술한 경우	100 %
동적 평형 상태이기 때문이라고 서술한 경우	70 %

(2) 모범답안 물의 증발 속도는 t_1일 때와 t_2일 때가 같다.

03

(1) 용액을 묽혀도 용질의 양(mol)은 변하지 않으므로 묽히기 전 용액의 몰 농도와 부피를 이용하여 용질의 양(mol)을 구한다.

모범답안 (가)에서 HCl의 양(mol)=몰 농도×용액의 부피=0.1 M×0.1 L=0.01몰이다. 용액을 묽혀도 용질의 양은 같으므로 (가)와 (나)에서 HCl의 양은 같다. 따라서 (나)에서 수용액의 몰 농도(x)는 0.01 M이므로 $[H_3O^+]=0.01$ M이다.

채점 기준	배점
$[H_3O^+]$를 옳게 구하고, 용액을 묽혀도 용질의 양(mol)은 같다는 내용을 언급하여 옳게 서술한 경우	100 %
$[H_3O^+]$를 옳게 구했으나, 용액을 묽혀도 용질의 양(mol)은 같다는 내용은 언급하지 않고 서술한 경우	50 %
$[H_3O^+]$를 옳게 구했으나, 과정을 서술하지 않은 경우	30 %

(2) 모범답안 일정한 온도에서 $[H_3O^+]$와 $[OH^-]$의 곱(물의 이온화 상수)은 같은 값을 가지므로 $[H_3O^+]$와 $[OH^-]$의 곱은 (가)와 (나)에서 같다.

채점 기준	배점
물의 이온화 상수와 온도의 관계를 옳게 서술한 경우	100 %
물의 이온화 상수와 온도의 관계를 서술하지 않고, (가)와 (나)에서 같다라고만 서술한 경우	30 %

04

$pH=-\log[H_3O^+]$이므로 pH가 작을수록 $[H_3O^+]$는 크다.

05

(1) 묽은 염산에 마그네슘을 넣으면 수소 기체가 생성된다.

모범답안 $2HCl(aq)+Mg(s) \longrightarrow MgCl_2(aq)+H_2(g)$

(2) 화학 반응식에서 계수비는 반응 몰비와 같으므로 계수비를 통해 몰비를 구하여 H^+의 몰 농도를 구한다.

모범답안 반응한 Mg의 질량은 0.6 g(=0.025몰)이고, 반응 계수비는 Mg : HCl=1 : 2이므로 반응 전 묽은 염산에 들어 있는 H^+의 양은 0.05몰이다. 반응 전 묽은 염산 속 $[H_3O^+]=\frac{H^+\text{의 양(몰)}}{\text{용액의 부피(L)}}=\frac{0.05\text{몰}}{0.5\text{ L}}=$ 0.1 M이므로 pH=1이다.

채점 기준	배점
반응 계수비를 이용하여 H^+의 양(mol)을 구하고, H^+의 몰 농도를 구한 후 pH를 구하는 과정을 순차적으로 옳게 서술한 경우	100 %
pH를 옳게 구했으나, H^+의 양(mol)과 H^+의 몰 농도를 구하는 과정이 빠져 있는 경우	50 %

13 산 염기와 중화 반응

핵심 개념 체크 본문 100~101쪽

1 (1) ○ (2) ○ (3) × **2** H^+ **3** 받
4 (1) H_2O, F^- (2) NH_4^+ (3) H_2O
5 (1) ○ (2) ○ (3) × (4) × **6** OH^-, 염기성
7 표준 용액, 중화 적정 **8** 뷰렛 **9** 0.2

출제 예상 문제 본문 102~105쪽

01 ③	**02** ⑤	**03** ③	**04** ③	**05** ③
06 ③	**07** ③	**08** ④	**09** ④	**10** ⑤
11 ⑤	**12** ③	**13** ④	**14** ③	**15** ③
16 ①	**17** ③	**18** ④	**19** ②	**20** ②

01

㉠ : 염기는 이온화되어 수산화 이온(OH^-)을 내놓으므로 수용액에 이온이 존재한다. 따라서 수용액에서 전류가 흐른다.

㉡ : 염기는 물에 녹아 공통적으로 수산화 이온, 즉 같은 종류의 음이온을 내놓는다.

~~㉢~~ : 염기는 대부분의 금속과 반응하지 않는다. 마그네슘과 반응하면 수소 기체가 발생하는 것은 산의 공통적인 성질이다.

02

~~㉠~~ : 수용액 속에 수소 이온(H^+)이 존재하므로 수용액은 산성이다. 따라서 수용액의 pH는 7보다 작다.

㉡ : 산 수용액에 탄산 칼슘을 넣으면 이산화 탄소 기체가 발생한다.

㉢ : 산 수용액에 마그네슘 조각을 넣으면 수소 이온과 반응하여 수소 기체가 발생한다.

03

㉠ : 염산과 아세트산 수용액에는 공통적으로 수소 이온이 존재한다. 따라서 마그네슘 조각을 넣으면 모두 수소 기체가 발생한다.

㉡ : 염산에서 수소 기체의 발생 속도가 더 빠르므로 염산이 아세트산에 비해 강산이다. 강산은 약산보다 수소 이온이 더 많이 존재하므로 반응 전 $[H_3O^+]$는 (가)>(나)이다.

~~㉢~~ : pH는 수소 이온 농도가 작을수록 커진다. 반응이 진행될수록 (가)와 (나)에서 수소 이온의 농도가 감소하므로 pH는 모두 증가한다.

04

(가)는 수소 이온(H^+)이 있으므로 산성 용액, (나)는 수산화 이온(OH^-)이 있으므로 염기성 용액이다.

㉠ : 산성 용액은 pH가 7보다 작고 염기성 용액은 pH가 7보다 크므로 수용액의 pH를 측정하면 두 수용액을 구별할 수 있다.

㉡ : 산성 용액에 달걀 껍데기를 넣으면 탄산 칼슘 성분과 수소 이온이 반응하여 이산화 탄소가 생성되지만, 염기성 용액은 달걀 껍데기와 반응하지 않는다. 따라서 달걀 껍데기를 넣어서 반응 여부를 확인하면 두 수용액을 구별할 수 있다.

~~㉢~~ : (가)와 (나)에 모두 이온이 존재하므로 2가지 수용액 모두 전류가 흐른다.

05

$AgNO_3(aq)$과 반응하여 앙금이 생성되는 수용액은 Cl^-을 포함하는 수용액이므로 $HCl(aq)$과 $KCl(aq)$이다. Mg을 넣으면 기체가 발생하는 수용액은 산이므로 $HCl(aq)$이다. 따라서 A는 HCl, B는 KCl, C는 NaOH이다.

㉠ : HCl는 물에 녹아 수소 이온을 내놓는 물질이므로 A(HCl)는 아레니우스 산이다.

ㄴ: A는 산, C는 염기이므로 수용액의 pH는 C가 A보다 크다.
ㄷ: C는 염기이므로 수용액에 페놀프탈레인 용액을 넣으면 붉은색으로 변하지만, B는 중성이므로 페놀프탈레인 용액을 넣어도 수용액의 색이 변하지 않는다.

06

ㄱ: HCl는 물에 녹아 수소 이온을 내놓는 물질이므로 아레니우스 산이다.
ㄴ: H_2O은 HCl로부터 H^+를 받으므로 브뢴스테드·로리 염기로 작용한다.
ㄷ: 짝산과 짝염기는 H^+의 이동에 의해 산과 염기로 되는 한 쌍의 물질이므로 HCl의 짝염기는 Cl^-이다.

07

ㄱ: 진한 염산에서 HCl 기체가 발생하므로 암모니아수를 묻힌 유리 막대를 가까이하면 HCl와 NH_3가 반응하여 NH_4Cl이 생성된다. 따라서 흰색 연기는 NH_4Cl이다.
ㄴ: NH_3는 HCl로부터 H^+를 받으므로 브뢴스테드·로리 염기로 작용한다.
ㄷ: 산은 붉은색 리트머스 종이의 색을 변화시키지 않으므로 집기병 입구에 물에 적신 붉은색 리트머스 종이를 가까이 대도 색깔 변화가 없다.

08

(가)에서 HBr가 내놓은 H^+를 H_2O이 받으므로 HBr는 브뢴스테드·로리 산, H_2O은 브뢴스테드·로리 염기이다.
(나)에서 HCl가 내놓은 H^+를 NH_3가 받으므로 HCl는 브뢴스테드·로리 산, NH_3는 브뢴스테드·로리 염기이다.
(다)에서 CH_3COOH이 내놓은 H^+를 H_2O이 받으므로 CH_3COOH은 브뢴스테드·로리 산, H_2O은 브뢴스테드·로리 염기이다.

09

ㄱ: 페놀프탈레인 용액은 염기성에서 붉은색을 나타낸다. NaOH(aq)은 염기성이므로 페놀프탈레인 용액을 넣으면 붉은색을 띤다. 따라서 ㉠은 'NaOH(aq)'이다.
ㄴ: 산에 마그네슘을 넣으면 수소 이온과 마그네슘이 반응하므로 수소 기체가 발생한다. 따라서 ㉡은 '수소'이다.
ㄷ: (가)의 HCl(aq)에서 H_2O은 HCl로부터 H^+를 받으므로 브뢴스테드·로리 염기로 작용한다.

10

ㄱ: NaOH은 물에 녹아 수산화 이온을 내놓는 물질이므로 아레니우스 염기이다.
ㄴ: (다)에서 NH_3가 H^+를 받아 NH_4^+이 되고, NH_4^+이 H^+를 내놓아 NH_3가 된다. 따라서 NH_3의 짝산은 NH_4^+이다.
ㄷ: (가)와 (다)에서 HCl는 모두 H^+를 주므로 브뢴스테드·로리 산이다.

11

ㄱ: 산인 HCl(aq)과 염기인 NaOH(aq)의 반응은 중화 반응이므로 물이 생성된다. 따라서 ㉠은 H_2O이다.
ㄴ: H^+의 전하는 +1, OH^-의 전하는 −1이므로 H^+과 OH^-은 1 : 1의 몰비로 반응한다.
ㄷ: 중화 반응의 알짜 이온 반응식은 $H^+ + OH^- \longrightarrow H_2O$이다. 따라서 반응한 H^+ 수는 생성된 ㉠(H_2O) 분자의 수와 같다.

12

(가)에 수소 이온이 2개, (나)에 수산화 이온이 2개 들어 있으므로 (가)와 (나)를 혼합한 용액은 중성이다.
ㄱ: 중성 용액에서는 $[H_3O^+]=[OH^-]$이다.
ㄴ: 반응 후에도 Na^+과 Cl^-이 존재하므로 전류가 흐른다.
ㄷ: 혼합 용액 속에는 Cl^-이 2개 있고, 중화 반응이 일어나면 2개의 물 분자가 생성되므로 생성된 물의 양(몰)은 Cl^-의 양(몰)과 같다.

13

0.01 M NaOH(aq) 20 mL에 x M HCl(aq)을 조금씩 가할 때 감소한 OH^- 수만큼 Cl^- 수가 증가하므로 수용액 속 총 이온 수는 일정하게 유지되다가, 중화점 이후에는 더 이상 중화 반응이 일어나지 않으므로 넣어 준 H^+과 Cl^- 수만큼 총 이온 수가 증가하게 된다. 따라서 HCl(aq) 40 mL를 넣었을 때가 중화점이다.
ㄱ: 산과 염기가 완전히 중화되려면 $nMV=n'M'V'$를 만족해야 한다. 따라서 $1\times0.01\text{ M}\times0.02\text{ L}=1\times x\text{ M}\times0.04\text{ L}$, $x=0.005$이다.
ㄴ: (가)는 완전히 중화되기 이전이므로 염기성이고, (나)는 완전히 중화된 이후 HCl(aq)이 더 추가된 상태이므로 산성이다. 따라서 혼합 용액의 pH는 (가)>(나)이다.
ㄷ: 구경꾼 이온인 Na^+의 수는 일정하지만 수용액의 부피는 계속 증가하므로 $[Na^+]$는 감소한다. 따라서 $[Na^+]$는 (가)>(나)이다.

14

①: 속이 쓰린 까닭은 위산이 과다 분비되었기 때문이다. 따라서 염기성인 제산제를 복용하면 위산을 중화시키므로 속쓰림이 사라진다.
②: 꿀벌의 독은 산성이므로 꿀벌에 쏘였을 때 암모니아수를 바르면 염기성인 암모니아가 산성인 독을 중화시켜 통증을 줄여 준다.
③: 물을 소독하는 데 염소 기체를 사용하는 것은 중화 반응이 아니라 산화 환원 반응을 이용한 예이다.
④: 생선 비린내는 염기성이므로 산성인 레몬즙을 뿌려 주면 비린내를 중화시켜 비린내가 사라진다.
⑤: 산성화된 호수에 생석회나 탄산 칼슘을 뿌려 주면 산성을 중화시키므로 호수의 산성화를 막을 수 있다.

15

ㄱ: 용액에서 양이온의 총 전하량과 음이온의 총 전하량은 같으므로 A의 전하는 +2이다.
ㄴ: 몰 농도는 $\dfrac{\text{용질의 양(몰)}}{\text{용액의 부피(L)}}$이다. (가)와 (다)에서 Cl^-의 양(몰)은 같지만 용액의 부피는 (다)>(가)이므로 $[Cl^-]$는 (가)가 (다)보다 크다.
ㄷ: (나)는 염기성, (다)는 중성이므로 수용액의 pH는 (나)>(다)이다.

16

(나)에서 BTB 용액을 넣었을 때 초록색으로 변하였으므로 (나)는 중성이며, (나)에서 반응한 수소 이온의 양(몰)과 수산화 이온의 양(몰)이 서로 같다. 즉, HCl(aq)과 NaOH(aq)은 2 : 3의 부피비로 반응한다.
ㄱ: (다)와 (라)에서는 반응 부피비에 비해 혼합한 HCl(aq)의 부피가 NaOH(aq)보다 많으므로 모두 산성을 띤다. 따라서 (다)와 (라)는 $[H_3O^+]>[OH^-]$이다.
ㄴ: (나)에서 반응한 H^+ 수를 30N, OH^- 수를 30N이라고 하면 각 용액에서의 양적 관계는 다음과 같다.

혼합 용액		(가)	(다)
$HCl(aq)$	부피(mL)	5	15
	이온 수	H^+ 15N Cl^- 15N	H^+ 45N Cl^- 45N
$NaOH(aq)$	부피(mL)	20	10
	이온 수	Na^+ 40N OH^- 40N	Na^+ 20N OH^- 20N
혼합 후	이온 수	Cl^- 15N Na^+ 40N OH^- 25N	H^+ 25N Cl^- 45N Na^+ 20N

이온의 총 수는 (가)가 80N, (다)가 90N이므로 (다)가 (가)보다 많다.
~~ㄷ~~ : 혼합 전 수용액의 몰 농도의 비는 $HCl(aq)$: $NaOH(aq)=\frac{30}{10}:\frac{30}{15}=3:2$이다.

17

(가)는 수소 이온이나 수산화 이온이 없으므로 중성, (나)는 수산화 이온이 있으므로 염기성이다.
㉠ : 중성 용액은 $[H_3O^+]=[OH^-]$이고 염기성 용액은 $[H_3O^+]<[OH^-]$이므로 $[H_3O^+]$는 (가)>(나)이다.
~~ㄴ~~ : (가)와 (나)에서 같은 부피의 염기 용액에 같은 농도, 같은 부피의 묽은 염산을 넣었을 때, 중화 반응이 일어난 후 혼합 용액의 총 부피가 같으므로 생성된 물의 양(몰)도 (가)와 (나)가 같다.
㉢ : (가)에는 Na^+이 2개, (나)에는 K^+이 4개 들어 있다. $NaOH(aq)$과 $KOH(aq)$의 부피는 같지만 용질의 양(mol)은 $KOH(aq)$이 $NaOH(aq)$의 2배이므로, 혼합 전 염기 수용액의 몰 농도는 $KOH(aq)$이 $NaOH(aq)$의 2배이다.

18

~~ㄱ~~ : 0.1 M $NaOH(aq)$ 50 mL에 $HCl(aq)$ 100 mL를 넣었을 때 완전히 중화되었으므로 $0.1\ M\times0.05\ L=x\ M\times0.1\ L$, $x=0.05$이다.
㉡ : (가)에서 $NaOH(aq)$의 몰 농도가 0.1 M이므로 $[OH^-]=0.1$ M이고, $[H_3O^+]=1.0\times10^{-13}$ M이다.
㉢ : (다)에서 Cl^-의 양(몰)은 (나)의 2배이며, (나) 혼합 용액의 부피는 100 mL, (다) 혼합 용액의 부피는 150 mL이다. 따라서 Cl^-의 몰 농도 비는 (나) : (다)$=\frac{1}{100}:\frac{2}{150}=3:4$이다.

19

~~ㄱ~~ : 중화 적정에서 표준 용액을 가할 때 사용하는 실험 기구는 뷰렛이다.
~~ㄴ~~ : 중화점까지 넣어 준 $NaOH(aq)$의 부피가 20 mL이므로 관계식 $nMV=n'M'V'$에서 $1\times x\ M\times0.015\ L=1\times0.1\ M\times0.02\ L$, $x=\frac{2}{15}$이다. 따라서 $HCl(aq)$의 몰 농도는 0.1 M이 아니다.
㉢ : $NaOH(aq)$ 20 mL를 넣을 때까지 생성된 물의 양(몰)은 반응한 OH^-의 양(몰)과 같으므로 $0.1\ M\times0.02\ L=0.002$몰이다.

20

~~ㄱ~~ : 용액의 부피를 취할 때 쓰는 실험 기구는 피펫이고, 적정을 할 때 쓰는 실험 기구는 뷰렛이다. 따라서 ㉠은 피펫, ㉡은 뷰렛이다.
㉡ : 지시약으로 페놀프탈레인 용액을 사용하였으므로 ㉢은 붉은색이다.
~~ㄷ~~ : 산과 염기가 완전히 중화되려면 $nMV=n'M'V'$이어야 하므로 $1\times x\ M\times0.01\ L=1\times0.1\ M\times0.005\ L$, $x=0.05$이다. 따라서 $HA(aq)$의 몰 농도는 0.05 M이다.

서답형 문제

본문 106쪽

01 해설 참조 **02** 해설 참조
03 (1) 1 : 4 (2) 해설 참조 **04** 해설 참조
05 (1) 뷰렛 (2) 해설 참조

01

(가)에 의해 산인 HCl, CH_3COOH과 염기인 NaOH, NH_3로 구분하였으므로 (가)는 산의 성질을 나타내는 것이어야 한다.

모범답안 마그네슘과 반응하여 수소 기체가 발생하는가?
BTB 용액을 넣으면 노란색을 나타내는가?
푸른색 리트머스 종이를 붉게 변화시키는가?

채점 기준	배점
(가)로 산만이 가지는 성질 2가지를 모두 옳게 서술한 경우	100 %
(가)로 산만이 가지는 성질 1가지만 옳게 서술한 경우	50 %

02

모범답안 꼬마전구의 밝기가 더 밝은 HA 수용액이 HB 수용액보다 산성이 더 강하므로 HA가 HB보다 이온화가 잘 일어나 수용액에 존재하는 H_3O^+의 양이 더 많다. 따라서 $[H_3O^+]$는 HA 수용액>HB 수용액이다.

채점 기준	배점
HA가 HB보다 이온화가 더 잘 된다는 것을 제시하여 서술한 경우	100 %
HA가 HB보다 더 강한 산이기 때문이라고만 서술한 경우	50 %

03

(1) Cl^-과 Na^+은 구경꾼 이온으로 반응 전후 이온 수가 변하지 않으므로 혼합 전 수용액의 몰 농도는 혼합 용액 속 Cl^-과 Na^+의 수와 혼합 전 수용액의 부피를 이용하여 구한다. Cl^-의 수 : Na^+의 수$=1:2$이고, $HCl(aq)$의 부피 : $NaOH(aq)$의 부피$=2:1$이므로 $HCl(aq)$의 몰 농도 : $NaOH(aq)$의 몰 농도$=1:4$이다. 따라서 $x:y=1:4$이다.
(2) **모범답안** 혼합 용액이 염기성이므로 중화 반응에 의해 생성된 물의 양(몰)은 반응한 수소 이온의 양(몰)과 같다. 따라서 생성된 물의 양(몰) $=x\ M\times0.01\ L=\frac{x}{100}$몰이다.

채점 기준	배점
계산 과정과 함께 생성된 물의 양(몰)을 옳게 구한 경우	100 %
계산 과정은 서술하지 않고, 생성된 물의 양(몰)만 구한 경우	30 %

04

(1) (가)와 (나)에는 공통적으로 Cl^-이 들어 있으므로 ●이 Cl^-이다. 또한 혼합 용액에 들어 있는 양이온 수와 음이온 수가 같으므로 (가)에서는 ■이 K^+, ☆이 OH^-이고, (나)에서는 ▲이 Na^+이다.

모범답안 혼합 전 두 염기 수용액의 부피가 같으므로 몰 농도의 비는 K^+과 Na^+ 수의 비와 같다. 이온 수는 ■(K^+) : ▲(Na^+)$=5:3$이므로 혼합 전 염기 수용액의 몰 농도의 비는 $KOH(aq)$: $NaOH(aq)=5:3$이다.

채점 기준	배점
몰 농도의 비를 옳게 구하고, 계산 과정을 옳게 서술한 경우	100 %
계산 과정은 서술하지 않고, 몰 농도의 비만 옳게 구한 경우	30 %

(2) 모범답안 (가)는 염기성, (나)는 중성이므로 생성된 물의 양(몰)은 넣어 준 Cl^-의 양(몰)과 같다. 따라서 생성된 물의 몰비는 (가) : (나)= 1 : 1이다.

채점 기준	배점
생성된 물의 몰비를 옳게 구하고, 계산 과정을 옳게 서술한 경우	100 %
계산 과정은 서술하지 않고, 몰비만 옳게 구한 경우	30 %

05

(2) $NaOH(aq)$을 조금씩 넣으면 붉은색으로 갑자기 변하면서 용액 전체가 붉은색이 되는데, 이때가 중화점이며 이 순간까지 넣어 준 $NaOH(aq)$의 부피를 이용하여 $CH_3COOH(aq)$의 몰 농도를 구한다.

모범답안 $CH_3COOH(aq)$의 몰 농도를 x M이라고 할 때, 중화점까지 반응한 수소 이온의 양(몰)과 수산화 이온의 양(몰)이 같으므로 $1 \times x\ M \times 20\ mL = 1 \times 0.1\ M \times 40\ mL$, $x=0.2$이다. 따라서 $CH_3COOH(aq)$의 몰 농도는 0.2 M이다.

채점 기준	배점
$CH_3COOH(aq)$의 몰 농도를 옳게 구하고, 중화점에서 반응한 수소 이온과 수산화 이온의 양이 같다는 것을 포함하여 옳게 서술한 경우	100 %
$CH_3COOH(aq)$의 몰 농도를 옳게 구했으나, $1 \times x\ M \times 20\ mL = 1 \times 0.1\ M \times 40\ mL$ 식만 옳게 나타낸 경우	60 %
계산 과정은 서술하지 않고, $CH_3COOH(aq)$의 몰 농도만 옳게 구한 경우	30 %

14 산화 환원 반응과 화학 반응에서 출입하는 열

핵심 개념 체크 본문 107~108쪽

1 (1) × (2) × (3) ○ **2** 환원, 산화 **3** +1, −2
4 산화, 환원 **5** 환원제, 산화제
6 HCl **7** $a=5$, $b=1$, $c=5$, $d=1$, $e=4$
8 (1) ○ (2) ○ (3) ×

출제 예상 문제 본문 109~112쪽

01 ④	**02** ②	**03** ③	**04** ⑤	**05** ③
06 ⑤	**07** ②	**08** ①	**09** ⑤	**10** ⑤
11 ③	**12** ⑤	**13** ①	**14** ④	**15** ⑤
16 ③	**17** ⑤	**18** ③		

01

㉠: (가)에서 Mg의 산화수는 0에서 +2로 증가하므로 산화된다.
ㄴ: (가)에서 O_2는 Mg을 산화시키므로 산화제이다.
㉢: (나)의 CuO에서 Cu의 산화수는 +2이므로 Cu의 산화수는 +2에서 0으로 감소한다.

02

(가)에서 Mg은 산화수가 0에서 +2로 증가하므로 산화되고, H는 산화수가 +1에서 0으로 감소하므로 환원된다.
(나)에서 Cu는 산화수가 +2에서 0으로 감소하므로 환원되고, C는 산화수가 0에서 +4로 증가하므로 산화된다.
(다)에서 C는 산화수가 +2에서 +4로 증가하므로 산화되고, O는 산화수가 0에서 −2로 감소하므로 환원된다.
따라서 (가)~(다)에서 산화되는 물질은 Mg, C, CO이다.

03

㉠: 화학 반응식에서 반응 전후 원자의 종류와 수는 같다. (가)에서 생성물에 있는 O의 원자 수가 4이므로 ㉠은 O_2이다.
㉡: (가)에서 C는 산화수가 −4에서 +4로 증가하므로 산화되고, O는 산화수가 0에서 −2로 감소하므로 환원된다. 따라서 CH_4은 자신은 산화되면서 O_2를 환원시키는 환원제이다.
ㄷ: (가)와 (나)에서 H의 산화수는 모두 변하지 않는다.

04

ㄱ: 화학 반응식에서 반응 전후 원자의 종류와 수는 같으므로 ㉠은 MgO, ㉡은 C이다. 따라서 ㉠은 화합물, ㉡은 원소이다.
㉡: (가)에서 Mg은 산화수가 0에서 +2로 증가하여 산화되고, C는 산화수가 +4에서 0으로 감소하여 환원된다. 따라서 CO_2는 산화제이다.
㉢: (나)에서 Cu의 산화수는 +2에서 0으로 감소한다.

05

㉠: (가)에서 Fe은 전자를 잃고 산화되고 O_2는 전자를 얻어 환원되므로 O_2는 산화제이다.
ㄴ: (가)에서 O의 산화수는 0에서 −2로 감소하지만, (나)에서 O의 산화수는 변하지 않는다.
㉢: (나)에서 Fe의 산화수는 +3에서 0으로 감소하므로 산화수의 변화량은 3이고, (나)에서 C의 산화수는 0에서 +4로 증가하므로 산화수의 변화량은 4이다. 따라서 원자 1개의 산화수 변화량은 C가 Fe보다 크다.

06

H는 1개의 공유 전자쌍을 형성하고, X, Y는 화합물에서 옥텟 규칙을 만족하므로 X는 14족, Y는 15족 원소이다.
㉠: 전기 음성도는 H<X<Y<F이므로 YH_3에서 Y의 산화수는 −3이고, YF_3에서 Y의 산화수는 +3이다. 따라서 $x+y=0$이다.
㉡: XF_4에서 X는 공유 전자쌍을 모두 F에게 준다고 가정하면 X의 산화수는 +4이다.
㉢: HXY의 구조식은 $H-X \equiv Y:$이다. HXY에서 Y는 X로부터 3개의 공유 전자쌍을 모두 가져온다고 가정하면 Y의 산화수는 −3이다.

07

ㄱ: 화학 반응식에서 반응 전후 원자의 종류와 수는 같다. 따라서 X는 C이다.
㉡: (가)에서 Mg은 산화수가 0에서 +2로 증가하여 산화되고, C는 산화수가 +4에서 0으로 감소하여 환원된다. 따라서 Mg은 환원제이다.
ㄷ: (가)에서 C의 산화수는 감소하지만, (나)에서 C의 산화수는 변하지 않는다.

08

㉠ : Fe과 $AgNO_3$ 수용액의 반응에서 Fe은 Fe^{2+}으로 산화되므로 Fe의 산화수는 0에서 +2로 증가한다.

✗㉡ : NO_3^-은 반응에 참여하지 않으므로 산화되지 않는다.

✗㉢ : 수용액 속 이온의 총 수는 감소하지만, 이온의 총 전하량은 변하지 않는다.

09

(가)에서 B는 4개의 공유 전자쌍이 있으므로 14족 원소, C는 3개의 공유 전자쌍과 1개의 비공유 전자쌍이 있으므로 15족 원소, A는 1개의 공유 전자쌍만 있으므로 1족 원소이다. (다)에서 D는 2개의 공유 전자쌍과 2개의 비공유 전자쌍이 있으므로 16족 원소, E는 1개의 공유 전자쌍과 3개의 비공유 전자쌍이 있으므로 17족 원소이다. 전기 음성도는 같은 주기에서 원자 번호가 클수록 크므로 A<B<C<D<E이다.

㉠ : (가)와 (나)에서 C가 3개의 공유 전자쌍을 모두 가져간다고 가정하면 C의 산화수는 모두 −3이다.

㉡ : (가)에서 B는 1개의 공유 전자쌍을 A로부터 가져오고 3개의 공유 전자쌍을 C에게 준다고 가정하면 B는 +2의 산화수를 갖는다. (다)에서 D는 2개의 공유 전자쌍을 E에게 준다고 가정하면 +2의 산화수를 갖는다. 따라서 (가)와 (다)에서 B와 D의 산화수는 같다.

㉢ : BD_2에서 B 원자 1개는 D 원자 2개와 각각 2중 결합을 형성한다. 전기 음성도는 D>B이므로 B가 4개의 공유 전자쌍을 D에게 모두 준다고 가정하면 B의 산화수는 +4이다.

10

✗㉠ : 수용액 속 양이온의 총 전하량은 같으므로 반응하는 이온의 산화수는 반응한 이온의 수에 반비례한다. 따라서 이온의 산화수의 비는 ■ : ▲ $=\frac{1}{2}:\frac{1}{3}=3:2$이다.

㉡ : (가)에서 ●은 환원되고 Y는 산화되므로 ●은 산화제이다.

㉢ : 산화되는 정도는 Z>Y>X이므로 금속 Z를 ●이 들어 있는 수용액에 넣으면 ●은 환원되고 Z는 산화된다.

11

㉠ : C의 산화수는 −2에서 0으로 증가하고 Cu의 산화수는 +2에서 0으로 감소하므로 CH_3OH은 산화되고 CuO는 환원된다. 따라서 CuO는 산화제이다.

㉡ : C의 산화수는 CH_3OH에서 −2이고 HCHO에서 0이므로 산화수 차이는 2이다.

✗㉢ : O의 산화수는 변하지 않는다.

12

㉠ : X 이온이 들어 있는 (가)에 Y를 넣었을 때 X 이온은 환원되고 Y는 산화되었으므로 Y는 X보다 산화되기 쉽다.

㉡ : 수용액에서 양이온의 전하량과 음이온의 전하량은 같다. (가)에서 Cl^- 수를 3N이라고 할 때, H^+과 X^{a+} 수는 모두 N이라고 할 수 있다. (가)와 (나)에서 음이온의 전하량은 서로 같으므로 (나)에서 Cl^- 수는 3N으로 같고 Y^{b+} 수는 1.5N이다. 따라서 (가)와 (나) 속에 들어 있는 금속 이온 수의 비는 (가) : (나)=2 : 3이다.

㉢ : (가)에서 반응 전 H^+의 양(몰)은 Cl^-의 양(몰)과 같다. (가)에 X를 넣어 주었을 때 다음과 같은 반응이 일어난다.

$$2H^+ + X \longrightarrow X^{2+} + H_2$$

H^+이 2N 감소할 때 X^{2+}은 N이 생성되었으므로 생성된 H_2의 양(몰)은 반응 후 남아 있는 H^+의 양(몰)과 같다. 따라서 생성된 H_2의 양은 $\frac{1}{3}\times 0.1\ M \times 0.1\ L = \frac{1}{300}$몰이다.

13

Cu의 산화수는 0에서 +2로 증가하고, N의 산화수는 +5에서 +2로 감소한다. 산화 환원 반응에서 증가한 산화수의 총합과 감소한 산화수의 총합은 같아야 하므로, Cu의 계수 a는 3, NO_3^-의 계수 c는 2로 하여 화학 반응식을 완성하면 다음과 같다.

$$3Cu + 8H^+ + 2NO_3^- \longrightarrow 3Cu^{2+} + 2NO + 4H_2O$$

㉠ : $a=3$, $b=8$, $c=2$이므로 $b>a+c$이다.

✗㉡ : Cu는 자신은 산화되면서 NO_3^-의 N를 환원시켰으므로 환원제이다.

✗㉢ : 환원제는 Cu이며, Cu와 NO의 몰비는 3 : 2이므로 NO 1몰이 생성될 때 반응한 환원제 Cu의 양은 1.5몰이다.

14

염산에 마그네슘을 넣으면 다음과 같은 반응이 일어난다.

$$2HCl(aq) + Mg(s) \longrightarrow MgCl_2(aq) + H_2(g)$$

✗㉠ : Cl^-은 반응에 관여하지 않으므로 산화제가 아니다.

㉡ : Mg의 산화수는 0에서 +2로 증가하므로 Mg 1몰이 반응할 때 이동한 전자의 양은 2몰이다.

㉢ : 수소 이온 2개가 반응할 때 마그네슘 이온 1개가 생성되므로 반응이 일어나면 수용액 속 이온 수는 감소한다. 따라서 수용액 속 이온 수는 반응 전이 반응 후보다 크다.

15

두 반응의 화학 반응식은 다음과 같다.

- Mg의 연소 반응: $2Mg + O_2 \longrightarrow 2MgO$
- Mg과 산의 반응: $Mg + 2H^+ \longrightarrow Mg^{2+} + H_2$

㉠ : 마그네슘이 연소될 때 열을 방출하고, 마그네슘과 산이 반응할 때에도 열을 방출하므로 두 반응 모두 발열 반응이다.

㉡ : 두 반응에서 모두 마그네슘이 산화되므로 산화 환원 반응이다.

㉢ : 반응이 일어날 때 열을 방출하므로 주위의 온도가 올라간다.

16

㉠ : 수산화 바륨 수화물과 염화 암모늄을 혼합하여 섞었을 때 나무판 위의 물이 얼었으므로 이 반응은 흡열 반응이다. 따라서 삼각 플라스크 내부에서 일어나는 반응은 흡열 반응이다.

㉡ : (다)에서 나무판 위의 물이 얼었으므로 삼각 플라스크 주위의 온도는 낮아진다.

✗㉢ : 나무판 위의 물이 얼음으로 변할 때 열을 방출한다.

17

㉠ : 연료가 연소할 때 열을 방출하므로 ㉠은 발열 반응이다.

㉡ : ㉡의 광합성은 빛에너지를 이용하여 포도당을 합성하는 것이므로 ㉡이 일어날 때 빛에너지를 흡수한다.

㉢ : ㉠에서 연료는 산소와 반응하여 산화되고, ㉡에서 CO_2는 환원되어 포도당을 생성하므로 ㉠과 ㉡은 모두 산화 환원 반응이다.

18

㉠ : 에탄올을 연소시켰을 때 물의 온도가 높아지므로 물은 에너지를 흡수한다.

ㄴ: 에탄올의 연소 과정은 발열 반응이므로 반응물이 생성물로 변할 때 주위의 온도는 높아진다.
ㄷ: 이 실험은 에탄올에서 발생한 열량을 물이 모두 흡수한다고 가정하여 발생한 열량을 측정하는 실험이다. 따라서 물이 흡수한 열량을 구하려면 물의 질량, 물의 온도 변화, 물의 비열을 알아야 한다.

서답형 문제

본문 113쪽

01 (1) CO_2 (2) (가) CO (나) Fe
02 해설 참조
03 A<B<C<E<D
04 (1) +5 → +4 (2) 1 : 4 : 8 : 6 : 4 (3) 1몰
05 (1) (나) (2) 해설 참조

01

(1) (가)에서 화학 반응 전후 원자의 종류와 수는 같으므로 A는 CO_2이다.
(2) (가)에서 Fe의 산화수는 +3에서 0으로 감소하여 환원되고, C의 산화수는 +2에서 +4로 증가하여 산화된다. 따라서 환원제는 CO이다. (나)에서 Fe의 산화수는 0에서 +3으로 증가하여 산화되고, O의 산화수는 0에서 −2로 감소하여 환원된다. 따라서 환원제는 Fe이다.

02

모범답안 (가)에서 전체 이온 수가 감소하였으므로 A^+이 A로 환원되고 C는 C^{2+}으로 산화된다. 따라서 산화되는 정도는 C>A이며, (나)에서 금속 B와 C^{2+}의 반응이 일어나므로 금속 B가 산화된다.

채점 기준	배점
A~C의 산화되는 정도를 비교하여 옳게 서술한 경우	100 %
B가 산화된다고만 서술한 경우	30 %

03

A는 1개의 공유 결합을 형성하므로 1족 또는 17족 원소, B는 4개의 공유 결합을 형성하므로 14족 원소, C는 3개의 공유 결합을 형성하므로 15족 원소이다. E는 2개의 공유 결합을 형성하므로 16족 원소, D는 1개의 공유 결합을 형성하므로 1족 또는 17족 원소이다.
같은 주기에서 원자 번호가 클수록 전기 음성도가 크므로 전기 음성도는 B<C<E이다. 만일 A가 17족 원소이면 전기 음성도는 B보다 A가 크므로 (가)에서 B의 산화수는 +4이어야 한다. 그러나 (가)에서 B의 산화수는 +2이므로 A는 17족 원소가 아니라 1족 원소이고, D가 17족 원소임을 알 수 있다. 따라서 전기 음성도는 A<B<C<E<D이다.

04

(1), (2) Sn의 산화수는 0에서 +4로 증가하고, N의 산화수는 +5에서 +4로 감소한다. 증가한 산화수의 총합과 감소한 산화수의 총합이 같게 하기 위해 NO_3^-의 계수에 4를 곱하여 나머지 원자 수를 맞추면 다음과 같이 산화 환원 반응식이 완성된다.

$$Sn + 4NO_3^- + 8H^+ + 6Cl^- \longrightarrow SnCl_6^{2-} + 4NO_2 + 4H_2O$$

따라서 $a : b : c : d : e = 1 : 4 : 8 : 6 : 4$이다.
(3) 산화제는 NO_3^-이고 N의 산화수는 +5에서 +4로 1 감소하므로 NO_3^- 1몰이 반응할 때 이동한 전자는 1몰이다.

05

(1) A와 B를 물에 용해시켰을 때 A는 온도가 높아지고 B는 온도가 낮아지므로 A의 용해 반응은 발열 반응, B의 용해 반응은 흡열 반응이다. 이때 수용액이 흡수하거나 방출한 열량을 계산하면 A와 B가 용해될 때 흡수하거나 발생하는 열량을 구하여 비교할 수 있다.
(2) 모범답안 A와 B가 용해될 때 발생하거나 흡수하는 열량은 수용액이 흡수하거나 방출하는 열량으로 계산할 수 있다.
열량(Q)=수용액의 비열×수용액의 질량×온도 변화
$Q_A : Q_B = 4\times100\times4 : 3\times100\times2 = 8 : 3$이다.

채점 기준	배점
(가)와 (나)에서 출입한 열량의 비를 옳게 구하고, 계산 과정을 옳게 서술한 경우	100 %
계산 과정을 서술하지 않고, (가)와 (나)에서 출입한 열량의 비만 옳게 구한 경우	30 %

본문 114~120쪽

대단원 종합 문제 Ⅳ. 역동적인 화학 반응

01 ⑤	02 ④	03 ③	04 ③	05 ⑤
06 ③	07 ④	08 ⑤	09 ⑤	10 ④
11 ④	12 ①	13 ①	14 ②	15 ①
16 ③	17 ⑤	18 ②	19 ①	20 ①
21 ①	22 ③	23 ⑤		
고난도 문제				
24 ⑤	25 ③	26 ⑤	27 ①	28 ③
29 ①	30 ③	31 ④		

01

ㄱ: 염화 코발트 종이는 물을 흡수하면 붉은색으로 변하고, 열을 가하여 물을 증발시키면 다시 푸른색으로 변하므로 염화 코발트 종이의 색 변화는 가역 반응이다.
ㄴ: 무수 염화 코발트를 물에 녹이면 물을 흡수하여 붉은색을 띤다.
ㄷ: 무수 염화 코발트 종이가 물을 흡수하면 붉은색으로 변하는 성질을 이용하면 물을 검출할 수 있다.

02

(나)는 충분한 시간이 흘러 액체의 높이가 더 이상 변하지 않을 때이므로 동적 평형 상태이다.
ㄱ: 밀폐 용기 속에 브로민 액체를 넣으면 기화가 일어나 브로민 기체가 생성된다. 따라서 기체 브로민의 양은 동적 평형 상태인 (나)가 (가)보다 많다.
ㄴ: 기화가 일어나면 브로민 기체가 많아져 브로민 기체의 응축 속도가 빨라진다. 따라서 브로민 기체의 응축 속도는 (나)가 (가)보다 빠르다.
ㄷ: (나)에서 브로민의 기화와 액화가 같은 속도로 일어나는 동적 평형에 도달하였으므로 (나)에서 증발하는 분자 수와 응축되는 분자 수가 같다.

03

ㄱ: 용질 X를 물에 용해시켰을 때 X의 일부가 녹지 않고 남았으므로 (가)는 용해 속도와 석출 속도가 같은 용해 평형 상태이다.

ㄴ (crossed out): (가)에서 용해 속도와 석출 속도가 같아 겉으로 보기에는 반응이 멈춘 것처럼 보이지만, 실제로 같은 속도로 용해와 석출이 일어나고 있다.
ⓒ: 석출 속도는 물에 용해된 X의 양에 비례한다. 따라서 (가)에서 석출 속도는 X를 물에 넣은 직후보다 빠르다.

04

(가)와 (다)는 Cl^-이 들어 있으므로 $HCl(aq)$과 $NaCl(aq)$ 중 하나이고, (나)는 $NaOH(aq)$이다. (다)에 BTB 용액을 넣었을 때 노란색으로 변하였으므로 (다)는 $HCl(aq)$이다. 따라서 (가)는 $NaCl(aq)$이다.
ⓐ: (나)는 염기성, (다)는 산성이므로 수용액의 pH는 (나)>(다)이다.
ㄴ (crossed out): (가)는 중성, (다)는 산성이다. 물의 이온화 상수는 (가)~(다)에서 같은데, $[H_3O^+]$는 (다)가 (가)보다 크므로 $[OH^-]$는 (가)가 (다)보다 크다.
ⓒ: (가)와 (나) 수용액에서 양이온과 음이온의 수는 같으므로 (가)와 (나)에 들어 있는 양이온의 양(몰)은 같다.

05

진한 황산에 염화 나트륨을 넣고 가열하면 염화 수소(HCl) 기체가 발생한다. 염화 수소에 암모니아수를 묻힌 유리 막대를 대어 보면 염화 암모늄의 흰색 연기가 생성된다.
ⓐ: X를 집기병에 넣어서 모으므로 X는 공기보다 밀도가 크다는 것을 알 수 있다.
ⓑ: X는 물에 녹아 수소 이온을 내놓으므로 X 수용액은 산성이다. 따라서 X 수용액에 BTB 용액을 넣으면 노란색으로 변한다.
ⓒ: 흰 연기는 NH_4Cl이며, HCl는 산, NH_3는 염기이므로 NH_4Cl의 생성 반응은 중화 반응이다.

06

ⓐ: $HA(aq)$의 몰 농도는 $\frac{\text{HA의 양(몰)}}{\text{HA}(aq)\text{의 부피(L)}}=0.1$ M이다.
ㄴ (crossed out): $B(aq)$에는 OH^-이 존재하므로 $B(aq)$은 염기성이다. 염기성 용액에서 $[H_3O^+]<[OH^-]$이다.
ⓒ: HA와 B가 반응할 때 HA는 H^+를 B에게 주므로 HA는 브뢴스테드·로리 산으로, B는 브뢴스테드·로리 염기로 작용한다.

07

ㄱ (crossed out): (가)는 $[H_3O^+]>[OH^-]$이므로 산성 용액이고, (나)는 $[H_3O^+]=[OH^-]$이므로 중성 용액이다. 따라서 수용액의 pH는 (나)>(가)이다.
ⓑ: (나)는 중성이며 25 ℃에서 중성 용액의 pH는 7이므로 $[H_3O^+]=1.0\times10^{-7}$ M이다.
ⓒ: 물의 이온화 상수(K_w)는 온도에 따라 변하므로 온도가 같은 (가)~(다)에서 $[H_3O^+]$와 $[OH^-]$의 곱은 모두 같다.

08

화학 반응 전후 원자의 종류와 수가 같으므로 ㉠은 HCl, ㉡은 NH_3이다.
ⓐ: ㉠은 HCl, ㉡은 NH_3이므로 분자당 H 원자 수는 ㉡이 ㉠보다 많다.
ⓑ: ㉠을 물과 반응시키면 양성자(H^+)는 ㉠에서 물로 이동한다.
ⓒ: ㉡을 물과 반응시키면 ㉡인 NH_3는 H_2O로부터 H^+를 받으므로 브뢴스테드·로리 염기로 작용한다.

09

ⓐ: (가)에서 H_2O은 H_2SO_4으로부터 H^+를 받으므로 브뢴스테드·로리 염기로 작용하고, (나)에서 H_2O은 HCO_3^-에게 H^+를 주므로 브뢴스테드·로리 산으로 작용한다. 따라서 H_2O은 산으로도, 염기로도 작용하는 양쪽성 물질이다.
ⓑ: (나)에서 HCO_3^-은 H^+를 받아 H_2CO_3이 되므로 HCO_3^-의 짝산은 H_2CO_3이다.
ⓒ: (다)에서 $(CH_3)_3N$은 H_3O^+으로부터 H^+를 받으므로 브뢴스테드·로리 염기이다.

10

Cl^-과 Na^+은 구경꾼 이온으로 반응 전후 이온 수는 변하지 않는다.
ㄱ (crossed out): 혼합 용액에 Na^+ 3개, Cl^- 1개가 있고, 혼합 전 수용액의 부피는 같으므로 반응 전 용액의 몰 농도는 $NaOH(aq)$이 $HCl(aq)$의 3배이다.
ⓑ: 반응 전 $HCl(aq)$에는 H^+ 1개와 Cl^- 1개, $NaOH(aq)$에는 Na^+ 3개와 OH^- 3개가 들어 있었으므로 두 용액을 혼합하면 H_2O 분자 1개가 생성된다. 따라서 중화 반응에 의해 생성된 물 분자 수는 혼합 용액 속 Cl^- 수와 같다.
ⓒ: $HCl(aq)$ 5 mL에는 H^+ 1개가 들어 있으므로 $HCl(aq)$ 10 mL를 혼합 용액에 추가로 넣으면, H^+ 2개가 OH^- 2개와 반응하여 물이 되며, 혼합 용액은 중성이 된다.

11

같은 부피 속에 들어 있는 H^+과 OH^-의 몰비는 0.1 M $H_2SO_4(aq)$: 0.1 M $NaOH(aq)=2:1$이다. 따라서 0.1 M $H_2SO_4(aq)$ 10 mL에 들어 있는 H^+ 수를 20N이라고 가정하면, 0.1 M $NaOH(aq)$ 10 mL에 들어 있는 OH^- 수는 10N이라고 할 수 있다.
ㄱ (crossed out): (가)는 부피비가 $H_2SO_4(aq):NaOH(aq)=1:2$이므로 혼합한 H^+의 양과 OH^-의 양이 같다. 따라서 (가)는 중성으로 $[OH^-]=[H_3O^+]$이다.
ⓑ: 혼합 용액 (나)와 (다)에 들어 있는 이온 수는 다음과 같다.

혼합 용액		(나)	(다)
혼합 전 용액의 부피와 이온 수	$H_2SO_4(aq)$(mL)	30	40
	이온 수	H^+ 60N	H^+ 80N
	$NaOH(aq)$(mL)	30	20
	이온 수	OH^- 30N	OH^- 20N
혼합 후	이온 수	H^+ 30N	H^+ 60N

(나)와 (다)의 전체 부피는 같지만 혼합 용액의 H^+ 수가 (다)가 (나)의 2배이므로 혼합 용액의 pH는 (나)>(다)이다.
ⓒ: 0.1 M $NaOH(aq)$ 60 mL에는 OH^- 60N이 들어 있고, (다)에는 H^+ 60N이 들어 있으므로 (다)에 추가로 0.1 M $NaOH(aq)$ 60 mL를 넣은 용액은 중성이다.

12

몰 농도(M)$=\frac{\text{용질의 양(몰)}}{\text{용액의 부피(L)}}$이므로 용질의 양(몰), 즉 H^+이나 OH^-의 양(몰)은 몰 농도×부피와 같다. 따라서 0.1 M $NaOH(aq)$ 40 mL에는 OH^-이 0.1 M×0.04 L=0.004몰 들어 있다. 각 산 수용액 20 mL에 들어 있는 H^+의 양(몰)을 구하면 다음과 같다.

산 수용액	H^+의 양(몰)
0.05 M $HCl(aq)$	0.001
0.1 M $H_2SO_4(aq)$	0.004
0.1 M $H_3PO_4(aq)$	0.006
0.2 M $HNO_3(aq)$	0.004
0.4 M $CH_3COOH(aq)$	0.008

각 산 수용액을 0.1 M $NaOH(aq)$ 40 mL로 적정했을 때 0.05 M $HCl(aq)$에서 OH^-이 0.003몰로 가장 많이 남아 있으므로 수용액의 pH가 가장 크다.

13

(가)와 (나)에는 공통으로 ●이 들어 있으므로 ●은 Na^+이다. 용액에 들어 있는 양이온 수와 음이온 수가 같은데, (가)에서 4개인 ●이 Na^+이므로 ▲와 □은 각각 A^- 또는 OH^-이다. (나)에는 ●인 Na^+이 2개 있으므로 ★은 B^-, ■은 H^+이다.

㉠: ■은 H^+이다.

ㄴ: 혼합 전 $HA(aq)$ 100 mL에는 A^-(▲ 또는 □) 2개가, $HB(aq)$ 200 mL에는 B^-(★) 4개가 들어 있으므로 몰 농도는 $HA(aq)$과 $HB(aq)$이 같다.

ㄷ: (가)에는 OH^- 2개, (나)에는 H^+ 2개가 들어 있으므로 (가)와 (나)를 혼합한 용액은 중성이며 pH=7이다. 따라서 (가)와 (나)를 혼합한 용액의 $[H_3O^+]=10^{-7}$ M이다.

14

ㄱ: $HA(aq)$ 20 mL에 $BOH(aq)$ 20 mL를 넣은 (다)에 ★ 1개, ▲ 4개, ● 3개가 들어 있으므로 ★은 OH^-, ▲은 B^+, ●은 A^-이다. 따라서 혼합 전 용액의 몰 농도의 비는 $HA(aq):BOH(aq)=3:4$이다.

㉡: $BOH(aq)$ 10 mL에는 ★ 2개, ▲ 2개가 있으므로 (나)에는 H^+이 남아 있다. 즉, (나)는 산성 용액이므로 (나)에 Mg을 넣으면 수소 기체가 발생한다.

ㄷ: 단위 부피당 ▲ 수의 비는 (나) : (다)$=\frac{2}{30}:\frac{4}{40}=2:3$이다.

15

$AgNO_3(aq)$과 $Cu(s)$의 반응은 다음과 같다.

$$2AgNO_3(aq)+Cu(s) \longrightarrow Cu(NO_3)_2(aq)+2Ag(s)$$

따라서 구리줄 표면에 은이 석출된다.

㉠: Cu는 전자를 잃고 Cu^{2+}으로 산화되므로 구리의 산화수는 증가한다.

ㄴ: 알짜 이온 반응식은 $2Ag^++Cu \longrightarrow Cu^{2+}+2Ag$이므로 질산 이온($NO_3^-$)은 반응에 참여하지 않는다. 따라서 N의 산화수는 변하지 않는다.

ㄷ: Ag^+ 2개가 전자를 얻어 환원될 때 Cu 1개가 전자를 잃고 Cu^{2+}으로 산화되므로 수용액에 들어 있는 이온의 양(몰)은 감소한다.

16

화학 반응 전후 원자의 종류와 수가 같으므로 ㉠은 O_2, ㉡은 CO_2이다.

㉠: 일정한 온도와 압력에서 기체의 밀도는 기체의 분자량에 비례하므로 기체의 밀도는 ㉡>㉠이다.

ㄴ: (가)에서 Cu는 산화되고 O_2는 환원되므로 Cu는 환원제이다.

㉢: (나)의 CO_2에서 C의 산화수는 +4이므로 C의 산화수는 0에서 +4로 증가한다. 따라서 C의 산화수 증가량은 4이다.

17

㉠: 염산에 마그네슘을 넣으면 수소 이온과 마그네슘이 반응하여 수소 기체가 발생한다. 따라서 A는 H_2이다.

㉡: (가)에서 Mg은 전자를 잃고 산화되고 O_2는 전자를 얻어 환원된다. 따라서 O의 산화수는 0에서 −2로 감소한다.

㉢: Mg이 산화될 때 1개당 전자 2개를 잃으므로 (가)와 (나)에서 Mg 1몰이 산화될 때 이동한 전자의 양(몰)은 모두 2몰이다.

18

산화 구리(Ⅱ)와 탄소 가루의 반응은 다음과 같다.

$$2CuO+C \longrightarrow 2Cu+CO_2$$

이산화 탄소와 석회수의 반응은 다음과 같다.

$$Ca(OH)_2+CO_2 \longrightarrow CaCO_3+H_2O$$

ㄱ: CuO와 C가 반응할 때 CuO는 Cu로 환원되고 C는 CO_2로 산화되므로 탄소 가루는 환원제이다.

㉡: CuO는 산소를 잃고 환원된다.

ㄷ: 석회수가 뿌옇게 흐려지는 반응에서는 원자의 산화수가 변하지 않으므로 산화 환원 반응이 아니다.

19

$CuCl_2(aq)$을 떨어뜨린 곳에서는 금속이 석출되었고 $ZnCl_2(aq)$을 떨어뜨린 곳에서는 반응이 일어나지 않았으므로 금속의 반응성은 Zn>M>Cu임을 알 수 있다.

㉠: Ⅰ에서 금속이 석출되었으므로 금속 M은 산화되어 이온이 되고 Cu^{2+}은 환원되어 Cu가 되었다.

ㄴ: Ⅱ에서 아무런 변화가 없었으므로 반응이 일어나지 않았다. 따라서 Cl^-은 산화되지 않는다.

ㄷ: Ⅱ에서 반응이 일어나지 않았으므로 금속 M은 Zn^{2+}을 환원시키지 못한다. 따라서 금속 M은 Zn보다 산화되기 어렵다.

20

금속 A와 B가 모두 반응했을 때 $\frac{\text{양이온 수}}{\text{음이온 수}}$가 모두 0.5이므로 A 이온과 B 이온의 산화수는 모두 +2이다.

㉠: 금속 A와 B를 농도와 부피가 같은 $HCl(aq)$에 넣었고, A 이온과 B 이온의 산화수가 같으므로 반응한 금속 원자 수는 A와 B가 같다. 그런데 같은 수의 금속 원자가 반응했을 때 금속의 질량은 A가 B보다 크므로 금속의 원자량은 A가 B보다 크다.

ㄴ: (가)와 (나)에서 $\frac{\text{양이온 수}}{\text{음이온 수}}$가 같으므로 같은 수의 H^+이 반응했음을 알 수 있다. 따라서 생성된 기체의 분자 수는 (가)와 (나)에서 같다.

ㄷ: $\frac{\text{양이온 수}}{\text{음이온 수}}$는 (나)가 (다)보다 크므로 반응한 H^+ 수는 (다)가 (나)보다 크다. 따라서 남아 있는 H^+ 수는 (나)가 (다)보다 크므로 수용액의 pH는 (다)에서가 (나)에서보다 크다.

21

㉠: (가)의 NO_2에서 N의 산화수는 +4이고, NH_3에서 N의 산화수는 −3이므로 N의 산화수는 감소한다.

ㄴ: (나)의 NO_2와 N_2O_4에서 N의 산화수는 +4로 같으므로 산화수 변화가 일어나지 않았다. 따라서 (나)는 산화 환원 반응이 아니다.

ㄷ: (다)에서 H와 O의 산화수는 변하지 않았으므로 H_2O은 산화제가 아니다.

22

(가)에서는 온도가 높아졌으므로 $NaOH(s)$의 용해 반응은 발열 반응, (나)에서는 온도가 낮아졌으므로 $NaCl(s)$의 용해 반응은 흡열 반응이다.

㉠: (가)에서는 발열 반응이 일어난다.

ㄴ: (나)에서 NaCl이 용해될 때 열을 흡수하므로 물은 열을 빼앗긴다.

㉢: 용해될 때 온도 변화는 (가)에서가 (나)에서보다 크므로 NaOH이

용해되면서 방출하는 열량이 NaCl이 용해되면서 흡수하는 열량보다 크다. 따라서 방출하거나 흡수하는 열량은 (가)에서가 (나)에서보다 크다.

23

㉠ : $HCl(aq)$에 $NaOH(aq)$을 넣으면 중화 반응이 일어나면서 중화열이 발생하므로 수용액의 온도는 높아진다.

㉡ : HCl 1 M × 0.2 L = 0.2몰과 NaOH 1 M × 0.1 L = 0.1몰을 혼합했으므로 0.1몰의 H_2O이 생성된다.

㉢ : 발생한 열량을 구하려면 수용액의 비열과 수용액의 질량, 온도 변화를 알아야 한다. 실험에서 수용액의 부피는 300 mL이고, 온도 변화는 측정하면 알 수 있으므로 수용액의 밀도와 비열을 알면 열량을 구할 수 있다.

24

㉠ : Ⅰ에서 충분한 시간이 흐르면 에탄올의 증발 속도와 응축 속도가 같아져 동적 평형 상태에 도달한다.

㉡ : Ⅱ에서는 응축이 거의 일어나지 않고 증발이 활발하게 일어나므로 에탄올의 질량 감소량이 크다. 따라서 에탄올의 질량은 Ⅰ에서가 Ⅱ에서보다 크다.

㉢ : 온도가 같을 때 에탄올의 증발 속도는 같으므로 Ⅰ에서와 Ⅱ에서의 증발 속도는 서로 같다.

25

㉠ : $HA(aq)$의 몰 농도 $=\frac{0.1몰}{1\ L}=0.1$ M이다. HA는 물에서 완전히 이온화되므로 $[H_3O^+]=0.1$ M이다. 따라서 수용액의 pH는 1이다.

㉡ : 25 ℃에서 $K_w=[H_3O^+][OH^-]=1.0\times10^{-14}$이다. $HA(aq)$에서 $[H_3O^+]=0.1$ M이므로 $[OH^-]=1.0\times10^{-13}$ M이고, $HB(aq)$에서 $[H_3O^+]=0.02$ M이므로 $[OH^-]=\frac{1}{2}\times10^{-12}$ M이다. 따라서 $[OH^-]$는 $HB(aq)$이 $HA(aq)$의 5배이다.

㉢ : $[H_3O^+][OH^-]$ 값은 물의 이온화 상수로 일정한 온도에서 같은 값을 가지므로 $[H_3O^+][OH^-]$는 $HA(aq)$과 $HB(aa)$에서 서로 같다.

26

㉠ : $Y(aq)$에 Mg을 넣었을 때 기체가 발생하였으므로 $Y(aq)$은 산성이다. 따라서 산성 용액인 $Y(aq)$에 BTB 용액을 넣으면 노란색으로 변하므로 ㉠은 '노란색'이다.

㉡ : $X(aq)$에 BTB 용액을 넣었을 때 푸른색을 띠므로 $X(aq)$은 염기성이다. 따라서 (가)에서 X를 물에 용해시킬 때 X는 H_2O로부터 H^+를 받으므로 (가)의 $X(aq)$에서 H_2O은 브뢴스테드·로리 산으로 작용한다.

㉢ : X는 염기, Y는 산이므로 X와 Y를 반응시키면 H^+는 Y에서 X로 이동한다.

27

㉠ : (가)는 용질의 질량이 20 g이고 용액의 질량이 200 g이므로 퍼센트 농도는 $\frac{20\ g}{200\ g}\times100=10$ %이다.

㉡ : (가) 용액 20 g에는 2 g의 NaOH이 들어 있다. NaOH의 화학식량이 40이므로 NaOH 2 g은 0.05몰이다. (가) 20 g을 취하여 물을 넣어도 NaOH의 양은 변하지 않으므로 (나)의 몰 농도는 $\frac{0.05몰}{1\ L}=0.05$ M이다. $[OH^-]=0.1$ M일 때 pH는 13인데 (나)의 몰 농도는 0.05 M로 0.1 M보다 작으므로 (나)의 pH는 13보다 작다.

㉢ : (나) 1 L에 0.05몰의 NaOH이 들어 있으므로 (나) 100 mL에는 0.005몰의 NaOH이 들어 있다. 0.1 M $HCl(aq)$ 500 mL에는 H^+ 0.05몰이 들어 있으므로 두 용액을 혼합한 용액은 산성이다.

28

0.2 M $HCl(aq)$ 30 mL에 $NaOH(aq)$을 조금씩 넣었을 때 Cl^-의 수는 일정하게 유지되고, Na^+의 수는 넣어 주는 $NaOH(aq)$의 양만큼 계속 증가한다. 따라서 ㉠은 Na^+, ㉡은 Cl^-이며, 중화점에서 두 이온 수가 같으므로 넣어 준 $NaOH(aq)$의 부피가 60 mL일 때가 중화점이다.

㉠ : 중화점에서는 혼합한 H^+과 OH^-의 양(몰)이 같으므로 0.2 M $HCl(aq)$ 30 mL의 양(몰)과 $NaOH(aq)$ 60 mL의 양(몰)이 같아야 한다. 따라서 $NaOH(aq)$의 몰 농도는 0.1 M이며, $[OH^-]=0.1$ M이므로 수용액의 pH는 13이다.

㉡ : $[Cl^-]$는 a : b $=\frac{N}{50}:\frac{N}{70}$이므로 a에서가 b에서의 $\frac{7}{5}$배이다.

㉢ : b까지 생성된 물의 양은 넣어 준 NaOH의 양과 같다. NaOH의 양(몰) = 0.1 M × 0.04 L = 0.004몰이므로 b까지 생성된 물의 양은 0.004몰이다.

29

㉠ : (가)에서는 X^+ 6N이 반응하고 Y 이온 2N이 생성되었으므로 Y 이온의 산화수는 +3이다. 또한 금속 Z를 넣었을 때 Y 이온 2N이 반응하고 Z 이온 3N이 생성되었으므로 Z 이온의 산화수는 +2이다. 따라서 금속 이온의 산화수의 비는 Y : Z = 3 : 2이다.

㉡ : (가)에서는 Y가 Y^{3+}으로 산화되며 산화수의 총 증가량은 3 × 2N이다. (나)에서는 Z가 Z^{2+}으로 산화되며 산화수의 총 증가량은 2 × 3N이다. 따라서 (가)와 (나)에서 산화수의 총 증가량은 같다.

㉢ : 금속 Z가 X보다 산화가 잘 되므로 Z 이온이 들어 있는 수용액에 금속 X를 넣으면 반응이 일어나지 않는다.

30

MnO_2와 HCl이 반응할 때 Mn의 산화수는 +4에서 +2로 감소하고, Cl의 산화수는 −1에서 0으로 증가한다. 산화수의 총 증가량과 총 감소량은 같으므로 반응 전후 원자의 수를 맞추면 다음과 같다.

$$MnO_2+4HCl \longrightarrow MnCl_2+2H_2O+Cl_2$$

따라서 $a=4$, $b=2$, $c=1$이다.

㉠ : 화학 반응식에서 계수비는 반응 몰비와 같으므로 반응 몰비는 $HCl : MnCl_2=4:1$이다. 따라서 HCl 2몰이 반응하면 $MnCl_2$ 0.5몰이 생성되므로 $x=0.5$이다.

㉡ : Mn의 산화수는 +4에서 +2로 감소하므로 Mn의 산화수 변화량은 2이다.

㉢ : 0.1 M $HCl(aq)$ 200 mL에는 HCl 0.02몰이 있다. 반응 몰비는 $HCl : Cl_2=4:1$이므로 충분한 양의 MnO_2를 넣어 반응시키면 0.005몰의 Cl_2가 생성된다.

31

㉠ : 에탄올이 연소하여 물의 온도가 올라갔으므로 에탄올의 연소는 열을 방출하는 발열 반응임을 알 수 있다.

㉡ : 에탄올의 연소 반응에서 열을 방출하므로 이 반응은 물질의 에너지가 낮아지는 반응이다. 즉, 반응물이 생성물보다 에너지가 높다.

㉢ : 물이 흡수한 열량 = 물의 비열 × 물의 질량 × 온도 변화 = 4 J/g·℃ × 100 g × (35.2 − 23.8) ℃ = 4560 J이다.

고1~2 내신 중점 로드맵

과목	고교 입문		기초	기본	특화	+ 단기
국어	고등 예비 과정	내 등급은?	윤혜정의 개념의 나비효과 입문편/워크북 어휘가 독해다!	기본서 올림포스	국어 특화: 국어 독해의 원리 / 국어 문법의 원리	단기 특강
영어			정승익의 수능 개념 잡는 대박구문 주혜연의 해석공식 논리 구조편	올림포스 전국연합 학력평가 기출문제집	영어 특화: Grammar POWER / Reading POWER / Listening POWER / Voca POWER	
수학			기초 50일 수학 매쓰 디렉터의 고1 수학 개념 끝장내기	유형서 올림포스 유형편	고급 올림포스 고난도	
				수학 특화 수학의 왕도		
한국사 사회		인공지능: 수학과 함께하는 고교 AI 입문 수학과 함께하는 AI 기초		기본서 개념완성	고등학생을 위한 多담은 한국사 연표	
과학				개념완성 문항편		

과목	시리즈명	특징	수준	권장 학년
전과목	고등예비과정	예비 고등학생을 위한 과목별 단기 완성	●	예비 고1
국/수/영	내 등급은?	고1 첫 학력평가+반 배치고사 대비 모의고사	●	예비 고1
	올림포스	내신과 수능 대비 EBS 대표 국어·수학·영어 기본서	●	고1~2
	올림포스 전국연합학력평가 기출문제집	전국연합학력평가 문제 + 개념 기본서	●	고1~2
	단기 특강	단기간에 끝내는 유형별 문항 연습	●	고1~2
한/사/과	개념완성 & 개념완성 문항편	개념 한 권+문항 한 권으로 끝내는 한국사·탐구 기본서	●	고1~2
국어	윤혜정의 개념의 나비효과 입문편/워크북	윤혜정 선생님과 함께 시작하는 국어 공부의 첫걸음	●	예비 고1~고2
	어휘가 독해다!	학평·모평·수능 출제 필수 어휘 학습	●	예비 고1~고2
	국어 독해의 원리	내신과 수능 대비 문학·독서(비문학) 특화서	●	고1~2
	국어 문법의 원리	필수 개념과 필수 문항의 언어(문법) 특화서	●	고1~2
영어	정승익의 수능 개념 잡는 대박구문	정승익 선생님과 CODE로 이해하는 영어 구문	●	예비 고1~고2
	주혜연의 해석공식 논리 구조편	주혜연 선생님과 함께하는 유형별 지문 독해	●	예비 고1~고2
	Grammar POWER	구문 분석 트리로 이해하는 영어 문법 특화서	●	고1~2
	Reading POWER	수준과 학습 목적에 따라 선택하는 영어 독해 특화서	●	고1~2
	Listening POWER	수준별 수능형 영어듣기 모의고사	●	고1~2
	Voca POWER	영어 교육과정 필수 어휘와 어원별 어휘 학습	●	고1~2
수학	50일 수학	50일 만에 완성하는 중학~고교 수학의 맥	●	예비 고1~고2
	매쓰 디렉터의 고1 수학 개념 끝장내기	스타강사 강의, 손글씨 풀이와 함께 고1 수학 개념 정복	●	예비 고1~고1
	올림포스 유형편	유형별 반복 학습을 통해 실력 잡는 수학 유형서	●	고1~2
	올림포스 고난도	1등급을 위한 고난도 유형 집중 연습	●	고1~2
	수학의 왕도	직관적 개념 설명과 세분화된 문항 수록 수학 특화서	●	고1~2
한국사	고등학생을 위한 多담은 한국사 연표	연표로 흐름을 잡는 한국사 학습	●	예비 고1~고2
기타	수학과 함께하는 고교 AI 입문/AI 기초	파이선 프로그래밍, AI 알고리즘에 필요한 수학 개념 학습	●	예비 고1~고2